古代中國의 理解 Ⅱ

古代中國의 理解 II

초판 1쇄 발행 1995. 12. 20
초판 2쇄 발행 2003. 11. 10

엮은이   서울大學校東洋史學研究室
펴낸이   김경희
펴낸곳   (주)지식산업사
주소   서울시 종로구 통의동 35-18
전화   (02)734-1978(대)
팩스   (02)720-7900

인터넷한글문패 지식산업사
인터넷영문문패 www.jisik.co.kr
전자우편 jsp@jisik.co.kr, jisikco@chollian.net

등록번호 1-363
등록날짜 1969. 5. 8

ⓒ 서울大學校東洋史學研究室, 1995
ISBN 89-423-2022-8 93910

책 값 15,000원

이 책을 읽고 지은이에게 문의하고자 하는 이는 지식산업사 e-mail로 연락 바랍니다.

古代中國의 理解

2

戰國時代 秦의 外交政策[*]

李 成 珪[**]

머리말

“위로는 천자가 없고 아래로는 方伯이 없으니, 무력으로 강성함을 다투어 승자를 존중하니 전쟁은 그치지 않고 詐僞가 아울러 일어나는” 시대, 그리하여 “비록 도덕은 있었으나 펼칠 수 없었고, 강성함을 도모하여 험고한 지세를 의지하며 연이어 인질을 교환하고 거듭 서약을 맺음으로써 나라를 지켰으나”[1] 더이상 “禮와 信을 말하지 않았으며 … 국가에 定交가 없었다”는

---

* 이 논문은 1991년도 한국학술진흥재단의 공모과제 연구비에 의하여 연구되었음.
** 서울대 동양사학과 교수
1) 劉向, 戰國策序 “上無天子 下無方伯 力功爭强 勝者爲右 兵革不休 詐僞幷起 當此之時

2

전국시대.[2] 이 시대도 기원전 221년 秦의 무력 통일에 의해서 막을 내렸다. 이것은 어느 의미에서 '一統天下'에 대한 시대적 염원의 구현이기도 하다. 그러나 이 통일은 복수의 독립국가로 분열된 '세계'가 當爲的 정치 통합의 한 단위로 인식되어 평화 공존의 논리가 배제된 한편, 현실적으로 평화적 통합도 불가능한 상황에서[3] 세력균형이 깨질 경우 당연히 예상될 수 있는 결과에 불과하였다. 따라서 이 통일에 대한 이해는 경쟁국들을 군사적으로 제압할 수 있었던 秦 '强盛'의 배경 또는 경쟁국들의 상대적인 '취약'에 대한 다각적인 분석이 필요하며, 이와 관련 商鞅 이래 추진된 진의 '성공적' 變法과 타국 변법의 '불철저'가 흔히 지적되고 있다.[4]

그러나 비록 '강성'한 秦이 '취약'한 6국을 개별 격파하였을지라도 '영토는 秦의 5배, 군사는 秦의 10배'로 지적되기도 한 당시 6국 전체의 역량과[5] 아울러 6국이 망국을 모면하기 위하여 스스로 적지 않은 영토를 秦에게 할양하였던 사실을[6] 고려할 때, 이 문제는 역시 變法의 성패뿐 아니라 각국의 상호 경쟁, 반목 및 이해관계를 적절히 이용하여 자신에게 유리한 국면을 조성한 측면, 즉 秦의 외교정책에 대한 적절한 관심도 반드시 필요한 것 같다.

雖有道德 不得施謀 有設之强 負阻而恃固 連與交質 重約結誓 以守其國".

2) 顧炎武, 《日知錄》 권 13 周末風俗.

3) 졸고, 〈戰國時代 統一論의 形成과 그 背景〉(《東洋史學研究》 8·9 합집, 1975) ; 졸고, 〈諸子의 學과 思想의 理解〉(《講座 中國史》 I, 1989, 知識産業社) pp.190-198 참조.

4) 4世에 걸친 秦의 군사적 승리를 엄정한 內治 성공의 필연적인 결과로 해석한 《荀子》 强國篇, 秦에 의한 통일을 "孝公發憤修政 六國之主無有也 不惟孝公 自惠武至莊襄 皆彊明力政 六國之主無有也"로 설명한 陳玉璂, 〈七國論〉(呂景端, 《史論彙選甲編》 소수) 등은 이런 관점의 선구적인 예라 하겠다.

5) 《戰國策》 趙 2:1 "臣竊以天下之圖案之 諸侯之地 五倍於秦 料諸侯之卒 十倍於秦 六國並力爲一 西面攻之 秦破必矣". 한편 前漢 元始 2년(A.D. 2) 戰國時代 秦에 해당하는 京兆·左馮翊·右扶風·弘農·漢中·廣漢·巴·蜀·隴西·天水·安定·西河·上郡·北地郡의 인구는 漢帝國 전체의 13.81%, 면적은 17.43% 정도라는 수치는 (葛劍雄, 《西漢人口地理》, 1986, 人民出版社, pp.96-99 참조) 전국시대와 한 제국의 영토차이, 진한시대의 대대적인 關中徙民策 등의 변화요인을 감안해도 전국시대 6국과 진의 인구 및 영토를 비교하는데 다소나마 도움이 될 것이다.

6) 彭光斗, 〈六國論 上〉(呂景端 《史論彙選甲編》 소수) "吾又嘗歷考戰國史記諸書 見夫諸侯之地入於秦 秦以兵力取之者十八九 諸侯自以其地獻者十二三···六國徒知賂秦可以救亡 而不思自固其本".

전국시대의 諸子중 철저한 王道·仁政論者 孟子는 '善戰者' 즉 兵家 다음으로 '連諸侯者' 즉 당시 외교 전문가인 縱橫家들을 격렬히 비난하였고,[7] 兵家 吳起는 强兵優先論의 입장에서 종횡가를 배격하였다.[8] 한편 《商君書》도 民의 耕戰 의욕을 저해하는 3大敵의 하나로 종횡가를 거론하였지만,[9] 법가 사상을 집대성한 《韓非子》는 法治優先論의 관점에서 종횡가의 주장을 실현 불가능한 '虛言'으로 규정하면서 법치의 내실이 없는 외교 의존을 망국의 징후로 단정하였다.[10] 또 종횡가의 활약상을 소개한 《戰國策》에도 허구적인 색채가 농후하지만 언로의 개방을 통한 내정 개혁만으로 주변 국가의 복속을 유도할 수 있다는 사례가[11] 보인다. 이와 같이 주요 諸子들이 대부분 외교에 대한 철저한 부정 또는 회의를 표한 것은 당시 외교 자체가 평화 공존의 질서를 정립하는 과정이 아니라 직접 전쟁을 치루지 않고도 원하는 목표, 즉 겸병전쟁에서의 생존과 승리를 달성하는 효과적인 수단에 불과하며, 따라서 국가간의 盟約과 우호관계란 공동의 적 앞에서 상호 침공·겸병을 일시 보류한 것일 뿐, 처음부터 상황이 변화하면 언제든지 배신될 수 있는 것으로 인식하였기 때문이었던 것 같다.

---

7) 《孟子》離婁 上 "由此觀之 君不行仁政而富之 皆棄於孔子者也 況於爲之强戰 爭地以戰 殺人盈野 爭城以戰 殺人盈城 此所謂 率土地而食人肉 罪不容於死 故善戰者服上刑 連諸侯者次之 辟草萊任土地者次之".

8) 《史記》권 65 孫子吳起列傳 "明法審令 捐不急之官 廢公族疏遠者 以撫養戰鬪之士 要在强兵 破馳說之言縱橫者".

9) 《商君書》墾令篇 "博聞辯慧 游居之事 皆無得爲 無得居游于縣邑", 동 農戰篇 "夫民不可用也 見言談游士事君之可以尊身也 商賈之可以富家也 技藝之足以糊口也 民見此三者之便且利也 則必避農", 동 內外篇 "혜謂淫道 爲辯知者貴 游宦者任 文學私名顯之謂也 三者不塞 則民不戰而事失矣".

10) 《韓非子》忠孝篇 "山東之言縱橫未嘗一日而止也 然而功名不成 覇王不立者 虛言非所以成治也 王者獨行謂之王 是以三王不務離合而正 五覇不待縱橫而察 治內以栽外而已矣", 동 亡徵篇 "簡法禁而無謀慮 荒封內而恃交援者 可亡也…恃交援而簡近隣 怙强大之救而侮所迫之國者 可亡也". 이와 같은 《韓非子》의 부정적인 縱橫家觀은 周勛初, 〈韓非對縱橫家的批判〉(《＜＜韓非子＞＞札記》, 1980, 江蘇人民出版社)가 잘 정리하고 있다.

11) 《戰國策》齊 1:12 "…(威王)乃下令 群臣吏民 能面刺寡人之過者 受上賞 上書諫寡人者 受中賞 能謗議于市朝 聞寡人之耳者 受下賞 令初下 群臣進諫 門庭若市 數月之後 時時而諫進 期年之後 雖欲言 無可進者 燕趙韓魏聞之 皆朝于齊 此所謂戰勝于朝廷".

그러나 이처럼 기회와 능력만 있으면 모두 서로 겸병을 노리는 상황일수록 고립무원은 곧 강국조차 살아 남기 어려운 조건이라는 것도 명백하다.[12] 그러므로 "安民의 근본이 擇交에 있다"는 종횡가의 주장을[13] 굳이 듣지 않더라도 외교의 성패가 국익을 크게 좌우한다는 '상식'을 부정할 사람도 없지만, 전국시대 각국은 '조만간' 어느 일방에 의해서 배신이 예상되는 '우방'이나마 확보하지 않을 수 없었고, 그 관계를 최대로 활용하는 문제로 부심하지 않을 수 없었을 것이다. 실제《戰國策》은 말할 필요도 없고《史記》 전국시대 부분의 世家·列傳 및 六國年表의 내용은 각국의 전쟁과 외교기사가 대종을 이루고 있는 점, 당시 많은 사람들의 눈에는 종횡가의 대표적인 인물들로 알려진 公孫衍과 張儀가 천하 정세에 심대한 영향을 미친 '진정한 대장부'로 비쳤던 사실,[14] 그리고 현재까지 알려진 楚의 大事紀年의 14例중 10건이 秦·齊·宋·東周·燕 등의 외국사신 來聘을, 3건이 외국과의 전쟁을, 1건이 외국의 귀의를 각각 표기하고 있으며[15] 기원전 334년에 주조된 商鞅銅方升의 명문에도 秦 孝公의 在位 紀年 "十八年"과 함께 "齊率卿大夫來聘"이 병기된 사실 등은[16] 모두 당시 공식 사신 래왕의 非恒常性과 아울러 외교 관련 사건이 가장 기억할 만한 중대사의 하나로 인식되었던 사정을 잘 말해 준다.

---

12)《管子》覇言篇 "夫輕重彊弱之形 諸侯合卽彊 孤卽弱 驥之材而百馬伐之 其必罷矣 彊最一伐而天下共之 國必弱矣 彊國得之也 以收小 其失之也 以恃彊 小國得之也 以節制 其失之也 以離彊", 同 形勢篇 "獨王之國 勞而多禍" 등은 이점을 잘 지적하고 있다.

13)《戰國策》趙 2:1 "(蘇秦曰) 爲大王計 莫若安民无事 請无庸有爲也 安民之本 在于擇交 擇交而得 則民安 擇交不得 則民終身不得安"

14)《孟子》滕文公 上 "景春曰 公孫衍 張儀豈不誠大丈夫哉 一怒而諸侯懼 安居而天下息". 趙岐는 景春을 "孟子時人 爲縱橫之術者"로 注하고 있으나, 그 근거는 불명하다. 이 기사는 맹자의 반박으로 이어지고 있지만, 이처럼 孟子의 大丈夫論이 公孫衍·張儀 大丈夫論의 반박 형식으로 전개되었다는 것은 그들을 대장부의 전형으로 추앙하는 강한 여론의 존재를 반증해 준다.

15) 劉彬徽,〈從包山楚簡紀時資料論及楚國紀年與楚曆〉(湖北荊沙鐵路考古隊,《包山楚墓》上, 1991, 文物出版社), pp.534-535 참조. 참고 삼아 '秦客公孫鞅問王于?郢之歲', '大司馬邵陽敗晉師于襄陵之歲' 2례만 소개한다.

16) 國家計量總局主編,《中國古代度量衡圖集》(1981, 文物出版社) p.12.

  그러나 종래 전국시대의 외교문제는 개설적 차원 이상의 관심을 끌지 못하였던 것 같으며,[17] 秦의 외교정책에 대해서도 蘇秦이 주도하였다는 이른바 合從策에 대항한 張儀의 連橫策과 范雎가 주장한 遠交近攻策이 널리 알려져 왔을 뿐 의외로 본격적인 연구는 거의 없다고 해도 과언은 아니다. 이것은 일차적으로는 이 문제와 관한 일차 자료 《戰國策》이 주지하는 바와 같이 史實과 虛構가 혼재하였을 뿐 아니라[18] 《史記》와 《竹書紀年》이 각각 전하는 전국시대 紀年이 相馳하는 점도 적지 않고,[19] 또 가장 신뢰할 수밖에 없는 《史記》 역시 부정확한 기술이 많아[20] 실제 상황에의 접근이 극히 곤란한 때문이기도 하다.[21] 그러나 한편으로는 당시 각국의 관계를 통상적인 '외교'의 범주에서 이해할 수 있느냐는 부정적 시각도 이 분야의 본격적인 연구를 저해하였던 것 같다. 즉 周王의 형식적 권위를 인정한 覇者의 會盟을

---

17) 蘇秦·張儀의 활동연대 및 그 행적의 진위를 둘러싼 고증적 연구를 제외하면 관견에 한한 전국시대의 외교문제를 종합적으로 專論한 것은 傅啓學, 〈戰國時代的外交〉(《社會科學論叢》(臺灣) 11집, 1961) 정도인 것 같은데, 이 역시 시대의 추이에 따른 주요 사건을 나열한 수준을 크게 벗어나지 못하여, 오히려 楊寬, 《戰國史》(1980 제2판, 上海人民出版社) 제 8장 '合從 連橫運動和封建兼併戰爭, 제 9장 秦의 統一을 참고하는 것이 좋다.

18) J.I.Crump, Jr., *Intrigues: Studies of the Chan-kuo Ts'e* (1964, The University of Michigan Press) ; 繆文遠, 《戰國策考辨》(1984, 北京 中華書局)은 특히 이 점을 집중 거론하고 있다.

19) 陳夢家, 《六國紀年》(1955, 上海 學習出版社) ; 平勢隆郎, 〈戰國紀年再構成に關する試論---君主在位稱元法がらする古本《竹書紀年》の再評價〉(《史學雜誌》 101-8, 1992) ; 〈戰國紀年再構成に關する試論---續〉(《東洋文化研究所紀要》 123, 1994)는 이 문제의 해결에 크게 공헌하였지만, 아직도 문제는 많다.

20) 이 문제를 지적한 논저는 많지만 淸代 梁玉繩의 《史記志疑》 정도는 반드시 참고해야 한다.

21) 예컨대 전국시대 외교사연구에 피할수 없는 과제의 하나인 蘇秦 활동의 구체적인 연대와 내용과 관련 근래에는 필자를 포함한 많은 연구자들이 그가 張儀에 앞선 對秦 合從策의 주역이었다는 《史記》의 기사를 부정하고 馬王堆 漢墓에서 출토된 帛書 《戰國縱橫家書》를 신뢰하여 그의 활동을 주로 齊의 滅宋(B.C. 286) 직전까지 燕을 위한 反間 활동으로 이해하고 있지만(졸고, 〈蘇秦活動의 再檢討─《史記》 再評價를 위한 一試論〉, 《高柄翊先生回甲紀念史學論叢》, 1984 참조), Crump의 상게서와 張烈, 〈戰國縱橫家辨〉(《社會科學戰線》(長春) 1986-3) 등은 帛書 《戰國縱橫家書》 자체를 허구로 평가하고 있어 의견이 크게 엇갈리고 있다.
  그러나 본고는 이와 같은 특별한 경우가 아니면 혼란을 피하기 위하여 일단 《史記》를 기준으로하였고, 《戰國策》 기사의 眞僞 및 文字·年代는 何建章, 《戰國策注釋》(1990, 北京 新華書店)을 주로 참고하였다.

6

중심으로 질서가 유지된 春秋時代에는 그래도 이른바 '國際法'에 기초한 열국간의 '외교' 질서가 있었지만, 전국시대는 무제약적인 실력대결만 존재하는 '외교'부재의 시대였다는 것이다.[22] 그 결과 춘추시대는 역사상 중국 내부에서 '국제질서'를 경험한 유일한 시대로 주목되었고, 중화사상에 기초한 조공질서 때문에 중국에는 국제법이 부재하였다는 주장을 반박하는 논자들도 그 근거로 춘추시대의 열국 교섭의 관례를 집중 거론하는데 그쳤기 때문이다.[23] 즉 어느 의미에서 보다 '국제 질서'에 가까운 전국시대의 '외교'는 전쟁과 '詐術적 權謀'란 豫斷에 매몰되어 그 정당한 이해와 평가가 제대로 이루어지지 못한 것이다.

　이러한 상황에서 필자가 본고를 草한 일차적인 목적은 秦 통일에 기여한 외교정책의 역할을 정당하게 평가하기 위한 것이다. 그러나 이 문제를 전국시대의 외교의 전체 맥락에서 종합·분석할 수 있다면 종래 거의 주목되지 않았던 전국시대의 '국제질서'와 '외교유형'에 대한 일정한 像을 조략하나마 제시할 수도 있는 것 같다. 그래서 본고는 전쟁과 동맹관계의 시대적 추적보다는 당시 객관적 형세의 변화 속에서 秦에게 바람직한 외교적 선택, 당시 외교를 지도한 것으로 보이는 이론적 틀, 외교 실무 담당자의 성격, 외교 목표를 달성하기 위한 구체적인 수단과 형식의 측면에서 이 문제를 분석하고자 한다.

---

22) 顧炎武,《日知錄》권 13 周末風俗의 "春秋時猶尊禮重信 而七國則絶不言禮與信矣…春秋時猶嚴祭祀重聘享 而七國則無其事의…春秋時猶有赴告策書 而七國則無有矣 邦無定交"는 이러한 시대관을 단적으로 표명하고 있는데, 아직도 이것은 대체로 지지되고 있는 것 같다.

23) 徐傳保 編著,《先秦國際法之遺跡》(1931, 上海) ; 洪均培 編著,《春秋國際公法》(1937 初版, 1971 臺一版) ; 入江啓四郎,《中國古典と國際法》(1966, 東京) 등은 이런 연구의 대표적인 예인데, 특히 徐는 저서의 표지에 "Antiquitas est nova""古代是新者"라는 로마 속담을 명기하여 저술의 목적을 분명히 밝히고 있다.

I. 秦의 外交的 選擇

1) 秦의 外交 環境

약육강식의 냉엄한 현실에서 최악의 상황은 모든 경쟁국의 연합침공일 것이다. 그러나 국경을 접한 이웃 국가들이 자신보다 강한 것도 극히 바람직하지 못하다. 그러므로 흔히 전국 시대의 기점으로 간주되기도 하는 韓·魏·趙에 의한 晋의 3分은 穆公期(B.C. 659-621) 이후 주로 楚와 동맹관계를 유지하며 힘겹게 晋과 대항해 온 秦에게는 확실히 유리한 국면의 전개였다.[24] 그러나 秦도 穆公期(B.C. 659-621)의 전성을 고비로 침체를 면치 못하였지만,[25] 예상과는 달리 魏는 3晋을 단결시켜 전국초 최강국의 면모를 과시하였고 기원전 408년에는 秦 穆公에게 빼앗긴 河西地域을 수복함으로써 秦의 東進을 차단하기도 하였다.[26] 물론 3晋의 단결이 동요되고 魏에 대한 齊·楚의 견제로 魏의 세력이 한풀 꺾이면서 3晋에 대한 秦의 약세는 점차 만회되기 시작하여 孝公(B.C. 361-338) 이전 이미 秦은 수차 韓·魏를 공파하였으며, 특히 石門의 전투(B.C. 364)에서는 魏軍 6만을 참수하는 대승을 거두어 周王의 축하를 받기도 하였는데, 이후 秦은 孝公·惠王期(B.C. 337-311)를 거치며 3晋을 압도, 전국 7국 중에서도 가장 무서운 강국으로

---

24) 이런 관점에서 진 통일의 근본 원인을 3晋의 분열로 지적한 王大經, 〈魏斯韓虔趙籍論〉(呂景端編, 《史論彙選甲編》소수)의 다음과 같은 주장은 대단한 탁견이다. 즉 "延至秦穆諸君 簡賢界能 大廓土宇 遂覇西戎 然終不能出崤函一步 與東諸侯爭利者 則以有强晋爲限也…至晋分爲三 而晋弱矣…秦之滅六國 又必自滅韓趙爲始…旣滅三晋 地益廣 兵益强 數且倍於燕齊楚 而燕齊楚不能支也 此周所以亡 六國所以滅 而秦所以成帝業也…周之亡 非亡於周赧王獻地之日 而亡於初命晋大夫魏斯趙籍韓虔爲諸侯之年也".
25) 林劍鳴, 《秦史稿》(1981, 上海人民出版社) pp.136-145 참조.
26) 徐仲舒, 〈論<<戰國策>>的編寫及有關蘇秦諸問題〉(《歷史研究》 1964-1) p.139에 의하면 이러한 魏의 강성시기는 기원전 475년에서 370년까지 계속되었다고 하며, 한편 傅啓學, 전게 〈戰國時代的外交〉, pp.261-262는 전국초 魏의 흥기를 '內政修明'과 아울러 3진의 단결을 유지한 외교정책에서 비롯된 것으로 설명한다.

8

성장하였으며, 昭襄王 시대(B.C. 306-251)에는 이미 진에 의한 통일은 시간 문제처럼 보일 정도로 그 절대적 우위를 확립하였다.[27]

물론 이것은 秦 자체의 국력 신장뿐 아니라 각국의 내부사정, 각국 간의 상호 반목과 이해 충돌, 그리고 이에 따른 역학관계의 변화 등의 제요인이 복합적으로 작용한 결과였겠지만, 여기서 우리는 먼저 秦의 선택을 제약할 수 있는 객관적 조건을 상정해 보자. 秦은 동으로 韓·魏·趙·楚와 국경을 접하고, 남으로는 巴蜀, 서·북으로는 戎狄의 세계와 각각 접하였던 만큼 秦의 安危와 대외 팽창의 성패는 일차적으로 이들과의 역학 관계에 의해서 좌우되었다.

巴·蜀은 殷·周 이래 수준 높은 지역 문명의 전통을 기반으로 형성된 국가들로서,[28] 특히 蜀에 관해서는 秦을 수차 침공한 기사,[29] B.C. 377년 茲方을 攻取당한 楚가 扞關을 건설하여 蜀을 방어하였다는 기록,[30] B.C. 337년 楚·趙·魏와 나란히 秦에 入朝하였다는 사실[31] 등이 전하는 것으로 보아 蜀은 단순한 변경의 후진 약소국은 아닌 것 같다. 그러나 B.C. 316년 秦에 의해 정복되기까지 秦·楚에 대한 이들의 위협을 지나치게 평가할 필요는 없는 것 같으며[32] 실제 巴蜀이 중원의 '국제 정치'에 참여하여 秦·楚의 행

---

27) 秦의 발전 과정은 《史記》 권 5 秦本紀와 권 15 六國年表만 보아도 쉽게 확인할 수 있는데, 한편 徐仲舒, 전게 〈論<<戰國策>>的編寫及有關蘇秦諸問題〉는 기원전 369-334 기간을 魏·齊 쟁패시기, 기원전 333-288 기간을 齊·秦 幷尊 시기, 기원전 287-260 기간을 齊·趙削弱 시기, 기원전 259-221 기간을 秦國獨强時期로 각각 분류하고 있다. 구체적인 연대는 다소 이견이 있을 수 있지만, 대체적인 추세는 잘 지적한 것 같다.
28) 이 점은 근래 고고학의 발굴성과에 의해서 많이 밝혀지고 있는데, Steven F. Sage, *Ancient Sichuan and the Unification of China* (1992, State University of New York Press) ; 金秉駿, 《中國古代 四川地域의 巴蜀文化研究》 (1995, 서울대 박사학위 논문) 가 잘 소개하고 있다.
29) 《華陽國志》 권 3 蜀志 "盧帝攻秦 至雍"(연대 불명) ; 《史記》 권 15 六國年表 秦惠公 13년(B.C. 387) "蜀取我南鄭".
30) 《史記》 권 40 楚世家 肅王 4년 "蜀伐楚 取妓方 於是楚爲扞關以距之".
31) 《史記》 권 5 秦本紀 惠文君 원년.
32) Steven F.Sage는 蜀이 秦에게 무시 못할 세력이었고, 秦이 기원전 350년 雍에서 咸陽으로 천도한 것도 이 때문이었다고 해석하고 있으나(Steven F, Sage 전게서 p.89, p.97), 蜀의 실력을 지나치게 과대 평가한 것 같다.

동을 제약한 흔적도 없으며, 秦·楚 역시 중간에 위치한 巴·蜀을 이용하여 서로 견제한 예도 확인되지 않는다.

한편 춘추시대 秦의 성장은 立國 이래의 戎狄 격퇴와 복속의 결과라 해도 과언이 아니었다. "由余를 등용, 戎王을 謀伐하여 12國을 보태고 천리의 땅을 開拓함으로써 마침내 西戎을 제패하였다"는[33] 穆公期를 고비로 대부분의 융적은 秦에 복속되었다. 그러나 義渠와의 공방은 惠文王期에도 계속되었으며,[34] 특히 惠文王後 8년 (B.C. 317) 韓·魏·趙·燕·楚 5국의 伐秦時 秦은 文繡 천필과 好女 100인을 보내어 義渠의 환심을 사려고 하였으나 당시 5국 연합을 조직한 公孫衍의 사주를 받은 義渠는 도리어 秦을 공격, 대패시킴으로써 일시 秦의 동방 진출이 차질을 빚은 일도 있었다.[35] 그 직후 秦의 반격으로 대 타격을 받은 義渠는 秦과 대단히 친밀한 관계를 유지하였던 것 같으나, 昭王 35년(B.C. 272) 秦은 그 왕을 謀殺하고 郡縣으로 편입함으로써 후환을 완전 제거하였다.[36] 그러나 昭王期 흉노을 방어하기 위하여 현재의 甘肅省 洮河 유역에서 내몽고 伊克昭盟 동북 黃河岸에 이르는 1000Km의 대장성을 수축하였던 것을 보면[37] 적어도 북방의 戎狄·흉노는 秦 국력의 상당 부분을 소모시킴으로써 그 대외 정책을 제약하였던 것 같다. 그러나 당시 趙 역시 흉노의 방어를 위하여 현재의 河北 蔚縣에서 內蒙古·臨河縣 西北 狼山에 이르는 대장성을 쌓고 대군을 북변에 상주시켰으며[38] 燕도 河北에서 요동에 이르는 내외 장성을 쌓지 않을 수 없었던 만큼[39]

---

33)《史記》권 5 秦本紀 穆公 37년.

34) 顧頡剛,〈秦與西戎〉(《史林雜識》1963, 北京 中華書局) 참조.

35) 何淸谷,〈公孫衍事迹考〉(《文史》13, 1982) pp.29-30. 秦 昭王이 대중원정책과 관련 范雎의 자문을 구할 때 "寡人宜身受令久矣 會義渠之事急 寡人日自請太后 今義渠之事 已 寡人乃得以身受命"라고 하였다는 것은 이 사정을 잘 말해 준다.

36)《後漢書》권 87 西羌傳 "義渠敗秦師於李白 明年 秦伐義渠 取徒涇二十五城 及昭王立 義渠王朝秦 遂與昭王母宣太后通 生二子 至王赧四十三年 宣太后誘殺義渠王於甘泉宮 因起兵滅之 始置隴西北地上郡焉".

37) 史念海,〈黃河中游戰國及秦時諸長城遺跡的探索〉(秦始皇兵馬俑博物館硏究室編《秦文化論叢》제 1집, 1993) pp.352-357.

38) 林幹,《匈奴史》(1977, 內蒙古人民出版社) p.49.

39) 馮永謙·何溥瀅 編著,《遼寧古長城》(1986, 遼寧人民出版社) pp.10-26 참조.

북방민족에 대한 방어는 비단 秦에 국한된 문제는 아니었다. 그러나 이들 민족도 중원의 '국제 질서'에 직접 개입하여, 예컨대 秦의 적대세력과 동맹하여 秦을 압박하는 일은 거의 없었으며,[40] 특히 복속된 戎狄은 秦民과 융합하여 秦의 군사·경제적 성장에 크게 기여하였다.[41]

그러므로 秦의 대외 정책은 중원 諸國과의 역관계를 중심으로 고찰해도 무방한데, 韓·魏·趙·楚는 직접 방어해야 할 대상이지만 동시에 秦이 동방으로 팽창을 원할 경우 일차적인 침공의 목표이기도 하다. 그러나 秦·楚 양국은 그 위치상 상호 침공이 어려운 상황이었고,[42] 실제 양국은 후술할 바와 같이 춘추시대 이래 전통적인 우호관계를 장기간 유지하였다. 이에 비해 魏는 남북으로 흐르는 황하를 사이에 두고 秦과 접하고 있기 때문에 秦이 魏를 제압하지 못하면 산동 국가들을 제어할 수 있는 천혜의 요새 관중의 지형적 이점을 살리지 못하게 된다.[43] 한편 秦과 지형이 서로 뒤얽혀 있는 韓은 秦에게는 마치 "나무에 (붙은) 좀벌레나 心腹之病"과 같아 유사시에는 가장 큰 위협이 될 수도 있는 존재였으며,[44] 韓·魏는 모두 이른바 '천하'의 중심부로서 秦이 패업을 이루려면 반드시 먼저 이들을 제압할 필요가 있었

---

40) 상술한 義渠 이외에는 전국말 燕의 太傅 鞠武가 西의 3晋 南의 齊·楚와 북의 흉노와 연합하여 秦에 대항할 것을 太子 丹에게 제안하였으나 채택되지 않았다는 일화가 보일 뿐이다(《戰國策》燕 3:5). 한편 燕·齊의 桓 전쟁에서 燕이 패하자 胡가 燕을 습격하여 牛馬를 탈취하였지만, 이것은 '齊와 胡가 본래 친한 사이도 아니고 서로 동맹하여 燕을 공벌하기로 약속한 것도 아니며, 단지 胡와 齊의 이해가 일치한 결과였다'라는 지적은(《戰國策》齊 5) 북방 민족이 중원의 '국제 질서'에 미칠 수 있는 영향의 한계와 성격을 잘 말해 주는 것 같다.

41) 聶新民, 〈秦覇西戎地域考—秦國勢力在黃土高原的擴展過程〉 (袁仲一·張文立·吳永琪·張仲立 編,《秦始皇陵兵馬俑博物館論文選》, 1989, 西北大學出版社) 참조.

42) 秦昭王에게 楚 침공의 불리와 무익을 설득하였다는 《戰國策》秦 4:9의 다음과 같은 귀절은 바로 이 점을 잘 지적하고 있다. "是王攻楚之日 則惡出兵 王藉路于仇讎之韓魏乎 兵出之日 而憂其不返也…王若不藉路于仇讎之韓魏 必攻隨陽右壤 隨陽右壤 此皆廣川大水 山林谿谷 不食之地 王雖有之 不爲得之 是王有毁楚之名 無得地之實也 此王攻楚之日 四國必悉起應王".

43) 전게 彭光斗, 〈六國論 上〉 "蓋魏地近秦 秦不得魏 則上郡關中之險與魏共 不能扼吭以制山東 以故魏被兵於秦 迄戰國無寧歲".

44) 《史記》권 79 范雎蔡澤列傳 "客卿范雎復說秦王曰 秦韓之地形 相錯如繡 秦有韓也 譬如木之有蠹也 人之有心腹之病也 天下無變則已 天下有變 其爲秦患者 孰大於韓乎 王不如收韓".

다.[45] 전국 시대 전체를 통하여 秦과 韓·魏의 공방이 가장 치열하여 秦과 韓·魏간의 감정이 특히 악화되었던 것도[46] 바로 이 때문인데, 秦의 대외 정책에 가장 직접적인 영향을 미친 것도 역시 魏의 국력 消長이었던 것 같다.

2) 防魏·弱魏 政策

전국초 3晉의 단결을 배경으로 魏가 가장 강성하던 시기 秦의 급선무는 魏 침공 방어였으며, 穆公 이래 차지해온 河西를 빼았긴 직후(B.C. 408) 現 陝西 白水縣 黃龍山 남록에서 華山 아래에 남북의 장성을 黃河 西岸에 쌓은 것은[47] 이 때문이었다. 물론 이러한 상황에서 秦은 보다 적극적으로 韓·魏·趙의 분열을 획책하거나 燕·齊·楚가 그 배후를 위협하도록 공작하여 魏의 공세를 피하거나 魏를 역공할 수 있는 유리한 여건의 조성을 모색하였을 가능성도 전혀 배제할 필요는 없을 것이다. B.C. 401년 秦의 魏 침공, B.C. 400년 3晉 伐楚, 393년 楚의 韓 負黍 점령과[48] 魏의 秦 격퇴,[49] 392년 秦의 韓 宜陽 6읍 점령,[50] 391년 3晉의 伐楚, 楚의 패배, 秦·楚의 맹약,[51] 390년 晋·秦의 전쟁과 齊의 魏 襄陵 점령[52] 등 일련의 사건은 물론 秦이 모두 공작한 결과는 아닐 것이다. 그러나 秦은 이상과 같은 齊 또는 楚와 3晉의 전쟁 때문에 魏의 적극적인 침공을 면할 수 있었을 뿐 아니라 부분적으

---

45) 동 상, "今夫韓魏 中國之處而天下之樞也 王其欲霸 必親中國以爲天下樞", 《戰國策》 魏 4:1 "今梁王天下之中身也 秦恐梁者 是示天下要斷山東之脊也 是山東首尾皆救中身之時也 山東見亡必恐 恐必大合". 동 秦 4:8 "頓子曰 韓 天下之咽喉 魏 天下胸腹…韓魏從 而天下可圖".

46) 《戰國策》 秦 4:9 "臣恐韓魏之卑辭慮患 而實欺大國也 此何也 王旣無重世之德于韓魏 而有累世之願矣 韓魏父子兄弟接踵 而死于秦者累世矣 本國殘 社稷壞 宗廟隳 剔腹折頤 首身分離 暴骨草澤 頭顱僵僕 相望于境 父子老弱系虜 相隨于路 鬼神狐祥 無所血食 百姓不聊生 族類離散 流亡爲臣妾者滿海內矣".

47) 전게 史海念, 〈黃河中游戰國及秦時諸長城遺跡的探索〉, pp.344-348 참조.

48) 이상 《史記》 권 15 六國年表 참조.

49) 《史記》 권 44 "(文侯) 三十二년 伐鄭 城酸棗 敗秦于注".

50) 《史記》 권 15 六國年表 참조.

51) 《史記》 권 40 楚世家 "(悼王) 十一年 三晉伐楚 敗我大梁楡關 楚厚賂秦 與之平".

52) 《史記》 권 15 六國年表 秦 惠公 10년 "與晋戰武城 縣陜", 魏文侯 35년 "齊伐取襄陵".

로 韓·魏에 공세를 취할 수 있었다고 해도 과언은 아닌 것 같다.

사실 秦에게는 3晉이 서로 소모전을 벌이는 것이 가장 소망스럽고, 그렇지 않을 경우 3晉과 齊·楚가 반목하거나 가능하면 스스로 齊·楚와 동맹하는 것이 가장 바람직하다는 것은 극히 상식적인 문제였을 것이며,[53] 3晉의 위협이 강할수록 齊·楚 역시 秦과의 동맹을 원하였을 것이다. 그러므로 상술한 일련의 상황도 결코 우연의 결과라기보다는 적어도 3晉에 대항한 秦·楚·齊 3국 연대의(적극적인 동맹은 아닐지라도) 필요성을 공감한 결과로 해석하는 것이 보다 자연스럽다면, 이러한 흐름을 3晉이 계속 방치할 리는 없었을 것이다. 秦이 魏의 陰晉을 침공한 해(B.C. 389) 濁澤에서 열린 齊·楚·魏·衛의 會는 바로 이 흐름을 차단하려는 魏의 노력으로 해석되는데, 이 때 魏文侯는 姜齊를 찬탈한 田和의 諸侯 승인을 주선함으로써[54] 齊를 확실한 우방으로 확보한 것이다. 이런 상황이었다면 陰晉 공격에서[55] 秦이 대패한 것도 어느 의미에서 당연하였지만,[56] 2년후 魏가 다시 秦을 격파하였을 때[57] 蜀이 秦의 남변을 공격, 南鄭을 점령한 것은(전술) 秦의 외교가 대단히 바람직하지 못한 상태에 있었다는 사실을 추측케 한다.

이와 같은 秦의 곤경은 곧 3晉 자체의 분열, 3晉과 齊의 불화로 차츰 타개되기 시작하였다. 즉 B.C. 386 趙敬侯 즉위를 둘러싼 내분은 趙·魏의 전쟁을 야기하였고,[58] 이를 틈탄 齊의 趙·魏 침공으로 이어지면서[59] 각국은

---

53) 상호 겸병 의지를 버리지 않은 경우 인접국과의 진정한 혈맹은 팽창 발전의 포기를 의미하기 때문에 바람직하지 않다. 그러므로 국경을 접하지 않은 秦·齊 동맹은 비교적 쉽게 성립할 수 있고 秦·楚도 당시 중간에 巴蜀이 개재되어 직접 영토분쟁은 없었기 때문에 쉽게 접근할 수 있었을 것이다.

54) 《資治通鑑》 권 1 安王 13년 "秦侵晉 齊田和會魏文侯楚人衛人于濁澤 求爲諸侯 魏文侯爲之請於王及諸侯 王許之".

55) 《史記》에는 이 전쟁의 승패를 전한 기록이 없는데, 林劍鳴은 《吳子》 勵士篇 중 秦에 대한 魏의 대승 귀절을 근거로 秦의 대패로 추정하고 있다. 전게 《秦史稿》, pp.166-167 및 p.171 주 4 참조.

56) 秦의 陰晉 침공과 濁澤 會의 선후는 분명치 않으나 설사 전자가 먼저였다고 해도 이미 후자 소집의 여건이 조성되었다면 秦을 위해 魏를 견제할 수 있는 세력은 없었을 것이다.

57) 《史記》 권 44 魏世家 "(文侯)三十八年 伐秦 敗我武下 得其將識".

58) 《史記》 권 44 魏世家 "魏武侯元年 趙敬侯初立 公子朔爲亂 不勝 奔魏 與魏襲邯鄲 魏

그때그때 이해관계에 따라 이합집산을 거듭하며 공방을 계속하였는데, 趙를 집요하게 공략하던 魏가 齊에게 2차에 걸쳐(B.C. 353년 桂陵과 B.C. 341년 馬陵에서) 대패한 후 秦에게도 참패하여 河西의 일부를 할양하고 大梁으로 천도한(B.C. 340) 사건을[60] 고비로 魏의 세력은 현저히 약화된 반면 齊의 국제적 지위는 크게 강화되었다.

이 시기 각국의 일관된 정책은 타국간의 소모전은 환영하면서도 그로 인해 어느 일국이 세력을 확장하는 것은 방지한다는 것이었다. 당시 국가간에 '定交가 없었다'는 것도 바로 이 때문이다. B.C. 386년 魏의 공격을 받은 趙가 2년후 齊의 공격을 받은 魏를 구원하였으나, 이듬해(B.C. 383) 魏는 齊에게 대승한 趙를 다시 공격한 것, 다시 衛를 침공한 趙를 그 다음해(B.C. 382) 齊·魏가 공동으로 공벌하자 이듬해(B.C. 381) 趙는 다시 楚에게 군대를 빌려 魏를 공벌한 일련의 전쟁,[61] 이와 같은 국제간의 분쟁을 틈타 B.C. 385 鄭과 宋을 공벌하여 세력을 확장한 韓을[62] B.C. 380년 魏·秦이 연합하여 공벌하자 趙·楚가 韓을 구원하지 않을 수 없다는 것을 예측한 齊가 韓의 구원 요청을 외면하고 燕을 공벌하자 韓·魏·趙가 연합하여 齊를 공격한 사실[63] 등은 모두 당시 각국 대외 정책의 기본 방향을 잘 말해 준다.

특히 B.C. 354년 衛를 공격하여 魏의 공격을 받은 趙의[64] 구원 요청을 받은 齊가 (1) 魏의 趙 겸병은 齊에게 불리하므로 구원병을 파견하는 것은 마땅하지만 (2) 齊에게 가장 바람직한 상황은 "趙破魏弱"이기 때문에 이 상황을 만들기 위해 魏가 趙의 수도 邯鄲을 함락시킬 때까지 魏의 배후를 공격

敗而去", 동 권 43 趙世家 "烈侯卒 弟武公立 武公十三年卒 趙復立烈侯太子章 是爲敬侯…敬侯元年 武公子朝作亂 不克 出奔魏 趙始都邯鄲".

59) 《史記》 권 43 趙世家 "(敬侯) 二年 敗齊于靈丘 三年 救魏于廩丘 大敗齊인"은 趙·魏의 분쟁을 틈탄 齊의 침공과 그 실패를 전한 것 같다.

60) 《史記》 권 44 魏世家 惠王 17년에서 31년 참조.

61) 《史記》 권 43 趙世家 敬侯 원년에서 6년 참조.

62) 《史記》 권 45 韓世家 "文侯 二年 伐鄭 取陽城 伐宋 到彭城 執宋君".

63) 《史記》 권 46 田敬仲完世家 桓公 5년, 동 권 15 六國年表 魏武侯 7년, 韓文侯 7년, 趙 敬侯 7년 참조.

64) 陳夢家, 전게 《六國紀年》 p.80.

하다가 魏의 역량을 충분히 소모시킨후 魏를 대파하였다는 것,[65] 또 당시 역시 趙의 구원 요청을 받은 楚가 趙를 구하지 않을 경우 (1) 趙가 도리어 魏와 연합하여 楚를 공격할 우려조차 있다는 판단아래 (2) 소수의 구원병을 파견하여 趙·魏의 장기 소모전을 유도하여 양국을 모두 피폐시킨후 (3) 秦·齊의 참전을 기다렸다 魏·齊의 남변 淮·濊之間을 점령하였다는 것은[66] 모두 그 도덕성을 논하기 앞서 냉혹한 약육강식의 국제 정치의 본질을 이해하는 위정자라면 누구나 취하지 않을 수 없는 극히 당연한 결정으로 평가된다.

이와 같이 3晉의 분열과 연결되어 계속되는 소모적 混戰은 실로 秦이 가장 바라던 상황이었던 것이다. 실제 이 기간 秦은 타국의 침공을 별로 받지도 않았으며,[67] 특히 B.C. 380년 魏와 함께 趙를 공격한 이후 국내 집권체제를 정비하면서[68] 상황에 따라 신중히 출병, 착착 세력을 신장하였는데, 이 시기 秦의 출병은 대체로 다음과 같은 특징을 보이고 있다.

(A) 공격 목표는 주로 魏에 집중되었다.[69] 이것은 앞에서도 언급한 바와

---

65) 《戰國策》齊 1:6 "邯鄲之難 趙求救於齊 田侯召大臣而謀曰 救趙孰與勿救 鄒子曰 不如勿救 段干綸曰 不救則我不利 田侯曰 何哉 對曰 夫魏氏兼邯鄲 其於齊何利哉 田侯曰 善 乃起兵曰 軍於邯鄲之郊 段干綸曰 臣之求利 此不利者非此也 夫救邯鄲軍于其郊 是趙不拔而魏全也 故不如南攻襄陵而弊魏 邯鄲拔而承魏之弊 是趙破而魏弱也 田侯曰 善 乃起兵南攻襄陵 七月邯鄲拔 齊因承魏之弊 大破之桂陵".

66) 《戰國策》楚 1:5 "邯鄲之難···景舍曰···且魏全兵以深割趙 趙見亡形 而有楚之不救己也 必與魏合而以謀楚 故王不如少出兵 以爲趙援 趙恃楚勁 必與魏戰 魏怒于趙之勁 而見楚救之不足畏也 必不釋趙 趙魏相敗 而齊秦應楚則魏可破也 楚因使景舍起兵救趙 邯鄲拔 楚取淮濊之間".

67) 이 기간 타국이 秦을 먼저 침공한 명백한 예는 B.C. 366년 宅陽에서 동맹한 韓·魏가 秦을 침공하여 패한 것(《史記》권 15 六國年表 및 권 44 魏世家 惠王 5년), B.C. 362년 秦이 少梁에서 魏에 대승을 거둔 직후 위기를 느낀 韓 昭侯와 趙 成侯가 上黨에서 회합한 이듬해 양국이 秦을 침공한 예(《史記》권 43 趙世家 成侯 13년, 14년) 정도인데, 이미 일국 단독으로 秦을 침공한 예가 없다는 것도 주목된다.

68) 秦이 孝公期(B.C. 361-338) 商鞅 변법을 성공적으로 추진했다는 것은 새삼 지적할 필요도 없지만, B.C. 380년 이후 371년 첫 출병 趙를 공격할 때까지 蒲·藍田·善明氏·櫟陽 등을 縣으로 개편하였다(《史記》六國年表 및 趙世家 成侯 4년 참조). 이 출병은 武侯의 사후 公位 계승 문제로 내란에 빠진 魏가 韓·趙의 공격을 받고 멸망할 뻔하였으나 韓·趙의 의견 대립으로 겨우 위기를 면하는 등(《史記》魏世家) 3진의 내분을 이용하여 감행되었는데 패퇴하고 말았다.

69) B.C. 370-340 사이 秦이 魏 이외의 국가를 직접 침공한 것은 B.C. 358년 韓의 西山 공벌(《史記》六國年表), B.C. 354년 桂陵戰 이후 魏에 가담한 韓을 공격하여 上枳·

같은 魏·秦의 특수한 관계를 고려하면 극히 당연한 전략이었지만, 특히 孝公期(B.C. 361-338) 秦의 정치를 주도한 商鞅도 秦이 '帝王之業'을 이루려면 반드시 河西를 점거할 필요가 있고, 따라서 魏가 河西를 점령하고 있는 한 양국은 "魏가 秦을 병합하지 않으면 秦이 魏를 병합하지 않을 수 없는" 관계가 되지 않을 수 없다고 주장한 것을[70] 상기하면, 이 시기 魏에 대한 집중 공세는 결국 河西 탈환을 위한 것으로 해석된다. 秦이 대망의 河西를 점령한 것은 惠文王 8년(B.C. 330)이었지만, 商鞅이 B.C. 340년 河西 공방전에서 옛 친구인 魏의 將軍을 야비하게 속이면서까지 승리를 거두었고, 패배한 魏가 사실상 河西 방어의 의지를 상실하고 결국 大梁으로 천도한 것은[71] 바로 魏·秦 관계에서 河西가 갖는 의미를 잘 말해 주는 것 같다.

(B) B.C. 380-340 사이 魏와의 전쟁에서 秦이 패한 예가 없다. 이것은 당시 魏 세력의 상대적 위축을 아무리 강조해도 특기할 만한 사항이다. 물론 秦軍의 우수성도 반드시 고려해야 한다. 그러나 여기서 필자가 강조하고 싶은 점은 다음과 같은 2가지 사실이다. 즉 (a)당시 양국의 전쟁에서 그나마 魏를 지원한 것은 趙·韓뿐이었으며, 그것도 B.C. 354년 전후의 국제전에서 韓이 魏에 가담한 것이 마지막이었다.[72] 이것은 결국 이 시기 魏가 燕·齊·

安陵 山氏를 점령한 것(楊寬, 전게 《戰國史》, pp.316-317), B.C. 351년 趙의 藺石을 공격한 정도이다. 그러나 上枳 등의 점령은 魏 공격의 일환이 명백하고, 藺石 공격도 桂陵戰 이후 魏·趙가 화의하여 漳水에서 盟한 직후의 사건으로서(《史記》 趙世家 惠王 24년) 역시 魏에 대한 공세의 성격이 뚜렷하다.

70) 《史記》 권 68 商君列傳 "衛鞅說孝公曰 秦之與魏 譬若人之有腹心疾 非魏幷秦 秦卽幷魏 何者 魏居領阨之西 都安邑 與秦界河 而獨擅山東之利 利則西侵秦 病則東收地 今以君之賢聖 國賴以盛 而魏往年大破於齊 諸侯畔之 可因此時伐魏 魏不支秦 必東徙 東徙 秦據河西之固 東鄉以制諸侯 此帝王之業也".

71) 《史記》 권 68 商君列傳 "魏鞅遺魏將公子卬書曰 吾始與公子驩 今俱爲兩國將 不忍相攻 可與公子面相見 盟 樂飮而罷兵 以安魏秦 公子卬以爲然 會盟已 飮 而衛鞅伏甲士以襲虜魏公子卬 以攻其君 蓋盡破之以歸秦…(魏)乃使使割河西之地 獻於秦以和 而魏遂去安邑 徙都大梁". 商鞅의 '邪惡'과 魏 將軍의 '순진'보다는 河西 공방이 국가의 命運에 미치는 중요성을 이해하지 못하고 魏·秦의 평화공존 가능성을 믿은 魏 將軍의 '어리석음'이 곧 반역이 될 수밖에 없는 현실을 기억할 필요가 있다.

72) 趙가 魏를 직접 구원한 것은 B.C. 364년 石門의 戰과 363년 少梁의 戰 2차에 불과하며(《史記》 권 43 趙世家), B.C. 366년 韓·魏의 攻秦, B.C. 361년 趙·韓의 攻秦은 韓이 秦의 强盛을 저지하기 위하여 魏를 지원한 것 같다(주 65 참조). 한편 B.C. 357년 趙·魏의 鄗會는 前年 秦이 趙 藺石을 공격한 사실을 고려하면 趙의 자구책이란

楚를 전혀 동맹 세력으로 끌어 들이지 못한 것을 의미한다. 이에 비해 앞서 언급한 孝公 18년 제작 商鞅銅方升의 명문 "齊率卿大夫來聘", 楚의 大事紀年의 "秦客公孫軮問王于x郢之歲"의 예를[73] 보면 秦은 적어도 孝公期 齊・楚와 사신을 공식 교환하였지만, 특히 B.C. 312년 제작된 것으로 추정되는 秦 <詛楚文>이 秦 穆公과 楚 成王의 동맹을 회고하며 楚 懷王을 "兼倍十八世之詛盟 率諸侯之兵以臨可我"라고 비난한 귀절은 춘추시대 이래 B.C. 318년까지 지속된 秦・楚의 전통적 우호관계를 잘 말해 준다.[74] 이것은 秦이 齊・楚를 직접 침공하기 어렵다는 지리적 조건도 작용하였겠지만, 3晉의 강성을 견제하기 위한 외교 정책의 성공으로 평가해도 좋을 것이다.

한편 秦은 B.C. 348년에는 韓 昭侯가 입조할 정도로 韓과의 우호도 확보하였다.[75] 그러나 B.C. 356년 趙・燕이 阿에서, 齊・趙・宋이 平陵에서 각각 회합하는 정세에 대응하여 魏가 魯・衛・宋・鄭을 입조시키고 이듬해 다시 魏 惠王이 교외에서의 사냥형식으로 齊 威王을 방문하는 등 오히려 秦이 고립되는 국면이 조성되었을 때는 재빨리 魏와 회동하는[76] 기민한 타협 자세를 보이기도 하였다. B.C. 354년 魏가 趙의 도성 邯鄲을 포위한 것은 바로 이러한 국제 정세를 자신한 때문이었는지는 모르나 會同이 없었던 楚는 물론 동맹자로 믿었던 齊・秦・宋・衛는 모두 趙를 구한다는 명분으로 魏의 공파에 가담하였던 것이다.

(b) 秦이 승리한 주요 전쟁은 거의 예외 없이 魏가 다른 문제에 얽혀 있거나 다른 나라들이 魏를 지원할 상황이 아니었다. 즉 B.C. 354년 斬首 7천

성격이 짙다.

73) 劉彬徽, <楚國紀年法簡論>(《江漢考古》 1988-2)는 이 해를 B.C. 361-356 사이로 추정하고 있다. 한편 역시 楚 大事紀年 중 "秦客王子齊之歲"는 "秦客 王子齊가 楚에 來聘한 해"란 의미로 해석하는 것이 타당한데, 연대는 불명하다. 劉彬徽, 전게 <從包山楚簡紀時材料論及楚國紀年與楚曆>, p.536 참조.

74) 郭沫若, <詛楚文研究>(1947) (《石鼓文研究 詛楚文研究》, 1982, 科學出版社) 참조.

75) 《史記》 권 15 六國年表 韓 昭侯 11년 "昭侯如秦".

76) 《史記》 六國年表 趙 成侯 19년 "與燕會阿 與齊宋會平陵", 魏 惠王 15년 "魯衛宋鄭來朝"(이상 B.C. 356), 秦 孝公 7년 "與魏王會杜倉", 齊 威王 24년 "與魏會田於郊"(이상 B.C. 355).

의 전과를 올린 元里戰에 이은 少梁 점령, B.C. 352년의 安邑 攻陷, 그 이듬해 固陽 함락은[77] 바로 魏가 邯鄲 攻略으로 사면초가의 형세를 자초한 시기의 일이며, 또 B.C. 340년 河西 공방에서 거둔 대승 역시 魏의 邯鄲 공격으로 야기된 對魏 연합 전선에 편승한 것이었다.[78] 한편 B.C. 366년 韓·魏에 거둔 洛陰의 승리는 前年 齊의 伐魏와 趙의 伐齊와,[79] 또 B.C. 364년 참수 6만의 대전과를 올렸다는 石門의 戰은 그 전년 魏의 伐宋과[80] 각각 무관할 수 없겠지만, B.C. 362년 少梁 戰의 승리는 韓·趙의 전쟁에 바쁜 魏의 사정을[81] 놓치지 않은 결과로 보는 것이 자연스럽다.

이와 같은 秦의 정책은 '천하를 어지럽고 지치게 하면서 자신은 안정과 휴식을 얻는 것이 王業을 이루는 길이므로' '시세를 정확히 판단하여 타국의 원망을 피해 가며 남이 먼저 動兵한 연후에 時勢를 정확히 판단하여 用兵하라'는 교훈을[82] 모범적으로 실천한 인상을 준다. 특히 B.C. 340 河西의 점령을 商鞅 외교 정책의 대성공 결과로 극찬한 《戰國策》의 다음과 같은 내용이 주목된다. 즉 그것은 '하나의 秦으로는 大魏를 대적하기 어렵다'고 인식한 상앙이 魏惠王에게 '천자의 야망'을 부추기며 齊·楚의 공벌을 역설하는 한편 '천자 놀음'을 권하여 齊·楚의 攻魏를 유발하였고, 그 싸움에서 패한 魏가 스스로 河西 지역을 바치지 않을 수 없었다는 것이다.[83] 물론 이

---

77) 《史記》 권 15 六國年表 秦 孝公 8년, 10년, 11년.
78) 《史記》 魏世家가 이것을 "秦趙齊共伐我"란 귀절 바로 아래 서술한 것은 바로 이 때문이다.
79) 《史記》 권 15 六國年表 齊 威王 11년 "伐魏取觀 趙侵我長城".
80) 《史記》 권 15 六國年表 魏 惠王 6년 "伐宋 取儀臺".
81) 《史記》 권 15 六國年表 秦 孝公 23 "與魏戰少梁 虜其太子", 韓 莊侯 9년 趙 成侯 13년 "魏敗我于澮".
82) 《戰國策》 齊 5 "臣聞用兵而喜先天下者憂 約結而喜主怨者孤 夫後起者藉也 夫權藉者 萬物之率也 而時勢者百事之長也 故無權藉 倍時勢 而能事成者寡矣…夫善爲王業者 在勞天下而自佚 亂天下而自安 佚治在我 勞亂在天下 則王之道也".
83) 《戰國策》 齊 5 "衛鞅謀于秦王曰 夫魏氏其功大 而令行于天下 有從十二諸侯以朝天子 其與必衆 故以一秦而敵大魏 恐不如…衛鞅見魏王曰… 大王不若北取燕 東伐齊 則趙必從 西取秦 南伐楚 則韓必從矣 大王有伐齊楚之心 而從天下之志 則王業見矣 大王不如先行王服 然後圖齊楚 魏王說于衛鞅之言也…此天子之位也 而魏王處之 于是齊楚怒 諸侯奔齊 齊人伐魏 殺其太子 覆其十萬之軍 魏王大恐 跣行案兵于國 而東次于齊 然後天下內舍之 當是時 秦王垂拱受西河之外 而不以德魏王…此臣之所謂北之堂上 禽將戶

18

것은 과장이며 실제 商鞅이 직접 이러한 공작을 직접 수행하였는지도 분명
치 않다.[84] 그러나 전국시대 反秦 合從策의 대외교가로 人口에 膾炙되는 蘇
秦의 입을 통하여 이것이 지적되었다는 것은 당시 秦의 외교정책이 상대적
인 열세 속에서 강한 적을 요리하는 전략, 즉 '상대를 공격하기 위하여 먼저
그 자존 망상을 극대화시킴으로써 타국의 분노와 질시를 자극하여 고립과
침공을 자초시킨 연후에 적절한 기회를 포착, 최소의 동병으로 최대의 실익
을 거두는' 원칙을 잘 구사한 것으로 이미 평가되었음을 시사하는데, 바로
이 특징은 그후에도 계속 확인된다.

3) 親魏 · 弱楚政策

B.C. 340년을 전후하여 魏의 세력이 크게 꺾인 반면 秦 · 齊 · 楚의 강세
가 뚜렷해지자 魏는 親齊 정책으로 난국을 타개하려고 하였다. B.C. 336년
과 B.C. 335년 齊 · 魏가 연이어 相會하고 다시 B.C. 334년 魏 襄王이 군소
제후를 이끌고 徐州로 齊 威王을 방문 상호 王號를 인정한 것은[85] 모두 그
노력의 일환인데, 이것은 사실상 魏의 굴복을 의미하였다.《戰國策》은 이것
을 楚의 힘을 빌려 齊에 복수하기 위한 齊 · 楚 이간책, 楚의 攻齊를 유도하
는 술책이었다며[86] 아울러 魏가 '겉으로는 齊와 제휴하고 속으로는 楚와 결
탁하여' 齊를 곤경에 빠트렸다는 기사도[87] 싣고 있으나, 어쨌든 魏의 親齊

內 拔城于尊俎之間 折沖席上者也".

84) 이 기사는《戰國策》이외에는 보이지 않는다. 그러나 楊寬의 고증에 의하면 魏惠王
　　의 천자행세는 逢澤之會를(B.C. 344) 소집한 것을 가리키는 것이며(《史記》秦本紀 및
　　六國年表는 秦이 소집한 것으로 전하지만), 당시 秦도 公子 少官을 파견하였다고 한
　　다. 전게 楊寬,《戰國史》, p.318.

85)《史記》권 15 六國年表 齊 宣王 7년 "與魏會平阿南", 동 8년 "與魏會于甄", 동 9년
　　"與魏會徐州 諸侯相王".

86)《戰國策》魏 2:11 "(惠施曰) 王若欲報齊乎 則不如因變服折節而朝齊 楚王必怒矣 王游
　　人而合其鬪 則楚必伐齊 以休楚而伐罷齊 則必爲楚禽矣 是王以楚毀齊也 魏王曰 善 乃
　　使人報于齊 愿臣畜而朝". 이것은 秦이 商鞅의 책모에 따라 魏惠王에게 신복함으로서
　　魏를 천하의 공격목표로 만들었다는 상술한 고사와 동일한 유형인데, 자신의 존립을
　　위협할 강자의 출현을 원치 않는 당시 분위기를 고려하면 반드시 허구라고 단정할
　　필요도 없는 것 같다.

정책이 趙·楚·秦·燕의 연합을 자극하고 B.C. 333년 徐州大戰에서 齊가
대패한 것은 확실한 것 같다.[88] 또 처음에는 伐齊軍에 가담하였으나 齊의 유
혹으로 배후에서 楚를 공격한 越마저 멸하고[89] 더욱 위세를 떨치게 된 楚가
계속 齊·魏와 전쟁을 벌이는 동안 秦은 착착 韓·魏를 압박하며 영토를 잠
식한 것도 분명하다.[90] 따라서 齊·楚의 반목은 魏의 음모로 조성되었는지
는 몰라도 秦은 전통적인 우방 楚가 齊·魏와 싸우는 동안 齊의 강성을 원
치 않는 燕·趙를[91] 끌어들여 齊를 약화시킴으로써 순조롭게 영토를 확장한
셈인데, 특히 楚·魏의 陘山戰을 이용하여 秦이 魏로부터 上洛의 地를 다음
과 같이 할양받았다는 내막은 그 진위야 어쨌든 적어도 이 시기 楚를 이용
한 秦의 실리 외교의 면모를 약여하게 보여 주는 것 같다. 즉 당초 魏는 秦
이 楚를 지원하지 않는 조건으로 上洛의 地를 약속하였으나 일단 전쟁에서

---

87)《戰國策》魏 1:12 "齊魏約而伐楚 魏以董慶爲質于齊 楚攻齊 大敗之 而魏不救", "徐州
之役 犀首謂梁王曰 何不陽與齊 而陰結于楚 二國恃王 齊楚必戰 齊戰勝楚 而與乘之 必
取方城之外 楚勝齊 而與乘之 是太子之仇報矣".

88)《戰國策》魏 2:11 "···而禽太子申 臣萬乘之魏 而卑秦楚 此其暴戾定矣 且楚王之爲人
也 好用兵而甚務名 終爲齊患者 必楚也 田嬰不聽 遂納魏王 而與之幷朝齊侯再三 趙氏
醜之 楚王怒 自將而伐齊 趙應之 大敗齊于徐州", 동 齊 2 "權之難 齊燕戰 秦使魏冉之
趙 出兵助燕擊齊", 동 燕 1:3 "權之難 燕再戰不勝 趙不求···趙聞之 遂出兵救燕". 전통
적으로 權之難은 서주대전과 같은 B.C. 333년으로 비정되어 왔으나 徐仲舒, 전게〈論
<<戰國策>>的編寫及有關蘇秦諸問題〉는 蘇秦의 활동연대와 관련시켜 B.C. 295년으로
비정하고 있는데, 상기 齊 2에 등장하는 魏冉의 在秦 활동이 B.C. 306년 이후에 비로
소 확인되기 시작한다는 것도 주요 논거의 하나이다.《史記》를 비롯한 현존 전국시
대 자료에서 확인되는 魏冉의 활동기간이 B.C. 306-266인 점(藤田勝久,〈《史記》穰侯
列傳に關する一考察 ― 馬王堆帛書《戰國縱橫家書》を手がかりとして〉,《東方學》 71
집, 1986)을 고려하면 전통적인 연대비정에는 확실히 문제가 있다. 그러나 '魏冉'만
일단 차치하고 權之難을 徐州大戰과 관련된 국제 정치의 일환에서 이해하면 오히려
전통적인 연대가 보다 자연스러운 것 같다.

89) 羅運還,《楚國八百年》(1992, 武漢大學出版社), pp.296-301은 '亡越'의 연대와 그 의
미에 관한 문제를 잘 논하고 있다.

90) 徐州 大戰 이후 魏는 B.C. 329년 陘山의 戰에서 楚에 대승을 거두었으나, B.C. 332
년에는 秦에 陰晉을 헌납하였고, B.C. 330년 다시 대패한 후 河西의 地를 헌납하였으
며, B.C. 328년까지는 汾陰·皮氏·蒲陽을 빼앗기고 上郡을 헌상하는 수모를 연이어
당하였다.(《史記》六國年表, 秦本紀, 魏世家 참조)

91) 齊가 中山 공격을 선언하며 燕·趙의 개입을 막기 위해 平邑 할양을 약속하였다는
것(《戰國策》中山 3), "趙燕離 則趙重 齊燕合 則趙輕"(燕 1:2), 그리고 齊의 伐宋과 관
련 "燕趙破宋肥齊 尊齊而爲之下者 燕趙非利之"(燕 1:13)가 지적된 것은 모두 3국의
이해관계를 잘 말해 주는 것 같다.

승리하자 약속 이행을 거부하였는데, 秦·楚가 다시 동맹을 과시하자 魏는 부득히 약속을 이행하였다는 것이다.[92]

그러나 다른 나라들이 이와 같은 秦의 '순항'을 방치할 리가 없었다. 우선 楚의 경우 지리적 조건상 秦의 强盛이 곧 그 침공을 우려할 상황은 아닌 만큼 魏·齊의 약화는 일단 바람직하다. 북방 진출의 가능성은 일단 차치하더라도 적어도 魏·齊의 침공을 우려할 필요 없이 서남이나 남방으로 세력을 확대할 수 있었기 때문이다.[93] 그러나 秦과 韓·魏 또는 齊와 韓·魏의 연합 침공은 심각한 위협이 아닐 수 없고, 韓·魏가 秦 또는 齊의 압력을 거절하지 못할 정도로 약할 경우 이 가능성은 더욱 높아질 것이다. 또 韓·魏가 秦·齊를 전혀 견제할 수 없는 상황이라면 秦·齊의 연합 침공도 충분히 예상될 수 있다. 楚가 韓·魏의 약화를 무조건 환영할 수 없는 것은 명백하다. 한편 齊도 韓·魏의 약화는 직접적인 위협의 완화 또는 나아가 그 지역으로의 진출 가능성이란 점에서는 일단 환영할 수 있다. 그러나 일방 韓·魏는 그 위치상 秦·趙·楚·燕에 대한 견제역활을 할 수 있는 만큼 그 힘을 일정한 수준에서 유지하는 것이 齊에게 유리하다. 즉 齊·楚 모두에게 韓·魏의 지나친 약화는 바람직하지 않은데, 이 점은 秦의 경우도 마찬가지였다. 秦 역시 韓·魏가 楚 또는 齊의 압력에 먼저 굴복하여 反秦 연합 전선에 참가할 수 있다는 점을 모릴 리 없었을 것이다.

물론 秦이 이런 균형에 만족하는 것은 결국 천하 제패를 포기하는 것을 의미할 뿐 아니라, 韓·魏가 이 상황에서 중심추 역할을 자임할 경우 국제 정치의 주도권을 韓·魏에게 빼앗길 우려마저 있는 것이다. 그러나 秦이 韓·魏에 대한 침공을 계속한다면 齊는 물론 趙의 반발,[94] 그리고 전통적인 우

---

92) 《戰國策》 秦 4:5 "楚魏戰于陘山 魏許秦以上洛 以絶秦于楚 魏戰勝 楚敗于南陽 秦責賂于魏 魏不與⋯楚揚言與秦遇 魏王聞之 恐 效上洛于秦".

93) B.C. 361년 경 초는 이미 漢中·巴·黔中 지역을 포위하는 형세를 이루었지만, 그후에도 巴와의 공방은 계속되었으며(蒙默·劉琳·唐光沛·胡昭儀·柯建中, 《四川古代史稿》, 1989, 四川人民出版社, p.47), 越은 B.C. 333년 '攻滅'된 이후에도 楚에 복종하지 않는 존재로 史書에 여러번 나온다(何浩, 《楚滅國硏究》, 1989, 武漢出版社, pp.309-311).

94) 蘇秦도 韓·魏가 趙의 '南蔽'임을 지적하며 秦의 침공을 막기 위해 韓·魏와 제휴할

방 楚와의 충돌도 각오하지 않으면 안된다. 여기서 秦이 선택한 것은 이제는 방해가 되는 楚를 약화시키는 것이었고, 이를 위해 먼저 親魏 정책을 추진하였다.

張儀는 바로 이 정책의 주역이었다. 《史記》와 《戰國策》 등에 전하는 장의관련 기사중 후세의 僞托이 적지 않다는 것은 이미 널리 지적되고 있지만,[95] 그가 B.C. 333-328에 入秦, 328년 秦의 相이 되어 魏·秦의 관계를 주관하다 B.C. 322년 魏相으로 옮겨 秦·魏·齊의 연횡을 도모하였으나 실패하고 B.C. 318년 秦으로 귀환, 이듬해 다시 秦相이 되어 B.C. 310년까지 楚 공략에 크게 활약하였다는 것은 대체로 믿을 수 있는 것 같다.[96] B.C. 329년 應에서 있었던 秦·魏의 會同,[97] B.C. 328년 일단 함락한 蒲陽의 반환과 秦 公子의 入質,[98] B.C. 327년 焦·曲沃 등 河東 점령지의 반환, B.C. 325년 陝 점령 이후 그 주민의 송환, B.C. 322년 韓·魏 태자의 入朝와 張儀 相魏 등은[99] 모두 張儀의 주도하에 추진된 親魏 정책의 일환이며, B.C. 323년 張儀와 齊·楚 大臣이 만난 齧桑의 會는 바로 이 정책이 齊·楚의 이익을 침해하지 않는다는 것을 설득하기 위하여 소집된 것 같다.

그러나 張儀의 親魏 정책이 결국 "魏로 하여금 먼저 秦을 섬기게 하여 제후들이 본받게" 하기 위한 것이었고, 張儀가 각국에게 連橫을 설득하였다는 내용중 '천하의 강국 秦·楚는 서로 양립할 수 없는 형세이기' 때문에 '秦이

것을 설득하였다고 하는데(《史記》 권 69 蘇秦列傳), 《戰國策》 중에서 秦이 魏를 장악하면 趙를 침공할 것이라는 예측을 찾는 것은 그리 어렵지 않다.

95) 張公量, 〈張儀說齊 說趙 說燕辨僞〉(《禹貢》 半月刊 3-7, 1935) ; 〈張儀入秦說眞僞辨〉 (《禹貢》 半月刊 4-2, 1936) ; 〈張儀入秦續辨〉(《禹貢》 半月刊 4-6, 1936) ; 繆文遠, 《戰國策考辨》(1984, 北京 中華書局) 참조.

96) 晁福林, 〈張儀史事辨〉(《江海學刊》(南京) 1994-3) 참조.

97) 《史記》 권 15 六國年表 秦 惠王 9년 "與魏會應"

98) 《史記》 권 70 張儀列傳 "秦惠王十年 使公子華與張儀圍蒲陽 降之 儀因言秦復與魏 而 使公子繇質於魏 儀因說魏王曰 秦王之遇魏甚厚 魏不可以無禮 魏因入上郡少梁 謝秦惠 王 惠王乃以張儀爲相". 단 《史記》 六國年表는 魏가 少梁을 秦에 할양한 것을 秦 惠王 8년(B.C. 330년)으로 전한다.

99) 《史記》 秦本紀 惠文王 11년, "歸魏焦曲沃", 13년 "使張儀伐取陝 出其人與魏", 後 2 년 "張儀與齊楚大臣會齧桑", 後 3년 "韓魏太子入朝 張儀相魏".

가장 약화시키려는 것은 楚이며, 楚 약화에 가장 적격자는 魏'이므로 '魏가 秦을 섬기면 韓·楚가 감히 동할 수 없다'는 귀절은[100] 그 親魏 정책의 목표를 잘 말해 주는 것 같다. 즉 그것은 궁극적인 목표인 천하 爭覇에 방해되는 强國 楚의 약화였고, 따라서 그 '親魏'는 결국 '滅魏'를 위한 수단에 불과하였다고 해도 과언은 아닐 것이다.

"方 1000里도 못되는 땅에, 병졸은 불과 30萬", 사방 어디에도 장애 지형도 없어 '국경을 지키는 戍兵만도 최소 10만이 필요한데', 주변국의 이해가 엇갈려 항상 침공을 면하기 어려운 형세에 처한 약소국 魏의 입장에서[101] 강국 秦의 우호적 접근은 일단 환영할 만하며, 더욱이 역시 약소한 이웃 韓에[102] 대한 침공을 秦이 일정한 선에서 보장한다면,[103] 그리고 齊도 秦과 제휴한다면 魏로서는 더욱 솔깃하였을 것이다. 그러나 秦·齊 연합도 이루어지지 않았지만,[104] 각국이 秦의 親魏 정책의 정체를 모를 리 없다면 이를 수수방관할 이유가 없었을 것이다.

韓이 자신을 첫 제물로 삼는 秦·魏 연합을 저지하려 한 것은 당연하였지만, '韓亡'은 곧 '魏亡'의 前奏라는 것도[105] 알 사람은 다 아는 상식이었다

---

100) 《史記》 권 70 張儀列傳 "(張儀)相魏以爲秦 欲令魏先使秦而諸侯效之", "(魏)事秦則楚韓必不敢動···且夫秦之所欲弱者莫如楚 而能弱楚者莫如梁", "凡天下彊國 非秦而楚 非楚而秦 兩國交爭 其勢不兩立".

101) 《史記》 권 70 張儀列傳 "張儀復說魏王曰 魏地方不至千里 卒不過三十萬 地四平 諸侯四通輻湊 無名山大川之限···梁南與楚境 北與趙境 東與齊境 卒戍四方 守亭障者不下十萬 梁之地勢 固戰場也 梁南與楚而不與齊 則齊攻其東 東與齊而不與趙 則趙攻其北 不合於韓 則韓攻其西 不親於楚 則楚攻其南 此所謂四分五裂之道也".

102) 《戰國策》 韓 3:2 "今天下散而事秦 則韓最輕矣 天下合而離秦 則韓最弱矣 合離之相續 則韓最先危矣"는 당시 韓의 취약한 입장을 가장 잘 지적한 것 같다.

103) 《戰國策》 魏 1:20 "張儀欲幷相秦魏 故謂魏王曰 儀請以秦攻三川 王以其間約南陽 韓氏必亡" 및 주 108 참조.

104) 《史記》 六國年表 齊 湣王 4년(B.C. 320) "迎婦于秦", 《戰國策》 齊 2:3 "梁王因相矣 儀以秦梁之齊合橫親 犀首欲敗···齊王聞之 怒于張儀曰 (公孫)衍也吾讎 而儀與之俱 是 必與衍讐吾國矣 遂不聽"은 당시 張儀에 의한 秦·魏·齊 연합 노력이 실패로 끝난 사정을 전한다.

105) 《戰國策》 魏 3:8 "魏將與秦攻韓 朱己謂魏王曰···今大王與秦伐韓 而益近秦患 臣甚惑之···韓亡 秦盡有鄭地 與大梁隣 王以爲安乎···秦非无事之國也 韓亡之後 必且便事 便事必爲易與利···故曰秦必不伐楚與趙矣 又不攻衛與齊矣 韓亡之後 兵出之日 非魏无攻矣"는 비록 林春溥, 《戰國紀年》 이래 대체로 B.C. 262년(周 赧王 53)으로 비정된

면 오히려 韓·魏가 제휴를 모색하는 것도 자연스러운 일이었다. B.C. 325
년 秦 惠文王이 王號를 칭하자 魏惠王과 韓 威侯(宣王)가 만나(巫沙之會) 韓
의 稱王을 승인하고, 뒤이어 양인이 모두 태자를 대동하고 入趙한 3晉 동맹
부활모색, B.C. 323 魏 犀首(公孫衍)의 주동으로 이루어진 韓·魏·趙·燕
·中山 5국의 상호 칭왕 승인,[106] 張儀의 의도대로 움직이지 않는 魏에게 秦
이 누차 군사위협을 가하였다는 것,[107] 張儀의 政敵 犀首가 韓이 秦·魏 연
합군의 침공으로 망하느니 먼저 魏에게 적당히 땅을 할양하여 秦·魏 연합
대신 韓·魏 연합을 형성시켜 秦의 압력에 대처하자고 주장하였다는 고
사,[108] 張儀가 魏相이 되자 齊·楚가 대노하여 魏를 공격하려고 하였다는
것,[109] 또 그 상황을 이용한 韓·楚 연합의 움직임,[110] 그리고 張儀가 秦·魏
·齊의 연합에서 韓·秦·魏의 연합을 통한 齊·楚 공격으로 정책을 전환
하자 惠施가 魏·齊·楚 연합을 추진한 사실,[111] B.C. 310년 새로운 魏相의
선임을 둘러싼 秦·齊·韓·楚의 치열한 외교전[112] 등은 모두 秦·魏 연합

상황이지만, 이와 같은 韓·魏의 脣亡齒寒의 관계는 적어도 기원전 4세기 중반 이후
부터 시작된 것으로 보아도 대과는 없는 것 같다.

106) 楊寬, 전게 《戰國史》, pp.321-322. 이것은 秦·齊·楚 3대 강국 대항한 5 약소국의
  연합의 모색이었지만, 齊·楚의 적극적인 방해로 별다른 성과는 없었다.

107) 《史記》 권 70 張儀列傳 "(張儀)相魏以爲秦 欲令魏先事秦而諸侯效之 魏王不肯聽 秦
  王怒 伐取魏之曲沃平周 復陰厚張儀益甚 張儀慙 無以歸報 留魏四世 而魏襄王卒 哀王
  立 張儀復說哀王 哀王不聽 於是張儀陰令秦伐魏 魏與秦戰 敗 明年 齊又來敗魏於觀津
  秦復欲攻魏 先敗韓申差軍 斬首八萬 諸侯震恐"

108) 《戰國策》 魏 1:21 "魏王將相張儀 犀首不利 故令人謂韓公叔曰 張儀以合秦魏矣 其言
  曰 魏攻南陽 秦攻三川 韓氏必亡 且魏王所以貴張子者 欲得地 則韓之南陽舉矣 子盍少
  委焉 以爲衍功 則秦魏之交可廢矣 如此則魏必圖秦而棄儀 收韓而相衍 公叔以爲信 因而
  委之犀首以爲功 果相魏".

109) 《戰國策》 魏 1:19 "張子儀以秦相魏 齊楚大怒 而欲攻魏".

110) 《戰國策》 魏 1:20 "史慶謂趙獻曰 公何不以楚佐儀求相之于魏 韓恐亡 必南走 儀兼相
  秦魏 則公亦必幷相楚韓矣". 이것이 어느 정도 사실을 반영한 것이라면 楚 역시 親韓
  정책을 통한 야심의 실현을 의도하였지만, 보다 자연스럽게 韓을 끌어 들이기 위하여
  秦의 親魏 정책을 방조하였다는, 대단히 흥미로운 당시 외교전의 한 단면이라 하겠
  다.

111) 《戰國策》 魏 1:18 "張儀欲以魏合于秦韓以攻齊楚 惠施欲以魏合于齊楚以案兵 人多爲
  張子于王所".

112) 《史記》 권 44 魏世家 哀王 9년 "與秦王會臨晉 張儀魏章皆歸于魏 魏相田需死…
  (楚)昭魚甚憂曰 田需死 吾恐張儀犀首辥公有一人相魏者也 (蘇)代曰 梁王長主也 必不相

을 축으로 전개될 수 있는 秦의 강성을 저지하려는 각국의 긴박한 외교전의 분위기를 잘 전하고 있다.

그러나 B.C. 318년 5국 또는 6국 연합의 攻秦은 秦이 '이론상' 예상할 수 있는 최악의 상황이었다. 즉 모든 假想敵이 일시에 현실의 적으로 변한, 秦國 사상 초유의 국면이 전개되었을 뿐 아니라 戎狄 義渠마저 적군에 가담한 것이다. 다행히 일단 函谷關 안으로 패퇴하였던 秦軍은 이듬해 3晉 연합군을 대패시켰고,[113] 齊도 魏·趙를 공격하면서[114] 반진 연합 자체가 와해됨으로써 秦은 위기를 넘길 수 있었다. 그러나 商鞅의 尊魏 정책을 통하여 齊·楚의 攻魏를 유도한 경험이 있었던 秦에게 이것은 극히 평범한 상식을 일깨운 계기가 되었을 것이다. 즉 국제 경쟁에서 지나친 독주는 모든 적을 단결시킬 수 있다는 것이다. 더욱이 秦은 여기서 전통적인 우방 楚가 적으로 돌변한 충격적인 현실에 직면하였던 것이다.[115] 물론 秦의 親魏가 弱楚를 겨냥한 것이었던 만큼 楚와의 충돌은 秦도 예상한 것이기도 하다. 그러나 이제 楚가 먼저 침공군에 가담한 이상 정책의 전면적인 수정은 불가피하였을 것이다.

B.C. 316년 巴蜀의 공벌은 바로 그 결과였다. 《史記》에 의하면 당시 '親魏

張儀 張儀相 必右秦而左魏 犀首相 必右韓而左魏 薛公相 必右齊而左魏…王曰 然則寡人孰相 代曰 莫若太子之自相 太子自相 是三人者皆以太子爲非常相也 皆將務以其國事魏 欲得丞相璽也 以魏之彊 而三萬乘之國輔之 魏必安矣…太子果相魏".

113) 당시 攻秦 참가국을 《史記》 秦本紀는 '韓·趙·魏·燕·齊·匈奴', 楚世家는 齊를 포함한 "六國", 張儀列傳과 魏世家는 "五國", 燕世家는 '燕·楚·三晉', 六國年表는 '韓·魏·趙·楚·燕'으로 각각 상이한 기술을 하고 있다. 齊가 극히 소극적이었고 실제 직접 전투에 참가한 것은 주로 3晉이었지만, 楚가 참여한 것은 분명하다(주 115 참조). 그러나 楚世家 "蘇秦約從山東六國攻秦 楚懷王爲從長"은 이것이 蘇秦의 對秦 合從策의 결과이며 또 楚가 중심역할을 한 것처럼 전하고 있지만, 蘇秦과는 무관하며, 魏·秦 연합을 축으로한 張儀의 연횡책에 맞선 魏 犀首의 합종책의 결과라는 것은 이미 상식에 속한다.(楊寬, 전게 《戰國史》, pp.323-324 및 何淸谷, 전게 〈公孫衍事迹考〉 참고)

114) 《史記》 六國年表 魏 哀王 2년, 趙 武靈王 9년 "齊敗我觀澤".

115) B.C. 318년 反秦 5(6)국 合從에 楚가 빠진 기록도 있지만, 앞서 언급한 <詛楚文>이 楚를 "兼倍十八世之詛盟 率諸侯之兵以臨加我 欲剗伐我社稷 滅我百姓 蔑瀆皇天上帝及大神厥湫之笃祠圭玉羲牲 述取吾邊城新隍及於長新"하였다고 비난한 귀절은 楚가 전통적인 우호관계를 배신하고 攻秦 연합에 적극 가담, 秦의 변경을 점령하였고, 이에 秦이 격분한 사실을 입증한다.

善楚’ 정책을 당분간 유지하면서 韓·東周를 먼저 공벌한 후 楚·魏를 침공하면 천자를 끼고 천하를 호령할 수 있다’는 張儀의 주장에 맞선 司馬錯의 다음과 같은 ‘先伐巴蜀’論이 채택된 것이다. 즉 張儀의 전략은 ‘실익도 보장하지 못하면서 명목상으로나마 천하의 宗室을 지키는 천자를 겁략하였다는 惡名을 뒤집어 쓰게 되어 魏·齊·趙·楚의 총공격에 직면할 우려가 많은 반면, 광대한 영토와 풍부한 물산을 가진 巴蜀의 정벌은 국제 여론의 비난도 받지 않고 손쉽게 성공할 수 있어 왕업의 기초가 될 수 있다는 것이었다.[116] 그러나 《華陽國志》蜀志는 이 문제를 다음과 같이 전하고 있다.

> 秦 惠王은 마침 楚를 도모하려고 하였기 때문에 群臣과 의논하였다.“대저 蜀은 西邊 구석의 나라로 戎狄과 이웃하고 있으니 楚를 정벌하느니만 못하다”. 司馬錯·中尉 田黃眞 “蜀은 桀·紂 (시대와) 같이 어지럽지만 나라는 富饒하여 그 布帛과 金銀을 얻으면 軍用이 풍족할 (뿐 아니라) 水路가 楚로 통하고 巴에는 勁卒이 있으니 (그것을 얻은 후) 배를 크게 띄워 東으로 楚를 향해 (처내려 가면) 楚의 땅을 점령할 수 있읍니다. 蜀을 얻으면 楚를 얻을 수 있으며, 楚가 망하면 천하를 겸병할 수 있읍니다”. 惠王 “옳은 말이다”.

즉 《華陽國志》는 《史記》에 언급되지 않은 巴蜀 정벌의 궁극적인 목표, 즉 ‘伐楚를 통한 天下 제패’를 분명히 전하고 있는데, 이것은 弱楚란 기본 목표는 유지하되 당분간 ‘親魏善楚’의 형식을 취하며 韓을 공격하자는 張儀의 주장과 楚를 직접 공격하자는 惠文王의 주장을 절충한 것으로 보인다. 즉 이미 ‘善楚’도 불가능하고 또 楚를 직접 공벌할 상황도 아니라면, 우선 楚를 위협할 수 있는 전략적 요충을 점령하는 것이 상책일 것이다. 巴蜀이 그러한 지리적 요건을 갖추었을 뿐 아니라 인적 물적 자원이 풍부하면서도 비교적 무리없이 점령할 수 있었다면, 또 마침 또 다른 강적 齊가 燕의 침

---

116) 《史記》 권 70 張儀列傳 “儀曰 親魏善楚…魏絶南陽 楚臨南鄭 秦攻新城宜陽 以臨二周之郊 誅周王之罪 侵楚魏之地 周自知不能救 九鼎寶器必出 據九鼎 案圖籍 挾天子以令於天下 天下莫敢不請…司馬錯曰 不然…夫蜀西僻之國也 以戎狄之長也 有桀紂之亂 以秦攻之 譬如使豺狼逐群羊 得其地足以廣國 取其財足以富民 繕兵 不傷衆而彼已服焉 拔一國而天下不以爲暴 利盡西海 而天下不以爲貪…今攻韓 劫天子 惡名也 而未必利也 又有不義之名 而攻天下所不欲 危矣 臣請謁其故 周天下之宗室也 齊韓之與國也…將二國并力合謀 而因乎齊趙以救解乎楚魏 以鼎與楚 以地與魏 王不能之也”.

공에 관심을 집중하고 있는 상황이었다면[117] 秦의 巴蜀征伐 적절한 결단이
었다. 張儀가 楚에게 連橫을 설득하면서 '巴蜀을 점령한 秦은 이제 水路를
이용한 신속한 공격이 가능한 만큼, 비록 楚가 3천리 밖에 멀리 있다 해도
10일이내에 기습하여 3개월내에 결판을 낼수 있다'고 위협하였다는 것은[118]
秦의 巴蜀 점령이 對楚 관계에서 갖는 의미를 단적으로 말해 준다. 楚 역시
사태의 심각성을 모를리 없었을 것이다.

이 상황에서 楚는 秦과 타협하지 않는 한 齊와 연합이 상책이었다. 따라
서 秦은 가장 바람직한 상황 즉 齊·楚 전쟁을 바랄 수 없다면, 최소한 그
들의 우호 관계를 차단하지 않을 수 없었을 것이다. 그러나 齊·楚의 연합
은 齊의 燕 침공을 楚가 반대하는 한 성사될 수 없었으며, 또 燕이 齊에게
저항을 계속하는 한 秦이 燕 문제에 직접 개입할 이유는 없지만 楚가 反齊
연합을 명분으로 韓·魏·趙를 끌어들이는 것은 방지할 필요가 있었을 것
이다.[119] 秦이 齊의 燕 침공을 선후하여 재빨리 B.C. 318년 5(6)국 침공군에
가담하였던 義渠에 대한 확실한 응징을 가한 이후 韓·魏·趙에 대한 공세
를 강화하여 B.C. 313까지 魏·韓을 확실히 장악한 것은[120] 바로 齊·楚의

---

117) 齊가 燕을 본격적으로 침공한 것은 B.C. 314이었지만, 침공의 원인이 된 燕王 噲의
'禪讓'은 바로 秦이 蜀을 정벌한 해였다. 齊의 攻燕 배경을 비교적 상세히 전한 《戰
國策》燕 1〈燕王噲旣立章〉이 禪讓을 받은 寵臣 子之와 蘇秦 및 蘇代의 밀착관계, 蘇
代와 齊 宣王의 관계를 강조한 것은 '禪讓' 자체가 攻燕을 위한 齊의 음모였을 가능
성을 시사한다.

118) 《史記》張儀列傳 "秦西有巴蜀 大船積穀 浮江以下 至楚三千里 舫船載卒 一舫載五十
人與三月之食 下水以浮 一日行三百與里 里數雖多 然而不費牛馬之力 不至十日以拒扞
關 扞關驚 則從境以東盡城守 黔中巫郡非王之有 秦擧甲出關 南面而伐 則北地絶 秦兵
之攻楚也 危難在三月之內 而楚待諸侯之救 在半歲之外 此其歲不相及也".

119) 《戰國策》魏 1:22 "楚許魏六城 與之伐齊而存燕 張儀欲敗之 謂魏王曰 齊畏三國之合
也 必反燕地以下楚趙…魏王遂尙遇 秦信韓 廣魏 救趙 尺楚人遽于葦下"는 秦이 魏를
끌어들여 反齊 전선을 형성하려는 楚·趙의 책략을 성공적으로 차단한 사정을 전한
것 같다. 趙·楚가 齊의 燕 침공을 반대한 것은 그들이 齊의 침공을 받을 경우 가장
확실한 견제세력인 燕의 소멸을 원치 않았고, 秦이 이 反齊 연합을 저지한 이유는 反
齊 자체는 환영할 만하지만 이를 통한 3晉과 楚의 밀착을 원치 않았기 때문으로 해
석된다.

120) 《史記》秦本紀·魏世家·趙世家·六國年表 등 참조. 특히 B.C. 313년 魏 襄王이
臨晉에서 秦 惠王과 만나기 직전 秦의 요구에 따라 公子 政을 태자로 세운 것은 魏에
대한 秦의 영향력을 짐작케 한다.

접근이 이루어지지 않은 상황을 십분 이용한 것이었다.

그러나 B.C. 312년 齊의 지원을 받은 楚의 秦 曲沃 점령, 齊·宋 연합군의 魏 煮棗 攻圍, 楚의 韓 雍氏 攻圍 등 일련의 사태는[121] 마침내 秦이 우려하던 齊·楚 연합이 현실로 나타난 것이었다. 이 연합 공세의 구체적인 계기는 분명치 않으나 韓·魏·秦 동맹에 대한 양국의 우려, 장기간의 침공에도 불구하고 별다른 성과 없이 보복의 가능성만 남긴채 燕을 철수한 齊의 불안감등이 양국을 급속히 접근시켰던 것으로 추측된다.[122] 어쨌든 秦·魏·韓의 대대적인 반격으로 齊·楚는 대패하였고, 특히 楚는 丹陽에서의 대패와 漢中 상실을 설욕하기 위하여 秦의 심장부인 藍田까지 침공하였으나 역시 대패하였으며, 이듬해에는(B.C. 311) 召陵까지 빼앗겨 국력이 크게 약화되었다. 특히 漢中을 점령한 秦은 巴蜀을 본토와 하나로 연결시켜 楚에 대한 위협을 가중시킬 수 있었으니,[123] 10년 이상의 숙원 사업 '弱楚'의 목표는 어느 정도 달성한 셈이었다.

4) 弱齊 政策과 齊의 伐宋

그렇다면 이제 秦의 다음 목표는 또 다른 강적 '齊의 약화'가 될 순서일 것이다. 그러나 秦은 비록 齊·楚 연합을 공파하면서 '弱楚'의 목표를 달성하였지만, 이것은 한편 진이 齊·楚 연합의 위험성을 처음으로 실감하는 계기도 되었을 것이다. 따라서 이제 秦의 '弱齊' 정책이 무력 충돌도 피할 수

---

121) 羅運還, 전게 《楚國八百年》, pp.317-318.
122) 王閣森·唐致卿 主編, 《齊國史》(1992, 山東 人民出版社) pp.396-399 참조. 특히 齊가 철수하면서 燕昭王이 趙의 지원으로 즉위한 것은 齊에게 큰 정치적 부담이 되었을 것이다. 한편 근래 中山王陵에서 출토된 銅器의 명문중 '禪讓'을 둘러싼 燕의 '不義'와 中山國의 燕侵攻과 승리를 전하는 내용이 확인되었다. 특히 銅鼎의 銘文中 中山國의 相 司馬賙를 "親率三軍之衆 以征不義之邦 奮桴振鐸 闢啓疆封 列城數十 克敵大邦"으로 칭송한 귀절은 당시 燕을 침공하여 실익을 거둔 것은 오히려 中山이었음을 입증한다. 또 B.C. 309년 또는 308년 燕 침공의 승리를 기념하여 주조된 銅壺의 명문은 中山이 이 점령지를 상당 기간 보지하였음을 시사하고 있다. 于豪亮, 〈中山三器銘文考釋〉(《文物》 1979-2) 참조.
123) 羅運還, 전게 《楚國八百年》, p.318 참조.

없다면 아무리 楚의 국력이 한풀 꺾였을지라도 齊·楚 연합이 바람직하지 않다는 것은 긴 설명이 필요치 않았을 것이다.《史記》張儀列傳과《戰國策》에는 주로 B.C. 310년 이후 秦·楚를 오가며 齊·楚 연합을 분쇄하는 張儀의 활약상이 대서 특필되어 있다. 각각 商於의 땅 600리 또는 漢中의 반을 할양하는 조건으로 齊와의 관계를 단절시킨 후 약속을 이행치 않음으로써 두번씩이나 楚만 곤경에 빠지게 하였다는 유명한 '사기극'이나 張儀가 楚의 親秦 정책을 보장하기 위하여 스스로 楚相에 취임하기도 하였다는 내용은 모두 사실이 아닐 가능성이 높다.[124] 그러나 B.C. 310년 이후 楚가 親齊·親秦 정책을 거듭 선회한 끝에 楚懷王이 B.C. 299년 '舊好를 회복하자'는 秦의 제안을 믿은 탓으로 秦에 억류되어 영토 할양을 강요당하면서 생을 마치기까지(B.C. 296) 오히려 齊·秦 쌍방의 공격에 시달리기만 하였던 것은[125]

---

124) 羅運還, 전게 《楚國八百年》, p.320에는 《戰國策》 秦 1 〈張儀欲以漢中與楚章〉의 내용, 즉 '漢中은 楚에는 利가 되지만 秦에는 오히려 累가 되기 때문에 楚에 할양하여 화친하자는 張儀의 주장과 이를 반대한 甘茂의 주장'을 근거로 이른바 張儀의 '사기극' 진상은 실제 張儀가 성실히 약속한 것이었지만 惠王의 사후 武王의 반대로 약속이 이행되지 못한 것 뿐이며, 따라서 '史實'로 보지 않을 이유가 없다는 대단히 흥미 있는 주장이 보인다. 그러나 漢中의 對楚 전략적 가치를 감안할 때 張儀의 비상식적인 논지는 납득하기 어렵다. 그러므로 《戰國策》 중 張儀와 楚 관계 기사의 대부분을 策士들이 조작한 '虛妄之說'로 평가한 繆文遠, 〈張儀和楚國關係考實 — 兼評于鬯<<戰國策年表>>〉(《四川大學學報》(哲學社會科學版), 1983-2)의 고증이 보다 설득력이 있는 것 같다.

125) 楚 懷王 20년(B.C. 309) '事秦'으로 인식된 楚가 齊 湣王의 合從 제의를 받고 논란 끝에 결국 "不合秦 而合齊以善韓" 정책을 취한 이후 懷王이 사로잡힐 때까지의 楚와 齊·秦 관계를 《史記》 楚世家는 다음과 같이 전하고 있다. 즉 "(懷王) 24년, 齊를 배반하고 秦과 합하였다. 秦昭王은 즉위 初 楚에게 후한 예물을 보냈고 楚는 秦으로 가서 부인을 맞았다. 25년, 懷王은 秦에 들어가 秦 昭王과 黃棘에서 맹약을 맺었다. 秦은 다시 楚에게 上庸을 주었다. 26년, 齊·韓·魏는 楚가 從親을 배반하고 秦에 합하였다고 三國이 함께 楚를 공벌하였다. 楚는 太子를 秦에 入質시키고 구원을 청하였다. 秦은 이에 客卿 通으로 하여금 군사를 거느리고 楚를 구하도록 하니 3국의 군대가 철수하였다. 27년, 秦 大夫와 楚 太子가 다투었는데, 楚 太子가 그를 죽이고 도망쳐 돌아왔다. 28년 이에 秦은 齊·韓·魏와 함께 楚를 공벌하여 楚 장군 唐昧를 살해하고 重丘를 취한 후 돌아갔다. 29년, 秦은 다시 楚를 공격하여 대파하였는데, 楚軍이 2만이나 죽었고, 장군 景缺도 피살되었다. 懷王은 두려워한 끝에 태자를 齊에 입질시키고 화평을 청하였다. 30년, 秦이 다시 楚를 공벌하여 8개의 성을 점령하였다. 秦 昭王은 楚王에게 편지를 보내어 말하였다.····寡人은 君王과 武關에서 만나 얼굴을 맞대고 맹약을 맺은 후 떠나기를 원한다···楚王이 도착하자 秦은 武關을 닫고 楚王과 함께 서쪽 咸陽으로 가서 ···楚王을 억류하고 巫·黔中의 할양을 요구하였다."

齊·楚 연합을 분쇄하려는 秦의 집요한 노력에 楚가 현명하게 대응하지 못한 때문이었던 것은 분명하다.[126]

張儀의 對楚 工作 설화나 秦의 韓 宜陽 攻伐時 秦의 漢中 할양을 약속을 믿고 중립을 지킨 楚가 또 한번 속았다는 고사등은[127] 바로 이러한 상황을 희화적으로 풍자한 것으로 해석된다. 어쨌던 이처럼 秦이 齊·楚 연합의 파괴에 부심한 것은 당시 齊가 韓·魏까지 合從에 끌어들이면서 秦을 견제하였기 때문으로 해석되는데(주 125 楚 懷王 26년 참조), 이를 위해 秦은 무력 사용도 불사하여 때로는 본래 공격 목표인 齊와도 연합하여 楚를 공격하기도 하고(주 125 楚 懷王 28년 참조) 趙·秦·楚 연합을 시도하기도 하였으며[128] 심지어 국제적 비난을 무릅쓰고 楚王을 속여 억류·憤死시키는 '詐術'마저 동원하였지만,[129] 懷王의 憤死로 완전히 단절된 楚와의 관계도 결국 무력 시위를 통하여 비로소 회복하였다. 그 결과 秦은 楚를 거의 완전한 '與國'으로 만드는 데는 성공하였지만[130] 그동안 韓·魏를 끌어들이는데 성공한 齊의 位相이 강화되어 秦의 '弱齊' 목표는 더욱 難題가 된 것 같았다.[131]

---

126) 秦·楚의 魏 皮氏 攻圍의(B.C. 306) 전말도 초 외교 실패의 단적인 예라 하겠다. 이 전쟁은 본래 楚가 魏의 친제정책을 응징하기 위하여 제안되었는데, 楚는 魏가 패하면 秦과 연합할 것을 예상, 魏와 단독 강화하고 魏太子를 인질로 받으면 秦이 영토를 할양하면서 다시 공동 伐魏를 제안할 것으로 계산하였지만, 오히려 秦·齊의 공작으로 魏가 秦과 楚를 공격하는 한편 親齊 정책을 취하였다는 것이다. 《戰國策》 魏 2:16 '秦楚攻魏章', 魏 3:11 '魏太子在楚章', 魏 4:5 '魏秦伐楚章' 참조.

127) 《戰國策》 秦 2:7 "宜陽之役 馮章謂秦王曰…不如許楚漢中以懽之 楚懽而不進 韓必固 无奈秦何矣 王曰 善 果使馮章許楚漢中 而拔宜陽 楚王以其言責漢中于馮章 馮章謂秦王曰 王遂亡臣 因謂楚王曰 寡人固无地以許楚王".

128) 《戰國策》 趙 3:5 "富丁欲以趙合齊 樓緩欲以趙合秦楚". 于鬯, 《戰國策年表》는 이것을 B.C. 298년으로 繫年하고 있다.

129) 《戰國策》 趙 1:17 '謂趙王曰章'에 의하면 秦의 楚王 억류는 趙의 秦·楚 연합 분쇄 공작의 결과였다 것이다. 즉 본래 秦의 계획은 趙를 설득 燕을 공격케 하는 한편 楚와 연합하여 먼저 韓과 魏를 차례로 복속시킨 후 趙를 침공하려는 것이었는데, 이것을 간파한 趙가 韓·魏에 파병 三晉의 단합을 과시하자, 秦이 차선책으로 楚王을 억류 楚에게 영토 할양을 강요하게 되었다는 것이다.

130) 《史記》 楚世家 頃襄王 3년 "懷王卒于秦 秦歸其喪于楚 楚人皆憐之 如悲親戚 諸侯由是不直秦 秦楚絶 六年 秦使白起伐韓於伊闕 大勝 斬首二十四萬 秦乃遺書楚王曰 楚倍秦 秦且率諸侯伐楚…楚頃襄王患之 乃謀復與秦平 七年楚迎婦於秦 秦楚復平". 이후 頃襄王 18년(B.C. 281) 楚가 對秦 合從을 도모한 소식을 듣고 秦이 침공할 때까지 秦·楚의 우호는 계속되었다.

이에 秦은 우선 齊·楚 연합을 반대하는 趙의 秦·趙·宋 연합정책에 호응하였다.[132] 그러나 趙는 秦·楚 연합은 반대하였지만(129 참조) 秦·齊의 연합도 齊·楚의 연합도 원치 않았다.[133] 반면 秦은 齊에 편승한 韓·魏를 응징하려면 적어도 齊의 묵인이 필요하였다. 마침 齊는 수년간 韓·魏와 연합하여 秦·楚·燕을 공격하면서 막대한 인적 물적 자원을 소모하였지만, 승리의 실질적인 댓가는 모두 韓·魏가 차지하였고(주 131 참조), 韓·魏의 강대는 곧 齊의 상대적 약세를 의미하는 만큼 더 이상 韓·魏를 위하여 싸울 의사가 없었을 것이다.[134] 대신 齊는 이제 확실한 이득을 보장하는 宋의 정복에 관심을 갖고 있었던 것이다. 바로 여기에 秦·齊 제휴의 가능성이 있었던 것이다. 즉 齊는 秦의 韓·魏 응징을 묵인하고 秦은 齊의 攻宋을 양해한다는 것인데, 秦은 역시 宋을 탐내는 魏·楚를 싸우게 한 후 齊가 단독 宋을 정복할 경우 魏를 보다 용이하게 침공하여 보다 많은 영토를 할양받을 수 있을 것으로 계산한 것 같다.[135]

---

131) B.C. 301-296 사이 진의 지나친 공세에 반발한 韓·魏는 齊와 연합하여 秦·楚·燕에 대대적인 공세를 취하였다. 그리하여 楚의 宛·葉 이북도 韓·魏가 분점하였지만, 특히 B.C. 298년 函谷關까지 진격한 3국과 타협하기 위하여 秦은 魏에게 河外와 逢陵을, 韓에게 河外와 武遂를 각각 반환하지 않을 수 없었다(楊寬, 전게 《戰國史》 pp.334-335 참조). 이것이 齊의 국제적 위상을 크게 제고시켰지만, B.C. 295 趙의 中山 攻滅 지원으로(《史記》 六國年表 齊 宣王 29년 "佐趙滅中山") 그 위세는 더욱 떨쳤을 것이다. 한편 B.C. 298년 3국의 攻秦과 관련 《史記》 秦本紀 昭襄王 11년 條는 "齊韓魏趙宋中山五國共攻秦 至鹽氏而還 秦與韓魏河北及逢陵以和"를 기록하고 있으나, 梁玉繩이 지적한 바와 같이 이것은 六國年表 秦 昭王 9년의 齊·韓·魏 3국의 攻秦을 誤記한 것이다(《史記志疑》 권 4 秦本紀 참조).

132) 楊寬 전게 《戰國史》, pp.333-334. 《戰國策》 趙 4:16 "魏敗楚于陘山 禽唐明 楚王懼 令昭應奉太子以爲和于薛公 主父(趙 武靈王)欲敗之 乃結秦連宋之交 令仇郝相宋 樓緩相秦 秦王禽趙宋 楚齊之和卒敗". 陘山之戰은 B.C. 301년. 한편 楊寬은 孟嘗君의 秦相 해임에(B.C. 298) 이은 樓緩의 임용은 親齊政策에서 親趙政策으로의 전환을 의미한다는 것이다.

133) 《戰國策》 趙 3:6 "周最以天下辱秦者也 今相魏 魏秦必虛矣 齊魏雖勁 無秦不能傷趙···秦魏雖勁 無齊不能得趙"는 趙가 秦·齊 연합을 반대하지 않을 수 없는 이유를 잘 말해 준다.

134) 《戰國策》 西周 1 "薛公以齊爲韓魏攻楚 又與韓魏攻秦···韓慶爲西周謂薛公曰 君以齊爲韓魏攻楚 九年而取宛葉以北 以强韓魏 今又攻秦以益之 韓魏南無楚憂 西無秦患 則地厚而益重 齊必輕矣"는 이러한 齊의 입장을 잘 지적하고 있다.

135) 《戰國策》 魏 2:7의 다음과 같은 귀절은 秦이 齊의 伐宋을 동의한 이유를 짐작케

B.C. 294년 齊의 親魏 反秦派 大臣 周最의 축출과 秦의 五大夫 呂禮의 齊相 임용에 상응한 秦의 親趙派 樓緩의 해임과 魏冉의 秦相 취임도 秦·齊 연합의 성과였다.[136] 이 협상을 배경으로 秦은 B.C. 295-289 사이 韓·魏에 대한 대대적인 공세를 전개하여 반환하였던 영토를 되찾았지만,[137] 秦의 공세에 쫓긴 韓·魏가 趙에 의지함으로써 趙는 다시 齊·秦 연합에 맞서는 중요한 세력으로 부상하였다.[138] B.C. 288년 秦·齊가 東·西帝를 칭하고 趙 공벌을 약속한 것은 바로 이 때문이었다. 그러나 伐趙 연합군은 출정하기 직전 齊·趙 중심의 5국 伐秦 연합군으로 돌변하였다.[139]

秦이 齊의 伐宋 문제에 종전과 달리 반대의사를 표명하기 시작한 반면 국가 존망의 위기의 순간 趙의 일부 세력은 齊의 伐宋을 지지하며 타협을 원하였을 뿐 아니라[140] 齊도 '秦과 나란히 東·西帝를 칭하면 秦만 유리할

한다. 즉 "五國伐秦 无功以還 其後齊欲伐宋 而秦禁之 齊令宋郭之秦 請合而伐宋 秦王許之 魏王畏齊秦之合也 欲講于秦 謂魏王曰 秦王謂宋郭曰 分宋之城 服宋之强者 大國也 乘宋之敝 而與王爭得者楚魏也 請爲王毋禁楚之伐魏也 王獨擧宋…王无與之講以取地 卽已得地矣 又以力攻之 期于咯宋而已矣 臣聞此言而竊爲王悲 秦必且用此于王矣 又必且曰王以求地 旣已得地 又且以力攻王 又必謂王曰使王輕齊 齊魏之交已醜 又且收齊以更索于王".

136) 楊寬, 전게 《戰國史》, p.339 참조. 그러나 《史記》 穰侯列傳의 "趙人樓緩來相秦 趙不利 及使仇液之秦 請以魏冉爲秦相"이란 귀절은 교체가 樓緩을 기피한 趙의 요구로 이루어진 것으로 전하여 다소 혼란을 주는데, 혹 秦의 親齊 정책에 따라 樓緩이 親趙의 역활이 사실상 불가능한 상황에서 비교적 親趙的인 魏冉을 추천하였고(훗날 그는 趙相이 되기도 한다. 주 223 참조), 秦은 樓緩의 해임으로 齊에 대한 입장을 세우는 한편 魏冉의 임명으로 趙에 대한 관계를 은밀히 유지한 것으로 추측된다.

137) 《史記》 六國年表 魏昭王 원년(B.C. 295) "秦尉錯來擊我襄" 동 2년 "與秦戰 我不利", 동 3년 "佐韓擊秦 秦敗我兵伊闕", 동 7년 "秦擊我 取城大小六十一", 韓釐王咎 3년(B.C. 293) "秦敗我伊闕 斬首二十四萬 虜將喜", 동 5년 "秦拔我宛城", 동 6년 "與秦武遂地 方二百里", 秦 昭王 17년(B.C. 290) "魏入河東四百里".

138) 전게 楊寬, 《戰國史》, p.340.

139) 帛書 《戰國縱橫家書》 〈蘇秦獻書趙王章〉 "且五國之主嘗合衡謀伐趙 疎分趙壤 箸之盤笁 屬之祝籍 五國之兵出有日矣 齊乃西師以禁强秦 使秦廢令 疎服而請 返溫軹高平於魏 返王公符逾於趙 此天下所明知也".

140) 《戰國策》 趙 4:3 "齊將攻宋 而秦楚禁之 齊因欲與趙 趙不聽 齊乃令公孫衍說李兌以攻宋 而定封焉…爲君慮封 莫若于宋 他國莫可…莫如于陶", "齊欲攻宋 秦令起賈禁之 齊乃抹趙而伐宋…今之攻秦也 爲趙也 五國伐趙 趙必亡矣 秦逐李兌 李兌必死 今之伐秦也 以救李子之死也"는 秦의 벌송 반대에 부딪친 齊가 새로운 제휴자로 趙를 선택한 후, 趙相 李兌를 상대로 국가와 일신의 共滅과 봉읍(그것도 전국시대 대 상업도시 宋의 陶) 획득중 양자 택일을 요구한 결과 齊·趙의 反秦 연합이 성립한 사정을 잘

뿐이며, 伐趙는 伐宋보다 유리할 것 없다'고 판단하였기 때문이다. 물론 여기에는 秦만 稱帝할 경우 천하의 증오심이 秦에 집중될 것을 예상한 齊의 재빠른 帝號 포기가 선행되었고,[141] 3晉을 규합한 攻秦으로 齊가 얻을 수 있는 실익, 즉 3晉에 대한 확고한 장악도 계산되었지만,[142] 이 돌변은 실로 '變幻無雙'한 전국 외교의 극치라 해도 과언이 아닐 것이다. 결국 齊는 秦이 일찌기 魏 惠王을 패망시킨 '天子 노름' 작전을 그대로 秦에게 적용한 셈인데, 秦의 외교가 이처럼 철저한 참패를 당한 예도 없는 것 같다.[143] 물론 이 벼락치기 攻秦 연합은 각국의 이해도 상충되었고 齊·趙의 攻秦 목적 자체가 伐宋을 위한 무력 시위였기 때문에[144] 秦의 큰 피해는 없었다. 그러나 秦은 帝號를 버리고 魏와 趙에게 이전에 침탈하였던 영토의 일부를 각각 반환하는 수모도 겪었지만(주 139 참조), 그 간의 '弱齊'정책이 오히려 '强齊'에 공헌한 결과가 된 것은 秦의 위정자들에게 참담한 충격을 주었을 것이다.[145]

그러나 秦이 그토록 원한 '弱齊'는 의외의 방향에서 준비되고 있었으니, 곧 齊가 그토록 집요하게 원하였던 宋 정벌이 바로 그 함정이었다. 宋은 戰國 7국과는 비교가 되지 않는 약소국이었다. 그러나 '燕의 100리를 얻는 것

말해 준다.

141) 《史記》 田敬仲完世家 湣王 36년 "王爲東帝 秦昭王爲西帝 蘇代自燕來···且天下立兩帝 王以天下爲尊齊乎 尊秦乎 王曰 尊秦 曰 釋帝 天下愛齊乎 愛秦乎 王曰 愛齊而憎秦 曰 兩帝立約伐趙 孰與伐桀宋之利 王曰 伐桀宋利 對曰···故願王明釋帝以收天下 倍約賓秦 無爭重 而王以閒擧宋···敬秦爲名 而後使天下憎之 此所謂以卑爲尊者也 願王熟慮之", 帛書《戰國縱橫家書》4〈蘇秦自齊獻書于燕王章〉"齊趙遇于阿 王憂之 臣與于遇 約攻秦去帝".

142) 帛書《戰國縱橫家書》14〈蘇秦謂齊王章(4)〉"攻秦之事成 三晉之交完于齊 齊事縱橫 盡利 講而歸 亦利 圍而勿舍 亦利 歸息士民而復之 使如中山 亦利".

143) 이 직후 秦 昭王이 蘇代에게 "吾患齊之難知 一從一衡 其說何也"라고(《史記》 田敬仲完世家 湣王 38년) '예측할 수 없는 齊에 대한 당혹감'을 토로하였다는 것, 그리고 훗날 秦 昭王이 "齊王四與寡人約 四欺寡人 必率天下以攻寡人者三 有齊無秦 有秦無齊 必伐之 必亡之"(동 蘇秦列傳)라고 齊에 대한 사무친 배신감과 격렬한 증오심을 토로한 것 등도 모두 이 실패와 무관하지 않은 것 같다.

144) 《戰國策》 趙 4:3 "李兌乃謂齊王曰 臣之所以堅三晉以攻秦者 非以爲齊得利秦之毁也 欲以使攻宋也"

145) 齊의 伐宋이 끝나갈 무렵 蘇代가 燕王에게 보냈다는 편지중 "秦五世伐諸侯 今爲齊下 秦王之志苟得窮齊 不憚以國爲功"(《史記》 蘇秦列傳) 라는 귀절은 당시 秦의 처지를 잘 묘사한 것 같다.

은 송의 10리를 얻는 것만 못하다'는 말이 있을 정도로 그 토지는 비옥하였으며,[146] 濟水를 비롯한 자연의 河川도 많은데다 菏水(춘추 말)·鴻溝(戰國) 등이 활발히 개착된 천하 교통의 중심지였다. 특히 齊의 서남에 위치한 그 都城 陶는"天下의 中, 諸侯國이 사방으로 통하며, 화물을 교역하는 곳"으로서(《史記》貨殖列傳) 유명하였으며, 서쪽으로 韓·魏에 통하는 길목에 있어 전략적 가치가 대단히 큰 군사 요충이었다.[147] 趙相 李兌가 齊의 伐宋을 지지한 댓가로 陶를 봉읍으로 요구한 것이나 宋을 정복한 齊가 열국에 攻破된 후 당시 秦의 최고 실권자 魏冄이 陶를 자신의 봉읍으로 차지한 것,[148] 그리고 "내가 宋을 아끼는 것은 (秦의) 新城과 陽晉을 아끼는 것과 같다"는 秦 昭王의 관심은[149] 모두 宋을 차지하려는 욕구와 이에 못지 않은 그 견제가 팽팽하게 맞선 분위기를 짐작케 한다. 특히 齊는 宋을 차지할 경우 淮北과 魯·衛까지 편입되어 국력의 일대 비약과 이웃 나라를 제압할 수 있는 전략상의 중요한 고지를 점할 수 있었다.[150] 孟嘗君이 齊相 재임시 '宋을 殘滅하고 淮北을 차지하기 위하여 9년간 楚를, 3년간 秦을 각각 공격하였다'는 말을 들을 정도로[151] 宋 征伐에 강한 집착을 보인 것도 이 때문으로 해석되지만, 마침내 B.C. 286년 齊는 3차에 걸친 정벌끝에 宋을 완전 패망시켰다.[152]

---

146) 《戰國策》燕 2 "且夫宋 中國膏腴之地 隣民之所處也 與其得百里于燕 不如得十里于宋".

147) 史海念, 〈釋<<史記 貨殖列傳>>所說的"陶爲天下中心"兼論戰國時代的經濟都會〉(《河山集》1963, 生活·讀書·新知 三聯書店) 참조. 특히 이 논문에 의하면 秦이 東侵할 경우 魏가 陶를 지키면 그 귀로를 차단할 수 있고, 秦이 趙를 침공하면서 陶를 장악하면 齊가 趙를 구원할 길을 없게 되며, 楚가 陶를 장악하면 齊를 제압할 수 있을 정도로 陶의 전략적 가치가 높았다고 한다.

148) 藤田勝久, 전게 〈《史記》穰侯列傳に關する一考察〉, pp.27-30 참조.

149) 《史記》田敬仲完世家 湣王 38년.

150) 《史記》蘇秦列傳 "夫破齊 殘楚淮北 肥大齊…夫以宋加之淮北 彊萬乘之國也 而齊幷之 是益一齊也 北夷方七百里 加之以魯衛 彊萬乘之國也 而齊幷之 是益二齊也", 아울러 田敬仲完世家 湣王 36년, 蘇代가 齊王에게 伐宋의 利得를 설득한 내용중 "宋을 차지하면 衛의 陽地가 위태해지고, 濟西를 차지하면 趙의 東阿가 위태해 지며, 淮北을 차지하면 楚의 東國이 위험해지고, 陶·平陸을 차지하면 梁의 關門이 열리지 않는다"는 귀절을 주목하라.

151) 帛書 《戰國縱橫家書》〈蘇秦謂齊王章(1)〉"薛公相齊 伐楚九歲 攻秦三年 欲以殘宋 取淮北 宋不殘 淮北不得".

그런데 바로 이 때문에 齊는 복수를 벼르는 燕의 '滅齊' 공작의 함정에 빠졌다는 것이다. 즉 宋의 겸병은 일견 齊의 대성공처럼 보이지만, 실제 이것은 국력의 피폐와 反齊 세력의 총결집을 자초하는 패망의 시작일 뿐이라고 판단한 燕이 선대의 치욕을(B.C. 314년 齊의 침공) 설분하기 위하여 장기간 齊의 伐宋을 조장하였다는 것이다. 이처럼 齊의 伐宋이 燕 음모의 결과였다는 것은 종래에도 다음과 같은 자료를 통해서 어느 정도 알려져 왔다. 즉 (1) 복수를 원하는 燕王에게 蘇代가 비굴할 정도로 공손히 齊를 섬기며 피폐한 齊가 伐宋을 단행할 때까지 기다릴 것을 권하였고, 齊의 攻宋이 시작되자 '국력 피폐를 감수하면서까지 비굴한 자세로 원수를 돕는' 참을성을 발휘하는 한편 齊의 覇者的 자만심을 더욱 부추김으로써 천하의 對齊 반감을 증폭시킨 후 秦·趙와 연합하여 齊를 攻破하라고 거듭 충고하였다는 《史記》 蘇秦 列傳의 귀절[153] (2) 燕의 齊 침공을 위하여 10년 안에 齊를 피폐시킬 것을 燕王에게 약속한 蘇子가 齊로 가서 伐宋의 利를 설득하고, 齊가 伐宋을 끝내자 곧 燕이 침공하여 齊를 대파하였다는 《戰國策》 燕 2:11 〈客謂燕王曰章〉.

그러나 馬王堆 漢墓 출토 帛書 《戰國縱橫家書》가 전하고 있는 B.C. 290년 이후 蘇秦이 총설계, 집행한 '弱齊' 음모의 내용은 그 전말이 비교적 首尾一貫하고도 상세할 뿐 아니라 蘇秦이 직접 편지 또는 대화로 燕王과 齊王에게 그 간의 공작활동을 보고하고 향후 대책을 건의한 형식으로 되어 있어 단순한 허구로 보기에는 너무나 사실적이다. 때문에 근래에는 齊의 伐宋의

---

152) 《史記》 宋微子世家 와 《漢書》 地理志는 모두 齊·魏·楚가 함께 송을 멸하고 그 땅을 3분하였다고 전하지만, 실제 楚·魏는 伐宋에 참여하지 않았기 때문에 송 분할에도 참여할 수 없었을 것이다. 그들이 故 宋地를 분점한 것은 齊가 열국에 다시 공파된 이후였다. 王閣森, 전게 《齊國史》, p.415 참조.

153) 《史記》 蘇秦列傳 "今夫齊 長主而自用也 南攻楚五年 畜聚竭 西困秦三年 士卒罷敝 北與燕人戰 其民力竭…王誠能無羞從子母弟以爲質 寶珠玉帛以事左右 彼將有德燕 而輕亡宋 則齊可亡矣", "夫列在萬乘而寄質於齊 名卑而權輕 奉萬乘助齊伐宋 民勞而失費 夫破宋 殘楚淮北 肥大齊 讎彊而國害 且三者 皆國之大敗 然且王行之者 將以取信於齊也…今王若欲因禍爲福 轉敗爲功 則莫若挑覇齊而尊之 使使盟於周室 焚秦符…(이하 燕·趙·秦의 동맹으로 齊를 攻破할 수 있다고 秦王을 설득한 결과, 제를 大破한 내용이 이어진다)"

성공과 열국의 齊 攻破를 燕을 위한 蘇秦의 反間 공작으로 이해하는 학자들도 많다.[154] 이것이 어느 정도 사실을 반영한 것이라면 《戰國策》이 지적한 바와 같이 燕은 "강한 자를 더욱 강하게 하면 꺾을 수 있고 넓은 자를 더욱 넓게 하면 줄일수 있다"는 경귀를 외교문제에 모범적으로 실천한 셈인데,[155] 여기서 우리는 敵을 覇者처럼 尊大함으로써 천하의 집중 공세를 유도하여 공파하는 전국 외교의 전형을 또 한번 확인할 수 있는 것 같다.

帛書《戰國縱橫家書》중 趙 大臣의 蘇秦 불신, 특히 趙의 奉陽君이 齊王에게 蘇秦의 의도가 '齊를 도모하려는 것'으로 제보하였다는 대목과[156] 특히 伐宋과 관련 齊의 燕 不信을 전한 대목은[157] 齊가 이 '음모'를 어렴풋히나마 감지하였을 가능성을 다소 시사하는데,[158] 5국 攻秦을 전후하여 齊의 벌송을 반대한 秦이 이것을 묵인한 것은 매우 흥미롭다. 이와 관련 齊의 伐宋에 크게 노한 秦 昭王을 蘇代가 다음과 같이 설득하였다는 고사가 전한다. '즉 齊가 송을 얻어 강대해지면 楚·魏가 두려워 秦을 섬길 것이므로, 齊의 伐宋

---

154) 전게 졸고, 〈蘇秦活動의 再檢討〉 III.《帛書》의 蘇秦記事 를 참조. 당시 蘇秦은 燕에게 유리한 환경, 즉 齊·趙의 불화, 齊·秦의 불화, 燕·齊·韓·魏·趙 5국 동맹 또는 燕·齊의 우호 유지란 구도에서 齊의 伐宋을 유도하였다고 한다.

155) 《戰國策》 燕 2:11 "客謂燕王曰…王何不陰出使 散游士 頓齊兵 弊其衆 使世世无患…謂齊王曰…伐之(*宋) 名則義 實則利 王何爲不爲…遂與兵伐宋 三覆宋 宋遂擧 燕王聞之 絶交于齊 率天下之兵以伐齊 大戰一 小戰再 頓齊國 成其名 故曰 因其强而强之 乃可折也 因其廣而廣之 乃可缺也". 이와 같은 역설적 대응 논리는 《老子》 36장의 다음과 같은 귀절이 보다 명쾌하다. "將欲歙之 必固張之 將欲弱之 必固强之 將欲廢之 必固興之 將欲奪之 必固與之".

156) 帛書《戰國縱橫家書》〈蘇秦使盛慶獻書于燕王章〉 "今齊王使宋鞜謂臣曰 奉陽君使周納告寡人曰 燕王請毋任蘇秦以事 信奉陽君使周納言之 曰 欲謀齊 寡人不信". 이 밖에도 본래 齊·秦과의 연합 또는 齊·趙의 연합을 원한 奉陽君이 이를 저지하려는 蘇秦을 불신하고 미워하였다는 귀절은 많다.

157) 帛書 《戰國縱橫家書》 6 〈蘇秦自梁獻書于燕王章(1)〉 "齊使宋鞜侯盾謂臣曰 寡人與子 謀攻宋 寡人恃燕趙也 今燕王與群臣謀破齊於宋而攻齊 甚急 兵率有子循而不知寡人得地于宋 亦以八月歸兵 不得地 亦以八月歸兵", 동 7 〈蘇秦自梁獻書于燕王章(2)〉 "齊王以燕爲必待其弊而攻齊 未可解也". 이와 같은 燕의 齊 침공 논의에 관한 정보가 없어도 齊가 燕의 침공 가능성을 항상 계산하지 않았다면 오히려 이상한 일이다.

158) 蘇秦이 자객의 칼을 맞고 죽기 직전, 범인을 체포하기 위하여 자신을 '燕을 위해 作亂한 죄목으로 車裂할 것'을 요구하였고, 齊가 그대로 실행하여 상을 타러 나타난 범인을 체포하였다는 《史記》 蘇秦列傳의 일화도 실제 그가 反間 활동이 폭로되어 처형되었을 가능성을 시사한다.

은 곧 秦을 위한 것이며, 齊도 秦을 섬기지 않으면 宋을 다스리기 어렵지만 秦·齊가 연합해야 楚·3晉을 제압할 수 있다'는 것이다.[159] 이런 식의 그럴 싸한 언변들이 秦의 불개입에 전혀 영향을 주지 않았다고 단정할 필요는 없을지 모른다.[160] 그러나 蘇秦과 燕王이 齊의 伐宋이 곧 齊 패망의 시작임을 그토록 확신하였다면, 秦 역시 벌송이 성공해도 齊가 대단히 피폐한 상태에서 사방의 적을 맞을지도 모른다는 정도의 예측은 할 수 있었을 것이다. 이런 상황이라면 齊의 '事秦'을 기대해 보는 것도 전혀 환상만은 아닐지 모른다. 그러나 秦이 '弱齊'의 숙원을 위한 齊와의 피할 수 없는 일전을 齊의 亡宋 이후로 미루는 것도 극히 자연스러운 것 같다. 더욱이 齊의 벌송이 끝나기도 전에 이미 燕이 宋亡 이후의 대응책으로 趙·燕·秦 주도의 伐齊를 제안해 왔다면[161] 秦이 齊의 벌송을 견제할 이유는 없었을 것이다. 과연 亡宋 이후 각국의 움직임은 기민하였다. 당시 魏는 조국을 등지고 魏相을 맡고 있었던 孟嘗君을 중심으로 伐齊 공작을 추진하며 秦의 제휴를 모색하였고,[162] 본래 伐齊를 공작해 온 燕도 단독 행동의 위험성을 감안하여 趙·楚

---

159) 《史記》 田敬仲完世家 湣王 38년 "伐宋 秦昭王怒…蘇代爲齊謂秦王曰 韓聶之攻宋 所以爲王也 齊彊 輔之以宋 楚魏必恐 恐必西事秦 是王不煩一兵 不傷一士 無事而割安邑也 此韓聶之所禱於王也…天下國令齊可知乎 齊以控宋 其知事秦以萬乘之國自輔 不西事秦則宋治不安 中國白頭游敖之士皆積智欲離齊秦之交…晉楚合必議齊秦 齊秦合必圖秦楚 請以此決事 秦王曰 諾".

160) 이것 역시 齊의 伐宋을 성사시키려는 燕 공작의 일환이지만, 蘇秦이 당초 齊·秦 연합 攻燕을 燕에게 가장 불리한 상황으로 판단, 齊·秦 동맹을 극력 저지한 것과는 (주 154 참조) 달리 마지막 벌송에서 秦의 개입을 막기 위하여 이처럼 齊·秦 연합의 필요성을 秦에 설득한 것은 일견 상황에 따른 정책의 변화 또는 秦을 속이기 위한 임기응변처럼 보이기도 한다. 그러나 후술할 바와 같이 같은 무렵 蘇代가 燕을 시켜 亡宋 이후 趙·秦·燕 연합 주도의 伐齊를 秦에 제안한 것을 보면(주 155 참조) 이 齊·秦 연합논은 오히려 齊를 철저히 기만하기 위한 방편일 수도 있다.

161) 《史記》 蘇秦列傳 "蘇代乃遺書燕昭王曰…然則王何不使辯士以此言說秦王曰 燕趙破宋肥齊 尊之爲之下者 燕趙非利之也 燕趙不利而勢爲之者 以不信秦王也 然則王何不使可信者接收燕趙…秦爲西帝 燕爲北帝 趙爲中帝…天下孰敢不聽 天下服聽 因驅韓魏以伐齊 曰 必反宋地 歸楚淮北 反宋地 歸楚淮北 燕趙之所利也 並立三帝 燕趙之所願也".

162) 《戰國策》 東周 21 "謂周最曰 魏王以國與先生 貴合于秦以伐齊 薛公故主 輕忘其薛 不顧其先君之丘墓", 동 秦 3:1 "薛公爲魏謂魏冉曰 文聞秦王欲以呂禮收齊以濟天下 君必輕矣 齊秦相聚 以臨三晉 禮必幷相之 是君收齊以重呂禮也 齊免于天下之兵 其仇君必心 君不如勸秦王令弊邑卒攻齊之事 齊破 文請以所得封君".

·魏를 끌어들이는 한편 趙를 통하여 秦의 참가를 설득하였다.[163] 이것은 宋亡 직후 秦이 伐齊 문제에 적극성이 없었음을 시사하는데, 伐齊 직전 韓贠이 齊에 보냈다는 편지의 내용이 바로 齊의 宋 故地 독점을 조건으로[164] 齊秦 동맹을 결성, 三晉과 楚를 공파하고 이전에 실패한 兩帝 체제를 확립하자는 秦王의 제안을 전한 것이라면,[165] 孟嘗君이 들었다는 秦의 齊·秦 동맹 추진설도(주 162 참조) 근거 없는 소문만은 아닌 것 같다. 이와 같은 秦의 태도는 단순히 齊가 벌송시 蘇代를 통하여 제안된 秦·齊 동맹의(전술) 진의를 타진하기 위한 것일 수도, 실제 齊가 공파되면 三晉이 강해질 것을 우려하였기 때문일 수도 있으며, 또 급박해진 齊의 새로운 제안에 정말 흥미가 있었는지도 모른다.

秦도 모든 나라가 참가하려는 伐齊 동맹은 '弱齊'의 숙원을 풀수 있는 절호의 기회라는 것을 모를 리 없었을 것이다. 만약 伐齊軍이 패할지라도 秦은 피해가 큰 三晉을 상대로 영토를 색취할 수도 있지 않은가?[166] 한편 秦이 참여하지 않는 伐齊 동맹은 별 성과를 기대하기도 어렵거니와, 만약 齊의 희망대로 秦·齊 동맹이 성립되면 三晉의 안위가 위태하다면,[167] 또 바로 이 때문에 더욱 秦의 참여가 요망될 수밖에 없다면 秦이 서두를 이유는 없을 것이다. 그러나 秦이 齊와 단절한 채 伐齊 동맹 참여도 너무 오래 유예할

---

163)《史記》권 80 樂毅列傳 "於是燕昭王問伐齊之事 樂毅對曰 齊覇國之餘業也 地大人重 未易獨攻 王必欲伐之 莫如與趙及楚魏 於是使樂毅約趙惠文王 別使燕楚魏 令趙閻說秦 以伐齊之利".

164) 이 조건은 秦이 宋의 故地를 分占하려는 魏·楚 등의 세력 확대를 원치 않았기 때문에 요구한 것 같다.

165)《戰國縱橫家書》 13 〈韓贠獻書于齊章〉 "韓贠獻書于齊曰 秦悔不聽王以先事而後名 今秦王請大王以三四年 齊不收秦 秦焉收晉國 齊秦復合 使贠返 且復故事 秦卬曲盡請王 齊取宋 請令楚梁毋敢有尺地于宋 盡以爲齊 秦取梁之上黨 韓梁從 以攻趙 秦取趙之上地 齊取河東 趙從 秦取韓之上地 齊取燕之陽地 三晉大破 而攻楚 秦取鄢 田雲夢 齊取東國 下蔡 使從親之國 如帶而已 齊秦雖立百帝 天下孰能禁之". 내용중 "齊秦復合" "且復故事"가 B.C. 288년 秦·齊의 稱帝 회복을 의미한다면, 그리고 "待王 三四年"을 고려하면, 이 편지는 B.C. 285-284 경에 씌여진 것으로 추측된다.

166)《戰國策》東周 14 "周最謂金投曰 公負全秦與彊齊戰 戰勝 秦且收齊而封之 使无多割 而聽天下 之戰不勝 國大傷 不得不聽秦 秦盡韓魏之上黨 太原西止秦之有已".

167)《戰國策》東周 13 "或爲周最謂金投曰 秦以周最之齊疑天下 而又知趙之難與齊人戰 恐齊趙之合 必先合于齊 秦齊合 則公之國虛矣".

경우 三晉과 齊의 反秦 동맹이 돌연 성립할 가능성 또한 배제할 수 없다. 齊·趙 연합의 기미가 보이면 秦이 먼저 齊와 연합할 것이라는 당시 상황 분석을(주 167 참조) 여기서 상기하면, 宋亡 직후 秦·齊 연합에 보인 秦의 관심은 이해할 수 있는 것 같다. 즉 그것은 보다 유리한 조건에서 伐齊 동맹에 참여하기 위하여 서두르지 않되, 伐齊 동맹이 伐秦 동맹으로 표변할 가능성을 방지하기 위한 방편이었던 것이다.

그러나 서두르지 않는 것은 모두가 마찬가지였다. 先代의 복수란 悲願을 가진 燕의 신중한 태도는 앞서 지적하였지만, 사실 秦이 그토록 원한 '弱齊'는 한편으로 三晉과 楚에게는 안전판을 하나 제거하는 의미가 없을 수 없다면, 이들의 주저는 당연하였다. 당초 燕은 먼저 趙를 설득하고, 趙를 통해 宋의 故地를 원하는 魏와 楚를 포섭하면 齊를 공파할 수 있다고 판단, 먼저 樂毅를 파견하여 일단 趙의 내락을 받은 것 같다.[168] 그러나 趙의 실권자 奉陽君은 본래 親齊派로서(주 156 참조) 陶를 봉읍으로 받는 조건으로 齊의 벌송을 지지한 만큼(주 140 참조) 趙가 伐齊에 앞장 설 입장도 아니지만, 齊亡 이후의 천하 판세 또는 秦이 伐齊를 이용하여 韓을 사실상 장악할 경우 예상되는 趙의 입장을 한번쯤 가상해 본다면[169] 더욱 주저할 수밖에 없었을

---

168) 《戰國策》燕 2:9 "臣(*樂毅)對曰 夫 齊覇國之餘敎也…王若欲攻之 則必擧天下而圖之 擧天下而圖之 莫徑于結趙矣 且又淮北 宋地 楚魏之所同願也 趙若許約 楚魏盡力 四國攻之 齊可大破也 先王曰 善 臣乃口受令 具符節 南使臣于趙 顧反命".

169) 《史記》趙世家 惠文王 16년 秦·趙가 齊에 대한 공격을 계속하고 있을 때 蘇厲가 齊를 위하여 趙王에게 편지를 보내 伐齊의 불리를 설득한 내용중 다음과 같은 부분은 伐齊 제안을 받은 즉시 득실을 商量하는 과정에서 제기되었음즉 하다. 즉 "秦非愛趙而憎齊也 欲亡韓而呑二周 故以齊餤天下…楚久伐而中山亡 今齊久伐而韓必亡 破齊王與六國分其利也 亡韓 秦獨擅之 收二周 西取祭器 秦獨私之…說士之計曰 韓亡三川 魏亡晉國 市朝未變而禍已及矣 燕盡齊之北地 去沙丘 鉅鹿 斂三百里 韓之上黨去邯鄲百里 燕秦謀王之河山 閒三百里而通矣 秦之上郡 近挺關 至於楡中者千五百里 秦以三郡攻王之上黨 羊腸之西 句注之南 非王有已 踰句注 斬常山而守之 三百里而通於燕 代馬胡犬不東下 昆山之玉不出 此三寶者亦非王有已 王久伐齊 從彊秦攻韓 其禍必至於此 願王敦慮之…". 뒤이어 《史記》는 이 편지 때문에 趙가 伐齊 동맹에서 이탈하고("於是趙乃輟 謝秦不擊齊"), 이듬해 秦이 이를 원망하여 趙를 공격한 것으로("秦怨趙不與己擊齊 伐趙") 전하고 있다. 그러나 양 기사 사이에 삽입된 "(趙)王與燕王遇 廉頗將 攻齊昔陽 十七年 樂毅將趙師攻魏伯陽"을 보면 적어도 燕·趙의 협력은 유지된 것이 분명하여, 이것은 伐齊가 일단 성공한 이후 伐齊 동맹이 魏·秦과 趙·燕으로 분열되는 과정을 전한 것 같다.

것이다. 당시 秦이 趙는 齊와 싸우기 어려운 입장이므로 齊와 연합할지 모른다고 의심한 것도(주 167 참조) 바로 이러한 정황을 이해하였기 때문일 것이다. 한편 楚는 처음 秦의 묵인하에 魏地를 공취하려고 하였으나 그보다 伐齊에 참여하는 것이 유리하다는 회유에 설득되었다는 전승을 남긴 것으로[170] 보아 楚의 유일한 목적은 宋의 故地와 淮北의 획득으로 추측되는데, 이 점은 魏도 마찬가지였을 것이다.

齊가 伐齊 동맹군을 앉아서 기다린다는 것을 상상하기 어렵다면, 秦이 관심을 보인 문제의 秦·齊 동맹도 齊의 외교적 역공일 가능성이 높으며, 齊 역시 宋地 분할을 조건으로 楚·魏를 자기 측으로 끌어 들일 수 있다는 것을 모를리 없었을 것이다. 秦이 齊·秦 동맹을 희망하며 宋地를 절대 楚·魏와 분여하지 말 것을 요구한 것은(전술) 바로 이 공작을 봉쇄하기 위한 것으로 해석된다. 한편 魏가 親齊 인물을 入齊시켜 秦의 의심을 받았을 때, 변명을 하면서도 '秦이 伐齊軍의 조속한 출동을 원한다면 趙에게나 독촉하라'고 신경질적인 반응을 보였다는 전승은[171] 齊의 對魏 외교 공세가 상당히 진척된 반면, 실제 伐齊軍의 출동을 적극 원하는 것은 오히려 秦뿐이었다는 인상을 준다.

B.C. 285년 秦王은 먼저 齊를 공격하고 楚王·趙王과 각각 회동한 것은[172] 伐齊의 확고한 의지을 천하에 천명함과 동시에 동맹국의 불안을 해소시킴으로써 伐齊 동맹의 조속한 가동을 촉구한 것이었다. 이와 같은 秦의 '率先'은[173] 더 이상 伐齊가 유예될 경우 각국의 이해와 齊의 외교 공세가 맞물려

---

170)《戰國策》魏 4:13 "爲魏謂楚王曰 索攻魏于秦 秦必不聽矣 是智困于秦 而交疏于魏也 楚魏有怨 則秦重矣 故王不如順天下遂伐齊 與魏便地 兵不傷 交不變 所欲必得矣".

171)《戰國策》魏 4:21 "周最入齊 秦王怒 令姚賈讓魏王 魏王爲之謂秦王曰 魏之所以爲王 通天下者 以周最矣 今周最遁寡人入齊 齊無通天下矣 蔽邑之事王 亦無齊累矣 大國欲急兵 則趣趙而已".

172)《史記》秦本紀 昭王 22년 "蒙武伐齊 河東爲九縣 與楚王會宛 與趙王會中陽", 田敬仲完世家 湣王 39년 "秦來伐 拔我列城九".

173) 齊에 대한 선제 공격은 伐齊의 솔선일 수도 있다. 그러나 이 출병을 "劫魏趙"로 표현한 것을 보면(주 168 참조) 趙·魏가 더 이상 출병을 미루면 비협조로 간주, 齊와 연합하여 공격하겠다는 위협의 의미가 강한 것 같다.《戰國策》에는 이처럼 공동 정벌을 거부할 경우 당초 정벌 목표국과 연합하여 거부한 나라를 공격하는 예도 적지

伐齊의 무산, 즉 '弱齊'의 기회가 사라질 것을 우려하였기 때문으로 해석된다. 秦은 동맹국의 불안을 해소하기 위하여 인질을 보내는 한편 韓의 군대를 징발하여 동맹의 이탈을 방지하는 대책도 강구하는 치밀함을 잊지 않았다고 한다.[174] 어쨌든 秦의 이 결단은 燕 昭王과 趙王의 회동, 秦王과 魏王, 秦王과 韓王의 회동으로 이어지면서 마침내 6국 연합군의 총공세가 결실을 맺었고, 그 결과 齊는 궤멸적인 타격을 받았다.[175] 그러나 齊를 집요하게 공격하여 齊의 대부분을 장기간 유린, 점령한 것은 燕이었고, 秦을 비롯한 여타 국가들은 몫을 챙긴 후 곧 철수하여 '强齊'가 사라진[176] 이후의 시대를 준비하였다.

5) 攻趙·六國 '平均的 弱體化' 政策

'强齊'의 몰락에서 秦이 표면상 얻은 성과는 韓·魏를 뛰어 넘어 위치한 陶(穰侯의 封邑으로 하사)뿐이었다. 그러나 비록 齊 문제의 종결 여하가 새로운 변수가 될 수는 있어도, 趙가 燕을 일정한 선에서 견제만 한다면,[177] 그

않다.

174) 《史記》 趙世家 惠文王 16년 蘇厲의 편지. "(秦)欲亡韓而呑二周 故以齊餤天下 恐事之不合 故出兵以劫魏趙 恐天下畏己也 故出質以爲信 恐天下亟反也 故徵兵於韓以威之 盛德與國".

175) 《史記》 趙世家 惠文王 15년 "燕昭王來見 趙與韓魏秦共擊齊 齊王敗走 燕獨深入 取臨淄", 秦本紀 昭王23년 "尉斯離與三晉燕伐齊 破之濟西 王與魏王會宜陽 與韓王會新城". 燕召公世家 昭王 28년 "與秦楚三晉合謀以伐齊 齊兵敗 湣王出亡於外 燕兵獨追北 入至臨淄 盡取齊寶 燒其宮室宗廟 齊城之不下者 聊 莒 卽墨 其餘皆屬燕 六歲".

176) 楊寬, 전게 《戰國史》 pp.349-350. 秦은 陶를, 魏는 宋 故地의 상당 부분을, 趙는 濟以西 지역을, 楚는 빼앗겼던 淮北을, 심지어 소국 魯도 徐州를 각각 차지하였다. 특히 楚는 일시 도성을 탈출한 湣王을 보호하면서 齊를 지배할 야심도 품은 것 같았는데 결국 湣王을 살해하고 燕과 전리품을 분점하는데 만족하였다. 《史記》 田敬仲完世家는 湣王의 최후, '强齊'의 몰락을 다음과 같이 전한다. "湣王出亡 之衛 衛君辟宮舍之 稱臣而共具 湣王不遜 衛人侵之 湣王去 走鄒魯 有驕色 鄒魯君不納 遂走莒 楚使淖齒 將兵救齊 因相齊湣王 淖齒遂殺湣王 而與燕共分齊之侵地鹵器".

177) 秦에게 伐齊 동맹의 이탈을 통고한 이후에도 趙王과 燕王이 회동한 직후 趙가 齊 昔陽을 공취하였고, 燕이 齊내에서 단독 작전을 계속하고 있었던 B.C. 281, 趙가 魏와의 대결을 일시 중단하고(전해에 공취한 伯陽을 반환하면서) 齊의 麥丘를 점령한 것, 그리고 이듬해 또 장군 廉頗를 파견하여 齊를 공격한 것은《史記》趙世家 惠文王 16년-20년) 燕의 지원이 아니라 燕의 齊 독식을 견제하기 위한 보는 것이 자연스럽

리고 齊의 잔여 세력이 결국 燕軍을 내몰고 명맥을 유지할 수 있다면, 秦의
절대적인 우위를 견제할 만한 세력이 없다는 것은 명백하였다. 齊가 공파된
직후 어떤 楚人이 秦·魏·燕·趙를 鶀雁(큰새), 齊·魯·韓·衛를 靑首(작
은새)로 각각 비유하면서, 楚가 다른 새는 다 쏘아 잡을 수 있지만 秦만은
도저히 혼자 잡을 수 없는 '大鳥'라고 지적한[178] 것은 당시 상황을 비교적 정
확하게 분석한 것으로 평가된다. 결국 이제 秦의 공격을 단독 방어할 수 있
는 나라도 없다면, 對秦 연합 방어가 최상책이며 최소한 秦에게 어부지리를
제공할 수 있는 상호 攻伐의 자제가 필요하다는 것은 지극히 간단한 '상식'
이었을 것이다. 이른바 蘇秦이 주창하였다는 6국 합종책은 바로 이 '상식'을
역설한 것에 불과하였지만, 어떤 논자가 개탄한 바와 같이 이 '상식'은 거의
실현되지 않았다.[179]

 '强齊'의 몰락 이후 秦의 통일까지의 60여 년간 秦의 침공을 제 3국이 구
원 또는 공동대처로 확인되는 것은 다음과 같은 8번에 불과하였다. 즉 (1)
B.C. 283년 秦이 魏를 공격, 大梁까지 공격하자 燕·趙가 구한 것[180] (2)
B.C. 275년 秦이 魏를 공격하였을 때 韓이 구원하였으나 韓·魏가 대패한
것[181] (3) B.C. 270년 秦이 韓을 공격하였을 때 趙가 구원하여 秦을 關與에서

다.

178) 《史記》 楚世家 頃襄王 18년 "…故秦魏燕趙者 鶀雁也 齊魯韓衛者 靑首也 騶費郯邳
    者 羅鸞也 外其餘則不足射者…此六雙者 可得而囊載也…故曰秦爲大鳥…則秦未可
    得獨招而夜射也 欲以激怒襄王 故對以此言". 특히 齊를 衛·魯와 동급으로 분류된 것
    은 齊가 겨우 명맥만 유지한 당시 상황을 잘 반영한 것 같다.

179) 《戰國策》 趙 1:17 "三晉이 合하면 秦이 약해지고 三晉이 떨어지면 秦이 강해진다
    는 것은 천하가 밝히 아는 바이다. 秦은 燕을 控制하면 趙를 공벌하고 趙를 공제하면
    燕을 공벌하며, 梁을 공제하면 趙를 공벌하고 趙를 控制하면 梁을 공벌한다. 楚를 控
    制하면 韓을 공벌하며 韓을 공제하면 礎를 공벌한다. 이것은 천하가 밝히 본 바이다.
    그러나 山東 (나라들은) 그 방향을 바꾸지 않는데, (그) 군대는 약하다. 약하면서 서
    로 하나가 되지 못하고 있는 것이다. 이것은 秦이 얼마나 현명하고 산동 (나라)들은
    얼마나 어리석은가…산동의 군주들은 秦이 자기를 덮쳐 오는 것을 알지 못하고 서
    로 싸워 모두가 피폐해지면서 그 나라를 진에게 바치고 있으니 (자기를 덮치는 것을
    알면 결코 서로 싸우지 않는) 짐승들만 훨씬 못하다".

180) 《史記》 秦本紀 昭襄王 24년 "秦取魏安城 至大梁 燕趙救之".

181) 《史記》 魏世家 安釐王 2년 "(秦)又拔我二城 軍大梁下 韓來救 與溫以和"", 韓世家
    釐王 21년 "使暴鳶 救魏 爲秦所敗". 한편 秦本紀는 이것을 이듬해 秦의 攻魏, 2년후

대패시킨 것[182] (4) B.C. 265년 秦이 趙를 공격하였을 때 齊가 구원한 것[183] (5) B.C. 261-260년 秦·趙가 長平에서 대치하고 있을 때 齊·楚가 구원한 것,[184] (6) B.C. 257년 秦이 승세를 몰아 邯鄲을 포위하자 魏·楚가 구원한 것[185] (7) B.C. 247년 秦의 對魏 공세가 가열해 지자 信陵君이 귀국, 5국 연합군을 형성, 秦을 河外에서 격퇴시킨 것[186] (8) B.C. 241년 秦의 끊임 없는 공벌을 더 이상 방치할 수 없다고 판단한 5국이 楚를 중심으로 동맹, 선제 공격으로 函谷關까지 진격하였으나 패주한 사실.[187]

이루 매거하기 어려울 정도로 많은 秦의 침공 사례에 비해 6국의 對秦 연합이 이토록 저조하였다는 것도 예상 밖이지만, 상기 8 例중에서도 피침국을 적극 지원, 秦을 격퇴한 것은 (3)(7) 정도에 불과하였다. (1)은 魏의 구원 요청을 거부하는 趙·燕의 군주를 孟嘗君이 설득한 결과이며[188] (4)는 齊가

趙·魏의 攻韓과 秦의 구원을(후술 주 191 참조) 뒤섞어 소양왕 32년과 33년에 묶어서 魏에 대한 秦의 일방적인 공격처럼 기록하여 큰 혼동을 주고 있으나, 梁玉繩이 지적한 대로 이것은 시정되어야 한다.(《史記志疑》 권 4 秦本紀)

182) 《史記》 趙世家 惠文王 29년 "秦韓相攻 以圍閼與 趙使趙奢將 擊秦 大破秦軍閼與下 賜號爲馬服君".

183) 《史記》 趙世家 孝成王 원년 "秦伐我 拔三城 趙王新立 太后用事 秦急攻之 趙氏求救 於趙 齊曰 必以長安君爲質 兵乃出…於是爲長安君約車百乘 質於齊 齊兵乃出".

184) 《史記》 齊世家 王建立六年 "秦攻趙 齊楚救之 秦計曰 齊楚救趙 親則退兵 不親遂攻 之 趙無食 請粟于齊 齊不請…秦破趙於長平四十餘萬 遂圍邯鄲". 六國年表에 의하면 長平 대전은 齊王 建 4-5년, 秦의 邯鄲 포위는 齊王建 8년, 따라서 長平戰에 앞선 齊 ·楚의 구원을 齊王建 6년으로 기술한 것은 명백한 착오이다.

185) 《史記》 六國年表는 이것을 趙 孝成王 9년조에 기술하고 있는데, 趙世家는 孝成王 8년 조에 "平原君如楚請救 及魏公子無忌亦來救 秦邯鄲乃解".

186) 《史記》 信陵君列傳 "秦聞公子在趙 日夜出兵東伐魏 魏王患之 使使往請公子…公子 遍告諸侯 諸侯聞公子將 各遣將將兵救魏 公子率五國兵破秦軍於河外 走蒙驁 乘勝逐秦 軍 至函谷關 抑秦兵 秦兵不敢出". 5국의 내역을 전한 기록은 없지만, 齊를 제외한 韓 ·魏·趙·楚·燕이 확실한 것 같다.

187) 《史記》 春信君列傳 "春信君相二十二年 諸侯患秦攻伐無已時 乃相與合從 西伐秦 以 楚王爲從長 春信君用事 至函谷關 秦出兵攻 諸侯兵皆敗走", 六國年表 秦始皇 6년 "五 國共擊秦". 이 연합군 결성의 구체적인 계기는 확인할 수 없으나, 혹 六國年表 趙 悼 襄王 3년(B.C. 242). "趙相 魏相會柯 盟"도 혹 이와 관련된 것이 아닌가 한다. 楚 春 信君이 합종군의 장군으로 내정한 인물을 趙의 使者가 부적격자라고 반대한 《戰國策》 楚 4:10 '天下合從章'은 당시 주도권을 둘러싼 미묘한 갈등을 반영한 것 같은데, 결국 趙將 龐煖이 趙·楚·魏·燕의 군대를 지휘한 것을 보면(주 182 참조) 楚가 양보한 것 같다.

인질을 요구한 이후에 겨우 출병하였고 (5)도 趙의 식량요청을 거부할 정도로 齊의 지원이 극히 소극적이었으며, (6)은 비록 秦軍을 격퇴하였으나 楚의 지원은 趙 平原君의 식객 毛遂가 칼로 楚王을 협박한 결과 비로소 결정되었다고 하며(《史記》 平原君列傳), 한편 魏의 지원도 천하의 長者로 명성높은 信陵君이 매부요 역시 천하의 長者로 유명한 平原君의 요청을 받고 왕명을 위조하여 군사를 탈취, 멋대로 출병하였기 때문에 그후 信陵君은 10년간 귀국하지 못하였다고 한다(《史記》 信陵君列傳). 또 (8)은 이미 5국이 연합해도 秦을 당하지 못한 것이 입증되기도 하였지만, 특히 B.C. 268년 秦이 魏의 懷를 공략하였을 때 현장에 달려간 삼국(齊·楚·趙?) 연합군이 감히 구원하지 못하고 秦이 철병할 때도 추격하지 않았다는 예는[189] 秦의 피침국을 상호 구원한 실적이 이토록 적은 이유를 잘 말해 주는 것 같다.

더욱이 B.C. 260년 이후 齊의 철저한 불개입 정책은 6국의 對秦 방어력을 크게 저하시켰을 것이다. (8)에서 趙가 철병후 5국 연합에 참가하지 않은 齊를 공격한 것은[190] 바로 이에 대한 책임 추궁의 성격으로도 해석되지만, 당시 對秦 합종추진자들이 齊를 원망한 것은 충분히 짐작할 수 있는 일이다. 그 이전 소극적이나마 齊가 두차례 趙에 원병을 파견한 것은 趙가 망하면 秦의 침공이 곧 齊에 미칠 가능성을 우려하였고[191] 동시에 齊의 북변을 위협할 수 있는 燕을 견제하는 趙의 역할을 긍정적으로 평가하였기 때문이었을 것이다.[192] 그러나 그후 趙의 邯鄲 위기를 비롯 信陵君·春信君이 각각 주동한 2차의 對秦 연합에도 일체 참가하지도 않은 것은 齊王 建의 母后의

---

188) 《戰國策》 魏 3:7 秦將伐魏章 참조.

189) 《史記》 六國年表 魏 安釐王 9년 "秦拔我懷城", 《戰國策》 趙 2:2 "昔者秦人下兵攻懷 服其人 三國從之 趙奢鮑佞將 楚有四人起而從之 臨懷而不救 秦人去而不從…夫攻而不救 去而不從 是以三國之兵困".

190) 《史記》 趙世家 悼襄王 4년 "龐煖將趙楚魏燕之銳師 攻秦蕞 不拔 以攻齊 取饒安".

191) 長平의 戰에서 趙의 식량 요청을 허락할 것을 齊王에게 충고한 周子의 "且趙 齊楚之扞蔽也 猶齒之有脣也 脣亡齒寒 今日亡趙 明日患及齊楚"는(《史記》 田敬仲完世家 王建 6년) 바로 이 점을 잘 지적한 것이다.

192) 후술할 바와 같이 실제 趙는 계속 燕을 침공하였고, 燕은 이 때문에 趙이외의 나라와 전쟁할 여유가 없었다.

정책, 즉 "秦을 근실하게 섬기는 한편 諸侯와도 信義를 지키는" 고립 정책을 그녀의 사후에도 견지하였기 때문이었다고 한다. 그 결과 齊는 40여년간 국제 분쟁의 병화를 면할 수 있었고 6국중 가장 늦게 겸병된 것도 사실이다. 이것은 齊가 B.C. 260년 장평대전을 고비로 사실상 秦에 저항하는 것이 무모하다는 현실을(후술) 냉철하게 인식한 결과인지도 모른다. 그러나 이 고립 정책을 견지한 배후에는 秦의 사주를 받은 親秦 反合從論者들의 암약이 크게 작용한 것도 사실이라면,[193] 齊의 위정자들이 당시 유행한 연횡론자의 주장, 즉 6국 합종의 비현실성과 그 자체의 모순[194] 또는 6국 합종과 秦의 대결은 결국 '양떼를 몰아 猛虎를 공격시키는 것과 다름 없다'는[195] 식의 논법에 철저히 설득된 것으로 추측되는데, 秦의 확고한 '遠交近攻' 정책은 바로 이 설득을 가능케한 요인이었다.

秦의 '遠交近攻策'은 혼히 范雎가 주창한 것으로 알려지고 있지만, 사실 이것은 전국초 이래 秦 외교의 기본 원칙이었다고 해도 과언은 아니다.[196]

---

193) 《史記》 田敬仲完世家 齊王 建 44년 "秦兵擊齊 齊王聽相后勝計 不戰 以兵降秦 秦虜王建 遷之共…始 君王后賢 事秦謹 與諸侯信 齊亦東邊海上 秦日夜攻三晉燕楚 五國各自救於秦 以故王建立四十餘年不受兵 君王后死 后勝相齊 多受秦間金 多使賓客入秦 秦又多與金 客皆爲反間 勸王去從朝秦 不修攻戰之備 不助五國攻秦 秦以故得滅五國 五國已亡 秦兵卒入臨淄 民莫敢格者 王建遂降 遷於共 故齊人怨王建不蚤與諸侯合從共秦 聽姦臣賓客之言以亡其國".

194) 《史記》 張儀列傳 "且夫諸侯之爲從者 將以安社稷尊主彊兵顯名也 今從者一天下 約爲昆弟 刑白馬以盟洹水之上 以相堅也 以親昆弟同父母 尚有爭錢財 以欲恃詐僞反覆蘇秦之餘謀 其不可成亦明矣"는 진정한 평화 공존의 의지가 없이 항상 자국의 이익을 위해 배신도 불사하는 국가들의 연합이 길게 유지될 수 없음을 잘 지적하고 있다. 한편 당시 일류의 遊說客 虞卿도 '소국이 대국과 합종할 경우 유리하면 대국이 그 복을 누리고 실패하면 소국이 그 화를 입는다'고 설파하였지만(《史記》 平原君 虞卿列傳 "臣聞小國之與大國從事也 有利則大國受其福 有敗則小國受其禍"), 蘇秦이 주장하였다는 合從策이 "連橫論者들은 모두 제후의 땅을 할양하여 秦을 섬기려고 한다"고 비난하면서 "合從이 성립되면 제후가 땅을 할양하여 楚를 섬길 것"(《史記》 蘇秦列傳)이라고 楚王을 설득한 귀절은 실제 소국에게 合從과 連橫의 차이란 섬기는 상대가 다를 뿐이라는 점을 잘 말해 준다.

195) 《史記》 張儀列傳 "且夫爲從者 無以異於驅群羊而攻猛虎 虎之與羊不格明矣". 이 주장은 실제 秦의 우세가 상대적으로 더 확연해질수록 설득력을 갖을 수 있었을 것이다.

196) 《戰國策》 齊 1 秦이 齊 威王 시기 韓·魏의 길을 빌려 齊를 공격, 대패하였다는 〈秦假道韓魏以攻齊章〉을 何建章, 전게 《戰國策注釋》, p.319는 B.C. 323사건으로 추정하고 있다. 이것이 어느 정도 史實을 전한 것이라면 이 무모한 전쟁의 실패는 秦에게 큰

앞에서 언급한 ‘弱齊’ 정책의 추진과정에서도 齊를 직접 공벌한 것은 B.C. 284년 마지막 단계에서 선공한 것 뿐이었다. 그러나 이 정책이 흔들린 것은 ‘强齊’의 몰락과정에서 秦의 몫으로 돌아온 陶를 봉읍으로 차지한 穰侯가 齊地를 攻取하여 陶를 확장하려 하였기 때문인데, B.C. 271년 秦의 군대가 韓・魏를 가로질러 齊의 綱・壽를 공취한 것도 바로 그 야심의 일환이었다.[197] 여기서 극히 위험한 출병으로 결국 穰侯의 封邑을 확대할 뿐이라는 비판이 제기된 것은 지극히 당연하였고, 范雎는 바로 이 평범한 ‘상식’을 秦昭王에게 직소하여 전통적인 외교 원칙을 재확인한 것에 불과하였다.[198] 어쨌든 그 후 齊의 멸국 직전까지 秦이 결코 齊를 침공하지 않았던 사실은 齊에게 反秦 합종에 가담하지 않을 수 있는 커다란 명분을 제공하였고,[199] 이 때문에 秦의 대외 정책이 보다 부담없이 추진될 수 있었다면, 反秦 연대를 적극 추진하지 못한 6국의 단견을 책하기에 앞서 ‘상식’을 유지한 秦의 정책을 평가하고 싶다.

한편 6국의 連帶는 극히 저조하였지만, 상호 공벌도 예상 밖으로 적었다는 것은 무척 흥미있는 일이다. 우선 참고 삼아 그 실례를 摘記해 보자. (1) B.C. 283년 趙의 攻齊 (2) B.C. 282년 燕・趙의 攻魏 (3) B.C. 281년 趙의 伐魏 (4) B.C. 279년 趙의 攻齊 (5) B.C. 276 趙의 攻魏 (6) B.C. 275년 趙의 攻魏 (7) B.C. 274년 趙의 伐齊 (8) B.C. 273년 趙의 伐齊[200] (9) B.C. 274년

교훈을 주었을 것이다.

197) 《史記》 秦本紀 昭王 36년 “客卿竈攻齊 取綱 壽 予穰侯”, 동 范雎列傳 “及穰侯爲秦將 且欲越韓魏而伐齊綱壽 欲以廣其陶封”.

198) 《史記》 范雎列傳 “夫穰侯越韓魏而攻齊綱壽 非計也 少出師則不足以傷齊 多出師則害於秦 臣意王之計 欲少出師而悉韓魏之兵 則不義矣 今見與國之不親也 越人之國而攻可乎…王不如遠交近攻 得寸則王之寸也 得尺則王之尺也 今釋此而遠攻 不亦繆乎…卒聽范雎謀 使五大夫綰伐魏 拔懷 後二歲 拔邢丘”. 물론 이와 같은 신속한 ‘상식’의 회복은, 여기서 昭王이 자신을 능가할 정도로 擅權한 穰侯를 실각시킬 수 있는 명분을 찾을 수 있었기 때문이기도 하다.

199) 《戰國策》 魏4:2 ‘八年謂魏王章’은 ‘楚의 强’과 ‘春信君의 말’을 믿고 합종에 참가하면 결국 秦의 공격 표적만 될 뿐이라고 경고한 내용이다. 만약 魏가 끊임 없는 秦의 침공에 시달리지 않았다면 魏王 역시 위태한 合從에 가담할 이유가 없었을 것이다.

200) 《史記》 趙世家 惠文王 16년 “王與燕王遇 廉頗將攻齊昔陽 取之”(1), “十七年 樂毅將趙師伐魏伯陽”(2), “十八年…伐魏氏”(3), “十九年…趙奢將 攻齊麥丘”(4), “二十年 廉

46

魏 · 趙가 韓을 공격, 그러나 秦이 구원, 魏 · 趙는 대패[201] (10) B.C. 272년 楚 · 秦의 지원을 받은 韓 · 魏 · 趙(?)의 攻燕[202] (11) B.C. 271년 趙의 攻齊[203] (12) B.C. 266년 齊 · 楚의 攻魏, 그러나 秦이 구원[204] (13) B.C. 265년 趙의 攻燕 (14) B.C. 265년 趙의 攻韓 (15) B.C. 256년 燕의 攻趙 (16) B.C. 251 燕의 攻趙 (17) B.C. 250년 趙의 攻燕 (18) B.C. 249년 趙의 攻燕 (19) B.C. 248년 趙 · 魏의 攻燕 (20) B.C. 246년 趙의 攻燕 (21) B.C. 244년 魏의 攻趙 (22) B.C. 243년 趙의 攻燕[205] (23) B.C. 242년 燕의 攻趙와 燕의 대패[206] (24)

頗將 攻齊"(5), "二十三年…樓昌將 攻魏幾 不能取 十二月 廉頗將 攻幾 取之"(6), "二十四年 廉頗將 攻魏房子 拔之 因城而還 又攻安陽 取之"(7), "二十五年 燕周將 攻昌城 高唐取之"(8).

201) 《史記》 韓世家 釐王 23년 "趙魏共我華陽 韓告急於秦…穰侯曰 公無見主 請今發兵救韓 八日而至 敗趙魏於華陽之下", 秦本紀 昭王 33년 "擊芒卯華陽 破之 斬首十五萬 魏入南陽以和", 趙世家 惠文王 25년 "與魏擊秦 秦將白起破我華陽". 白起列傳 "昭王三十四年 白起攻魏 拔華陽 走芒卯 而虜三晉將 斬首十三萬 與趙將賈偃戰 沈其卒二萬人 於河中".

202) 《史記》 韓世家 桓惠王 元年 "伐燕", 燕昭公世家 惠王 7년 "韓魏楚共伐燕", 秦本紀 昭王 35년 "佐韓魏楚伐燕", 楚世家 頃襄王 27년 "使三萬人助三晉伐燕". 단 趙의 참가는 楚世家의 '三晉'만 그 가능성을 시사할 뿐, 趙世家를 비롯 여타 관계기사에는 趙의 언급이 없어 실제 참가 여부는 확실치 않다. 한편 梁玉繩은 秦本紀의 기사를 부정하여 秦의 攻燕 참여를 일단 부정하고(《史記志疑》 권 4 秦本紀), 《戰國策》 燕 3:1 '齊韓魏共攻燕章'의 "齊韓魏共攻齊 燕使太子請救于楚 楚王使景陽而救之"를 사실로 인정한 반면 楚世家 및 六國年表의 楚 攻燕 기사를 또 부정하였는데(동, 권 9 六國年表) 설득력은 없는 것 같다.

203) 《史記》 趙世家 惠文王 28년 "藺相如攻齊 至平邑 罷城北九門大城".

204) 《史記》 魏世家 安釐王 11년 "齊楚相約而攻魏 魏使人求救於秦…於是秦昭王遽爲發兵救魏 魏氏復定".

205) 《史記》 趙世家 孝成王 원년 "齊安平君田單將趙奢而攻燕中陽 拔之"(13), "又攻韓注人拔之"(14), "十年 燕攻昌社 五月拔之"(15), "十五年…燕卒起二軍 車二千乘 栗腹將而攻鄗 卿秦將而攻代 廉頗爲趙將 破殺栗腹 虜秦卿樂閒"(16), "十六年 廉頗圍燕"(17), "十七年 假相大將武襄君攻燕 圍其國"(18), "十八年 延陵鈞率師從相國信平君助魏攻燕"(19), "二十一年 孝成王卒 廉頗將 攻繁陽 取之", 燕世家 燕王 喜 10년 "趙使廉頗將攻繁陽"(20), 趙世家 悼襄王 원년 "大備魏"(21), 동 2년 "李牧將 攻燕 拔武遂 方城"(22). 단 (13)의 경우 燕昭公世家는 "齊田單伐我 拔中陽"이라 하여 齊의 단독 伐燕처럼 전한 반면, 상기 趙世家는 최소한 趙 · 齊 연합의 攻燕일 가능성을 시사한다. 그러나 《戰國策》 趙 4 "燕奉宋人榮蚠爲高陽君 使將而攻趙 趙王因割濟東三城盧高堂平原合陵地城市邑五十七 命以與齊 而以求安平君而將之"를 보면 이것은 趙에게 초빙된 안평군 田單의 지휘하에 추진된 趙의 伐燕이 명백하다.

206) 《史記》 燕昭公世家 燕王 喜 12년 "燕見趙數困于秦 而廉頗去 令龐煖將也 欲因趙弊而攻之…燕使劇辛將擊趙 趙使龐煖擊之 取燕軍二萬 殺劇辛".

B.C. 241년 趙의 攻齊 (주 182 참조) (25) B.C. 236년 趙의 攻燕[207] (26) B.C. 235년 秦의 지원을 받은 魏의 攻楚[208]

이상 26건을 분석해 보면 趙는 攻魏 3건(2·3·6), 攻韓 2건(9·14), 攻齊 6건(1·4·5·7·8·11·24), 攻燕 9건(3·10·13·17·18·19·20·22·25)으로 총 20건으로 압도적인 다수를 차지한다. 魏는 攻趙(21), 攻韓(9), 攻楚(26) 각 1건, 攻燕 2건(10·19). 韓은 攻燕 1건(10), 齊는 攻燕 1건, 攻魏 1건(12). 楚는 攻燕 1건(10), 攻魏 1건(12). 燕은 攻趙 3건 뿐이다. 6국 중 타국을 가장 빈번히 침공한 趙는 초기에는 주로 魏·齊를, B.C. 270년 이후에는 주로 燕 정벌에 집중하였다. 한편 燕의 침공은 모두 趙에 국한되었고, 그 시기도 趙의 燕 침공이 가열된 이후에 속한다. 그러므로 燕의 趙 침공은 방어 또는 보복전의 성격으로 보아도 좋은 것 같은데, 어쨌든 燕·趙의 공방이 전체 공벌의 근 50%가 된다는 것은 주목된다. 또 三晉과 秦·楚가 연합한 (10)의 攻燕은(B.C. 272) 그 구체적인 배경 및 경과는 분명치 않으나 당시 韓·魏·趙는 B.C. 275-273년 秦과의 전쟁에서 대패한 직후였고(주 181, 201 참조), 楚 역시 秦의 계속된 공세로 크게 위축되었던 사정을(후술) 고려하면 秦의 강요에 의해서 출병한 것으로 보는 것이 무난한 것 같다.[209] 그렇다면 齊·楚가 자의로 타국을 침공한 것은 결국 魏를 1번 연합 침공한 것에 불과하다. 魏의 경우도 (25)는 당시 秦의 공세에 계속 시달리던 魏의 처지로 감안할 때 秦의 강요에 의한 것으로 추측되며 (21)도 趙의 "大備魏"로 표현된 것으로 보아 직접 군사 행동으로까지 발전한 것이 아니라면, 실제 趙와 연합하여 韓을 침공한 것이 유일한 예이며, 韓은 1번도 타국을 자의로 침공한 예가 없다.

---

207) 《史記》趙世家 悼襄王 9년 "趙攻燕 取貍陽城 兵未罷 秦攻鄴 拔之".
208) 《史記》楚世家 幽王 3년 "秦助魏攻楚", 六國年表 해당년 秦·楚·魏에 모두 언급되었다.
209) 당시 楚도 3만의 군사를 출병한 것으로 보아 이 연합 원정군의 규모도 작지 않았던 것 같은데, 이와 같은 대연 정벌은 伐齊 이후 세력이 급속히 부상하기 시작한 燕에게 일격을 가할 필요를 느낀 秦이 마침 勢가 한풀 꺾인 三晉과 楚를 앞세움으로써 燕은 물론 三晉·楚의 국력도 더욱 소모시키려는 의도에서 추진한 것으로 추측된다.

48

여기서 우리는 趙를 제외한 5국은 적어도 B.C. 280년 이후에는 타국의 공벌을 극도로 자제한 것으로 일단 평가하지 않을 수 없는데, 이것은 그들이 약자의 구원을 명분으로 개입할지 모르는 秦에게 어부지리를 제공하는 것을 우려하였기 때문일 수도 있다. 그러나 반면 强한 秦을 공격할 능력은 없지만, 상대적으로 약한 이웃도 침공하지 않으면 자기 발전의 기회가 없다는 것 또한 명백하다. 한편 秦의 입장에서는 6국 상호 공벌은 어부지리를 취할 수 있는 기회는 되지만,[210] 이것은 자칫 세력 균형의 변화에 따라 浮上한 强者를 중심으로 對秦 합종이 형성될 계기도 될수 있다면 결코 바람직한 것이 아니다.[211] 그렇다면 이 시기 秦·趙 이외의 국가간에 이토록 타국 침공의 사례가 거의 없다는 것은 '현명한' 자각에서 비롯되었다기보다는 秦이 정책적으로 조성한 상황이었을 가능성도 배제할 수 없는 것 같다. 즉 秦이 새로운 강국의 부상을 사전 봉쇄하기 위하여 주변의 약소국을 공벌할 수 있는 상대적 강국을 집중 공격하였기 때문에 6국이 모두 사실상 인국을 공벌할 여력을 갖지 못하게 되었다는 것이다.[212]

'强齊'의 몰락 이후 秦이 6국을 개별 격파할 경우 모두 성공할 수 있다는 것은 자타가 공인한 현실이었을 것이다. 그러나 6국이 자진해서 秦을 천자로 추대할 리 만무하다면,[213] 秦에게 가장 바람직한 상황은 6국이 겸병 순서

---

210) 韓·魏의 장기 相攻을 구원할지 여부를 판단하지 못하고 있는 秦 惠文王에게 陳軫이 서로 싸우는 두마리의 호랑이를 보고 작은 놈은 죽고 큰놈은 부상당할 때까지 기다려 모두 잡았다는 卞莊子의 고사를 인용한 후, 구원하지 말고 양국중 소국은 망하고 대국은 상할 때까지 기다려 공벌하라고 조언하였다는(《史記》 권 70 陳軫列傳) 일화는 상호 공벌이 제 3국, 특히 秦의 어부지리가 된다는 당시 상식을 잘 반영한 것 같다.

211) 상기 6국 상호 공벌 사례 (10)에서 秦의 魏 구원은 "秦救不發 亦將賴其未急也 使之大急 彼且割地而約從 王尙何救焉 必待其急而救之 是失一東藩之魏而彊二敵之齊楚 則王何利焉"(《史記》 魏世家)이란 충고에 따른 결과였다는 것은 秦의 이러한 우려를 잘 말해 준다.

212) 이 문제와 관련 《戰國策》 趙 2:2 秦攻趙章 중 秦이 趙를 공격하는 이유를 秦王이 "寡人案兵息民 則天下必爲從 將以逆秦"으로 설명한 대목은 무척 시사적이다.

213) B.C. 257년 邯鄲 攻圍時 秦을 齊로 추대하자던 魏의 사신 辛垣衍이 秦이 帝가 되면 각국 군주와 대신은 모두 노예처럼 전락할 것이라는 魯連의 반논에 설득되었다는 일화는 (《戰國策》 趙 3 秦圍趙之邯鄲章) 6국이 멸국도 시간 문제라는 것을 알면서도 秦을 帝로 추대하지 않은 情緒를 짐작케 한다.

를 앉아 기다리는 것이다. 秦의 침공을 제 3국이 구원하거나 秦의 위기를 공동대처한 실적이 극히 미미하였음은 앞에서 이미 지적하였지만, 실제 秦의 본격적인 겸병과정은 바로 秦이 가장 바라던 그 상황에서 이루어졌다. 즉 B.C. 230년 韓에서 시작 趙·魏·楚·燕을 거쳐 B.C. 221년 齊의 겸병으로 끝날 때까지 모두 자기 순서가 곧 온다는 것을 알았지만, 그 누구도 공동 대처를 감히 조직하지 못한 것이다.[214] 물론 그 순서의 절묘함도 무시못할 요인이었을 것이다. 그러나 이처럼 6국의 공동 대처 능력의 철저한 상실은,[215] 문자 그대로 그들이 이미 '群羊'같은 '평균적 약체'로 전락하였음을 의미한다.

모든 상대를 개별 격파할 수 있을 경우 겸병의 순서는 인접국부터 시작하는 것이 상식일 것이다. 그러나 秦이 6국의 상대적 강약을 고려하지 않고 이 상식을 무조건 따를 경우, 그 중 상대적 강국은 여타 소국을 겸병 또는 합종의 방식으로 결속하여 무시 못할 대항 세력을 형성할 우려가 다분하다면, 우선 그 상대적 강국을 순회하며 집중 공격하는 것이 바람직할 것이다. 즉 상대적 강자가 없는 '평균적 약체화'란 조건을 먼저 확보할 필요가 있다는 것이다. 6국의 상호 공벌이나 對秦 합종의 저조도 바로 이러한 공세 방식에서 비롯된 것으로 해석되지만, 가장 약한 인접국 韓의 병탄도 '强齊' 몰락 이후 50 여년 이상이 소요된 것도 바로 이 때문일 것이다. 그러나 '强齊' 몰락 이후 秦 외교의 구체적인 행보는 6국의 '평균적 약체화'가 결코 저절로 이루어진 것이 아니었음을 잘 말해 주는 것 같다.

'强齊'가 몰락한 직후 燕·趙王의 회동에 이은 양국의 攻魏에(주 200 참조)[216] 맞선 秦의 첫 대응은 伐齊에서 淮北을 차지한 楚王과의 두차례 회동

---

214) B.C. 228년 趙王이 포로된 이후 趙 公子 嘉가 代로 달아나 代王으로 자립한 이후 B.C. 227년 代와 燕의 연합군이 易水에서 秦軍을 맞아 대패한 것이 유일한 공동대처였지만, 이것은 이미 趙가 사실상 망한 이후의 일이므로 진정한 의미에서의 동맹은 아니다.

215) 燕太子 丹이 협객 荊軻를 시켜 秦始皇을 암살, 秦의 침공을 저지하려 하였다는 유명한 사건은 결국 '개인의 영웅적 氣慨' 이외에는 秦의 겸병을 막을 어떤 힘의 조직도 불가능한 현실을 잘 말해 주는 것 같다.

216) 《史記》趙世家는 伐齊를 惠文王 14·15·16 3년에 걸쳐 서술하면서 燕·趙王의 회

50

과[217] 魏 침공이었다.[218] 이것은 燕·齊의 공방이 계속되는 상황에서 對楚 友好, 對中原 攻勢란 정책 방향을 분명히 표명한 것인데, 특히 불과 10 수년전 楚懷王을 유인하여 억류, 憤死시킨 秦 昭王이 楚王과의 첫 會同을 위하여 楚의 都城 鄢까지 방문한 실로 파격적인 우호 공세는 燕·齊의 견제가 없어진 趙의 浮上을 결코 좌시할 수 없다는 秦의 의지가 그만큼 강력하였음을 시사한다. 蘇代가 亡宋·伐齊 이후 燕·趙·秦의 北·中·西 3帝 체제를 제안한 것(주 167 참조), 그리고 '趙가 일찌기 40여 년간 强齊를 견제하는 동안 秦 역시 그 원하는 바를 얻지 못하였다'는 지적만[219] 상기해도 당시 趙의 위상을 짐작할 수 있지만, 실제 앞에서 소개한 6국의 상호 공벌과 連帶의 기록도 秦과 제대로 경쟁다운 경쟁을 벌인 것은 그래도 趙뿐이었다는 인상을 주고 있다. 바로 이러한 趙가 燕과 연합하여 魏에 세력을 뻗쳤다면, 당시 秦이 선택한 외교 정책의 방향은 실로 적절한 것이었다.[220]

동과 趙의 '齊 昔陽 攻取를 惠文王 16년(B.C. 283), 燕·趙의 攻魏를 惠文王 17년에 각각 기록하고 아울러 같은해 秦의 '攻趙 拔二城'을 전하고 있다. 이에 비해 六國年表는 伐齊와 관련 15년에 "取齊昔陽"만 기록하였으나, 趙世家에 전혀 없는 B.C. 283년 秦의 攻·魏와 燕·趙의 救魏에 관해서는 魏 昭王 13년(趙 惠文王 16년)에 秦의 攻魏와 철병만 언급하였다. 이 철병이 趙·燕의 구원 때문이었다는 것은 확실하며, 이 공동 救魏는 燕·趙王의 회동과 관련되었을 가능성이 농후하다. 그렇다면 趙世家처럼 이 양국이 B.C. 282년, 전해에 구원한 魏를 다시 공격한 것도 특별한 설명이 필요하지만, 특히 이 해에 秦이 伐齊 동맹에서 비협조적이었다는 이유로 새삼 趙를 공격하였다는 것은 더욱 납득하기 어렵다. 그러나 趙世家의 서술 순서는 인정하면서 趙의 昔陽 攻取를 육국년표와 같이 B.C. 284년으로 잡으면, 적어도 惠文王 17년의 기사도 B.C. 283년의 사건이 되는데, 이것을 다시 같은 해의 秦의 攻魏와 燕·趙의 救魏를 종합하여 가장 자연스러운 사건의 전개로 정리하면 燕·趙王의 회동, 燕·趙의 攻魏, (魏의 對趙 타협), 秦의 攻魏, 燕·趙의 救魏, 秦의 攻趙라는 순서가 되는 것 같다. 단 ( )는 추측이나, 이것을 상정하면 더욱 자연스럽다.

217) 《史記》 楚世家 頃襄王 15년 "楚王與秦三晉燕伐齊 取淮北", 16년 "與秦昭王好會於鄢 其秋 復與秦王會穰".
218) 《史記》 六國年表 魏 昭王 13년 "秦拔我安城 兵至大梁而還" 및 주 174 참조.
219) 《戰國策》 趙 3 "今趙萬乘之强國也···嘗抑强齊四十餘年 而秦不能得所欲 由是觀之 趙之于天下也不輕".
220) 于鬯, 《戰國策注》가 B.C. 283년으로 비정한 《戰國策》 魏 4:8 '秦攻韓之管章' 중 魏를 공격하는 秦王을 "故爲王計者 不如制趙 秦已制趙 則燕不敢不事秦 荊齊不能獨從天下爭敵于秦 則弱矣"라고 설득한 귀절은 바로 당시 秦의 攻趙 정책의 배경을 전한 것 같다.

秦이 趙·燕의 공격을 받은 魏를 구원하지 않고 오히려 공격하였고, 이에
맞서 趙·燕이 도리어 魏를 구원하였다는 것은 당시 魏를 둘러싼 공방이 사
실상 秦·趙의 무력 대결이었음을 잘 말해 준다. B.C. 282년 이후 시작된
계속된 秦의 對趙 공세, 趙의 攻魏,[221] 秦王과 韓王·魏王의 회동[222] 등이
B.C. 279년 秦王과 趙王의 회동으로 결속된 것은 이와 같은 秦·趙의 무력
대결이 일단락 되었음을 의미한다.[223] 이 대결 과정에서 趙는 공취하였던 魏
의 伯陽도 반환하고 계속 참패를 면치 못하여, B.C. 279년의 회동도 秦의
고압적인 강요에 의한 것이 분명한 만큼[224] 秦은 일단 趙의 기세를 꺾는데
성공하였다고 판단한 것 같다. 秦이 그후 B.C. 273 趙·魏 연합군의 攻韓을
개입할 때까지 趙의 계속된 魏·齊의 침공을(전술한 6국 상호 공벌을 참고)
방관한 것은 바로 이 때문일 것이다. 대신 秦은 楚를 집중 공격하기 시작하
였다.

　趙·秦의 화의가 성립하기 바로 전해 趙를 대파한 秦은 이미 蜀을 통한
對楚 집중 공세를 시작하였고, 계속된 秦의 공세에 못견딘 楚는 漢水 이북
을 헌상하기도 하였지만(B.C. 280), 마침내 B.C. 278년에는 도성 鄢마저 빼
앗기고 陳으로 천도하였으며, 秦은 그 다음해에도 공세를 늦추지 않고 楚의
黔中과 巫郡을 점령하였다.[225] 그 결과 楚는 일시 조직적 저항력을 거의 상

---

221) 《史記》 趙世家 惠文王 17년 "秦怨趙不與己擊齊 伐趙 拔我兩城", 18년 "秦拔我石城
　　王再之魏東陽 決河水 伐魏氏 大潦 漳水出 魏冉來相趙", 19년 "秦取我二城 趙與魏伯
　　陽". 秦本紀 昭王 27년(趙 惠文王 19년) "白起攻趙 取代光狼城", 六國年表 秦昭王 27
　　년 "擊趙 斬首三萬".
222) 《史記》 秦本紀 昭王 25년 "拔趙二城 與韓王會新城 與魏王會新明邑".
223) 《史記》 趙世家 惠文王 20년 "王與秦昭王會于河外", 六國年表 趙 惠文王 20년 "與
　　秦會澠池 藺相如從". 이 회동에 관한 구체적인 상황은 廉頗藺相如列傳에 자세하다.
　　한편 이에 앞서 趙世家 惠文王 18년 당시 秦의 실력자 魏冉의 "來相趙"란 기사가 보
　　인다. 魏冉이 B.C. 283년 秦相에서 면직되었다 281년 다시 복직되었기 때문에 혹 이
　　기간 '趙相'을 담당하였을 가능성도 전혀 없는 것은 아니나, 趙世家 이외에는 이것을
　　입증하는 자료는 없다. 다만 이것은 당시 秦·趙의 和議가 일시 모색되었던 사정을
　　반영한 것일 수는 있다.
224) 《史記》 권 81 廉頗 藺相如列傳은 당시 秦의 강요에 의해 마지못해 참석한 趙王을
　　회롱하려는 秦에 맞서 趙의 체면을 유지한 藺相如의 활약을 전하고 있다.
225) 《史記》 秦本紀 昭王 27년 "(司馬)錯攻楚 赦罪人遷之南陽···又使司馬錯發隴西 因蜀
　　攻楚黔中 拔之", 28년 "大良造白起攻楚取鄢鄧 赦罪人遷之", 29년 "大良造白起攻楚 取

실할 정도로 대 타격을 받았는데, 이와 같은 對楚 집중 공세는 秦이 趙를 제압하는 동안 楚가 對秦 합종을 은밀히 추진하는 기미를 보였기 때문인 것 같다. 《史記》楚世家중 秦의 대공세를 서술하기 직전 다음과 같은 2개의 전승이 마치 秦의 대공세 배경처럼 소개되었기 때문이다. 즉 (1) 楚王이 합종을 선동한 책사에게 설득되어 실제 합종 결성, 秦을 정벌하려다 도리어 秦의 응징을 받았다는 것 (2) 楚가 齊·韓과 연합하여 秦을 정벌하고 아울러 周를 병탄하려는 계획을 세웠으나 周의 설득으로 포기하였다는 것이다.[226] 이것이 어느 정도 사실을 반영한 것이라면, 秦이 사실상 趙의 齊·魏 침공을 허용하는 조건으로 趙와 화의한 이유는 더 이상 설명할 필요가 없을 것이다.

비록 楚는 전날의 강성함은 잃었지만, '强齊'의 몰락으로 淮北을 수복하였던 만큼 秦의 궤멸적인 공격을 받은 후에도 秦의 공격이 북방으로 다시 전환되자 재빨리 병사를 재규합 秦에 빼앗긴 양자강 유역의 15읍을 수복하였으며,[227] 그후 邯鄲 攻圍에 원군 파병, 信陵君이 규합한 5국 연합 참여, 최후의 對秦 합종의 주도(전술), 그리고 韓·趙·魏·燕을 정복한 이후 秦이 60만의 대군을 총 동원하여 근 2년에 걸친 공방끝에 楚를 정복한 사실 등은[228] 모두 楚가 마지막 순간까지 조금도 경계를 늦출 수 없는 秦의 강적이었던 사실을 잘 말해 준다. 이처럼 강한 楚가(더욱이 懷王의 복수란 명분도

郢爲南郡 楚王走 王與楚王會襄陵”, 30년 “蜀守若伐楚 取巫郡 及江南爲黔中郡”. 楚世家 頃襄王 19년(秦 昭王 27년) “秦伐楚 楚軍敗 割漢北地予秦 ”, 20년 “秦將白起拔我西陵”, 21년 “秦將白起逐拔我郢 燒先王墓夷陵 楚襄王兵散 遂不復戰 東北保於陳城”, 22년 “秦復拔我巫黔中郡”, 六國年表 楚 頃襄王 19년(秦 昭王 27년) “秦擊我 與秦漢水北及上庸”.

226)《史記》楚世家 頃襄王 18년 “···於是頃襄王遣使於諸侯 復爲從 欲以伐秦 秦聞之 發兵來伐楚 楚欲與齊韓連和伐秦 因欲圖周 周赧王使武公謂楚相昭子曰···於是楚計輟不行”.

227)《史記》楚世家 頃襄王 23년 “襄王乃收東地兵 得十與萬 復西取秦所拔我江旁十五邑 以爲郡 距秦”.

228) 三晉을 정복한 진시황은 처음 60만의 대군이 아니면 楚 정복이 불가능하다는 王翦의 말대신 20만 병사면 족하다는 李信의 말을 신용하였다가 秦軍이 대패한 이후 다시 王翦의 계책에 따라 楚를 정복하였다고 한다. 이 과정은 《史記》권 73 白起 王翦列傳에 자세하다.

있는) 이제 배후에서 對秦 합종의 기미를 보였다면 對趙 和議·對楚 총공세로의 정책 전환은 불가피하였을 것이다.

　그러나 對楚 공세에서 일단 성공한 秦은 趙를 다시 공격하는 대신 B.C. 276년에서 274년 3년간 魏를 집중 공격하였으며,[229] 秦·趙가 다시 충돌한 것은 B.C. 273년 趙·魏의 韓 공격을 秦이 구원한 때였다. 그러나 당시 魏軍의 피해는 참수 13만에 비해 조군의 피해는 2만에 불과한 점, 또 魏는 南陽을 秦에 할양한 반면 趙는 할양이 없었다는 점을(주 201 참조) 주목하면, 秦의 주공격 목표는 이 때도 역시 魏였음이 명백하다. 이와 같은 秦의 정책은 趙를 공격하기 앞서 魏를 확실히 제압할 필요성과[230] 함께 楚 문제가 아직 완전히 해결되지 않았던 사정,[231] 그리고 燕·齊의 전쟁이 일단락된 시점에서[232] 다시 대두한 燕의 견제역활을 趙에게 기대할 수밖에 없었던 사정 등을 고려하였던 것으로 해석된다. B.C. 272년의 秦·楚의 지원을 받은 三晉의 攻燕은 秦이 장기간 가급적 趙에 대한 직접 공세를 회피한 이유를 잘 말해 주는 것 같다.

　이와 같은 秦의 對趙 정책은 B.C. 270년 趙가 秦의 韓 침공에 개입, 秦을 대파한 이후에도 포기되지 않았다. 그후 韓 上黨의 귀속문제로 秦·趙가 대결한 끝에 趙의 40만 대군이 항복, 몰살된 B.C. 260년 長平大戰까지[233] 秦이

---

229)《史記》魏世家 安釐王 원년(B.C. 276) "秦拔我兩城", 2년 "(秦)又拔我二城 軍大梁下 韓來救 予溫以和", 3년 "秦拔我四城 斬首四萬".

230) 楚의 對魏 공세가 집중된 B.C. 276-274년 趙 역시 魏를 매년 침공한 사실이(주 192 참조) 이 기간 魏 控制를 둘러싼 秦·趙 양국의 경쟁을 말해 준다면, 秦의 魏 공격도 결국 趙 공격의 준비단계로 보아도 대과는 없는 것 같다.

231) 秦이 楚 전선을 떠나 魏를 공격한 바로 그해 楚가 다시 군사를 모아 양자강 연안의 15읍을 탈환한(주 216 참조) 이후 秦·楚 화의의 정식 성립은 頃襄王 27년(B.C. 272) 三晉의 伐燕에 楚가 원군을 파병한 직후로서 이 때 楚는 태자를 인질로 入秦시켰다.(《史記》楚世家 頃襄王 27년 "使三萬助三晉伐燕 復與秦平 而入太子爲質於秦 楚使左徒侍太子於秦").

232) 燕의 齊 점령기간을《史記》燕昭公世家는 6년으로 전하는데(昭王 28년), 田敬仲完世家에 의한면 田單이 齊의 실지를 완전 수복하고 임치에 입성한 것은 양왕 즉위 후 5년만이었다고 한다. 따라서 燕齊의 공방은 대체로 B.C. 279-278 경 일단락 된 것 같다.

233) 秦의 南陽·野王 공취로 서북 上黨과 韓의 본부를 연결하는 太行道가 단절된 이후 上黨民이 趙 귀속과정 및 그로써 야기된 문제는《史記》白起列傳·虞卿列傳, 長平戰

趙를 침공한 것은 B.C. 265년 1번 뿐이었고,[234] 초기에는 주로 魏를,[235] B.C. 265년 이후에는 韓을 집중 공략하여 그 영토를 크게 잠식하였다.[236] 이처럼 '强趙' 대신 7국 중 가장 약국이라 할 수 있는 韓을[237] 먼저 집중 침공한 것을 앞서 언급한 范雎의 '遠交近攻'策의 일환으로 일단 이해해도 무방하다.[238] 그러나 이 무렵 秦이 韓·魏와 연합하여 滅楚의 태세를 보이자 楚의 黃歇(春申君)이 이를 저지하기 위하여 秦 昭王에게 親楚·攻韓을 주축으로한 '遠交近攻'策을 다음과 같이 설득한 사실도 주목할 필요가 있다. 즉 (1) 秦의 숙적 韓·魏가 尙存하는 한 秦의 攻楚는 그 자체가 위험하며 (2) 설혹 韓·魏와 일시 연합하여 楚를 약화시켜도 그 성과는 韓·魏·齊가 차지할 뿐

의 경과는 白起列傳과 廉頗列傳에 상세하다. 아울러 주 236 참조.

234) 이것은 趙 孝成王의 즉위 초 태후가 擅權한 정치적 혼란을 이용한 침공이었는데, 齊가 趙를 구원하였으나 秦은 趙의 3성을 함락시켰다(주 183 참조).

235) 《史記》 魏世家 安釐王 9년 (268) "秦拔我懷城", 11년 "秦拔我郉丘"(六國年表에는 廩丘, 范雎蔡澤列傳에는 邢丘로 표기되었음). 양 기사 사이에 "十年 秦太子外質於魏死"가 끼어 있는 것을 보면 양 전쟁 사이에 일시 秦·魏의 화의가 성립하였던 것 같다.

236) 《史記》 范雎列傳 "秦昭王之四十二年 東伐韓 少曲 高平 拔之", 秦本紀 昭王 43년 (B.C. 264) "武安君白起攻韓 拔九城 斬首五萬", 44년 "攻韓南陽 取之", 45년 "五大夫賁攻韓 取十城", 47년 "秦攻韓上黨 上黨降趙 秦因攻趙 趙發兵擊秦 相距 秦使武安白起擊 大破趙君於長平 四十與萬秦殺之", 48년 "十月 韓獻垣雍". 白起列傳 "(秦)昭王四十三年 白起攻韓陘城 拔五城 斬首五萬 四十四年 白起攻南陽太行道 絶之 四十五年 伐韓之野王 野王降秦 上黨絶…四十六年 秦攻韓緱氏 藺 拔之 四十七年 秦使左庶長王齕攻韓取上黨 上黨民走趙".

237) 이른바 蘇秦의 합종책은 秦에 대한 저항을 선동하기 위하여 6국의 '강점'을 강조한 논리로 구성되었는데, 燕을 "地方二千餘里 帶甲數十萬 車六百乘 騎六千匹 粟支數年…所謂天府也", 趙를 "山東之建國莫强於趙 趙地方二千餘里 帶甲數十萬 車千乘 騎萬匹 粟支數年", 魏를 "地方千里 地名雖小 然而田舍廬廡之數 曾無所芻牧 人民之衆 車馬之多 日夜行不絶…臣竊量大王之國不下楚", 楚를 "天下之强國…地方五千餘里 帶甲百萬 車千乘 騎萬匹 粟支十年 此覇王之資也", 齊를 "齊地方二千與里 帶甲數十萬 粟如丘山…家殷人足 志高氣揚 夫以大王之賢與强齊之彊 天下莫能當"으로 각각 표현한 반면 韓은 "地方九百與里 帶甲數十萬 天下强弓硬弩皆從韓出" 정도로 지적하고 있다(《史記》 蘇秦列傳). 물론 이것은 '强齊'의 몰락 이전의 상황이지만, 가장 작고 물산도 풍부하지 못한 韓의 군사적 강점만 지적한 것은 그 상대적 약체를 반증한다. 한편 連衡을 설득한 張儀의 다음과 같은 평가는 물론 韓의 약소를 과장한 것이다. 그러나 이것을 타국에 대한 평가와 비교해 보면 역시 韓의 상대적 약체는 분명히 들어난다. 즉 "韓地險惡 五穀所生 非菽而麥 民之食大抵菽飯藿羹 一歲不收 民不厭糟糠 地不過九百里 無二歲之食 料大王之卒 悉之不過三十萬 而廝徒負養在其中"(《史記》 張儀列傳).

238) 楊寬, 전게 《戰國史》, p.358.

이니 (3) 최상책은 秦·楚가 연합하여 우선 韓을 먼저 복속시키면 (4) 魏도 복속하게 되어 (5) 결국 燕·趙와 齊·楚의 연결이 차단되므로 이 4국도 쉽게 복속시킬 수 있다는 것이다. 秦 昭王은 이에 설득되어 韓·魏와 연합한 攻楚 계획을 취소하고 楚와 우호를 맺었다고 하는데,[239] 이 무렵 秦 역시 楚 침공을 위해서도 韓·魏에 대한 보다 확실한 控制를 원하였던 것 같다.

그러나 秦의 對韓 집중 공세가 시작된 B.C. 265년 趙 역시 韓과 燕을 공격하고 있는 것을 보면 이 문제는 對趙 정책의 각도에서도 이해할 필요가 있는 것 같다. 齊의 장군 田單이 지휘한 이 趙의 攻燕은 秦의 伐趙, 齊의 救趙, 秦의 攻韓, 趙의 攻韓이 복잡하게 얽힌 와중의 일이지만 攻韓에 초점을 맞추면서 趙·齊의 연대를 주목하면, (1) 韓을 공격하던 趙를 (2) 秦이 공격하자 (3) 齊가 趙를 구원하였으나, (4) 趙·齊의 배후에서 燕이 움직이자 (5) 齊의 지원(?)을 받은 趙가 燕을 공격하자 (6) 秦이 韓에 대한 공세를 시작하였다는 가설을 일단 세워 볼수 있는 것 같다. 물론 이후 B.C. 256까지 燕·趙의 무력 충돌은 확인되지 않으며, 秦이 이 시기 燕과 특별한 우호관계를 유지한 증거도 없다. 그러나 韓 침공에도 관심을 보였던 趙가 적어도 40만 이상으로 추측되는 대군을[240] 보유하였음에도 불구하고 秦의 일방적인 對韓 공세를 계속 관망하면서 다른 나라도 침공하지 않았을 뿐 아니라, 秦의 공격을 못견딘 韓 上黨이 趙에 귀항 의사를 표하였을 때도 秦의 침공을 우려하여 그 접수를 반대한 의견도 강하였다는 것은[241] 당시 秦 이외에 趙의 행

---

239) 《史記》 권 78 春申君列傳 "楚頃襄王東徙治於陳縣…(黃歇)恐(秦)壹擧兵而滅楚 歇乃 上書說秦昭王曰…今王中道而信韓魏之善王也…臣恐韓魏卑辭除患而實欲欺大國也… 故韓魏之不亡 秦社稷之憂也 今王資之與攻楚不亦過乎 且王攻楚將惡出兵 王將借路於仇 讎之韓魏乎 兵出之日而王憂其不返也…王破楚以肥韓魏於中國而勁齊…臣爲王慮 莫 若善楚 秦楚合而爲一 以臨韓 韓必斂手 王施以東山之險 帶以河曲之利 韓必爲關內之侯 若是而王以十萬戍鄭 梁氏寒心…如此而魏亦關內侯矣 王壹善楚 而關內兩萬乘之主注 地於齊 齊右壤可拱手而取也 王之地一經兩海 要約天下 是燕趙無齊楚 齊楚無燕趙也 然 後危動燕趙 直搖齊楚 此四國者不待痛而服矣" 昭王曰 善 於是乃止白起而謝韓魏 發使 賂楚 約爲與國". 이것은 B.C. 272년 직후의 秦·楚 화의와 관련된 것이 명백한데, 范 雎의 '遠交近攻策'과 기본적으로 일치한다.
240) 《史記》 白起列傳에 의하면 장평대전을 전후하여 희생된 趙軍 만도 45만이었다고 한다.
241) 上黨守 馮亭이 趙에 귀항을 결정한 것도 秦의 공격을 趙로 돌려 趙·韓 동맹이 결

동을 견제한 제 3의 존재를 추측케 한다. 長平戰의 대패 이후 燕·趙의 긴
공방을 고려할 때, 이것은 燕 이외에 달리 상정할 수 없다면, 秦은 바로 이
러한 燕·趙 관계를 계산하여 對韓 공세를 화려하게 펼칠 수 있었다는 것이
필자의 추론이다. 다시 말해 秦은 燕·趙의 긴장관계를 배려하여 가급적 趙
와의 충돌을 회피하였지만, 동시에 바로 그 관계를 이용하여 '近攻', 즉 攻
韓을 성공적으로 추진하였다는 것이다.

  그러나 '韓亡은 곧 魏亡의 前奏'요(주 105 참조), '韓·魏는 趙의 南蔽'란
(주 94 참조) 전국시대의 상식, 그리고 秦의 '원교근공'책의 궁극 목표가 결
국 '원공'에 있다는 것을 모를 사람이 없다면, 韓·魏에 대한 秦의 控制 강
화를 환영할 나라도 없었겠지만, 특히 그동안 유예되었던 秦·趙의 충돌은
더 이상 회피할 문제가 아니었을 것이다. 사실 趙가 秦의 對 韓·魏 공세를
관망한 것도 秦의 피폐를 기다렸을 가능성도 배제할 수 없지만, B.C. 261년
秦과의 충돌을 각오하지 않을 수 없는 上黨 귀항의 접수를 결정한 것은 趙
가 秦의 노고를 가로채면서 피할 수 없는 秦과의 일전을 선택한 것으로 해
석된다. 만약 이 일전에서 趙가 승리하였다면, 이것은 현명한 결단으로 평
가되었을 것이다.[242] 그러나 결과는 앞서 지적한 대로 대참패였고, 뒤이어 國
都 邯鄲마저 포위되는 망국의 위기에 처하자 그 결단은 목전의 利에 현혹된
실책이 된 것이다.

  楚·魏의 구원으로 일단 위기를 넘긴(B.C. 257) 趙는 이듬해 趙의 피폐를
틈탄 燕의 대공세를 성공적으로 격퇴하고 여세를 몰아 燕을 침공하는 저력
도 과시하였지만(주 204 참조), 이미 秦의 두려운 상대는 아니었고, 특히 燕
과의 소모적인 공방에 빠지면서 趙의 국력은 더욱 약화되었다. 물론 이 이

성되면 秦을 격퇴할 수 있다는 계산 때문이었지만, 趙가 上黨을 접수할 경우 秦의 趙
공격은 명약관화한 상황에서 趙가 秦과의 전쟁을 원하지 않는다면 그 결론은 자명하
다. 당시 趙豹가 上黨 접수를 반대한 것은 바로 이 때문인데, 목전의 大利를 중시한
趙王과 平原君은 듣지 않았다(《史記》趙世家 및 白起列傳 참조)

242) 당시 上黨 접수 반대론이 "秦이 수고하였는데 趙가 그 利를 받는" 부당성을 지적
한 반면, 찬성론은 "백만의 군대를 발하여 몇년을 공격했어도 성 하나를 얻지 못하였
는데, 지금 城市邑 17개를 앉아서 얻는 大利를 놓칠 수 없다"고 맞섰다. 《史記》趙世
家 참조.

후에도 전술한 바와 같이 2차례의 對秦 합종이 일시 秦의 공세를 저지한 것
도 사실이다. 그러나 그것은 모두 일과성적인 것에 불과하였으며, 합종논자
에게 합종의 성공을 기할 수 없는 바에야 아직 三晉이 건재할 때 비싼 값으
로 자신을 秦에 파는 것이 상책이라고 충고한 일화는[243] 秦의 6국 '평균적
약체화' 작전이 사실상 완료되었음을 시사하는 것 같다. 사실 魏가 秦의 '東
藩을 칭하며 帝宮을 쌓고 衣帶를 받으며 春秋로 제사하였고'[244] 秦始皇 初
趙가 秦 丞相의 일방적인 官爵 청탁을 거절하지 못하는 상황,[245] 그리고 다
음과 같은 秦·趙·燕의 관계는 바로 6국의 '평균적 약체'를 상정하지 않으
면 이해하기 어려울 것이다. 즉 秦은 河間을 공취하기 위하여 燕과 제휴한
다는 사실을 趙에 통보하자 趙는 5성을 秦에 일단 할양하는 대신 燕의 공격
을 묵인받은 후 攻取한 燕城 30개의 수익 1/10을 秦에 다시 헌상하였다는
것이다.[246] 결국 長平戰에 이은 邯鄲 攻圍를 고비로 한 趙의 결정적인 약화
는 秦의 6국 '평균 약체화' 정책의 완료를 의미하였으며, 그후 계속된 秦의
순회 침공 및 외교 압력은 겸병전의 보다 이상적인 조건을 확보하기 위한
보완 작업이었다고 해도 과언은 아닌 것 같다.

II. 秦 外交의 理論과 形式

B.C. 280년 경으로 추정되는 《戰國策》의 한 기사는[247] 秦의 외교 행태를

---

243) 《戰國策》 魏 4:4 "然妵公爲從 其說何 從則妵公重 不從則妵公輕 妵公之處重 不實爲
　　期 子何不疾及三晉方堅也 自賣于秦 秦必受子 不然 橫者將圖子以合于秦 是取子之資
　　而以資子之讎也".
244) 《戰國策》 魏 1:11 '張儀爲秦連橫說魏王章'.
245) 《戰國策》 趙 3:20 "建信君曰 文信侯之于僕也 甚無禮 秦使人來仕 僕官之丞相 爵五
　　大夫 文信侯之于僕也 甚無禮···今君不能與文信侯相亢以權 而責文信侯少禮 臣竊爲君
　　不取也".
246) 《史記》 권 71 樗里子甘茂列傳 甘羅傳. 이것은 呂不韋가 秦의 相國 시절의 일이므
　　로 B.C. 237년 이전에 속한다.
247) 전게 何建章, 《戰國策注釋》 (中), pp.1130-1131.

'行義'가 아닌 '行暴'의 결과로 규정하며 다음과 그 구체적인 예를 열거하고 있다. 즉 (1) 楚·韓·魏에게는 각각 언제라도 멸국시킬 수 있다는 협박을 가함으로써 '事秦'을 강요하였다. (2) 魏의 安邑을 공격할 때는 齊의 구원을 예방하기 위하여 齊에게 '무도한' 宋의 공벌을 권장한 후, 安邑을 점령한 이후에는 齊에게 '破宋'의 죄를 물었다. (3) 齊를 공격하려 할 때는 天下의 救齊를 예방하기 위하여 천하에 '무도한' 齊의 공벌을 권장한 후, 宜陽·少曲·藺石을 점령한 이후에는 천하에 '破齊'의 죄를 뒤집어 씌웠다. (4) 魏를 공격하려 할 때는 楚를 꺼려 楚에게 韓의 공격을 권장한 후, 魏가 秦에 복종하자 楚에게 韓을 공격한 죄를 뒤집어 씌웠다. (5) 魏地에서 秦軍이 곤경에 처하자 燕에게는 齊의 膠東을, 趙에게는 齊의 濟西를 각각 약속하였지만, 魏와 강화한 이후에는 趙를 공격하였다. (6) 趙地에서 秦軍이 곤경에 빠지자 魏에게 楚의 葉·蔡를 약속하였지만, 趙와 강화한 이후에는 魏를 협박하고 땅을 할양하지 않았다. (7) 곤경에 처하면 太后와 穰侯를 앞세워 강화를 청하지만, 여유가 생기면 그들이 약속한 것을 저버린다.(燕策 2:1)

요컨대 秦의 외교는 목표는 전쟁을 치루지 않고 상대를 복속시켜 영토를 할양받거나 자신이 전쟁을 치루는 동안 타국의 개입을 방지하는 것이며, 그 수단은 협박, 속임수, 배신의 반복에 불과하다는 것이다. 그러나 이 비난자가 '그럼에도 불구하고 燕·趙의 親秦者들은 다투어 秦을 섬길 것을 군주에게 설득하고 있는 것을' 크게 우려한 것을 보면 이 '行暴'은 상당한 논리와 설득력도 갖추었던 것 같다. 사실 6국의 군주와 대신들이 모두 단순한 속임수에 넘어 가는 '바보'도 아니었을 것이다. 물론 秦은 대체로 목표를 달성한 반면 상대는 기대한 성과를 얻지 못한 점에서 '속았다'는 표현도 그리 틀린 말은 아니다. 그러나 양자가 모두 '승리'하였다는 현대 외교도 실제 힘의 강약에 조종된 득실의 '균형 타협'에 불과하다면, 특히 압도적으로 우세한 군사력을 보유한 秦이 6국과의 관계에서 '적절한 설득'으로 '적절한 이득'을 취한 것은 오히려 당연하지 않은가? 예컨대 (1)에서 秦이 楚를 협박한 근거가[248] 楚는 물론 제 3자도 부인할 수 없는 객관적 현실이었다면, 그것은 스스로 이 객관적 조건을 명확히 인식한 秦이 楚에게 그 현실을 일깨우며 그 상황에 상응하는 응분의 '예우'를 요구한 것 뿐이었으며, 楚 역시 그 상황을 타개할 능력이나 묘책도 없었다면 '事秦'은 오히려 '최상책'이었다는 것이다.[249] 또 (2)이하도 각국은 秦의 제의를 나름대로 계산하였고, 특히 秦이 자신의 목표를 달성한 이후 어떤 태도를 취할 것인가도 예상하였다면, 그들 역시 전혀 생각하지 못한 '속임수'에 걸린 것이 아니라 주어진 조건에서 나름대로 '현명한' 선택을 한 것인지도 모른다.

그렇다면 秦의 외교는 오히려 객관적인 정세 분석에 근거한 '적절한 설득'으로 '적절한 실익'을 확보한 것으로 평가하지 않을 수 없는데, 이것은 모두 군주의 회동, 사신의 왕래, 인질의 교환 등 당시 외교의 중요한 형식과 절차를 통하여 이루어졌다. 그러나 외교의 핵심인 '설득'의 담당자는 바로 당시 각국을 왕래하며 활약한 親秦 유세객들이었다면, 이들의 정치적 위상, 사상과 이론, 遊說 방식 등을 먼저 이해할 필요가 있을 것이다.

1) 縱橫家와 遊說客

張儀가 楚에서 도둑의 누명으로 곤욕을 치르고 귀가한 후 妻에게 자신의 혀가 아직 남아있느냐는 것을 물었고(《史記》張儀列傳), 秦 武王이 능변자에 의한 원치 않는 설득을 걱정하였다는 것,[250] 趙의 실력자 李兌가 합종을 주장하는 蘇秦에게 설득당하지 않기 위하여 두 귀를 막고 대화하였다는[251]

---

248) 《戰國策》燕 2:1 "秦之行暴天下 正告楚曰 蜀地之甲 輕舟浮于汶 乘夏水而下江 五日而至郢 漢中之甲 乘舟出于巴 乘夏水而下漢 四日而至五渚 寡人積甲宛 東下水 知者不及謀 勇者不及怒 寡人如射隼矣 王乃待天下之攻函谷 不亦遠乎 楚王爲是之故 十七年事秦".

249) 蘇秦의 合從策에 찬성한 楚 威王이 秦과의 관계를 "寡人自料 以楚當秦 未見勝焉 內與群臣謀 不足恃也 寡人臥不安席 食不甘味" 라고 (《戰國策》楚 1:17) 고백하였다는 것은 楚 역시 이 상황을 잘 알고 있었던 증거라 하겠다.

250) 《戰國策》秦 2:11 "秦王謂甘茂曰 楚客來使多健者 與寡人爭辯 寡人數窮焉 爲之奈何···".

251) 《戰國策》趙 1:8 "李兌舍人謂李兌曰 臣竊觀君與蘇公談也 其辯過君 其博過君 君能聽蘇公之計乎 李兌曰 不能 舍人曰 君卽不能 願君堅塞兩耳 無聽其談···蘇秦謂舍人曰 昨日我談粗而君動 今日精而君不動 何也 舍人曰 先生之計大而規高 吾君不能用也 乃我

일화 등은 모두 '화술'로써 무엇이든 상대를 원하는 방향으로 설득할 수 있다는 유세객의 면모를 유감없이 전하고 있는 것 같다. 현대 외교에서도 뛰어난 언변은 외교관의 중요한 자질의 하나일 것이다. 그러나 전국시대의 경우 언변은 그 외교의 다음과 같은 성격과 형식 때문에 더욱 중요하였다. 즉 (1) 당시 외교는 일상적인 우호의 확인과 유지보다는 많은 경우 수많은 인명과 경제적 손실이 수반되는 전쟁 대신 국익을 확보하는 수단이었다. (2) 遊說客은 出使時 목표만 命을 받고 타결의 구체적인 조건이나 방법은 거의 전적으로 위임되었다.[252] (3) 교섭과 설득이 주로 군주 또는 실권자 개인과의 독대를 통하여 이루어졌으며, 군주도 衆臣을 소집하여 의견을 묻기보다는 개별적인 자문을 구하였고, 의견이 다른 사람들을 직접 대결시키는 일도 거의 없었던 것 같다.[253]

공자의 제자중 '言語'에 뛰어난 子貢이 1尺의 무기와 1斗의 식량도 사용하지 않고 치열한 전쟁을 종식시킬 수 있다고 자신하며 '자신을 이용하는 국가는 존립하고 자신을 이용하지 않으면 망할 것이라'고 호언하였다는 설화,[254] 蘇秦·張儀를 비롯한 전국 시대의 뛰어난 遊說客의 所在에 따라 각국의 세력 균형이 변하였다는 劉向의 지적,[255] 張儀와 公孫衍의 활동에 여하에 따라 각국의 安危가 좌우되었다는 《孟子》의 귀절(주 14 참조) 등은 모두 이

請君堅塞兩耳 無聽談者".

252) 《漢書》 藝文志 "縱橫家者流 蓋出於行人之官 孔子曰誦詩三百使於四方 不能專對 雖多亦奚以爲 又曰 使乎使乎 言其當權事制宜 受命而不受辭 此其所長也 及邪人爲之則上詐諼而棄其信".

253) 《戰國策》 중 遊說客이 多衆을 상대로 설득하는 것으로 보이는 예도 없지만, 邯鄲의 攻圍時 구원을 요청하기 위하여 勇力과 文武를 갖춘 식객 20인을 대동하고 楚를 방문한 平原君이 楚王과 단독 대좌한 풍경(《史記》 권 76 平原君列傳), 趙가 長平戰에 패배하였을 때 秦의 영토할양 요구에 응하라는 樓緩과 이를 반대하는 虞卿이 번갈아 趙王을 만나 설득하고 趙王도 양인의 의견을 상대에게 전하며 다시 의견을 묻는 예(《戰國策》 趙 3:10 '秦攻趙于長平章'), 대신의 의견을 개별적으로 듣고 이것을 愼子와 단독 의논한 楚 頃襄王의 예(《戰國策》 楚 2:8 '楚襄王爲太子之時章') 등은 당시 외교 교섭 및 정책 결정 과정의 특징을 잘 말해 준다.

254) 《韓詩外傳》 권 7 "子貢曰 兩國構難 壯士列陣 塵埃張天 賜不持一尺之兵 一斗之粮 解兩國之難 用賜者存 不用者亡 孔子曰 辯士哉".

255) 《戰國策》 序 "是以蘇秦 張儀 公孫衍 陳軫 代 厲之屬 生縱橫短長之說 左右傾側 蘇秦爲從 張儀爲橫 橫則秦帝 從則楚王 所在國重 所去國輕".

와 같은 당시 외교의 특성을 이해하면 그렇게 과장된 것만도 아닌 것 같다.

　물론 상대를 설득할 수 있는 辯說은 단순한 말재주가 아니며, 고도의 훈련이 요구되는 ‘학문’이었다. 戰國 縱橫家는 바로 이것을 위한 ‘학문’이었다. 《史記》에 의하면 蘇秦과 張儀가 모두 鬼谷先生의 제자였고, 다년간 독서와 연구에 몰두하였다고 한다.[256] 《漢書》藝文志는 漢代 이전 縱橫家의 저작으로 《蘇子》·《張子》·《龐煖》·《闕子》·《國筮》·《秦零陵令信》만을 열거하여 마치 縱橫家가 蘇秦·張儀에 의해서 비로소 성립된 인상을 주고 있으며, 현재 鬼谷先生의 저작이라는 《鬼谷子》는 《隋書》經籍志에 처음으로 보인다. 이 때문에 唐代이래 《鬼谷子》의 위작설도 크게 유행하였고, 실제 그 작자는 蘇秦으로서 ‘鬼谷’이란 명칭도 蘇秦이 자신의 立論을 신비화하기 위하여 지어낸 가명에 불과하다는 설도 제기 되었지만, 근래 《鬼谷子》의 내용을 분석한 연구자들은 적어도 《鬼谷子》의 上·中卷은 대체로 전국 시대의 저술로 보지 않을 이유가 없다는 견해를 보이고 있다.[257] 어쨌든 《鬼谷子》의 上·中卷의 편목, 捭闔·反應·內揵·抵巇·飛箝·忤合·揣·摩·權·謀·決 등만 보아도 이 책이 변설의 기본원리를 다룬 것을 알 수 있지만, 객관적인 정세에 대한 정확한 지식과 분석, 상대의 能力·好惡 및 意中의 파악, 설득 시기의 적절한 포착, 대상에 따른 言辭와 語調의 선택, 상대를 끌어들여 원하는 방향으로 결정을 유도하는 기술 등을 상세히 서술한 그 내용을 읽고 있으면, 전국시대의 遊說客들이 바로 이런 교육을 받았을 가능성은 충분히 인정할 수 있는 것 같다.

　그러므로 《鬼谷子》를 통하여 전국시대 縱橫家의 원리와 遊說技巧를, 《戰國策》을 통하여 그 실제 운영 정황을 탐구할 수 있다는 주장도 제기되었지만,[258] 《戰國策》 齊 3 ‘楚王死章’은 縱橫家의 學習過程의 단면을 제공하고

---

256)《史記》蘇秦列傳 “蘇秦者…東事師於齊 而習之於鬼谷先生…乃閉室不出 出其書徧觀 曰夫士業已屈首受書 而不能以取尊榮 雖多亦奚以爲 於是得周書陰符 伏而讀之 期年以出揣摩 曰此可以說當世之君矣”. 張儀列傳 “張儀者…嘗始與蘇秦俱事鬼谷先生 學術…其妻曰 噫 子毋讀書遊說 安得此辱乎”.

257) 趙鐵寒,〈鬼谷子考辨〉(上), (下) (《大陸雜誌》14-5, 6, 1957) ; 蕭登福,〈鬼谷子眞僞考〉(上), (下) (《中華文化復興月刊》16-11, 12, 1983) 참조.

62

있다. 이것은 秦에 억류된 楚 懷王이 사망하고 楚 太子는 齊에 인질로 있는 가상 상황에서[259] 이해 당사자 齊 薛公· 楚 新王·楚 太子 들을 각각 어떻게 설득하여 어떤 결론으로 끌고 갈수 있는가를 예시한 것으로서, 가상 게임의 주체는 蘇秦으로 설정되어 있다. 먼저 그 요점을 정리해 보면 다음과 같다. (1) 齊는 태자를 억류하고 楚에게 下東國의 땅을 요구한다 (2) 그러나 楚가 이 요구를 무시하고 신왕을 세우면 齊는 쓸모 없는 인질만 끼고 천하에 불의한 짓만 한 결과가 될 것이다. 그러면 齊는 다시 新王을 상대로 원래 왕위 계승권자인 태자를 죽여 新王의 지위를 안정시키는 조건으로 下東國을 요구하면서, 만약 이 조건을 수락하지 않으면 韓·魏와 동맹하여 太子를 楚王으로 추대하겠다는 뜻을 통보한다. (3) 아울러 蘇秦은 이 계획을 누설되기 전에 성사시키려면 자신이 직접 楚를 설득할 필요가 있다는 것을 역설하고, 薛公은 이를 허락한다. (4) 新王을 만난 蘇秦은 齊의 계획을 통보하고, 동시에 太子는 齊가 현재 요구하는 땅의 배를 조건으로 齊와 협상을 벌이고 있으니 빨리 齊의 조건을 수락하는 것이 좋다는 충고를 하면 楚王은 빨리 下東國을 齊에 할양할 것이다. (5) 한편 薛公은 다시 이 사정을 太子에게 알리고 두배의 땅을 할양받는 조건으로 태자를 楚王으로 옹립하겠다는 약속을 한다. (6) 楚가 이 소문을 들으면, 일을 성사시키기 위해 齊에게 더 많은 땅을 할양할 것이다. (7) 이 때 蘇秦은 초왕에게 태자가 齊에 있는 한 齊의 요구는 계속될 것이므로 楚王을 위해 太子를 齊에서 떠나도록 하겠다고 제안한다. (8) 蘇秦은 태자를 만나 太子가 楚王과 경쟁을 하고 있지만, 현재 태자는 아무 실권이 없으니 齊는 결국 楚 新王과 협상할 것이고, 만약 楚·齊의 협상이 타결되면 생명이 위험할 것이니 미리 齊를 떠나는 것이 상책이라고 충고하면 태자는 급히 齊를 떠날 것이다. (9) 蘇秦은 다시 사람을 보내 자신이 처음 太子를 억류하라고 권한 것도 楚를 위한 것이었고, 지금

---

258) 蕭登福,〈鬼谷子諸篇要義初探〉(上) (《中華文化復興月刊》 17-6, 1984) p.26.
259) 楚 懷王이 秦에 억류되자 齊에 인질로 있었던 태자가 齊의 배려로 귀국시켜 楚王에 즉위하였고 懷王이 秦에서 사망한 것은 新王 즉 頃襄王 3년이므로(《史記》 楚世家) 이 상황은 假想이 명백한 만큼, 이것은 縱橫家의 敎材로 보는 것이 타당한 것 같다.

태자에게 齊를 떠나라고 한 것도 자신임을 밝혀 薛公이 자신을 증오하도록 만든다. (10) 또 사람을 시켜 蘇秦이 齊보다 楚를 위해 일한 때문에 薛公의 미움을 받고 있다는 사실을 楚王에게 알리면, 楚王은 蘇秦을 封君으로 봉할 것이다. (11) 또 한편으로 사람을 시켜 薛公에게 천하의 辯士 蘇秦이 楚王의 후대를 받고 있는 상황에서 그를 미워하는 것은 齊·楚의 우호를 위해 바람직하지 못하다고 충고하여 蘇秦에 대한 薛公의 태도를 바꾸게 하였다.

이상은 물론 史實이 아니다. 그러나 교재로 제공하기 위한 가상 게임이기 때문에 오히려 상대를 자유자재로 유도하는 유세객의 무궁한 奇謀와 그 특징적인 요소를 종합적으로 구비하고 있는데, 여기서 우리는 遊說客이 주도하는 당시 외교의 특성을 다음과 같이 지적할 수 있다. 즉

(I) 목표에 도달하는 방법이 대단히 우회적이며, 최상의 결과보다는 객관적인 정세를 고려한 차선, 즉 '적절한'결과로 만족시킨다. 상기 假想에서 본래 薛公이 원한 齊의 목표는 下東國의 할양과 齊·楚 친선이었다. 따라서 蘇秦의 복잡한 활동의 결과 얻은 것은 齊·楚 친선뿐이었다는 점에서 일단 齊의 목표가 미달된 것은 사실이다. 그러나 당시의 상황, 즉 齊·楚 연합을 저지하고 秦·楚 연합으로 韓·魏를 복속시킨 후 趙를 침공하려는 秦의 의도가 趙에 의해서 좌절됨으로써 秦에 의한 楚王의 납치와 영토할양 요구로 전개된 상황에서(전술, 특히 주 129 참조) 齊로서는 楚에게 다소 양보를 해도 齊·楚 연합을 확보할 필요가 있었을 것이다. 그러나 만약 조건 없이 태자를 귀국시키면 秦이 돌연 楚王을 귀국시켜 秦·楚 동맹을 강화할 가능성도 예상되지만,[260] 楚國內의 반태자 세력은 태자의 귀국을 불허하고 다른 왕자를 세울 가능성도 있다.[261] 또 태자에게 영토 할양을 약속받고 그 귀국을 지원해도 그가 왕이 된 이후 그 약속을 반드시 지킨다는 보장도 없거니와, 자칫 秦의 개입을 초래하여 秦·楚 연합군과 충돌하는 사태가 발생할 가능

---

260) 《戰國策》 楚 2:7 "秦敗楚漢中 楚王入秦 秦王留之 游騰爲楚謂秦王曰 王挾楚王而與 天下攻之 則傷行矣 不與天下共攻之 則失利矣 王不如與之盟而歸之 楚王懼 必不敢倍盟 倍盟 王因與三國攻之 義也"는 바로 이 가능성도 대단히 높았음을 시사한다.

261) 《史記》 楚世家 "楚大臣患之 乃相與謀曰 吾王在秦不得還 要以割地 而太子爲質於齊 秦齊合謀則 楚無國矣 乃欲立懷王子在國者"를 보라.

성도 배제할 수 없는 것이다.[262]

상술한 과정은 바로 이러한 가능성들을 배제하고 齊·楚 연합을 달성하기 위한 우회였으며, 각 단계에서 薛公·太子·楚王에게 각각 제시된 조건은 모두 그 상황에서 상대가 납득할 만한 내용이었기 때문에 그들은 모두 그 조건에 따라 행동한 것 뿐이었다. 물론 그 결과 齊는 對楚 협상에서 유리한 카드로 활용할 수도 있는 태자를 노치고 영토 할양도 받지 못한 반면, 불리한 여건에 있었던 초왕은 영토도 할양하지 않고 지위를 안정시켰기 때문에 모든 것이 楚王를 위한 작전처럼 보이는 것도 사실이다. 그러나 태자 역시 齊의 지원이 없으면 즉위할 수 없을 정도로 국내의 지지기반이 약하였다면, 권력 투쟁의 와중에서 목숨을 부지한 것만도 다행일 수 있다. 楚王의 궁지 역시 태자를 미끼로한 齊의 공작 결과였던 만큼 실제 초왕이 새로 덕을 본 것도 없으며, 태자가 齊를 떠났을 뿐 의연히 살아있기 때문에 楚王의 지위가 완전히 안정된 것도 아니었다. 결국 蘇秦은 최종 목표인 齊·楚 친선을 모두에게 숨긴 채, 지지 기반이 약한 태자에게 왕이 될 수 있는 희망을 미끼로 던져 齊를 가장 유리한 위치로 올리면서 초왕을 가장 궁지로 모는 형세를 만든 후, 태자에게는 생명을 구하는 은혜를 베푸는 한편, 초왕에게는 태자를 齊에서 떠나게 하여 할양의 손실을 면하게 해 주고, 齊에게는 가장 필요한 齊·楚 우호를 보장한 셈이다. 이 조건에서 모두 별다른 원망이 없었던 것은 자신의 위치와 객관적인 형세를 이해하였기 때문일 것이다. 바로 이것을 정확히 파악하여 상대에게 인식시키고, 예상되는 상황의 전개를 제시하여 그에 상응하는 '적절한' 행동을 촉구하는 것이 바로 遊說客의 역활이던 것이다.

---

262) 《戰國策》楚 2:8 '楚襄王爲太子之時章'은 바로 이 가능성을 시사한다. 즉 齊王에게 500리 땅의 할양을 약속하고 귀국하여 즉위한 頃襄王이 齊王의 할양 독촉을 받고 群臣의 의견을 묻자, 일단 할양한 연후에 다시 공격하자는 의견, 땅을 주지 말고 군대를 보내 지키자는 의견, 땅을 주지 말되 혼자 지킬 수 없으니 秦의 구원을 청하자는 의견이 나왔는데, 愼子의 의견에 따라 이 세가지 의견을 다 실천한 결과 秦의 개입을 두려워 한 齊는 감히 영토를 접수하지 못하여 楚는 전쟁도 하지 않고 땅도 잃지 않았다는 것이다.

(II) '적절한 균형'의 도출할 수 있는 능력을 중시하였고, 그 방법이나 절차상의 윤리적인 문제는 고려되지 않았다. 이 때문에 유세객은 타결에 도달하는 과정에서 관련 상대를 모두 농락하였다는 비난을 면치 못하는 경우도 적지 않은 것도 사실이다. 이 문제와 관련 다음과 같은 소진의 고사도 무척 시사적이다. 즉 그는 齊王을 설득하여 侵占한 10 城을 燕에게 반환시키는데 성공하였으나, 燕 君臣들로부터 '左右賣國反覆之臣'으로 不信되었다. 이에 蘇秦은 燕王에게 자기가 齊王을 '속인 사실'을 공언하며[263] 본래 일반적인 '忠信'이란 '자기 자신만을 위한 것'인 반면 遊說客의 가장 중요한 덕목은 통상적인 忠·孝·信 따위를 초월하여 '남을 위하는 進取'라는 것, 그리고 자기가 말하는 '忠信'은 '진실을 폭로하지 않음으로써 관련자를 모두 적절히 보호'하는 것이므로 자신은 禍를 입을 수도 있다는 것으로 당당히 주장하였다는 것이다.[264] 그러나 다음과 같은 일화는 이 문제의 핵심을 보다 극

---

263) 《史記》蘇秦列傳과 《戰國策》 燕 1:5는 모두 이것을 '曾非欺之也'로 표기되어 있으나, '曾'은 '何曾', '也'는 의문사 '邪'의 의미라면 '속이지 않는 것이 있었겠는가?'로 해석하는 것이 타당하다.(何建章, 전게 《戰國策注釋》(下), p.1094. 주 43 참조). 한편 齊王의 설득을 전한 《史記》 蘇秦列傳의 다음과 귀절은 '속였다'는 의미가 무엇이며, 성공적인 유세의 요건이 무엇인가를 잘 보여 준다. [ ]안의 말은 필자가 이해를 돕기 위하여 보충한 것이다. 즉 "蘇秦은 齊王을 만나 재배하면서 업드려 慶賀하고 우러러 弔意를 표하였다[齊王의 관심을 끌기 위한 포석]. 齊王 '무엇 때문에 이토록 빨리 연이어 慶弔하는 것인가?' 蘇秦 '굶주린 사람도 굶주리면서 가마귀 머리를 먹지 않은 것은 그것이 배를 채울수는 있으나 餓死하는 것과 같은 禍가 되기 때문이라고 합니다. 지금 燕은 비록 약소하지만 秦의 어린 사위의 나라입니다. 대왕은 10개의 城을 이득으로 여기지만 (이 때문에) 오랫 동안 强秦과는 仇讎가 될 것입니다. 지금 약한 燕을 기러기처럼 날게 하고 강한 秦으로 하여금 그 뒤를 보호하게 함으로써 천하 정병의 침공을 자초하고 있으니, 이것은 가마귀 머리를 먹는 것과 같습니다'[적절한 비유를 인용하면서 현 상황의 위기를 인식시킨다]. 齊王 '어떻게 하면 좋은가?' 蘇秦 '일을 잘 처리하는 古人들은 화를 복으로 전환시키고 실패를 성공으로 만든다고 합니다[古人을 거론, 위기 타개의 가능성을 제시]. 大王이 진실로 臣의 계책을 들으실 수 있다면[자신에 대한 신뢰를 촉구], 곧 燕에게 10城을 돌려 주십시오[구체적인 해결책 제시]. 燕은 까닭없이 10城을 얻으면 반드시 기뻐할 것이고[예상되는 상대의 일차 반응], 秦王도 자기 때문에 燕城을 반환한 것을 알면 반드시 기뻐할 것입니다[예상되는 관련자의 일차 반응]. 이것은 所謂 仇讎를 버리고 철석같은 친교을 얻는다는 것입니다[예상되는 일차 효과]. 燕·秦이 모두 대왕을 섬길 때 대왕이 천하를 호령하면 듣지 않는 자가 없을 것입니다[새로운 상황을 이용한 적절한 행동과 예상되는 효과]. 이것은 왕이 빈말로써 秦과 붙고 10城으로 천하를 취하는 것이니 바로 覇王의 업을 이루는 것입니다[예상되는 최종 성과의 인과를 요약]'. 齊王 '좋다'[설득의 성공]".

264) 《史記》蘇秦列傳 "臣聞忠信者 所以自爲也 進取者 所以爲人也 且臣之說齊王 曾非欺

명하게 보여 준다. 즉

> 燕王은 蘇代에게 말하였다. "寡人은 속이는 자의 말을 대단히 싫어한다." 蘇代 "周地에서 媒人을 천시하는 것은 양쪽을 모두 칭찬하기 때문입니다. 그녀는 남자 집에 가서는 '여자가 아름답다'고 하고, 여자 집에 가면 '남자가 부자'라고 합니다. 그러나 周의 풍속은 스스로 처를 취하지 않고 처녀도 媒人이 없으면 늙어도 시집을 가지 않습니다. 媒人을 통하지 않고 스스로 상대를 찾으면 품위만 상하고 결혼도 못하기 때문입니다. (관행에) 따라 일을 그르치지 않고 결혼하면서도 품위를 상하지 않는 길은 媒人을 통하는 것 뿐입니다. 일이란 형세에 따른 權變이 없으면 성사되지 않는 법이니(事非權不立, 非勢不成), 사람들에게 앉아서 成事된 것을 받게 하는 사람들은 속이는 사람들 뿐입니다." 王 "옳은 말이다."(《戰國策》 燕 1:15)

이처럼 국가간의 協商을 결혼, 유세객을 媒人에 각각 비교한 것은 당시 외교가 관련 당사자들의 직접 대면 협상이 아니라 최종 專斷權을 가진 군주 간을 오가는 유세객들의 조정과 설득에 의해서 이루어진 특징을 그대로 반영한 것이다. 바로 이 때문에 유세객은 매파처럼 '적절한' 타결에 방해가 될 수 있는 사실은 가능한 밝히지 않는 반면 타결로 유도할 수 있는 '유리한' 요소는 과장하기 마련인 것이라는 것이다. 이것은 분명 '正道'가 아니며 엄격한 의미에서의 '忠信'도 아니다. 그는 양측의 올바른 판단을 위하여 '실상'을 정확히 전달해야 마땅할 것이다. 그러나 그것은 정확한 '정보원'의 임무일 뿐, 성사를 위한 중재인의 역할은 아니다. 물론 정말 '미녀'와 '부자'를 배우자로 맞을 수 있는 능력과 조건을 무시하고 정말 지독한 추녀나 가난뱅이를 '미녀'와 '부자'로 과장하여 결혼시키는 것은 온당치 않다. 그러나 단순히 '미녀'와 '부자'에 대한 보편적인 동경을 안고 결혼을 희망하는 남녀에게 그 동경을 좀 더 자극하여 결혼으로 끌고가는 것은 成事를 위한 일종의

之也 臣棄老母於東周 固去自爲而行進取也…孝如曾參 義不離其親一宿於外 王又安能使之步行千里而事弱燕之危主哉 廉如伯夷 義不爲孤竹君之嗣 不肯爲武王臣 不受封侯而餓死首陽山下 有廉如此 王又安能使之步行千里而行進取於齊哉 信如尾生 與女子期於梁下 女子不來 水至不去 抱柱而死 有信如此 王又安能使之步行千里卻齊之彊兵哉 臣所謂忠信得罪於上者". 이하 姦夫 때문에 남편을 독살하려는 처의 음모를 안 첩이 처도 살리고 남편도 살리기 위하여 독약이 든 약그릇을 뒤엎어 남편에게 태형을 받았다는 일화가 소개되었다.

기술이며, 이것은 바로 현실 생활에서 불가피한 '權道'요 '權變'인 것이다. 상기 인용문에서 蘇代가 유세객의 '속임'을 오히려 그의 불가결한 자질로 당당히 주장한 이유는 바로 이 때문이다.

　외교는 '적절한' 공존을 모색하는 것이라면, 서로 상대를 궁극적으로 정복하려는 전국시대의 상황에서 유세객이 이 '진실'을 폭로 강조하는 것은 본분을 망각한 일일 것이다. 남편을 독살하려는 妻와 남편을 모두 救하는 것이 유세객의 임무인 외교라면(주 264 참조), '진실'을 밝혀 어느 일방의 파멸을 초래하거나 전쟁을 유발시키는 것은 유세객의 기본 자질이 없는 것이다. 이 때문에 유세객들은 '속임수'를 오히려 '忠信'과 '進取'로 자부하였으며, 개인적인 도덕과 명성이 아닌 實積의 功過로 평가될 것을 주장하였다.[265] 그러나 이 주장은 매파의 '속임수'가 없으면 '적절한' 타결이 불가능한 현실 때문에 가능하였다는 점을 주의해야 한다.

　예컨대 앞서 소개한 가상 문제도 관련자를 마음대로 '농락'하는 듯한 蘇秦의 역할을 당연한 것으로 설정한 것도 주목되지만, 실제 그의 역활이 없었다면, 薛公·楚王·太子의 利害 관계에서 齊·楚의 친선이란 '바람직한' 결론이 도출되었을런지도 극히 의문이다. 그것은 3자가 모두 지나치게 자신의 입장만 고집할 가능성도 높지만, 무엇보다 3자 모두의 또는 2자간의 직접 협상도 불가능한 상황에서 상대 및 정세에 대한 충분한 정보가 없었다면 자신에게 '적절한' 몫을 인식할 수 없기 때문이다. 그러나 무언가 조정되지 않으면 안될 유동적인 상황에서 그들은 모두 최소한 자신의 생존이 보장되는 몫을 원하였을 것이다. 이와 같이 관련 당사자들의 '상호 격리'와 '정보의 부재'란 구조에서 진행된 전국시대 외교가 곧 유세객의 역할을 요청한 것이다. 즉 그들은 관련 당사자들과 접촉할 수도 있었고, 관련 당사자들은 물론 객관적인 정세와 그 전개 방향 등에 대한 충분한 정보와 전체적인 시

---

265)《戰國策》秦 5:8 '四國爲一章'중 監門子, 梁之大盜, 趙之逐臣이므로 중용할 수 없다는 참언을 받은 遊說客 姚賈의 다음과 같은 당당한 주장을 보라. "故明主不取其汚 不聽其非 察其爲己用 故可以存社稷者 雖有誹者不聽 雖有高世之名 無咫尺之功者不賞 是以群臣莫敢以虛願望于上".

각뿐 아니라 설득과 조정 능력도 갖춘 ‘習諸侯事한 巧士’였기 때문이다. 楚王이 ‘習諸侯事한 巧士’ 韓侈 때문에 宜陽은 결코 秦에 함락되지 않을 것으로 예측하였다는 고사는[266] 이들의 능력에 대한 당시 군주들의 대단한 신뢰를 시사하고 있지만, 이들도 자신의 능력을 모든 군주가 원하고 있다고 자부하였다.[267] 이 능력이 실제 당시 국제관계에서 불가결하였고, 그 능력을 사는 사람들이 그 결과에 ‘만족’하는 한 유세의 방법이나 절차의 윤리성을 문제삼을 이유도 없었지만, 사실 遊說客이 공급하는 제한된 정보를 가진 ‘격리된’ 관련자들은 遊說客이 무엇을 ‘속이고’ 있는지도 알 수 없었을 것이다.

(Ⅲ) 遊說客들은 각국을 ‘自由’롭게 왕래하며 사적인 협력망을 활용하였다. 전국시대 秦律은 허가 없는 거주지의 무단 이탈을 엄금하였지만,[268] 특히 秦人의 出鏡을 방조하는 행위 및 신분 증명서가 없는 游士에 대한 처벌 등 遊說客의 활동을 규제하는 游士律도[269] 별도로 마련되었으며, 출사 수행 관원의 불귀를 처벌 문책하는 규정도 있었다.[270] 또 기생충의 전파를 방지하기 위하여 來訪 使臣의 수레 衡軛도 燻炎하는 규정은[271] 사신 일행과 그 행장에 대한 엄격한 검색을 추측케 하며, 때로는 遊說客의 入秦을 방해하는 권력자들도 있었다.[272] 그러나 현존 자료중 선생을 찾거나 官祿을 구하기 위하여 각국을 전전한 士人들이 여행상 큰 제약을 받은 흔적은 없는 것 같다.[273] 이

---

266) 《戰國策》楚 3:9 “秦伐宜陽 楚王謂陳軫曰 寡人聞韓侈巧士也 習諸侯事 殆能自免也 爲其必免 吾欲先據之以加德焉”.

267) 《戰國策》秦 5:8 (姚賈)對曰 “曾參孝其親 天下願以爲子 子胥忠于君 天下願以爲臣 貞女工巧 天下願爲妃 今賈忠王 而王不知也 賈不歸四國 嘗焉之”.

268) 拙著,《中國古代帝國成立史硏究》(1985, 一潮閣), pp.115-116 참조.

269) 睡虎地秦墓竹簡整理小組,《睡虎地秦墓竹簡》(1978, 文物出版社), pp.129-130. “游士 在 亡符 居縣貲一甲 卒歲 責之 有爲故秦人出 削籍 上造以上爲鬼薪 公士以下刑爲城旦”.

270) 동 상, p.229. “使諸侯 外臣邦 其邦徒及僞吏不來 弗坐 何謂邦徒 僞使 徒吏與偕使而弗爲私舍人 是爲邦徒僞使”.

271) 동 상, pp.227-228 “諸侯客來者 以火炎其衡軛 炎之何 當諸侯不治騷馬 騷馬蟲皆麗衡軛軮輗轅瓴是以炎之.

272) 《史記》范雎列傳 “范雎曰 吾聞穰侯專秦權 惡內諸侯客 此恐辱我 我寧匿車中 有頃 穰侯果至 勞王稽 因立車而曰 關東有何變 曰無有 又謂王稽曰 謁君得無與諸侯客子俱來乎 無益 徒亂人國耳 王稽曰 不敢…行十餘里 (穰侯)果使騎還索車中 無客 乃已”.

것은 유능한 士人의 확보에 부심한 각국이 그들의 修學 및 취직 여행을 상호 보호하였기 때문으로 해석되는데,[274] 어쨌든 鄕里와 國을 떠나 예컨대 鬼谷 선생의 문하로 모인 청년들은 선생으로부터 그 專業 學問을(《鬼谷子》의 내용과 비슷한 변설의 기술) 전수받은 것 이외에도 적어도 두가지의 장점을 가질 수 있었을 것이다. 즉 (1) 자신이 여행한 지역의 地理·風俗을 비롯한 일반 정세에 대한 견문을 얻을 수 있었고 (2) 각지에서 모인 同學과 돈독한 우의를 다지면서 각자의 지식과 정보를 교환할 수 있었을 것이다.[275]

이들의 장점은 선생의 문하를 떠난 이후 각자의 취직을 위한 여행, 또는 공식, 비공식의 사절로 각국을 여행하는 과정에서 더욱 增長되었을 것이며, 만약 그들이 계속 유대를 유지하였다면, 동일한 지식과 경험·정보를 공유하는 전문가 집단이 형성되었을 것이다. 《管子》는 八觀篇은 田野·山澤·宮室·車馬·衣服·州里의 習俗·朝臣의 등용기준 등등의 관찰과 분석을 통하여 그 국가의 强弱과 治亂을 평가하는 방법을 상세히 논하고 있지만,[276] 각국이 고정 간첩망 또는 사신들을 통한 정보수집에 부심하였고, 때로는 간첩을 역용하여 상대의 반응을 유도하는 예도 적지 않았던 것 같다.[277] 그러나 각국을 부단히 왕래하는 유세객들이 이러한 정보를 가장 많이 가질 수 있는 것은 당연하였다. 그들은 이 정보를 서로 교환하며 각국의 군주 및 실

---

273) 《史記》蔡澤列傳 "蔡澤者 燕人也 游學干諸侯 小大甚重 不遇…去之趙 見逐 至韓魏 又奪釜鬲於途" 도 청운의 꿈을 안고 각국을 전전하는 游士의 고생스럽고 위험한 여정을 전하고 있으나, 여행 자체가 제약받은 흔적은 없다.

274) 秦의 游士律은 물론 游士의 활동을 규제하기 위한 것이지만, 적어도 游士의 존재는 승인한 것이며, 이것은 엄격한 耕戰體制를 지향한 국가도 그들의 효용성을 인식하였기 때문일 것이다.

275) 당시 諸子 學團이 생활 집단의 성격으로 유지되었다는 점을 특히 감안할 필요가 있다. 졸고, 〈諸子의 學과 思想의 理解〉(서울대학교 東洋史學研究室編, 《講座 中國史 I》, 1989, 知識産業社), pp.164-165 참조.

276) "行其田野 視其耕芸 計其農事 以飢飽之國 可以知也…行其山澤 觀其桑馬 計其六畜之産 而貧富之國可知也…入其國邑 視宮室 觀車馬衣服 而侈儉之國可知也…課凶饑 計師役 觀臺榭 量國費 而實虛之國 可知也…入州里 觀習俗 聽民之所以化其上 而治亂之國可知也 入朝廷 觀左右 本求朝臣 論上下之所貴賤者 而强弱之國可知也".

277) 《史記》 권 76 魏公子列傳 "公子曰 臣之客有能深得趙王陰事者 趙王所爲 客輒報臣 臣以知之",《戰國策》魏 1 "(犀首)卽明言使燕趙 諸侯客聞之 皆使人告其王曰…", 韓 1 "春申君聞之 謂使者曰…秦使聞之 以告其王".

권자들에게 제공하는 한편 그것을 입논의 근거로 삼았다.[278] 蘇秦·張儀가 각각 6국을 순회하며 合從과 連橫의 利를 설득하였다는 도도한 辯說이 그토록 설득력 있어 보이는 것도 각국의 지형·경제·군사 등에 대한 정보가 대거 동원되고 있기 때문이지만, 張儀를 증오한 楚王이 秦에게 黔中의 땅과 張儀를 교환하자고 제의하였을 때 張儀가 楚王이 푹 빠져 있는 夫人을 이용하면 무사히 귀환할 수 있다고 장담하며 楚行을 자청하였다는 일화는[279] 상대국의 궁중 내부의 사정까지 통효하고 있는 일류 유세객의 면모를 잘 전하고 있다.

특히 張儀의 楚行 일화와 관련, 주목되는 것은 그가 평소 楚王 夫人을 움직일 수 있는 인물과 유사시 협조를 구할 수 있는 친분관계를 유지하고 있었다는 점인데(주 278 참조), 그가 在魏時 그를 목표로한 齊의 攻魏를 중지시키 위해 자신의 舍人을 일단 楚로 보내 楚使의 자격으로 齊를 방문, 齊王을 설득하도록 하였고,[280] 그의 맞수로 유명한 犀首(公孫衍)와도[281] 협력하였다는 일화,[282] 張儀의 魏相시 齊楚의 攻魏로 곤경에 처한 張儀를 위하여 齊·楚王의 설득을 자청한 雍沮의 일화(《戰國策》 魏 1:19 '張子儀以秦相魏章')

---

278)《戰國策》秦 3:3 "魏文謂魏冉曰 公聞東方之語乎 曰 不聞也 曰 辛張 陽毋澤說魏王 辭公公叔曰···今公東而因言于楚···", 秦 5:4 "樓牾約秦魏 魏太子爲質 紛强欲敗之··· 王因疑于太子 令之留于酸棗 樓子患之 昭衍爲周之梁 樓子告之 昭衍見梁王 梁王曰 何聞 曰 聞秦且伐魏 王曰 魏期與我約矣 曰 秦疑于王之約···秦王之計曰 魏不與我約 必攻我 我與其處而待之見故 不如先伐之 以秦强折節而下與國 臣恐其害于東周", 齊 3:4 "孟嘗君在薛 荊人攻之 淳于髡爲齊使于荊 還反過薛···至于齊 畢報 王曰 何見于荊 對曰 荊甚固 薛亦不量其力···".

279)《史記》張儀列傳 "秦要楚 欲得黔中地 欲以武關外易之 楚王曰 不願易地 願得張儀而獻黔中地 秦王欲遣之 口不忍言 張儀乃請行 惠王曰 彼楚王怒子之負以商於之地 是且甘心於子 張儀曰 秦强楚弱 臣善勒尚 尚得事楚夫人鄭袖 袖所言皆從 且臣奉王之節使楚 楚何敢加誅 假令誅臣而爲秦得黔中之地 臣之上願".

280)《戰國策》齊 2:2 "···今齊王甚憎(張)儀 儀之所在 必擧兵而伐之···(秦武)王曰 善 乃具革車三十乘 納之梁 齊課擧兵伐之 梁王大恐 張儀曰 王勿患 請令罷齊兵 乃使舍人馮喜之楚 藉使之齊 齊楚事已畢 因謂齊王曰···".

281) 전게 何淸谷,〈公孫衍事迹考〉는 張儀의 政敵은 蘇秦이 아니라 犀首였음을 잘 지적하고 있다.

282)《戰國策》魏 2:4 "史擧非犀首于王 犀首欲窮之 謂張儀曰 請令王讓先生以國 王爲堯舜矣 以先生不受 亦許由也 衍請因令王致萬戶邑于先生 張儀說 因令史擧數見犀首 王聞之而不任也 史擧不辭而去".

등도 모두 그의 활동이 광범위한 사적 협조망을 통하여 이루진 것을 잘 말해 준다. 물론 이것은 張儀만의 장점은 아니었다. 《戰國策》 중 누가 누구를 위하여 某國의 왕 또는 실권자를 설득하였다는 수 많은 예는 모두 유세객들의 협조망들이 작동하는 장면들로 보아도 대과는 없으며, 상기 가상 게임이 蘇秦의 요청에 따라 楚王과 薛公을 각각 접촉하는 인물을 등장시킨 것도(9, 10, 11) 바로 유세객의 협조 인맥과 그 활용을 염두에 둔 설정으로 해석된다.

물론 이 협조망은 자연히 형성된 것은 아니었다. 姚賈가 4국의 연합 攻秦을 분쇄하기 위하여 많은 재물을 소비하며 국외에 광범위한 사적 교우망을 구축하였다는 것,[283] 衛客이 梧下先生에게 百金을 주며 魏王과의 접견 주선을 부탁하였다는 것,[284] 燕을 위해 齊王을 설득하려는 蘇代가 齊王을 만나기 전에 먼저 淳于髡을 만나 白璧 한쌍과 黃金 千鎰을 약속하며 자신에게 유리한 진언을 부탁한 것[285] 등은 모두 일종의 뇌물 공세를 통하여 협력망을 구축한 예들인데, 姚賈의 예를 보면 이 '뇌물'은 자신이 받은 보수의 일부를 협력자와 분배한 성격으로 보아도 대과는 없는 것 같다.

이에 비해 蘇秦이 자신의 외교 정책에 보조를 맞출수 있는 인물을 秦에 심기 위하여 張儀를 박대하여 秦으로 유도하였다는 설화(《史記》 張儀列傳), 祝弗이 親秦派 呂禮를 齊相으로 추천하고 呂禮는 周最를 魏에 추천하여 呂禮가 주도하는 齊·秦·魏의 동맹을 결성하자는 제안,[286] 陳軫이 秦의 使者로 齊로 가던 중 魏에서 실직한 犀首를 만나 魏相의 복직은 물론 燕·趙·

---

283) 《戰國策》 秦 5:8 "賈願出四國 必絶其謀 而安其兵 乃資車百乘 今千斤 衣以王衣 冠以王冠 帶以王劍 姚賈辭行 絶其謀 止其兵 與之爲交以報秦 秦王大說 封賈千戶 以爲上卿 韓非短之曰…是賈以王之權 國之寶 外資交友諸侯 願王察之…王召姚賈而問曰 吾聞子以寡人之財交友諸侯 有諸 對曰 有之".

284) 《戰國策》 宋衛 12 "衛使客事魏 三年不得見 衛客患之 乃見梧下先生 許之百金 梧下先生曰 諾 乃見魏王".

285) 《戰國策》 燕 2:3 "蘇代爲燕說齊 未見齊王 先說淳于髡曰…足下有意爲臣伯樂乎 臣請獻白璧一雙 黃金千鎰 以爲馬食 淳于髡曰 謹聞命矣 入言之王而見之".

286) 《戰國策》 東周 12 "祝弗謂呂禮曰 子何不以秦攻齊 臣請令齊相子 子以齊事秦 必無處矣 子因令周最居魏以共之 是天下制于子也 子東重于齊 西貴于秦 秦齊合 則子常重矣".

齊・楚의 외교까지 위임받을 수 있는 계책을 교시한 것,[287] 魏王의 철저한 신뢰를 확보한 犀首가 薛公 田嬰과 만나 맹약을 한 후 그 아들을 魏相으로 추천하고 자신은 韓相으로 취임하여 韓・魏・齊의 연합을 결성하였다는 일화,[288] 秦 惠王이 사망하자 張儀의 몰락을 원하는 公孫衍에게 李讎가 甘茂를 魏로, 公孫顯을 韓으로 각각 불러 들이고 秦이 樗里子를 再起用하도록 공작할 것을 건의하였다는 예,[289] 秦을 망명하여 齊로 가는 甘茂를 위해 蘇秦이 秦王과 齊王을 설득, 齊王이 甘茂를 上卿으로 우대하도록 하였다는 일화[290] 등은 모두 협조가 기대되는 인물들을 각국 권력의 중추에 의도적으로 扶植하는 예들이다. 마치 일단의 유세객들이 각국의 요직을 담합 배분하고, 국제 질서를 안배하는 듯한 상기 일화들을 액면대로 신용할 필요는 없을 것이다. 그러나 賢才의 추천과 발탁을 각각 신하와 군주의 가장 큰 덕목으로 여긴 당시 풍조에서[291] '賢才'로 신임받는 유세객들에 의한 '매력적인 賢才'의 추천은 곧 발탁을 의미할 수도 있었고 추천자와 피천자간의 상호 신뢰와 협조관계를 상정하는 것도 자연스럽다면, 그리고 유세객들이 대부분 여러 나라를 왕래하며 활동하였던 실정을(후술) 고려할 때, 천거를 통한 유세객들

---

287) 《戰國策》魏 1:14 "陳軫爲秦使於齊 過魏…陳軫曰 請移天下事於公 犀首曰 乃何 陳軫曰 魏王使李從以車百乘使于楚 公可以居其中以疑之 公謂魏王曰 臣與燕趙故矣 數令人召臣也 曰 無事必來 今臣無事 請謁而往 無久 旬五之期 王必無辭以止公 公得行 因自言于廷曰 臣急使燕趙 急約車爲行具 犀首曰 諾 謁魏王 王許之 卽明言使燕趙…齊王聞之 恐後天下得魏 以事屬犀首 犀首受齊事 魏王止其行使 燕趙聞之 亦以事屬犀首 楚王聞之…乃倍李從而以事因犀首 魏王曰 所以不使犀首者 以爲不可 今四國屬以事 寡人亦以事因焉 犀首遂主天下之事 復相魏".

288) 《戰國策》魏 2:2 "魏王曰…今吾爲子令毋敢入子之事 入子之使 吾爲子殺之 亡之 胡如 犀首許諾 于是東見田嬰 與之約結 召文子而相之魏 身相于韓".

289) 《戰國策》秦 2:3 "秦惠王死 公孫衍欲窮張儀 李讎謂公孫衍曰 不如召甘茂于魏 召公孫顯于韓 起樗里子于國 三人者 皆張儀之讎也 公用之 則諸侯必見張儀之無秦矣".

290) 《戰國策》秦 2:12 "甘茂亡秦 且之齊…蘇子曰 善 請重公于齊 乃西說秦王曰 甘茂賢人 非恒士也…彼約以齊約韓魏 反以謀秦 是非秦之利也…秦王曰 善 與之上卿 以相印迎之齊 甘茂辭不往 蘇秦僞謂齊王曰・・(甘)茂德王之賜 故不往 願爲王臣 今王何以禮之…彼以甘茂之賢 得擅用强秦之衆 則難圖也 齊王曰 善 賜之上卿命而處之".

291) 賢士의 우대를 강조한 유명한 故事 成語 '先從隗始'의 유래인 《戰國策》燕 1:12 '燕昭王收破燕後卽位章', 淳于髡이 齊 先王에게 1일 7士를 천거하였다는 《戰國策》齊 3:10 '淳于髡一日見七士于宣王章'만 지적하면 족할 것이다.

의 의식적인 협조망 구축은 보다 적극적으로 평가해도 좋을 것이다.

물론 후술할 바와 같이 利害가 다른 유세객들간의 상호 방해 공작의 예도 적지 않았다. 그러나 유세객들은 이 협조망을 통하여 더욱 많은 정보도 얻을 수 있었고, 활동에 유리한 여건 조성뿐 아니라 문제 해결에 필요한 결정적인 도움도 받았다. 그러므로 유세객의 '능력'은 지식·정보 및 변설의 기교뿐 아니라 다국간에 구축된 '협조망'의 규모를 아울러 평가해야 할 것이다.

(Ⅳ) 遊說客들은 私利를 중시하였고 그 使行도 '비공식'적이고 '私'的인 성격이 많았다. 유세객들은 각국의 相을 비롯한 높은 관작을 받았으며 그 使行 역시 왕명에 의한 것도 사실이다. 그러나 상술한 바와 같은 사적 '협조망'을 통한 그들의 활동도 일반적인 관료상과는 먼 성격을 시사하지만, 이 문제와 관련 상기 가상 게임에서도 다음과 같은 점들이 주목된다. (A) 蘇秦이 그 임무를 발의, 자청하였다. (B) 전체 과정에서 蘇秦의 신분이 분명치 않다. (C) 蘇秦이 齊·楚 어느 나라를 위해서 일한 것인지도 애매하다. (D) 결국 蘇秦은 齊臣에서 楚臣이 되었다. (E) 蘇秦은 楚에서 확실한 댓가를 받았고 齊에서도 우대받았다.

이 5가지 사실을 극단적으로 정리하면 다음과 같은 부정적인 결론을 내릴 수 있을지도 모른다. 즉 '蘇秦은 자신이 이득을 취할 수 있는 국제 정세를(楚王의 在秦 사망과 太子의 在齊 인질) 포착, 薛公을 부추겨 외교적 사단을 조성한(對楚 영토할양 요구) 이후, 그 해결을 청부받아 특정 국가의 이해보다는 자신의 私利가 최대로 보장되는 방향으로 처리한 국제정치 부로커였다.' 그러나 당시 상황에서도 이런 行態도 별로 큰 문제가 된 것 같지는 않다. 우선 秦漢 시대 이후의 관점에서 가장 부정적일 수 있는 (C)(D)를 보자. 전국 시대에도 儒家는 '不事二君'을 강조하였으며, 실제 이 원칙을 고수한 사람도 없었던 것은 아니었다.[292] 그러나 孟子도 여러 나라를 周游하며

---

292) 예컨대 燕의 침공으로 齊가 거의 망한 상황에서 초야의 현자 王蠋은 만호 봉읍의 將軍職을 거절하면 그의 鄕里를 도륙하겠다는 燕의 위협을 받고 "忠臣不事二君 貞女不更二夫"를 내세우며 자살을 택하였다고 한다. 그러나 司馬遷이 이것을 대서특필하

禮儀와 贈物이 수반된 君主의 師·友·賓의 禮遇를 희망하였고 이 조건에 맞지 않은 경우의 당당한 '去'를 강조하였지만,[293] 현존 자료중 당시 士人들이 출신국에 집착한 흔적도, 타국 출신의 관리를 폄하한 예도 없는 것 같다.[294] 또 예우에 불만한 士人, 특히 遊說客들이 君主에게 他國行을 당당히 밝히는 것도 별로 드문 일은 아니었고,[295] 군주들은 타국에 충성하는 타국인 옛 신하에게도 별달리 노여워 하는 일도 없었던 것 같다.[296] 이것은 '國'을 초월한 '天下'에 대한 귀속의식이란 측면에서도 부분적인 설명이 가능하겠지만, 어쨌든 유능한 유세객치고 일국만 臣仕한 예도 거의 없다면 (D)는 오히려 당시로서는 극히 상식적인 행태였다고 해도 과언은 아니다.

한편 다음과 같은 陳軫의 행적은 (C) 역시 당시 유세객의 전형적인 특징임을 잘 말해 준다. 즉 張儀에 의해서 楚의 간첩처럼 秦王과 魏王에게 각각 모함받았으나 오히려 張儀의 모함을 역용하여 秦·楚王의 후대를 받았다는 그는[297] 秦의 使者로서 魏의 犀首를 부추겨 5국 연합을 결성시켰다는 것이며

면서 그의 자살을 듣고 齊의 大夫들이 비로소 발분하였다는 것을 첨언한 것은 王蠋의 예가 극히 드물었던 현실을 시사한다. 《史記》卷 82 田單列傳 참조.

293) 渡邊卓, 《古代中國思想の研究》(1973, 東京) 제 2부 孟子の遊說生活 참조.

294) 秦始皇 10년, 韓 출신 鄭國의 추진한 灌漑工事가 秦을 피폐시키기 위한 음모였다는 것이 발각되자 내려진 逐客令도 곧 李斯의 당당한 반론으로 곧 철회되었지만, 당시 비난의 근거는 외국 출신들이 自國을 위해 秦을 해치려는 한다는 것이었고, 모국을 떠나 타국을 섬기는 것 자체가 문제된 것은 아니었다. 《史記》李斯列傳 참조.

295) 주 286중 犀首가 자신의 燕·趙行을 魏王에 통보하였을 뿐 아니라 널리 소문내었다는 예, '秦王에게 자기의 충성을 몰라주니 다른 나라로 갈 수밖에 없다'고 당당히 밝히는 姚賈(《戰國策》秦5:8 '四國爲一章'), 자신을 시험하기 위하여 '가고 싶은 곳을 말하면 어느 곳이든 보내주겠다'는 秦王의 제안에 '자기가 楚로 가려고 하는 것은 모든 사람이 다 아는 일'이라고 당당히 응수하였다는 陳軫의 일화(《戰國策》秦 1:13 '陳軫去秦之楚章') 등은 바로 이런 분위기의 산물일 것이다.

296) 《戰國策》秦 2:2 "楚王使陳軫之秦 秦王謂軫曰 子秦人也 寡人與子故也 寡人不佞 不能親國事也 故子棄寡人事楚王 今齊楚相伐 或爲救之便 或謂救之不便 子獨不可以忠爲子主計 以其餘爲寡人乎 陳軫曰 王不聞吳人之遊楚乎 楚王甚愛之 病 故使人問之 曰 誠病乎 意亦思乎 左右曰 臣不知其思與不思 誠思則將吳吟 今軫將吳吟···齊楚今戰 戰必敗一 王起兵救之 有救齊之利 無伐楚之害".

297) 《戰國策》秦 1:12 "張儀又惡陳軫之于秦王曰 軫馳楚秦之間 今楚不加善秦而善軫 然則是軫自爲而不爲國也", "陳軫去秦之楚 張儀謂秦王曰 陳軫爲王臣 常以國情輸楚···軫曰···臣不忠于王 楚何以軫爲臣乎 忠尙見棄 軫不之楚 而何之乎 王以爲然 逐善對之", 魏 1:15 "張儀惡陳軫于魏王曰 軫善事楚 爲求地也甚力 左華謂陳軫曰···公不如以儀之

(주 287 참조), 또 齊楚의 전쟁시 楚・秦 和約을 추진하기 위하여 楚使로 秦을 갔을 때는 秦王이 楚王에 대한 그의 忠誠을 일단 인정한 연후에 ‘餘忠’으로 자신의 자문에 응할 것을 부탁하자 秦人으로 秦을 그리워하는 마음을 명백히 표한 후 유명한 兩虎相鬪의 고사를 인용하며 ‘秦의 伐楚 不可’를 진언하였고(주 295 참조), 楚 昭陽이 齊를 침공였을 때는 齊王의 사자로 그를 설득하여 공격을 중단시키기도 하였다는 것이다(주 304 참조). 또 燕・齊의 우호에 노력하였다는 蘇秦이 양국의 의심을 받던 끝에 齊에서 결국 처형되었으나 실제 그 죄목은 자객을 체포하기 위한 僞計였다는 일설을 남긴 것,[298] 그리고 魏에서 魏・齊의 우호를 담당한 田文과 韓・魏의 우호를 위임받은 犀首의 소행이 과연 魏에 유리한지의 여부를 魏王이 항상 제 3자에게 考審시켰다는 일화도[299] 역시 유세객의 정치적 이중성을 입증하는 호례들이다. 그들이 전술한 바와 같이 자신의 역할을 媒婆에 비유하고, 남편을 독살하려는 처와 그 남편을 모두 살리려는 원칙을 강조하였다면 이 이중성은 숙명적 ‘비극’일 수도 있지만, 6국 합종을 주도한 蘇秦이 6국의 相을 겸하였다는 설화나 燕・趙를 왕래하며 양국의 우호를 중개한 악의를 양국에서 모두 客卿으로 삼았다는 사실은[300] 바로 이 이중성의 ‘공개적 균형’을 요구한 것으로 해석해도 대과는 없는 것 같다.

　遊說客이 ‘媒婆’로 자임하였다면 보수를 받는 것은 극히 당연할 것이다. 물론 趙 邯鄲 攻圍時 秦을 帝로 추대하자는 魏의 제안을 논리정연하게 반박한 魯仲連처럼 남의 곤경을 해결하고 댓가를 받는 것은 장사치나 하는 짓이라며 일체의 봉작과 재물을 사양하고 은둔해 버리는 ‘天下之士’,[301] 遊說術의

言爲資而反于楚王 陳軫曰 善 使人先言于楚王”.

298) 전게 졸고, 〈蘇秦活動의 再檢討〉및 주 158 참조.

299)《戰國策》魏 2:3 “蘇代曰 (公孫)衍將右韓而左魏 (田)文將右齊而左魏…中道而不可 王且無所聞之矣…王不如舍(田)需於側以稽二人者之所爲…二人者必不敢有外心矣… 王曰 善 果厝需於側”.

300)《史記》권 69 蘇秦列傳 “於是六國合從幷力焉 蘇秦爲從約長 幷相六國”, 동 권 80 樂毅列傳 “於是燕王復樂毅子樂閒爲昌文君 而樂毅往來復通燕 燕趙以爲客卿 樂毅卒於 趙”.

301)《史記》권 83 魯仲連列傳 “…於是平原君欲封魯連 魯連辭讓者三 終不肯受 平原君

요체 '揣摩'도 포함된 저술을 남겼다는 쟁쟁한 유세객 虞卿처럼 받은 萬戶 卿相의 부귀도 의리를 위해 초개처럼 내던지는 기개에[302] 비하면 유세의 전체 구도에 스스로 私利를 설정한 (E)는 확실히 '저질'스럽고 '公人'의 태도도 아닌 것 같다. 그러나 출정 직전의 장군이 확실한 댓가를 사전에 요구하는 것도 별로 이상한 일이 아니었고,[303] 개인적인 利害에 설득되어 공격을 중단하는 장군들도 드물지 않았고[304] 보장된 보수가 적다는 이유로 자청한 遊說 使行도 포기하는 예도 있었으며[305] 자국의 이익에 저촉되지 않은 한 보수를 받고 타국에 유리한 의견을 진언해도 무방하다고 당당히 주장할 수도 있었고,[306] 실제 타국의 봉읍을 받는 일도 드물지 않았다면[307] 齊를 위해 유세하던 蘇秦이 楚에 유리한 결과를 가져온 후 楚의 封邑을 원한 것도 비난될 문제는 아니었던 것 같다. 그러나 私利를 최대한 확보하기 위하여 사태의 전개를 속이는 것도 서슴치 않고,[308] 자신의 정치적 곤경을 타개하기 위

乃置酒 酒酣起前 以千金爲魯連壽 魯連笑曰 所貴於天下之士 爲人排患釋難解紛亂而無取也 即有取者 是商賈之事也 而連不忍也 遂辭平原君而去 終身不復見···其後二十餘年 燕將攻下聊城···田單攻聊城 歲餘 士卒多死而聊城不下 魯連乃爲書 約之矢而射城中···燕將見魯連書 泣三日···乃自殺 聊城亂 田單遂屠聊城 歸而言魯連 欲爵之 魯連逃隱於海上 曰 吾與富貴而詘於人 寧貧賤而輕世肆志焉".

302) 《史記》권 76 虞卿列傳 "虞卿者 遊說之士也 躡蹻擔簦 說趙孝成王 一見 賜黃金百鎰 白璧一雙 再見 爲趙上卿···虞卿旣以魏齊之故 不重萬戶侯卿相 與魏齊閒行 卒去趙 困於梁 不得意 乃著書 上採春秋 下觀近世 曰 節義 稱號 揣摩 政謀 凡八篇 以刺譏國家得失 世傳之曰虞氏春秋". 범수의 원수 魏齊 사건은 《史記》范雎列傳에 상세하다.

303) 《史記》권 73 王翦列傳 "於是王翦將兵六十萬人 始皇自送至霸上 王翦行 請美田宅園池甚衆 始皇曰 將軍行矣 何憂貧乎 王翦曰 爲大王將 有功終不得封侯 故及大王之嚮臣 臣亦及時而請園池爲子孫業耳 始皇大笑 王翦旣至關 使使還請善田者五輩".

304) 《戰國策》西周 6 "謂白起曰···公之功甚多 今公又以秦兵出塞 過兩周 踐韓而攻梁 一攻而不得 前功盡滅 公不若稱病不出也", 齊 2:4 "昭陽爲楚伐爲 覆軍殺將 得八城 移兵而攻齊 陳軫爲齊王使 見昭陽···[유명한 蛇足의 故事]···戰無不勝 不知止者 身且死 爵且後歸 猶爲蛇足也 昭陽以爲然 解軍以去".

305) 《戰國策》楚 1:15 "楚杜赫說楚王以取趙 王且予之五大夫而令私行 陳軫謂楚王曰··· 王不如以十乘行之 事成 予之五大夫 王曰 善 乃以十乘行之 杜赫怒而不行".

306) 《戰國策》魏 3:6 "客謂齊王曰 淳于髡言不伐魏者 受魏璧馬也···淳于髡曰···且夫王無伐與國之誹 魏無見亡之魏 百姓無被兵之患 髡有璧馬之寶 于王何傷乎".

307) 《戰國策》韓 3:14 "或謂山陽君曰 秦封君以山陽 齊封君以莒"(山陽君은 韓臣), 《史記》魏公子列傳 "趙王以鄗爲公子湯沐邑 魏亦復以信陵封公子". 趙王에게 合從의 利를 설득한 내용중 "韓魏中山皆可使致湯沐之封 而貴戚兄弟父兄皆可以受封侯"도 타국 신하에 대한 封邑下賜의 관행을 짐작케 한다.

하여 국제 분쟁을 의도적으로 조장하였다는 일화는[309] 遊說客들에 대한 부정적 시각 또한 적지 않았음을 시사한다.

　이상과 같이 일반적인 '외교관'의 범주로서는 도저히 이해하기 어려운 유세객의 行態는 자연히 (B), 즉 그들의 身分 문제로 귀착된다. 먼저 趙의 伐燕을 중단시킨 공으로 燕王으로부터 봉읍을 받았다는 趙恢의 예를 주목해 보자. 그는 魏에 있던 중 燕으로 가는 楚使를 만나 100금을 주며 伐燕 중단의 논리를 설득한 후 그 말을 趙王에게 전해 줄 것을 부탁하였다는 것이다.[310] 만약 그가 燕王과 사전 연락이 전혀 없었다면, 그는 事後의 보상을 기대하고 스스로 투자한 私人에 불과하다. 전국말 趙에 인질로 있던 秦始皇의 아버지를 秦王으로 만들기 위하여 장기 투자한 趙의 대상인 呂不韋, 일개 지방수령의 보수를 받고 秦將을 설득하여 공격을 중단시켰다는 胡衍의 예 (주 308 참조), 그리고 비록 事後의 보수도 받지 않았지만 私人으로 유세를 자청한 魯仲連[311] 등을 상기하면, 趙恢 역시 철저한 '私人'이었을 가능성도 농후하다.

---

308)《史記》권 71 樗里子列傳 "樗里子將伐蒲 蒲守恐 請胡衍 胡衍爲蒲謂樗里子曰…公釋蒲勿攻 臣試爲公入言之 以德衛君 樗里子曰 善 胡衍入蒲 謂其守曰 樗里子知蒲之病矣 其言曰必拔蒲 衍能令釋勿攻 蒲守恐…因效金三百斤 曰 秦兵苟退 請必言子於衛君 使子爲南面".

309)《戰國策》齊 2:2 '張儀事秦惠王章'의 다음과 같은 내용을 보라. 즉 張儀를 신임하던 秦惠王이 사망하자, 秦內의 政敵과 齊가 武王에게 張儀의 '불충'을 공격하기 시작, 張儀는 곤경을 벗어나기 위하여 武王과 다음과 같은 밀약을 하고 魏로 떠난다. 즉 齊는 자기를 극도로 증오하기 때문에 자기가 있는 魏를 틀림없이 공격할 터인즉, 이 전쟁을 이용하여 秦은 韓을 공벌하고 周王을 겁략하면 王業을 이룰 수 있다는 것이다. 張儀가 魏로 가자 과연 齊는 魏를 공벌, 화가 난 魏王에게 張儀는 해결을 장담, 자신의 舍人을 일단 楚로 파견, 楚使의 자격으로 齊王에게 張儀와 秦王의 밀약 내용을 폭로하며, 齊가 魏를 공벌하는 것은 결국 張儀가 秦王에게 신임받는 것을 도우는 결과가 된다는 것, 따라서 齊가 張儀를 증오한다면 攻魏를 중단하는 것이 좋다는 뜻을 전한다. 이에 齊는 攻魏를 중단하였다. 결국 張儀는 秦·楚·魏·齊 4국 왕을 농락하며 전쟁과 평화를 操作함으로써 자신의 정치적 곤경을 벗어나 魏·秦王의 신임을 얻었다는 이 '믿을 수 없는' 일화는 유세객의 詐術과 私利 추구를 劇化한 것으로 보인다.

310)《戰國策》燕 2:8 "燕飢 趙將伐之 楚使將軍之燕 過燕 見趙恢 趙恢曰 使除患无之 易于救患…公聽吾言而說趙王曰…使者乃以說趙王 趙王大悅 乃止 燕昭王聞之 乃封之以地".

311) 주 301 참조. 특히《史記》魯仲連列傳의 "魯仲連者 齊人 好奇偉俶黨之劃策 而不肯仕宦任職"은 그가 철저한 私人이었음을 분명히 밝히고 있다.

그러나 그가 실제 趙의 伐燕 중지를 목적으로 비밀히 또는 공개적으로 파견한 '燕使'일 가능성도 배제할 수 없다. 즉 그는 '燕使'로서 본래 趙王을 유세할 예정이었으나 자신이 직접 나서는 것보다 楚使를 이용하는 것이 효과적이라고 판단하여 魏에서 楚使를 기다렸을 가능성이다. 사실 《戰國策》에는 '某(國)使'로 명기된 예도 그리 많지 않지만, 王이 파견한 '使'는 왕이 제공한 수레와 재물(경비 및 보수), 그리고 그 신분을 증명하는 符節을 소지하는 것이 원칙이었던 것 같다.[312] 문제는 이 '使'의 신분인데, 관견에 한한 이것이 명확히 확인되는 예는 燕使 蘇代 上卿,[313] 燕使 荊軻 上卿,[314] 燕使 樂毅 亞卿(주 312 참조), 趙使 藺相如 宦者令 舍人,[315] 楚使 將軍(주 310 참조), 魏使 新垣衍 客將軍,[316] 秦使 王稽 謁者,[317] 秦使 甘羅 相國(文信侯) 少庶子,[318] 秦使 公子他,[319] 秦使 剛成君 蔡澤을 비롯한 趙使 平原君・韓使 陽城君 정도이며,[320] 각국의 客卿과[321] 楚의 五大夫도[322] '使' 파견되었을 가능성이 농후하

---

312) 《戰國策》燕 2:9 "望諸君(樂毅)乃使人獻書報燕王曰…先王過擧 擢之乎賓客之中 而立之乎群臣之上 不謀于父兄 而使臣爲亞卿…臣乃口受令 具符節 南使臣于趙". 이것은 비록 수레는 언급하지 않았으나 모든 사행은 예우에 비례한 수레가(주로 재물을 실은)가 최고 100乘까지 수행되었다.

313) 《戰國策》燕 1:14 "燕王曰 善 吾請拜子爲上卿 奉子車百乘 子以此爲寡人東游于齊 何如".

314) 《史記》권 86 刺客列傳 "於時尊荊軻爲上卿…於是荊軻就車而去 終已不顧 遂至秦".

315) 《史記》권 81 廉頗藺相如列傳 "宦者令繆賢曰 臣舍人藺相如可使…相如旣歸 趙王以爲賢大夫使不辱於諸侯 拜相如爲上大夫".

316) 《史記》권 83 魯仲連 鄒陽列傳 "魏王使客將軍新垣衍令趙帝秦".

317) 《史記》권 79 范雎蔡澤列傳 "當此時 秦昭王使謁者王稽於魏".

318) 《戰國策》秦 5 "文信侯去而不快 少庶子甘羅曰…甘羅謂文信侯曰 借臣車五乘 請爲張唐先報趙 見趙王 趙王郊迎 謂趙王曰…". 《史記》권 71 樗里子甘茂列傳 "甘羅者 甘茂孫也 茂其死後 甘羅年十二 事秦相文信侯呂不韋…文信侯乃入言之始皇 昔甘茂之孫甘羅…今願先報趙 請許見之 始皇召見 使甘羅於趙 趙襄王郊迎甘羅".

319) 《戰國策》秦 2:14 "陘山之事 趙且與秦伐秦…秦王使公子他之趙 謂趙王曰…".

320) 《史記》范雎蔡澤列傳 "蔡澤相秦數月 人或惡之 懼誅 乃謝病歸相印 號爲剛成君…爲使於燕 三年而使燕太子入質於秦". 趙 平原君의 秦・楚 使行(《史記》平原君列傳), "韓恐 使陽城君入謝于秦"(《戰國策》趙 1:11).

321) 《戰國策》秦 1:3 "寒泉子曰 不可 夫攻城墮邑 請使武安子 善我國家 使諸侯 請使客卿張儀 秦惠王曰 善", 韓 3:12 "客卿爲韓謂秦王曰…" 및 300 참조.

322) 주 305 참조. 비록 이것은 실현되지 않았지만, 五大夫가 楚使로 파견된 관행을 시사한다.

다.

물론 그 신분이 전혀 표기되지 않은 경우가 모두 官爵이 없는 布衣를 의미하지는 않을 것이다. 그러나 蘇代가 燕王에게 "王何不使布衣之人 以窮齊之說說秦"이라고 진언한 귀절은 당시 無官爵의 '使'가 별로 특이한 것만도 아니었음을 시사하지만, 실제 상기 예중 宦者令의 舍人과 相國 文信侯의 少庶子는 官爵者를 '事'한 존재이지만, 일반적인 官爵의 범주으로 보기에는 어려운 私吏 또는 私客에 불과하여[323] 사실상 私人으로 보아도 대과는 없을 것이다. 이에 비해 上卿・亞卿・五大夫는 爵이 명백하며, 客卿은 단순히 외국 출신의 卿으로 이해하는 견해도 있으나,[324] 적어도 秦의 경우 爵級의 일종으로 그 소지자는 주로 대외 정벌 및 외교면에서 활약하였으며,[325] 특히 趙 출신의 樂毅에게 燕・趙 우호를 위임하면서 양국에서 모두 客卿으로 삼았다는 것은(주 300 참조) 客卿이 '對外 關係'에 관여하는 지위임을 강력히 시사한다.[326] 어쨌든 당시 卿・大夫는 유공자 또는 賢才를 예우하는 爵이었고, 특정한 관직을 겸하지 않은 한 군주의 자문이나 정책의 입안 및 심의에 참여한 존재였다.[327] 따라서 이들은 職事를 가진 일반 관료와 특정한 職事 없이 국정에 참여하는 賓客으로 구성된 조정의 구조에서[328] 賓客에 속하는 것은 새삼 지적할 필요도 없지만, '官'과 일반 관료, '爵'과 측근 비서관료를

---

323) 戰國時代의 庶子・舍人・中涓 중 군주 또는 태자에 속한 존재는 비록 가신적인 성격이지만 관료의 관료의 범주에 속한다. 그러나 고관과 귀족을 '事'하는 경우 이점이 상당히 애매한데, 使臣에 수행한 徒・吏를 '私舍人'과 邦徒・僑使로 구분하고 使臣은 전자의 불귀환에 대해서만 연대책임이 있음을 시사한 점(주 270 참조), 관료 개인에게 사적으로 봉사하는 下級吏를 '私吏'(전게 《雲夢睡虎地秦簡》, p.256 "甲 尉某私吏 與戰邢丘城"), 高爵者에 봉사하는 하급리를 '家吏'로 분류한 (동상, p.260 "某吏五大夫 家吏甲詣乙妾丙 乙令甲謁黥劓丙") 秦의 예를 보면 이들을 '官'의 범주에 넣기는 곤란한 것 같다.
324) 李福泉, 〈秦國客卿議〉(《湖南師院學報》 1980-1).
325) 中村充一, 〈秦の客卿について〉(《生江先生還曆記念歷史論文集》, 1978, 東京).
326) 이 경우 '客'은 '타국인'이 아니라 '대외 관계의 업무'를 의미할 것이다.
327) 齊 宣王이 文學遊說之士들을 모두 上大夫로 삼고 "不治而議論"시켰다는 것은 그 전형적인 예라 하겠다. 《史記》 권 46 田敬仲完世家 宣王 18년 참조.
328) 전게 拙著, 《中國古代帝國成立史研究》, p.234 주 1 참조. 또 주 312의 인용문중 "擢之乎賓客之上 立之乎群臣之上"도 이 구조를 단적으로 입증한다.

각각 군주의 ‘公’과 ‘私’의 범주로 이해할 수 있다면[329] 이들이 군주의 ‘私’에 속하는 것도 명백하다.

한편 전국시대의 公子는 특별한 賜爵이 없으면 私人에 불과하다. 그러나 樂毅가 자신의 亞卿 발탁과 관련 燕王의 “不謀于父兄”을 파격적인 총애로 생각한 것(주 312 참조), 秦相 樓緩이 영토를 할양하고 화평하는 문제를 의논해 온 秦王에게 그것은 ‘父兄之任’이란 이유로 답변을 회피하자 秦王이 公子 池를 불러 의논하였다는 예,[330] 秦을 배반한 韓에 대한 공벌 문제를 秦王이 公子 他에게 의논하였다는 예[331] 등은 전국시대에도 高爵, 和戰과 영토 할양 등의 중대 국사에 ‘父兄’의 참여를 당연시하는 전통이 엄존하였음을 잘 말해 준다. 특히 商鞅變法 이후 無功의 宗室 우대가 철저히 배제되었다는 秦에서 이런 예를 발견한 것은 다소 의외이다. 어쨌든 公子는 君主 ‘父兄’의 신분으로 외교에 참여한 것이며, 이것은 당시 외교가 군주의 ‘私’에 속한 사실을 다시 한번 입증해 준다.

그렇다면 상기 ‘使’의 예중 將軍과 謁者만 명백한 직사가 있고, 따라서 일견 군주의 ‘公’에 속하는 것 같다. 그러나 謁者는 秦·漢에서도 帝室의 재정과 황제의 궁중 생활을 주로 관장하는 少府의 屬官이었지만, 그 職事는 群臣·賓客의 접견을 주선 안내하는 것으로서·측근의 가신적이 성격이 특히 강하였기 때문에 이 역시 君主의 ‘私’로 분류하는 것이 오히려 타당한 것 같다. 한편 楚使 將軍의 성격은 분명치 않으나 현재 楚 관명과 관련된 출토 문자자료중에는 ‘장군’이 아직 확인되지 않고 있은 점,[332] 漢의 장군도

---

329) 이 문제는 졸고, 〈中國古代 皇帝權의 性格〉(東洋史學會編, 《東亞史上의 王權》, 1993)을 참조하라.

330) 《戰國策》秦 4:3 “三國攻秦 入函谷 秦王謂樓緩 三國之兵深矣 寡人欲割河東以講 對曰 割河東大費也 免于國患大利也 此父兄之任也 王何不召公子池而問焉 王召公子池而問焉”.

331) 《戰國策》趙 1:11 “秦王謂公子他曰 昔歲殽下之事 韓爲中軍 以與諸侯攻秦···韓之在我 心腹之疾 吾將攻之 何如”.

332) 羅運還, 〈古文字資料所見楚國官制研究〉(楚文化研究會編, 《楚文化研究論集》 2집, 1991), 軍事 관계의 官으로는 大司馬·左司馬·右司馬·大莫敖·莫敖 등이 보이는데, 羅運還은 連尹·連敖도 莫敖와 相通하는 官으로 추측하고 있다.

非常置官이었을 뿐 아니라 군사 지휘권이 없으면 虛職에 불과하였고,[333] 內
·外朝의 朝廷 構造에서 皇帝 측근 비서계인 內朝에 속한 사실을[334] 감안할
때, 실제 군대를 지휘하지 않고 사신으로 파견된 將軍은 일종의 예우를 위
한 虛職으로 그 신분은 사실상 賓客이었을 가능성이 농후하다.[335] 魏의 '客
將軍'은 바로 이 성격을 보다 명시한 호칭인 것 같다.

이와 같이 당시 파견된 '使'의 신분이 대체로 私人 또는 특별한 직사가
없는 군주의 빈객 및 그에 준하는 존재였던 것은 오늘날과 같은 전문 외교
관 제도가 확립되지 못한 사정 때문이기도 할 것이다. 그러나 동시에 당시
외교가 군주의 독점적 권능에 속하였고,[336] 따라서 群臣과 '公'的으로 分掌하
여 '官'에게 위임할 수 없는 '私'의 범주로 인식되었기 때문으로도 해석할
수 있는데, 어쨌든 이러한 '私'의 성격은 '使'에 대한 상대국의 처우에서도
그대로 확인된다.

同格의 '使'를 齊·楚에 각각 파견하여 그들에 대한 예우로써 魏에 대한
양국과의 친선도를 비교, 측정하려 한 魏王의 일화는[337] '使'에 대한 예우가
일정한 규정보다는 정치적인 고려에 의해 크게 좌우되었음을 시사한다. 秦
使 樗里子에 대한 西周君의 지나친 예우에 楚王이 격노하였다는 것,[338] 그리
고 秦의 환심을 사지 않을 수 없는 趙王이 文信侯의 少庶子에 불과한 소년

---

333) 大庭脩, 〈前漢の將軍〉(《東洋史硏究》 26-4, 1968) 참조.

334) 勞幹, 〈論漢代的內朝與外朝〉(《中央硏究員歷史語言硏究所集刊》 13권, 1948).

335) 《呂氏春秋》 孝行覽 首時篇 중 다음과 같은 귀절은 楚의 '장군'이 단순한 '使'의 대
    외 명예직함에 불과한 또 다른 예를 제공한다. 즉 "墨者有田鳩 欲見秦惠王 留秦三年
    而不得見 客有言之於 楚王 楚王說之 與將軍之節以如秦 至因見秦王". 이 '將軍之節'은
    군대 지휘권과는 무관한 '使'의 신분 증명에 불과하다.

336) 전게 洪均培 編著, 《春秋國際公法》, p.153은 春秋 會盟의 유일한 주체는 군주로서
    君主가 대표를 파견하여 타국 군주와 會盟시키는 것도 非禮였다고 한다. 한편 諸侯·
    大夫의 권한(臣權)을 억제하고 천자권을(君權) 절대화한 성격이 강한 《公羊傳》이 宣
    公 15년 宋과 楚의 和平을 상호 窮相을 솔직히 털어 놓은 군자간의 和約으로 칭찬하
    면서도 군주가 아닌 대부(신하) 간에 이루어진 점을 비난한 것은 군주의 외교독점권
    을 지지한 단적인 예라 하겠다.

337) 《戰國策》 魏 2:9 "惠施令人先之楚言曰 魏王令犀首之齊 惠施之楚 鈞二子者 將測之
    也 楚王聞之 因郊迎惠施".

338) 《戰國策》 西周 3 "樗里疾以車百乘入周 周君迎之以卒 甚敬 楚王怒 讓周 以其重秦客
    也".

秦使 甘羅를 교외까지 출영한 것은(주 318 참조) 모두 이 때문이지만, 太子나 重臣 등이 국경까지 나오고 군주 자신은 교외까지 출영하는 것은[339] 최상의 예우였던 것 같다. 그러므로 내방한지 3년이 되어도 접견의 기회도 주지 않았다면,[340] 이것은 곧 상대국을 모욕하는 행위로서 사실상 외교 관계를 원치 않는 것으로 일단 해석해도 좋을 것이다. 그러나 燕使 蘇代가 淳于髡에게 청탁하여 비로소 齊王을 만날 수 있었고(주 285 참조), 魏使 犀首가 齊王을 만나기 위하여 100금을 뿌렸다는 것,[341] 燕使 荊軻가 秦王의 寵臣 中庶子 蒙嘉에게 천금의 예물을 보내며 접견 주선을 의뢰한 예[342] 등은 많은 경우 '使'의 '私'적인 활동에 의해서 비로소 使行國의 군주를 만날 수 있었던 사정을 짐작케 한다.

이러한 상황에서 전술한 유세객들의 상호 협조망이 얼마나 효용성을 발휘하였을 것인가는 새삼 지적할 필요도 없지만, 만약 '使'가 '公'적인 존재였다면, 그 격식이나 早晚이야 어쨌든 使行國의 '공식' 접견은 당연히 예정된 절차였을 것이다. 따라서 이처럼 '使'의 '私'적인 활동이 필수적이었다면, '使'자체가 '私'로 인식되었기 때문이었을 가능성을 상정하지 않을 수 없는데, 楚王이 趙行을 자청한 杜赫에게 五大夫의 爵을 주면서도 '私行'을 명하였다는 것은(주 305 참조) 바로 그 단적인 증거라 하겠다. 이와 같이 '使'의 신분, 使行國에서의 예우 및 활동면에서 뿐 아니라 '使'를 파견하는 군주조차 그것을 '私行'으로 명시하기도 하였다면, 당시 외교는 국가의 '公'이 아닌 군주의 '私'의 범주로 인식되었을 가능성을 한층 높혀 주는데, 앞서 언급한 楚의 大事紀年은 이 문제에 대한 단서를 제공한다.

楚 大事紀年中 외국 사신의 來聘을 紀年으로 사용한 예들은 使臣의 신분

---

339) 《戰國策》西周 7 "或謂周君曰 不如令太子將軍正迎吾得于境 而君自郊迎 令天下皆知君之重吾得".
340) 《戰國策》宋衛 12 "衛客使魏 三年不得見 衛客患之 乃見梧下先生 許之以百金 梧下先生曰 諾".
341) 《戰國策》魏 1:25 "公孫衍曰 王與臣百金 臣請敗之 (魏)王爲約車 載百金 犀首期齊王之至日 先以車五十乘至衛 間齊行以百金 以請先見齊王 乃得見".
342) 《史記》권 86 刺客列傳 "(荊軻)遂至秦 持千金之資幣物 厚遺秦王寵臣中庶子蒙嘉 蒙嘉先言於秦王…".

을 秦客·東周之客·燕客 등 '客'앞에 國名을 표기하고 있다. 이것은 그 본
래 신분야 어쨌든 使行國에서의 공식 명칭은 '客'이었음을 말해 주는데, 이
'客'의 來訪 목적은 '問王', '賀王', '歸胙' 등 극히 우호적이고 의례적인 문
제에 국한되었다.[343] 이것은 바로《周禮》에 보이는 王과 諸侯, 諸侯 상호간
의 '公'적 相問·相聘이었다.[344] 그러나 이것을 紀年으로 사용한 것은 顧炎武
가 지적한 바와 같이 赴告策書와 聘享이 사라진 시대에서[345] 이미 극히 드
문, 따라서 기억할 만한 '공식' 使行이 되었기 때문인 것 같다. 어쨌든 이것
이 그래도 전통적인 '공식' 외교 즉 '邦交'였다면, 그토록 빈번하였지만 和
戰의 문제를 축으로 왕래한 유세객의 왕래는 그 이전에 없었던 '비공식'적
인 '로비(Lobby)'에 불과하였을 것이다. 즉 전통적인 '邦交'에 속한 것만 紀
年으로 사용한 것은 곧 和戰을 중심으로 진행된 현실 외교를 '비공식'적인
'뒷거래'로 비하한 관념을 반영한 것으로 추측된다는 것이다.

결론적으로 말해 군주의 독점적 공식 권능인 '邦交'가 君主 '私'의 '公'이
었다면, 전국 외교는 대체로 군주 '私'의 '私'로 이해할 수 있다는 것인데,
상술한 '使' 신분 및 그 예우의 '私'적 성격, 그리고 私利를 중시한 '媒婆'적
성격은 모두 당시 외교의 이러한 屬性과 位相을 상정하면 특별히 기이한 현
상만도 아닌 것 같다.

2) 親秦勢力의 扶植과 '置相'

당시 외교의 '私'적 성격상 '使' 개인의 私的 협조망이 불가결하였다면,
각국의 군주들이 이 협조망이 광범위한 '유능한 유세객'들을 초빙하여 외교
를 위임한 것은 당연하였지만, 이것은 곧 타국에 협력세력의 扶植과 그 확
대를 의미하였다. 그러나 외교의 주도권이 곧 정치적 주도권으로 연결되고,

---

343) 전게《包山楚墓》上, p.534 참조.
344)《周禮》 大行人 "掌大賓之禮及大客之儀 以親諸侯···時聘以結諸侯之好···凡諸侯之
    邦交 歲相問也殷相聘也", 同 司儀 "凡諸伯子男之臣 以其國之爵等相爲客而相禮".
345) 顧炎武《日知錄》권 13 周末風俗 "春秋時猶嚴祭祀聘享 而七國則無其事矣···春秋
    時猶有赴告策書 而七國則無有矣".

권력 투쟁이란 항상 있게 마련이라면, 권력 투쟁이 외교 정책의 대립으로 표출되는 것도, 권력 투쟁을 위하여 외세를 끌어들이는 것도, 각국이 타국의 정쟁을 이용하여 협력 세력을 확보하는 것도[346] 모두 당연한 일이었다. 이 때문에 군주권이 약화되고 國利가 희생되는 경우도 많았으며[347] 심지어 요직을 차지하기 위하여 자신을 신임하는 나라로 하여금 자국을 침공케 하는 일도 있었다면,[348] 각국 군주들은 이 문제에 대책을 강구하지 않을 수 없었을 것이다. 秦 河東守 王稽가 처벌된 '與諸侯通' 罪는 바로 이 문제에 대한 법적 대응이었으며,[349] 公孫郝은 韓의 公仲과 결탁하여 韓·秦·齊의 연합을, 甘茂는 魏와 결탁하여 魏·秦·齊의 연합을, 親楚派 向壽는 秦·楚 연합에 의한 攻韓을 각각 추진하며 대립하는 상황에서 秦王이 사랑하는 公孫郝은 親韓派란 이유로, 지능이 뛰어난 甘茂는 親魏派란 이유로 모두 불신하였다는 것,[350] 秦王이 외국의 신임을 얻은 대신을 우대하지 않고 대신을 통한 외국의 청을 듣지 않았으며, 大臣들의 외국과의 私的인 관계를 파악하여 해당국과 관련된 그들의 제안을 반대로 실행하거나 신중히 검토하였다는 것은[351] 모두 대외 정책이 대신의 私的 이해와 결합하여 좌우되는 것을

---

346) 《戰國策》 魏 3:11 "翟强欲合齊秦外楚 以輕樓廙 樓廙欲合楚外齊 以輕翟强", 韓 1:2 "大成午從趙來 謂申不害于韓曰 子以韓重我于趙 請以趙重子于韓 是子有兩韓 而我有兩趙也", 趙 3:5 "富丁欲以趙合齊魏 樓緩欲以趙合秦楚···日者 樓緩坐魏三月 不能散齊魏之交", 楚 1:14 "韓公叔有齊魏 而太子有楚秦 以爭國 鄭臣爲楚使于韓 矯以新城陽人予太子".

347) 《韓非子》 五蠹篇 "士民縱恣於內 言談者爲勢於外 外內稱惡 以待强敵 不亦殆乎 故群臣之言外事者 非有分於從衡之黨 則有仇讎之忠 而借力於國也", 《戰國策》 韓 1:7 "···今王兩用之 其多力者 內樹其黨 其寡力者籍其外權 群臣或內樹其黨以擅其主 或外交以裂其地 則王之國必危矣".

348) 《韓非子》 內儲說 "陳需 魏王之臣 善于荊王 以令荊攻魏 陳需因請爲魏王解之 因以荊勢相魏".

349) 《史記》 范雎蔡澤列傳 "王稽爲河東守 與諸侯通 坐法誅".

350) 《戰國策》 韓 1:19 "爲公仲謂向壽曰···今公與楚解中 封小令尹以桂陽 秦楚合 復攻韓···今王之愛習 公也 不如公孫郝 其知能 公也 不如甘茂 今二人者 皆不得親于事矣 而公獨與王主斷于國者 彼以有失之也 公孫郝黨于韓 而甘茂黨于魏 故王不信也···甘茂欲以魏取齊 公孫郝欲以韓取齊 今公取宜陽以爲功 收楚韓以安之".

351) 《戰國策》 韓 3:12 "公孫郝嘗疾齊韓而不加貴 則爲大臣不敢爲諸侯輕國 齊韓嘗因公孫郝而不受 則諸侯不敢因群臣以爲能 內外不相爲 則諸侯之情僞可得而知也 王之明二也 公孫郝樗里疾請无攻韓 陳四辟去 王猶攻之 甘茂約楚趙而反敬魏 是其講我 茂且攻宜陽

봉쇄하기 위한 노력의 일단이었다.

그러나 秦도 親秦勢力의 扶植에는 대단히 적극적이었다. 우선 다음과 귀절을 주목해 보자.

> (秦始皇은 李斯의 계책을 듣고) 은밀히 謀士에게 金玉을 지참시켜 제후를 유세케 하였다. 제후의 명사중 재물로 통하는 자는 후하게 재물로 친분을 맺었고 말을 듣지 않은 자는 利劍으로 찔러 그 君臣들의 계책을 이간시켰다.(《史記》 권 86 李斯列傳)

이것은 秦이 통일 전쟁 직전의 단계에서 (1) 뇌물로 친진 세력을 확보하고 (2) 폭력으로 반진 또는 비협조적인 인물을 제거하는 양면작전을 구사한 사실을 전한 것인데, (1)을 입증하는 자료는 비교적 많이 보인다. 즉 30만 금만 諸侯의 豪臣들에게 뿌리면 제후를 모두 제압할 수 있다는 尉繚의 건의를 역시 始皇이 채택하였다는 것,[352] 齊相 后勝과 그 빈객들이 모두 秦에 매수되어 사실상 秦의 첩자가 되었다는 것(주 193 참조), 秦의 뇌물 공세로 韓·魏의 將相들이 親秦派가되어 入秦하였다는 것,[353] 趙에 모여 攻秦 合從을 주장하던 '天下之士'들이 秦相 范睢의 뇌물공세 정책으로 서로 싸우고 말았다는 일화[354] 등이 바로 그것이다.

이에 비해 (2)의 사례는 확인되지 않는다. 그러나 간첩의 말을 신용한 趙王이 秦에 불리한 宿將 廉頗를 미숙한 趙刮로 대체시킨 예와 秦이 趙王의 총신을 맹백히 매수하여 역시 秦에 불리한 명장 李牧을 해직시켰다는 예,[355]

王猶校之也".

352) 《史記》秦始皇本紀 始皇 10년 "大梁人尉繚來說秦王曰…大王毋愛財物 賂其豪臣 以亂其謀 不過亡三十萬金 則諸侯可盡 秦王聽其計".

353) 《戰國策》秦 4:8 "頓弱曰…王資臣萬金而遊 聽之韓魏 入其社稷之臣于秦 卽韓魏從 韓魏從 而天下可圖也…秦王曰 善 乃資萬金今 東遊韓魏 入其將相 北遊燕趙 而殺李牧".

354) 《戰國策》秦 3:14 "天下之士合從相聚於趙 而欲攻秦 秦相應侯曰 王勿憂也 請令廢之 秦于天下之士非有怨也 相聚而攻秦者 以己欲富貴耳…于是 唐睢載音樂 予之五千金 居武安 高會相與飮 謂邯鄲人曰 誰來取者 于是 其謀者固未可得予也 其可得與者與之昆弟矣…唐睢行 行之武安 散不能三千金 天下之士相與鬪矣".

355) 《史記》권 81 廉頗藺相如列傳 "趙使廉頗將攻秦 秦數敗趙軍 趙軍固壁不戰 秦數挑戰

秦을 기만하고 우롱하였다는 이유로 趙豹와 平原君의(양인 모두 趙王의 母弟) 처형을 요구받은 趙가 양인의 정치참여 배제를 秦에 약속하였다는 일화[356] 등은 반진 인물뿐 아니라 자신에 불리한 유능한 인재의 추방에 秦이 얼마나 집착하였는가를 잘 보여 주는데, 특히 漢中을 楚에 할양하는 조건으로 楚가 외교의 전문가 陳軫과 내정의 전문가 昭脽 양인을 축출하라는 秦의 제안이 외교의 양대 목표 즉 '밖으로 상대의 우방을 단절시키고 안으로 그 謀臣을 추방하는 것' 중 후자인 '內攻'으로 평가되었다는 것은[357] 이 정책의 비중과 본질을 단적으로 설명한다. 秦이 이 문제를 그토록 중시하였다면, 그리고 당시 刺客을 동원하는 것도 별로 어려운 일도 아니었다면[358] 상기 인용문이 명기한 바와 같이 秦이 실제 자객을 동원한 암살도 불사하였다는 것을 부정할 필요는 없는 것 같다.

그러나 뇌물공여와 암살보다도 더욱 확실한 親秦勢力의 扶植은 秦이 신임하는 인물을 각국의 요직에 임용시키거나 신임하는 인물을 상주시켜 각국 대신들에게 직접 영향력을 행사하는 방법일 것이다. 먼저 다음과 같은 예들을 주목해 보자.

> (1) (張儀)는 동으로 돌아와 秦相을 면하고 魏相이 되어 먼저 魏로 하여금 秦을 섬기게 한 후 제후들이 그것을 본받도록 하려 하였다.···秦이 齊를 공벌하

廉頗不肯 趙王信秦之間 秦之間言 秦之所惡 獨畏馬服君趙奢之子趙括爲將耳 趙王因以括爲將", "趙王遷七年 秦使王翦攻趙 趙使李牧司馬尙禦之 秦多與趙王寵臣郭開金 爲反間 言李牧司馬尙欲反 趙王乃使趙蔥及齊將顔聚代李牧 李牧不受命 趙使人微捕得李牧斬之 廢司馬尙".

356)《戰國策》趙 4:14 "于是 秦王乃見使者曰 趙豹 平原君數欺弄寡人 趙能殺此兩人 則可 若不能殺 請今率諸侯受命邯鄲城下···諒毅曰 敝邑之君有母弟不能敎悔 以惡大國 請黜之 勿使與政事 以稱大國 秦王乃喜".

357)《戰國策》楚 1:19 "張儀曰 爲儀謂楚王曰 逐昭脽陳軫 請復鄢郢漢中 昭脽歸報楚王 楚王悅之 有人謂昭脽曰···故攻有道 外絶其交 內逐其謀臣 陳軫夏人也 習于三晉之事 故逐之 則楚無謀臣矣 今君能用楚之衆 則楚衆不用矣 此所謂內之攻者也".

358) 漢代 私的인 복수의 성행과 함께 고관 및 호족에 의한 자객의 양성뿐 아니라 직업적 자객집단도 존재하였다는 것은 이미 주지의 사실이지만(增淵龍夫,〈漢代におおける民間秩序の構造と任俠的習俗〉,《中國古代の社會と國家》, 1960, 東京, pp.78-82 참조),《史記》刺客列傳의 설정 자체가 戰國時代 이래 刺客의 광범위한 사회적 존재를 반영한 것이다.

고자 하였으나 齊·楚가 친하였기 때문에 張儀가 楚로 가서 相이 되었다.···
(楚王은) 이에 相印을 張儀에게 주고 예물을 후하게 주었다.(《史記》張儀列
傳)

(2) 周最가 齊王의 (신임이) 두터운데도 내쫓고 祝弗의 (의견을) 들으며 呂禮를
相으로 삼은 것은 齊·秦을 연합시키려고 한 것이다.(東周 16)

(3) 秦王은 呂禮로 齊를 거두어 天下를 경영하려고 한다···齊와 秦이 서로 합
쳐 三晉에 臨하면 呂禮는 반드시 양국의 相이 될 것이다(秦 3:1)

(4) 秦王은 成陽君을 위하여 韓·魏에게 相을 삼도록 하였으나 韓·魏가 듣지
않았다.(秦 3:7)

(5) 剛成君 蔡澤을 3년간 燕을 事하게 하여 燕太子를 秦에 入質시킨 후 文信侯
는 張唐에게 燕相이 되어 燕과 함께 趙를 공벌할 것을 청하였다.···燕太子
가 入秦한 것은 燕이 秦을 속이지 않는 다는 (뜻이며) 張唐이 燕相이 되는
것은 秦이 燕을 속이지 않는다는 (표시이다).(秦 5:6)

(6) 芒卯는 秦王에게 말하였다···왕께서 능히 臣을 魏 司徒가 되게 하신다면,
臣은 魏로 하여금 땅을 바치게 하겠읍니다. 秦王은 '좋다'고 한 후 그를 魏
의 司徒로 임용시켰다.(魏 3:2)

(7) 秦은 韓과 친선하면 반드시 그 信愛하는 자를 (韓)에 두어 韓에서 '用事'(令
用事于韓)하여 (秦에 유리한 정책을) 완수케 할 것이다.(韓 3:1)

(8) 지금 대왕께서 사람을 魏에 보내 執事토록(令人執事于魏)하여 (秦·魏의)
交를 完善하게 하고자 하나···.(魏 2:15)

(9) 지금 (秦昭)王은 盛橋를 韓에 守事시켰는데(使盛橋守事於韓), 盛橋는 韓의
땅을 入秦시켰다.(《史記》春申君列傳)

(10) (趙)建信君 "···秦이 사람을 보내 仕宦을 (청하여) 나는 그들을 丞相에 임
용하기도 하고 五大夫의 爵을 주기도 하였는데, 文信侯는 나에게 심히 무
례하다." 希寫 "···지금 君은 文信侯에 대항할 힘도 없으면서 그 少禮를
책하는 것은 취할 바가 아니라고 생각됩니다."(趙 3:18)

(11) 秦王은 韓珉을 齊로, 成陽君을 韓으로 각각 들여 보내고 魏懷를 魏에서 相
으로 삼아(相魏懷于魏) 連衡을 회복하고 兩王을 交驩케 하니(趙4:4)

이상 11 예중 (7)의 '用事' (8)의 '執事' (9)의 '守事'는 '어떤 일을 주관
또는 주도한다'는 의미이며, 특히 '用事'는 군주의 신임을 받아 '擅權'하는
뜻으로 흔히 사용된다. 그러므로 이것 역시 구체적인 요직, 특히 외교문제
에 결정권을 가진 고위직에 秦王이 신임하는 인물을 임용시킨 것으로 일단
이해할 수도 있는 것 같다. 그러나 (5)에서 張唐의 '相燕'과 명백히 구분된
蔡澤의 3년간 '事燕'을 주목하면 이것을 그렇게 단순히 처리할 문제는 아닌
것 같다. '事'를 '섬긴다'로 해석하면 비록 蔡澤이 秦王의 신임으로 추천되
었으나 그 구체적인 신분과 지위는 燕王의 臣僚·賓客이었다고 해석하지

88

않을 수 없을 것이다. 그러나 《史記》는 이 부분을 "卒事始皇帝 爲秦使於齊", 즉 始皇을 '事'하고 秦을 위한 '使於燕'으로 명기하고 있어(주 320 참조), 그의 '事燕'은 '燕에 파견되어 燕·秦 우호교섭을 담당하는 것'으로 이해하는 것이 타당하다. 즉 이 경우 '事'는 그 대상을 '섬기는 것'이 아니라 그 대상과 '관련된 업무를 담당하는 것' 또는 '그 대상지역에 파견되어 관련된 업무를 담당하는 것'의 의미로 해석하는 것이 타당하다는 것이다.

그렇다면 (6)의 "用事于韓", (7)의 "執事于魏", (8)의 "守事於韓"은 각각 '事韓', '事魏', '事韓'으로 대체해도 무방하며, 이 경우 이 주어에 해당하는 인물들은 모두 韓이나 魏의 臣僚로 추천된 것이 아니라 秦王의 '使'로 파견된 것이 분명하다. 문제는 왜 이것을 '使'와 다른 용어로 표현하였느냐는 점이다. 이 해답은 蔡澤의 '事燕' 3년에서 찾을 수 있는 것 같다. 즉 일반 '使'가 특정 사안의 협상 또는 의례적인 예방을 위하여 파견된 것이라면, 그들은 업무만 마치면 곧 귀국하는 것이 당연하며, 따라서 그 체류는 대체로 단기간에 그칠 것이다. 이에 비해 일반적인 우호의 지속적 확립(상기 6, 7의 '完交'와 같은) 또는 장기적인 공작(5의 燕太子 入質, 8의 入地) 임무를 띤 '使'는 사실상 외국주재관의 성격을 띠우지 않을 수 없었기 때문에 '某國에서 본국을 위하여 일한다'는 의미의 상술한 용어들이 사용된 것으로 추측된다. 그러나 (9)에 보이는 盛橋가 3번이나 韓에 '守事'한 것을 보면[359] 그 기간은 그렇게 긴 것 같지는 않은데, 秦相 范雎가 옛 원한을 풀기 위하여 연회를 베풀며 魏使 須賈와 함께 모두 초청하였다는 '諸侯使',[360] 魏에 앉아 魏·齊의 우호를 깨기 위하여 3개월 이상 활약한 趙使 樓緩,[361] 3년 동안 魏王을 접견하지 못하였다는 衛客(주 340 참조) 등은 바로 그 사행국을 '事'한, 즉 그곳에서 '用事=執事=守事'한 '使'들의 구체적인 예로 보아도 좋을 것이다.

---

359) 《戰國策》秦 4:9 "今王三使盛橋守事于韓".
360) 《史記》范雎蔡澤列傳 "須賈辭於范雎 范雎大供具 盡請諸侯使 與坐堂上 食飲甚設". 이 諸侯使들이 장기 또는 상주적인 성격이 아니라면 이 귀절은 이해하기 힘들 것이다.
361) 《戰國策》趙 3:5 "日者 樓緩坐魏三月 不能散魏齊之交".

　이에 비해 (6)의 司徒는 구체적인 관명이다. 《周禮》의 司徒는 토지 臺帳과 인민의 數를 관장하며 조세·요역·교화를 담당하는 地官의 최고직이다.[362] 그러나 춘추시대 晉이 司徒를 中軍으로 개명하였던 사실,[363] 戰國 魏의 司徒가 범인의 체포와 처형을 관장한 사실[364] 등은 司徒가 실제 刑獄 또는 군대를 관장하였을 가능성을 시사한다. 그러나 이 경우 영토의 할양을 위하여 왜 司徒가 될 필요가 있었느냐는 의문을 풀기 어렵다면, 오히려 《周禮》 司徒의 '土地之圖와 人民之數' 관장을 상정하는 것도 자연스럽다. 그러나 영토 할양은 대외 문제일 뿐 아니라, 魏 司徒가 체포한 범인은 이전 魏相으로서 趙의 합종 주도를 반대하였기 때문에 趙가 영토 할양을 조건으로 그의 처형을 요구하였다는 점은(주 364 참조) 이 사건이 일반적인 형옥이 아니라 대외 문제의 일환일 가능성을 강하게 시사한다. 그렇다면 적어도 魏 司徒는 영토 할양의 결정 및 그 수속 절차에 깊히 간여할 수 있는 관직이었을 가능성이 농후하다.

　한편 (10)의 丞相을 相과 동일한 성격으로 보아도 좋다면 남어지 7예는 모두 相으로서 이 문제에 대한 秦의 집념을 짐작할 수 있는 것 같다. 물론 타국에 의한 특정 인물의 置相 요구를 '列縣'化, 즉 독립의 상실과 같은 치욕으로 여기고[365] 大國이 타국의 相 추방 요구에 응하는 것은 사실상 항복과 다름 없다는 주장도 보이며[366] 현재의 관점에서 본다면 이것이 오히려 지극히 상식적인 반응이다. 그러나 당시 특정 인물을 타국의 相으로 추천하는 예도 드물지 않았지만, 결코 타국의 치욕적인 요구에 굴할 이유가 없는 秦도 趙의 추천으로 임용한 相 樓緩을 다시 趙의 요구에 의해 魏冉으로 대체

---

362) 《周禮》 地官 大司徒 "大司徒職 掌建邦之土地之圖與其人民之數 以佐王安擾邦國… 以土會之法辨五地之物…因此五物者民之常而施十有二敎…以土地之法辨五物九等　制天下之征 以作民職 以令地貢 以斂財賦 以均齊天下之政".
363) 董說, 《七國考》 권 1 魏職官 司徒 참조.
364) 《戰國策》 趙 4:6 "夫魏爲從主 而違者范座…(趙王)乃使人以百里之地請殺范座於魏 魏王許諾 使司徒執范座而未殺也…座雖不肖 故魏之免相室也 嘗以魏之故 得罪於趙".
365) 《戰國策》 楚 1:19 "魏求相綦母恢 而周不聽 何以也 周曰 是列縣畜我也".
366) 《戰國策》 楚 3:3 "楚王逐張儀於魏 陳軫曰…逐而聽則可 若不請 是王令困也 且使萬乘之國免相 是城下之事也".

하였고,[367] 楚의 추천으로 向壽를 相에 임명하였는데,[368] 특히 范雎가 '諸侯之援'과 '親習之故'가 없는 자신을 昭王이 발탁한 사실을 강조한 것을[369] 보면 적어도 相에 관한 한 秦도 타국의 추천을 어느 정도 관례처럼 존중한 인상마저 준다.

그러므로 上記한 것처럼 秦이 타국의 相을 수차 추천한 것도 별로 특이한 일이 아니지만, 문제는 당시 相이 과연 어떤 성격의 官이었느냐는 점이다. 秦漢 이후 相·相國·丞相이 적어도 형식상으로는 국정을 총괄하는 관료의 최고직으로 인식되었다는 것은 이미 상식에 속하며, 《荀子》 王霸篇은 相의 막강한 位相을 다음과 같이 정의하고 있다. 즉 "百官의 長을 選拔 配置하고 百事의 다스림을 요구하며, 조정의 臣下 百吏의 직분을 整治하고 그 공로를 헤아려 그 慶賞을 논하며 歲末이면 그 성공을 군주에 받들어 보고한다." 물론 이것은 군주의 獨斷을 반대한 宰相中心 정치의 이상을 강조한 것이며, 실제 당시 相의 實狀을 전한 것은 아니다. 그러나 이것은 적어도 '국정을 총괄하는 최고 관료'라는 相의 개념이 전국시대에 이미 형성된 사실을 시사하는데, 秦의 相國 呂不韋, 秦相 范雎, 魏冉, 商鞅 등이 군주의 절대적인 신임으로 내외정에 막강한 권력을 행사한 것도 사실이다. 그러나 당시 相에 그런 권력이 제도적으로 부여되었는지는 단언하기도 어렵지만,[370] 蘇秦이 6국의 相을 겸임하였다는 유명한 일화도 이 일반적인 相의 개념과는 어울리지 않는다. 실제 전국시대 相은 내정의 담당자로서는 이해하기 어려운 경우가 많으며, 특히 다른 관명과는 달리 예컨대 '相張儀(張儀를 相으로 삼다)'

---

367) 《史記》 秦本紀 昭王 10년 "樓緩爲丞相···十二年 樓緩免 穰侯魏冉爲相", 동 穰侯列傳 "趙人樓緩來相秦 趙不利 及使仇液之秦 請以魏冉爲秦相···而秦果免樓緩而相魏冉".

368) 《史記》 樗里子甘茂列傳 "楚懷王新與秦合婚而驩 楚王問於范蜎曰 寡人欲置相於秦 孰可···寡人欲相甘茂 可乎 對曰 不可···(甘)茂誠賢者 然不可相於秦 夫秦之有賢相 非楚國之利也···王必相向壽於秦 則楚國之利也 於是使使請秦相向壽於秦 秦卒相向壽".

369) 《戰國策》 秦 3:17 "范雎曰···臣無諸侯之援 親習之故 王擧臣于羈旅之中 使職事".

370) 예컨대 呂不韋의 경우 太后와의 私的 관계 및 '仲父'로 예우된 특수한 지위가 있었지만, 魏冉도 昭王의 외삼촌으로서 昭王의 즉위와 권력의 안정에 수훈을 세운 인물이었으며, 范雎와 商鞅 역시 모두 군주의 특수한 총애와 전폭적인 신임을 받았던 점을 기억하지 않으면 안된다.

또는 '相秦(秦의 相이 되다)', '相秦王(秦王의 相이 되다)'의 용례처럼 동사로 사용되는 것도 특이하다. 이 때문에 춘추 전국시대의 相을 (1) 卿·大夫·司馬·司空·令尹 등의 대명사 (2) 會盟의 보조역에서 발전한 외교관적인 성격이 강한 官 (3) 漢代 丞相에 연속하는 전국 관료제의 최고직 등으로 분류한 연구도 일찌기 나왔으며,[371] 최근 晁福林도 本國에서 전권을 장악한 大臣 相과 구분된 전국시대의 '특수한 "相"'은 현재의 '駐外特命全權大使'와 유사한 것으로서 예컨대 張儀의 "竝相秦魏"란(《戰國策》魏 1) 秦·魏 양국의 외교연락 공작을 담당하였다는 의미에 불과하다는 것, 따라서 이런 '相'은 복수로 임명할 수도 있었다는 주장을 제기하였다.[372]

확실히 상기 (1)(2)(3)(5)(11) 뿐 아니라 전국시대 외국과 관련된 相 임용은 대부분 외교의 방향 및 동맹 관계의 변화와 직결된 문제였다. 그러나 과연 '百官의 長'으로서의 相과 '외교 담당'의 "相"이 실제 별개의 官으로 병치되었는지도 의문이며, "相"을 주외특명전권대사로 이해할 경우 외국대사가 주재국의 관료가 된다는 기묘한 현상을 설명하기 어려울 것이다. 보다 명쾌한 이해를 위하여 우선 다음과 같은 자료를 주목해 보자.

    (A) 甘茂가 秦·魏를 연합하여 楚를 공격하려 하자 楚之相秦者 屈蓋는 楚를 위하여 秦에 화의를 청하였고, 秦은 관문을 열고 楚使를 받았다.(《戰國策》秦 2:14)
    (B) 樓悟는 秦·魏를 맹약시키려고 秦王이 국경에서 (魏王)을 만나도록 한 후 魏王에게 말하였다. "(秦王)을 만나면서 相이 없으면 秦은 반드시 置相할 것입니다. 그 말을 듣지 않으면 秦과의 관계가 악화될 것이고, 그 말을 들으면 금후 왕의 신하들은 능히 왕을 움직일 수 있는 제후들을 섬기려고 애쓸 것입니다. 또 秦王과 만나며 '秦이 추천한 자를 相으로 삼으면(相秦者)', 이것은 齊와 관계를 단절하는 것과 같습니다.····齊의 지지를 받는 자를 相으로 삼는 것만 못합니다(有齊者 不若相之)".(동 상, 魏 4:11)
    (C) 燕人은 和議를 청하였으나 趙人은 허락하지 않고 반드시 將渠에게 和議를 처리하도록 (고집하였다). 燕은 將渠를 相으로 삼아(相將渠) 화의를 처리케 하였다.(《史記》燕世家. 燕王 喜 4년)

---

371) 相原俊二,〈三晉文化の一考察 — 相について〉(中國古代史硏究會編,《中國古代の社會と文化》, 1957, 東京).
372) 전게 晁福林,〈張儀史事辨〉 참조.

    (D) 周最를 축출하고 祝弗의 의견을 존중하며 呂禮를 相으로 삼는 것은(相呂禮) 秦을 깊히 끌어들이기 위한 것이다.(《戰國策》 東周 17)
    (E) 5국이 모두 君에게 相印을 보내어(致相印)···국사를 君에게 맡기려는 것은(동상, 齊 3:9)
    (F) 陳軫 "令尹은 (최고로) 귀하니 王은 2인의 令尹을 두지 않는다···지금 君은 楚를 도와(相楚) 魏를 공격하여"(동 상, 齊 2:4)
    (G) (主父는) 仇郝을 相宋시키고 樓緩을 相秦시켰으며(동 상, 趙 4:16)
    (H) 公은 主父로 하여금 周最에게 땅을 주며 魏에서 相할 것을 청하는 것만(請相之于魏) 못하다. 周最는 천하로써 秦을 거역하는 자이니 지금 相魏하면 魏·秦(관계가) 반드시 벌어질 것이다.(동 상, 趙 3:6)
    (J) 君은(春申君) 20 여년간 楚의 相(相楚)으로서 비록 이름은 相이었지만 실제로는 楚王과 같았으며 다섯 아들도 모두 相諸侯하였다.(동 상, 楚 4:12)

상기 9 례중 우선 (C)의 "相將渠" (D)"相呂禮"와 같이 '相+인명'의 예는 '某人을 相에 임명한다'는 의미로서, 여기서 '相'은 官名으로 동사의 역활을 하는데, 이것은 (E)의 예시처럼 '相印'의 수여가 반드시 수반된다. 따라서 상기 (1)에서 楚王이 張儀에게 相印을 준 것은 곧 그가 楚의 相이 된 것을 의미한다. 이에 비해 '相+국명'은 흔히 '某國의 相이 된다'는 의미로 사용되며, 이 '相'도 관명의 동사화에 해당한다. (J)의 '相楚'도 楚의 '百官之長'은 令尹이었고 중앙 요직에 相은(相國, 丞相) 없었지만, 그의 관직을 타국의 相에 해당한 것으로 이해한다면 별 문제는 없다. 그러나 春申君의 다섯 아들이 외국의 相으로 임용된 사실이 입증되지 않는다면 '相諸侯'의 '相'은 일단 다른 해석의 가능성을 찾지 않을 수 없는데, (F)의 '相楚'는 타국의 相에 해당하는 令尹이 될 수 없다는 문맥으로 보아 '楚의 相'으로 해석하는 것은 불가능하다. 결국 여기서 '相'은 단순한 동사로 해석할 수밖에 없는데, 그 주인공이 공벌중인 楚의 將軍이므로 이 '相'은 단순한 국내에서의 '仕宦'이 아니라 일종의 대외 활동을 표현하고 있는 것이다.

한편 (B)의 '相秦者'는 秦의 置相 요구와 관련된 것이 명백한 만큼, 여기서 '相'은 관명으로 보는 것이 타당하다. 그러나 이것은 문맥상 '秦의 相이 된 자' 또는 '秦의 相이 되는 것'으로 해석할 수 없는 것도 명백하다. 이 때문에 필자는 이 부분을 '秦이 추천하는 자를 相으로 삼아'로 번역하였지만, 이것은 (A)의 '楚之相秦者'에는 적용되지 않는 것 같다. 만약 (B)의 '相秦者'

를 여기에 그대로 대입하면 이것은 '秦의 추천을 받아 임용된 楚의 相'으로 해석될 것이다. 그러나 屈蓋가 楚相이었는지도 확인할 수도 없지만, 이 문맥에서 楚相의 임용배경까지 밝히면서 이렇게 부자연스러운 표현을 할 이유도 없는 것 같다. 그렇다면 그는 楚人으로 (또는 楚가 추천하여) 秦相이 된 자인가? 역시 현존 자료중 屈蓋가 秦相이었다는 흔적도 없으며, 이 역시 너무나 어색한 표현이다. 그러므로 이 '相'은 (F)의 '相楚'처럼 官名의 動詞化가 아닌 본래의 動詞로 이해할 수밖에 없는데, 屈蓋의 역활을 '楚를 위하여 秦에서' 활동한 것으로 보는 것이 자연스럽다면, 그리고 이것은 사실상 앞서 언급한 某國에서 '用(執, 守)事'하는 것, 즉 '事某國'과 차이가 없는 것이라면, 이 경우 '相'은 '事'의 의미로 보아도 대과는 없을 것이다.

이와 같이 '相+국명'이 그 나라의 相에 취임하는 것이 아니라 그 나라에 장기 주재하는 '使'의 의미도 있었다면, 종래 '相'과 관련된 모든 자료를 관명으로 일괄 이해함으로써 부자연스럽거나 이해하기 어려웠던 문제들, 예컨대 (G)와 (H)와 같이 모국의 군주가 외교상의 문제를 위하여 일방적으로 타국의 相을 지명, 파견하는 것처럼 보이는 예들이나 (J)의 '相諸侯' 같이 믿을 수 없는 서술들도 쉽게 해결될 수 있다.[373] 즉 그 나라를 '相=事'하는 '使'를 파견하는 것은 반드시 상대국의 동의를 구할 필요가 없었기 때문이다.

그러므로 필자는 상기 (5) 蔡澤의 3년 '事燕'에 뒤이은 張唐의 '相燕'도 실제 張이 燕에서 相印을 받지 않았다면 '事燕'과 동일한 의미로 보지 않을 수 없는데, 특히 그의 '相燕'이 燕太子의 入秦에 대응한 '不欺燕'의 보장이었다는 점을 상기하면 그가 燕의 相으로 임용되었을 가능성은 희박하다.[374]

---

373) 특히 (G)의 樓緩은 秦昭王 10년(B.C. 297) 秦相이 되어 동 12년 면직된 인물이지만 (《史記》秦本紀), 이 기사와 관련된 陘山의 戰은 B.C. 301년이다. 따라서 그 직후 樓緩의 '相秦'은 '使秦' 또는 '事秦'으로 이해하는 것이 타당하다. 또 (H)의 "請相之于魏"를 "請魏相之于魏"의 略으로 볼수도 있지만, 이 경우 '于魏'가 의미 중복이 되지만 周最에게 地를 資하였다는 앞 귀절로 보아 '請'의 대상은 周最가 명백한 만큼, 趙가 魏의 동의를 구한 것이 아니라 周最의 동의를 구한 것으로 보는 것이 자연스럽다. 다만 이 경우는 '相之'가 다소 어색한데, 강조를 위한 대명사 목적어의 倒置 즉 '請之相于魏'의 의미로 보면 문제가 없다.

374) 秦昭王이 孟嘗君의 현명하다는 소문을 듣고 그를 부르기 위하여 먼저 涇陽君을 齊에 入質시키고 孟嘗君이 入秦하자 그를 相으로 삼았다는 일화는(《史記》孟嘗君列傳)

이상과 같이 단순한 動詞 '相=事'의 용법을 주목하면 종래 전국시대 相과 관련 '외교관' 또는 駐外特命全權大使와 유사한 특수 "相"을 상정할 근거가 대부분 소멸되는 것 같다. 그러나 실제 相印을 받는 相이 확실한 것으로 보이는 상기 (1)(2)(3)(4)(10)(11)(B)(C)(D) 등도 모두 외교 정책과 직결된 문제이며, (E)의 5국이 1인에게 相印을 보낸 것은 5국간의 외교 동맹을 의미하는 것으로 보아도 좋을 것이다.[375] 여기서 흥미있는 것은 많은 경우 특정 인물의 相 任免이 외교 방향과 직결되었다는 점이다. 예컨대 魏와 楚의 張儀 任相은 곧 양국의 親秦 정책을(상기 (1)을 보라), 齊의 呂禮와 韓珉 任相이 곧 親秦 정책을 (상기 (2)(11)(D)를 보라),[376] 魏의 公子勁의 任相은 親秦 정책을,[377] 秦의 魏冉 任相은 親趙 정책을(주 366 참조) 각각 선언하는 것과 마찬가지였던 것이다.

이것은 결국 당시 유세객들이 각국을 周遊하면서도 일정한 외교 로선을 스스로 표방하면서 각국의 정파 또는 군주와 밀착하였던 경우도 적지 않았음을 시사하는데, 相의 추천은 반드시 강압적인 굴종의 요구만도 아니었던 것 같다. 상기 (2)의 齊의 呂禮 任相은 말할 것도 없거니와, 예컨대 魏가 齊의 실력자 孟嘗君과 秦의 신임을 받는 張儀를 각각 魏相으로 초빙한 것은 물론 齊·秦에 대한 약세 때문이었고, 齊·秦의 추천 또는 요구가 개재되었을 가능성이 농후하다. 그러나 그것은 모두 齊·秦과의 동맹으로 국제적인 위기를 타개하기 위한 魏의 적극적인 자구책이기도 하였다.[378] 또 秦이 趙의

타국 貴戚을 相으로 삼는 것이 일종의 人質 확보책으로도 활용된 듯한 인상을 준다. 그러나 이것은 涇陽君의 안전 보장을 위한 孟嘗君의 任相이 아니라 오히려 현명한 그를 만나기 위한 涇陽君의 입질이었다는 점을 주목할 필요가 있다. 張唐의 경우 燕이 특별히 相으로 요청하지 않았다면, 燕이 사실상 인질로 파견된 '使'를 굳이 相으로 任할 필요가 없었을 것이다.

375) 《戰國策》東周 19 "公何不令人謂韓魏之王曰 欲秦趙之相賣乎 何不合周最兼相 是之不可離"는 兼相의 의미를 단적을 말해 준다.

376) 특히 韓珉은 秦王이 '韓珉與我交'로 명언한(《戰國策》韓 3:3) 親秦派로서 齊相을 역임하기도 하였는데(韓 3:13) 反秦 합종론자들이 齊의 韓珉 임용을 저지하려 한 것도(趙 4:4) 그 임용이 곧 齊·秦 연합을 의미하였기 때문이다.

377) 《戰國策》楚 2:1 "魏相翟强死 爲甘茂謂楚王曰 魏之幾相者 公子勁也 勁也相魏 魏秦之交必善···故王不如與齊約 相甘茂于魏".

請으로 樓緩을 魏冉으로 바꾼 것도 이 시기 親趙·親齊 정책의 묘한 균형과 관련 趙를 무마하기 위한 방편으로 해석되지만(주 132, 136 참조), 楚가 추천한 相을 秦이 수락한 것은 결혼을 통하여 강화된 친선을 재확인하는 형식으로 양해된 정도에 불과하였던 것 같다.[379]

물론 이 추천의 거부는 관계 악화를 의미하였다. 그러나 이것은 역으로 相의 추천이 가장 우호적인 상황에서 상대에게 요구할 수 있는 일종의 의례적인 권리(?)로 인식되었기 때문일 수도 있는 것이다. B.C. 310년 魏相 田需가 사망한 직후 魏는 秦·韓·齊의 이익이 우선되는 것을 피하기 위하여 각각 3국의 지지를 받아 물망에 오른 親秦派 張儀, 親韓派 犀首, 親齊派 薛公을 모두 배제하고 태자를 相으로 삼았다는 예는(주 112 참조) 相의 추천이 사실상 특수 이익의 확보는 물론 자칫 내정 간섭의 소지마저 있다는 증거이며, 실제 강대국에 의한 약소국의 置相 요구는 이 문제가 없을 수 없었을 것이다. 전국말 강자 秦 文信侯에 대한 약자 趙 建信君의 불만을 전한 상기 (10)은 바로 그 실상의 단면일 것이다. 그러나 建信君도 관료 추천 자체의 부당성보다는 청을 들어 주어도 예를 제대로 갖추지 않는 文信侯의 ‘少禮’에 대한 섭섭함을 토로한 것에 불과하였지만, 置相을 요구한 趙·楚나 이를 수락한 秦이 모두 내정 간섭이란 의식이 특별히 없었던 것은 피차 그것을 의례적인 관행으로 간주하였을 가능성을 시사한다.

燕의 침공을 격파한 趙가 和議 협상의 燕측 책임자로 침공을 끝까지 반대한 將渠를[380] 지목하자 燕이 그를 相에 임용, 협상을 위임하였다는 상기 (C)는 이 문제에 단서를 제공하는 것 같다. 물론 이것을 승자의 일방적인

---

378) 《戰國策》 魏 1:19 “張子儀以秦相魏 齊楚怒而欲攻齊 雍沮謂張子曰 魏之所以相公者 以公相則國家安 而百姓无患···”, 魏 3:8 “謂魏王曰 今所患者 齊也 嬰者言行于齊王 王欲得齊 則胡不召文子以相之 彼必務以齊事王 王曰 善 因召文子而相之”.

379) 주 367 참조. 이 추천의 배경과 과정은 秦에 楚 세력의 扶植이란 정치적 목적보다는 단순한 혼인 동맹에 따른 의례적인 권리(?)를 행사하는 듯한 인상을 주는 것도 주목된다.

380) 《史記》 燕昭公世家 燕王 喜 4년 “群臣皆曰可···唯獨大夫將渠謂燕王曰 與人通關約交 以五百金飲人之主 使者報而反攻之 不祥 兵無成功 燕王不聽···將渠引燕王綬止之曰 王必無自王 王無成功”.

요구에 대한 굴복으로 치부할 수 있을지도 모른다. 그러나 이처럼 협상을 위한 신뢰의 보장 요구가 相의 임용을 통하여 약속되었다면, 相이 외교 협상에 폭 넓은 재량권을 가졌거나 그 임용자체가 외교상 선언적인 의미를 가졌기 때문일 것이다. 즉 누구를 임명하느냐는 것은 곧 어느 나라와 어떤 관계를 가질 것인가를 내외에 천명하는 방식이었다는 것이다. 앞에서 지적한 바와 같이 특정 인물이 특정 외교 방향과 결부된 것도 바로 이런 관행의 산물로 해석되지만, 상대가 가장 신뢰할 수 있는 인물을 相에 임용하는 것이 최상의 우호표시라면, 상대의 의견을 미리 묻는 것도 부자연스러운 일은 아닐 것이다.

그렇다면 왜 任相이 이런 의미를 가질 수 있었는가? 이 역시 相의 정치적 비중, 예컨대 '百官의 長'이란 位相 때문일 수도 있다. 그러나 실제 실권이 막강한 최고 관료를 동맹국의 요구로 任免하는 것도 비상식적이지만, 정치적 위상이 보잘것 없는 官의 임면으로 우호관계를 표현하는 것도 상대를 우롱하는 것이 될 것이다. 상기 자료 (B)는 바로 이 문제에 단서를 제공한다. 즉 양국의 왕이 만나면서 자국의 相이 없으면 반드시 상대가 '置相', 즉 相을 지명할 것이라는 예상은 적어도 相은 외교상 불가결한 존재일 뿐 아니라 상대가 만족하지 못할 경우 대체를 요구할 수 있다는 상식을 전제한 것이다. 여기서 相이 단순히 그 해당 회맹의 보좌역에 그치지 않는다는 것은 秦의 置相 요구를 허락할 경우 齊와의 관계 단절을 각오해야 한다는 것만 보아도 명백하지만, 이것은 동시에 秦의 요구로 임용된 相은 齊와 관계를 단절하고 秦과의 친선만 주도할 수도 있다는 재량권을 시사하는 것이다. 이것은 相이 본래 개별적인 회맹의 보좌역에서 발전한 성격을 잘 말해 주는데, 어쨌든 相이 외교 방향을 좌우할 수 있는 권한이 부여될 수도 있는 외교상 불가결한 존재였다면, 동맹국의 신뢰를 보장하는 수단으로 그 임면이 활용될 수 있는 가장 적합한 관직이었을 것이다.

그러나 앞에서 지적한 바와 같이 전국시대의 많은 相들이 국정을 총괄하는 실권자의 면모가 약여하였다. 趙의 相들과 張儀·魏冉·呂不韋 등을 비롯한 秦의 相들이(銘文에는 모두 相邦으로 표기) 兵器 製造의 최고 監造者로 확인되는 것도[381] 相의 내정상의 位相을 짐작케 하지만, 楚王이 秦相을 추천하면서 秦의 賢相은 楚에 불리하다는 이유로 甘茂의 추천을 단념하였다는 것도(주 368) 秦相이 內政과 무관하였다면 이해하기 힘든 일화이며, 甘茂의 齊行을 저지하려는 秦이 그에게 上卿의 爵과 함께 相印을 조건으로 제시하였다는 것도[382] 相이 최고의 예우에 부합되는 권력있는 요직이었음을 잘 말해 준다. 그렇다면 이러한 막강한 자리를 동맹국의 추천으로 임용하는 것은 상식에 어긋난 것이 아닌가? 소국이 대국의 相 추천을 마치 지방 행정 단위처럼 취급한다고 반발하고 대국도 타국의 相 임면 요청을 수락하는 것을 항복처럼 여긴 것은 바로 이 때문일 것이다.

그렇다면 당시 엄연히 존재한 동맹국의 相 추천 관례는 어떻게 이해할 수 있을 것인가? 이것은 제도는 변하였으나 전단계의 관례는 존속된 상황으로 설명될 수 있는 것 같다. 즉 이미 타국의 추천으로 임면할 수 없을 정도로 相의 位相이 제고되었음에도 불구하고 과거 임시 외교를 위임받은 相을 우호의 차원에서 추천할 수 있었던 관례는 잔존하였다는 것이다. 현실에 맞지 않는 관례는 약자에게는 불편하나 강자에게는 편리한 경우가 많다. 예컨대 약국이 강국에게 相을 추천하였을 경우, 강국은 비록 그를 '제도상' 막강한 相에 임용해도 실권은 전혀 부여하지 않을 수 있었을 것이다. 한대 이후 '百官의 長'인 승상 또는 이에 준하는 재상의 권한이 끊임 없이 황제의 비서 측근의 관료에 의해서 유명무실화되고[383] 제도상 전혀 근거가 없는 인물이 사실상 擅權하는 수많은 예를 상기할 때, 외교상 부득이 임용한 相을 형식적으로만 예우하는 것은 오히려 당연한 일이었을 것이다. 더욱이 당시 모든 행정기구가 相에 제도적으로 총괄되었는지도 의문이지만, 많은 秦相 중 병기의 최고 監造者로 현재 확인된 것은 불과 6인에 불과하여[384] 업무 자체

---

381) 졸저, 《中國古代帝國成立史硏究》, pp.160-163 참조. 燕의 경우 이것은 王의 역할이었다.
382) 《戰國策》 秦 2:12.
383) 전게 졸고, 〈中國古代 皇帝權의 性格〉, pp.24-27 참조.

도 유동성이 강한 상황이었다면,[385] 군주가 相에게 특별히 업무를 부여하지 않거나 제도상 또는 관례상 부여된 업무도 다른 관료나 빈객에게 위임하면 그만일 것이다. 종래 기능상 상이한 相의 병존을 상정한 것은 바로 '특정한 관에 특정한 업무가 고정 부여되고 관료가 제도상 규정된 업무를 그대로 수행하는' 근대 관료제의 관념을 벗어나지 못한 때문이다. 그러나 제도상 또는 관행상 1국의 내외정을 총괄할 수 있는 相職을 5, 6개의 국가가 1인에게 동시에 부여해도 아무도 업무상의 난점을 생각할 필요가 없는 것이 당시의 정치문화였던 것이다. 결국 이 관례를 통하여 약국이 얻을 수 있는 최상의 수확은 본래 강국 군주가 기용하고 싶은 인물을 선택하여 그 추천이 거부되는 수모를 겪지 않고 피추천자에게 약간의 德을 베푸는 정도일 것이다.[386]

반면 강국에게 相의 추천은 약국을 정치적으로 조정할 수 있는 호기였을 것이다. 상기 (3)은 비록 韓·魏가 秦의 相 추천을 거부한 예지만, 無相의 상태에서는 秦의 相 추천을 거부하기 어려우니 미리 親齊派 相을 임용하라는 (B)의 내용은 사실상 견제 세력이 없는 한 강국의 置相을 거부하는 것도 어려웠던 사정을 말해 준다. 또 일단 임용하면 강국이 지지하는 相을 박대하는 것도 현실적으로 불가능에 가까웠을 것이며, 제도적인 업무의 유동성은 오히려 그 권한을 확대할 수 있는 빌미도 될 수 있었을 것이다. 현실과 괴리된 비상적인, 때문에 소국이 그토록 반발한 相 추천의 관례를 강국 秦이 존중하고 활용한 것은 바로 이 때문이었을 것이다.

---

384) 馬非百, 전게 《秦集史》 丞相表는 秦 武王의 이후 丞相制 도입 이후의 승상 26명을 열거하고 있는 반면, 병기 監造者 相邦 및 丞相은 6인을 소개하고 있다. 물론 병기 감조자는 앞으로 더 확인될 가능성도 많다. 그러나 이토록 監造者 相邦이나 丞相이 근소한 것은 모든 相邦이나 丞相이 곧 병기 감조자는 아니었고, 그 업무자체가 유동적이었을 가능성을 시사한다.

385) 특히 始皇時代의 중앙 제조의 병기중 始皇 3, 4, 5, 7, 8년 '相邦 呂不韋造'의 병기와 아울러 寺工·少府·詔吏 제조의 병기도 다수 발견되는데(袁仲一, 〈秦中央督造的 兵器刻辭綜述〉, 《考古與文物》 1984-5), 이들 명문이 丞相 監造를 생략한 것이 아니라면 丞相의 병기 감조가 고정된 업무가 아닌 증거가 될 것이다.

386) 楚王이 秦相으로 추천한 向壽는 昭王의 母 宣太后의 外族으로서 秦王과는 "少與之同衣 長與之同車 以聽事"한 특수 관계였고(《史記》 甘茂列傳), 趙가 樓緩과 교체를 청한 魏冉 역시 昭王의 외삼촌으로서 昭王 옹립 공신이었다는 점을 잊어서는 안된다.

맺음말

　　전국시대의 외교는 현상 유지와 평화의 항구적 정착이 아니라 궁국적인 '一統'을 목표로 상호 무제한 경쟁하는 복수 국가간의 교섭이었다. 때문에 일상적이고 의례적인 우호의 발전을 위한 교류는 大事紀年에 사용될 정도로 극히 예외적이었고, 유동적인 세력균형의 변화 속에서 和戰의 대상과 시기를 여하히 선택하여 가장 '적절한' 이득을 확보하느냐는 것이 외교의 중심과제였다. 후세 '詐僞'와 권모술수로 혹평된 수단 방법을 가리지 않는 당시 외교 행태는 바로 외교가 냉혹한 생사의 갈림길과 직결된 사정에서 비롯된 필연적인 결과였다. 친선의 표현으로 맺은 혼인 관계와[387] 인질의 교환도[388] 전쟁을 억제하거나 배신을 자제하지 못한 것은 어느 의미에서 당연한 것이기도 한 것 같다. 현재 B.C. 318년 맹약을 배신한 楚를 신에게 저주하

---

387) 齊를 망명한 薛公이 魏로와 魏王의 夫人 齊女을 축출하자 韓春이 秦王에게 齊女를 妻로 삼은 後 그 아들 負蒭를 魏王으로 세워 魏를 縣처럼 조정할 것을 건의하였다는 일화, (《戰國策》秦 4:2) 蘇秦이 齊에게 침점한 10성을 燕에게 반환할 것을 설득한 내용중 '燕이 秦의 사위'라는 사실을 지적한 것(주 263 참조) 등은 당시 왕실간의 혼인 관계가 일정한 정도 외교적 效用性을 발휘한 사정을 시사한다. 한편 秦 孝公이 韓女를 취한 이후 惠文王이 楚女 2인과 魏女 1인, 武王은 魏女, 昭襄王은 楚女, 孝文王이 楚女, 莊襄王이 趙女를 각각 娶한 사실, 그리고 燕太子·齊 湣王·楚懷王·趙 惠文王·楚 頃襄王도 각각 秦女를 娶한 것은(전기 馬非百,《秦集史》婚姻表 참조) 당시 국제 혼인이 중요한 친선 표시의 수단으로 이용된 사실을 말해 준다. 그러나 이 혼인 때문에 전쟁이 억제되었거나 배신이 자제된 흔적은 전혀 없다는 점을 주의해야 한다.
388) 馬非百의 불완전한 통계에 의하면 전국시대(B.C. 475-221) 254년간 인질 교환 24례 중 6국이 秦에 入質한 것은 8례, 秦이 6국으로 出質한 것은 7례로서 秦이 인질 교환도 가장 빈번히 사용하였다고 한다. 인질의 신분은 대부분 태자나 公子이기 때문에 배신을 억제할 수 있는 效果가 클 수도 있으며, 특히 태자를 인질로 갖고 있을 때 그 부왕이 사망하거나 유고가 발생하면 유리한 조건을 제시할 수 있는 호기도 될 것이다(전술한 蘇秦의 가상 게임을 보라). 그러나 魏太子를 秦에 인질로 보낼 때 혹자가 태후에게 '魏가 秦을 배반하는 날 태자는 糞土가 될 것'을 경고한 것(《戰國策》秦 5:4), 呂不韋가 趙에 인질로 있는 始皇 아버지의 귀국 공작을 하면서 '秦이 만약 趙를 도륙내려고 한다면 아들 한명을 고려하여 계획을 유보하지 않을 것'이라고 趙를 설득하였다는 것(동 상, 秦 5:5) 등은 인질의 무용성을 단적으로 시사한다.

100

는 秦의 <詛楚文>이 전하지만(주 115 참조) 당시 秦도 그런 대응의 무의미
함을 누구보다 잘 알고 있었을 것이다. 더욱이 당시 외교는 단순한 '속임수'
나 배신은 아니었으며, 적어도 6개국 이상의 이해득실을 동시에 계산한 신
중한 판단이었고, 자신에게 유리한 방향으로 상대를 개별적으로 '설득'하는
과정이었으며, 상대 역시 동일한 수준의 계산을 하였을 가능성도 고려한 전
략의 싸움이었다. 각국에 대한 상세한 정보, 변화에 기민하게 대응하는 능
력, 상대를 설득할 수 있는 변설, 광범위한 국제 협조망의 구축은 그 성공의
불가결한 요건이었다. 縱橫家로 알려진 遊說客들은 바로 이 능력을 구비한
전문가였다.

　당시 외교는 군주의 독점적 권한이었고 군주간의 정상회담은 이 권한을
가장 직접 행사할 수 있는 형식이었다. 이 때문에 전국시대에도 왕들의 '會'
또는 '遇'는 생각보다 빈번하였다.[389] 秦의 경우도 孝公이 魏 惠王과 2번 회
견한 이래 秦始皇時 齊王 建의 入朝 會見까지 역대 왕의 외국 왕과의 相會
는 모두 27회이며, 특히 昭王은 재위 56년간 무려 16회나 외국 왕과 회견하
였을 정도로[390] 정상회담에 적극적인 관심을 보였다. 군주의 相會는 가장 직
접적이고 확실한 친선의 표현이었던 만큼 포괄적인 상호 지원 협정도 체결
될 수 있었다.[391] 그러나 사실상의 臣屬을 표현하는 入朝 회견은 말할 것도
없거니와[392] 趙 惠文王과 秦 昭王이 만난 澠池會도 趙王은 안전 귀환조차 불
안한 실정이었을 뿐 아니라 실제 相會의 분위기도 趙王을 능욕하며 영토 할
양을 강제하려는 의도가 역력하였던 것,[393] 楚懷王이 相會를 구실로 秦에 납

---

389) 工藤元男, 〈戰國の會盟と符 — 馬王堆漢墓帛書《戰國縱橫家書》20章をめぐって〉(《東洋
　　史研究》53-1, 1994)은 B.C. 407-237 사이 각국 군주 및 태자가 만난 會·遇·盟·朝
　　58례를 정리, 소개하고 있다.
390) 전게 馬非百, 《秦集史》會盟表 참조.
391) 《呂氏春秋》審應覽 淫辭篇 "空雄之遇 秦趙相與約 約曰 自今以來 秦之所欲爲 趙助
　　之 趙之所欲爲 秦助之".
392) 군주 相會의 장소는 대체로 국경 부근이었는데, 韓 桓惠王(秦 昭王 53년, 56년), 趙
　　悼襄王, 齊王 建(시황 10년)처럼 國都 함양으로 방문하는 것은 사실상 臣屬을 표시하
　　는 '來朝'인데(《史記》秦本紀 및 秦始皇本紀 참조), 특히 魏가 華陽에서 秦에 패한 직
　　후 秦의 요구에 따라 입조하려는 魏王에게 秦에 의한 억류를 경고하며 만류하였다는
　　《戰國策》魏 3:4의 내용은 入朝 相會의 성격을 잘 보여 준다.

치된 사실 등은 강국이 요구하는 相會의 일반적인 성격을 짐작케 한다. 그러므로 상대적으로 약한 국가의 군주들의 相會 기피는 능히 짐작할 수 있지만, 실제 澠池會의 광경도 군주가 대동한 유세객들의 대결과 다름 없었다면, 당시 외교가 각국의 군주를 대리하여 격절된 당사자간을 왕래하는 유세객들에 의해서 주도된 것은 당연하였다.

遊說客은 대부분 王이 '공식' 파견한 '使'였다. 그러나 외교 자체가 군주의 '私'에 속한 만큼 '使'의 궁극적인 목표는 역시 상대국 군주의 성공적인 설득이었지만, '使'역시 대체로 君主 '私'에 속하는 爵의 소지자 또는 측근 비서관 및 賓客의 신분으로 파견되었으며, 사안에 따라서는 '私行'의 형식으로 遊說하는 경우도 적지 않았던 것 같다. 더욱이 '遊說'는 공식 '邦交'가 아니었기 때문에 '使'의 활동은 비공식적이고 私的인 수단에 크게 의존하지 않을 수 없었다면, 국내외의 정보에 통효하고 사적인 협조망을 널리 동원할 수 있는 辯士는 바로 그 적임자였다. 그러나 이들은 속성상 일국에 안주할 수도 없었지만 복수의 당사자들을 '적절한' 설득으로 '적절한' 결론으로 유도함으로써 전쟁을 피하면서 각자의 '몫'을 주선하는 '媒婆'를 자임하였기 때문에 자연 자신의 보수도 중시하였던 만큼 때로는 이중 간첩으로 의심될 소지도 다분하였다.

그리하여 당시 외교의 주형식인 遊說는 전체적으로 비공식이고 '私'적인 로비의 성격을 띠웠고, 이것은 자연스럽게 각국의 政爭과도 결합하였지만, 각국은 로비에 불가결한 협조망의 확대를 위하여 타국 대신의 매수와 협박, 때로는 암살도 불사하는 한편 자신이 신임하는 인물을 타국의 요직, 특히 전통적인 相 추천의 관례를 이용하여 국정을 총괄할 수도 있는 相에(相邦, 相國, 丞相) 임용시키는 공작도 적극적으로 추진하였다. 이것은 일종의 고정

---

393) 《史記》 廉頗藺相如列傳 "秦王使使者告趙王 欲與王爲好西河外澠池 趙王畏秦 欲毋行···廉頗送至境 與王訣曰 王行 度道里會遇之禮畢 還 不過三十日 三十日不還 則請立太子爲王 以絶秦望 王許之···秦王飲酒酣 曰 寡人竊聞趙王好音 請奏瑟 趙王鼓瑟 秦御史前書曰 某年月日 秦王與趙王飲 令趙王鼓瑟 藺相如前曰 趙王竊聞秦王善爲秦聲 請奏盆缻秦王 以相娛樂 秦王怒 不許···於是秦王不懌 爲一擊 ···秦之群臣曰 請以趙十五城爲秦王壽 藺相如亦曰 請以秦之咸陽爲趙王壽 秦王竟酒 終不能加勝於趙".

간첩망의 구축처럼 보이는 것도 사실이다. 그러나 당시 유세객과 대신들도 외교적 입장을 분명히 천명한 경우가 많았으며, 그것이 객관적인 상황에 기초한 불가피한 선택임을 떳떳히 설득하였다는 점에서 단순한 간첩망은 아니었다. 더욱이 要職의 추천이나 매수, 심지어 암살도 당시 사회에서는 구체적인 은혜를 베푸는 德의 일환이었던 만큼, 이 역시 그렇게 비공개적인 것만도 아니었다.

당시 秦의 외교가 특히 詐術과 '行暴'으로 비난된 것은 바로 이와 같은 遊說 外交의 특성을 가장 잘 활용하였음을 의미한다. 始皇의 통일에 이르기까지 秦은 군사적, 외교적 실패도 경험하였다. 특히 B.C 318년 모든 가상적이 일시에 단결하여 공격해 온 위기도 있었고 B.C. 288년에는 秦도 참가한 伐趙 연합군이 출정 직전 돌연 秦을 빼놓고 趙를 포함한 5국 伐秦 연합으로 돌변한 쓰라린 배신도 맛 보았다. 더욱이 秦의 강성이 뚜렷해 秦 이후 秦에 대한 華夷論的 편견과 秦兵의 용맹 잔혹성 및 內政의 가혹성에 대한 공포가 혼효된 6국의 反秦 감정이 확산되면서[394] 이른바 反秦 합종론이 끊임없이 秦의 선택을 제약하기도 하였으며, 楚 懷王을 회유하여 秦·楚 연합을 구성, 三晉을 침공하려는 계획이 趙의 사전 저지 책략으로 楚王의 납치 억류가 된 예처럼 한수 앞선 상대에게 좌절을 맛보기도 하였다.

그러나 초기 魏의 강성에 맞서 防魏·弱魏 정책에서 시작, 변화하는 국제 정세에 대응하여 親魏·弱楚 정책, 弱齊 정책, 攻趙·六國 '平均的 弱體化' 정책으로 전환하며 착실히 실익을 확대한 과정은 모범적인 선택이었다는 평가를 내려도 좋을 것 같다. 물론 弱齊 정책은 본래의 의도와는 달리 齊의 강성을 돕는 결과가 될 뻔하기도 하였으나 齊의 伐宋에 대한 열국의 反齊 동맹에 의해서 결실을 맺었다는 점에서 행운이 작용한 것도 사실이며, 강한 군사력의 뒷바침이 없었다면, 그리고 6국의 '어리석은' 선택이 없었다면, 秦의 외교적 선택이 그토록 순항할 수 없었을지도 모른다. 그러나 본고 I장의

---

394) 졸고, 〈秦帝國의 舊六國統治와 그 限界〉(《閔錫泓博士華甲紀念史學論叢》, 1985), pp.774-780 참조.

소묘와 II장의 분석은 秦의 군사적 승리가 치밀한 외교적 선택과 정교한 유세 외교에 의해서 그토록 순항하였다는 결론을 가능케하는 것 같다.

특히 强齊의 소멸 이후 사실상 독존적 우위가 확립된 이후 구사한 '6국 평균적 약체화' 정책은 그 和戰의 적절한 轉變, 마지막 병합 순서의 절묘한 선택도 돋보이지만, 遠交近攻策을 통하여 齊의 고립주의를 유도하고 끝내 齊를 사실상 무혈 병합한 과정은 실로 秦 외교의 가장 성공적인 백미였다고 해도 과언은 아닐 것이다. 수단 방법을 가리지 않는 친진파의 扶植과 對秦 무저항 논리의 설득, 이 역활을 담당한 친진파 유세객의 광범위한 활용, 서두르지 않는 우회, 실로 외교의 성공적인 요소를 모두 갖춘 대 작전이었다. 필자는 그동안 줄곧 秦의 齊民支配體制의 확립과 그 성격을 공부하면서 秦 정책입안자들의 냉혹하고 치밀한 객관성과 계산성을 자주 실감하였지만, 외교 정책 역시 동일한 인상을 받지 않을 수 없다. 그러나 그들은 무엇보다도 당시 외교가 도덕과 체면의 문제가 아니라 냉혹한 생사의 문제라는 것, 따라서 필요한 것은 '忠信'이 아니라 '進取'이며 '명예로운 패배'란 있을 수 없다는 지극히 평범한 '상식'을 그대로 인정하고, 객관적인 형세에 반하는 어떤 명분과 행동도 인정하지 않은 것 뿐이었다. 그리하여 그들은 내정에서 가장 중요한 수단이 상벌인 것과 마찬가지로 외교에서 '당근'과 '채찍'이 불가결하다는 것을 알았지만, 그것을 사용할 대상과 시기의 선택 및 그 양을 정확히 계산하는 것이 더 중요하다는 것도, '채찍'과 '당근'으로도 통하지 않는 상대를 냉혹하게 배제하는 방법도 잊지 않았으며, '당근'을 먹는 자에게 명분과 논리가 필요하다는 것도 명확히 인식하였다. 단순히 매수된 자는 배반이 무상한 간첩에 불과하지만, 自國의 이익을 위한 親秦이란 명분과 함께 매수된 자는 공개적으로 親秦 정책을 추진할 수도 있었기 때문이다. 이 명분과 논리의 설득자가 遊說客이었다는 것은 새삼 지적할 필요가 없지만, 秦의 정책 입안과 결정자들에게 판단의 근거, 즉 현지의 각종 정보를 제공한 것도 바로 이들이었다.

이들 遊說의 우회적 논법도 쉽게 《老子》적 처세술을 상기시키는 대목도 많지만, 특히 秦을 비롯한 각국이 강한 상대를 곤경에 빠트리는 방법으로 즐겨 사용한 '천자 놀음'의 助長이 《老子》 36장의 다음과 같은 귀절의 모범적인 실천이었다는 것은 《老子》와 縱橫家의 관계를 탐색하지 않을 수 없는 과제를 제기한다. 즉 "숨을 들여 마시려면 반드시 (먼저) 내뱉어야 하며, (상대를) 약하게 하려면 반드시 (먼저) 강하게 해 주고, 폐하려면 반드시 (먼저) 일으켜야 하며, 빼앗으려면 반드시 (먼저) 주어야 한다." 그러나 이 명귀의 외교적 실천은 냉혹하고 치밀한 객관성과 계산성, 그리고 기회가 왔을 때 反攻할 수 있는 실력을 구비한 자가 아니면 사실상 비굴한 臣屬의 자기 변명에 불과할 수도 있다는 것을 秦의 외교는 일깨워 주는 것 같다.

<中文摘要>

戰國時代秦的外交政策

　　戰國時代的外交目標不是維持現狀和恒久的和平，而是以‘一統’爲目標的相互無限制競爭的多數國家間的交涉．外交的中心課題是在流動的勢力均衡的變化中怎樣選好對象與時期，確保最適當的利益．因此，一般的形式上的爲友好發展的交流很少，偶而記在大事紀年中．被後世以‘詐僞’與權謀術數所批評的不擇手段方法的當時的外交形態也就是在當時的外交處在冷酷的生死之十字路口的情況下所産生的必然結果．如此看來，以圖謀親善爲形式的婚姻關係和人質交換也不能抑制戰爭或制止不了背叛，也許是必然的了．

　　現在，雖還流傳着秦向神詛呪楚之背叛盟約的〈詛楚文〉，但當時或許秦也比誰更清楚那種對策是無濟于事的．當時的外交不是單純的‘騙術’或是背叛，而是需要同時計算了至少六國以上益損的沉重的判斷．而且是一個朝自己有利的方向個別的說服對方的過程．又是一場需要考慮到對方也可能會有相同計算可能性的戰略的戰爭．搜集各國詳細的情報·靈活對應變化的能力·說服對方的辯術·構築廣範的國際協作网等是成功不可或缺的要素．被稱爲縱橫家的遊說客就是具備這種能力的專家．

　　當時的君主獨攬外交大權，君主間的最高會談是能够直接行使這種大權的最好形式．因此在戰國時代各國王間的‘會’或‘遇’還算頻繁．象秦國孝公曾兩次會見魏惠王以至秦始皇時齊王建的入朝會見跟外國國王的相會共有27回，尤其是昭王在位56年間會見外國國王共有16回，可以看出對最高會談的積極的關心．君主的相會是最直接最確實的親善的表現，而且能够簽定相互支援協定．但當時實際上入朝相會劫留表示着臣屬，就象趙惠文王會見秦昭王的澠池會，當時連趙王的安全歸返也都沒有保障，而且相會是在秦王凌辱趙王還要强迫割讓領土的氣氛中進行的，還有參加相會的楚懷王最終被秦劫留的事實充分反映了强國控制下的相會的實況. 因此，我們可以理解弱國君主們何以逃避相會了. 實際上澠池會也是由君主發動的遊說客之間的較量. 當時的外交爲代表各國的往來于各國的遊說客左右是當然的了.

遊說客的大部分是君主正式派遣的'使'. 但外交本身屬君主的'私'的範疇. 被派遣爲'使'的人大概也是屬于君主'私'里的具有'爵'的，或心腹秘書或賓客等，也還有不少以'私行'的形式遊說. 尤其'遊說'不是正式的'邦交'，所以'使'的活動也是非正式的，它不得不依賴'私'的關係網，因此，正需要貫通國內外情報而充分發揮個人的協作網的辯士. 但這些人不能安居于一國里，他們只是說服多數的對方引導出適當的結論，他們是以避免戰爭爲己任的媒婆. 當然他們重視自己的報酬，所以也有不少說客很可能是與奸諜無異.

因爲當時作爲外交的主要形式的遊說顯出了非正式的'私'的性格，所以自然地跟各國的政爭結合起來. 各國爲了擴大協作網，有時還收買和威脅甚至還暗殺別國的大臣. 一方面還把自己信任的人物，利用傳統的推薦相的慣例送到他國擔當要職或積極推薦去任總管國政的相（相邦，相國，丞相）的工作. 這些還可以看成是一種設置固定奸諜網的政策. 但當時遊說客和大臣闡明了其外交路線，而說服對方這是根據客觀情況的不可避免的選擇. 而且當時社會里要職的相互推薦，贈賄，甚至刺殺恩人的政敵也看成是有賢德的標徵.

當時秦的外交被指責的詐術和行暴，就是意味着秦最靈活地利用了如此的遊說外交的特性. 到始皇的統一，秦也經歷了軍事，外交的失敗. 公元前318年秦面着他國聯合軍同時攻擊的危機，還有公元前288年包括秦在內的伐趙聯合軍出征之前突然抛開秦，反而包括趙國的五國聯合軍變成了伐秦的隊伍，秦嘗到了背叛之苦. 在秦突出强盛以後，由於對秦的華夷論的偏見，秦兵的勇猛·殘酷，秦內政的嚴酷等，都使其他六國感到恐懼, 因而反秦感情越來越重. 以至反秦合從論也制約了秦的選擇.

　但我們還可以肯定秦對應初期魏的强盛以防魏·弱魏政策開始, 對應着變化的國際情況, 向親魏·弱楚政策, 弱齊政策, 攻趙·六國'平均的弱體化'政策轉換, 擴大了其實際利益. 我們可以把秦國之政策作爲是一個模範的選擇. 當然, 進行當中弱齊政策差一點導致强齊的結果, 但幸亏在不願齊之伐宋的反齊同盟一致努力下得到了原來的目標. 其實當時要是秦國沒有强大的軍事力量作爲後盾, 要是沒有六國的'荒唐的'選擇, 秦的外交選擇就不會那麼一帆風順. 但本稿Ⅰ章的敍述和Ⅱ章的分析却讓我們覺得秦軍事勝利的輕而易擧是因爲周密的外交選擇及精緻的遊說外交.

　尤其是因强齊滅亡而秦確立獨占優勢之後, 秦國構想的'六國平均弱體化'政策適當的轉變了和戰的形勢, 以至造成順次合併的有利環境. 秦進行的遠交近攻政策孤立了齊, 而最後還把它通過不流血方式合幷. 這可以說是秦外交中最成功的一例, 這眞是具備了成功外交的重要因素 ; 不擇手段的對親秦派的扶植, 對秦無抵抗論理的說服, 擔當此任務的親秦派遊說客的廣泛運用等是具備一切外交成功要素的一個大戰. 筆者一直探究秦的齊民支配體制的結構及其性格, 深深感到了秦執政者的冷酷周密的計劃精神. 在外交政策方面也得到了同樣的印象. 但當時他們認爲外交不是道德與面子的問題, 而是冷酷的生死問題, 所以他們認定需要的是'進取'而不是'忠信', 而且'光榮的失敗'是不可有的極其平凡的'常識', 否定逆客觀形勢的任何名分或行動. 他們知道跟內政中最重要的手段就是賞罰一樣, 外交中的'胡蘿卜'和'鞭子'是不可或缺的要素, 更重要的是選擇其對象與其使用時期及計算其適合的數量. 他們也沒有忘記把以'鞭子'和'胡蘿卜'都打不動的對象要無情地排除, 還明確地認識到對吃'胡蘿卜'的人要給予恰當名分和論理. 單純收買的大半是無用的奸諜, 但爲自國利益跟親秦的名分一起收買的人還可以公開地推進親秦政策. 在這里沒必要再三指出這名分和論理的說服者是遊說客, 但給秦的政策立案者和決策者提供判斷的根據, 以及提供現地的各種情報的也是他們.

　他們遊說的論法很多象《老子》的處世術．尤其是包括秦在內的各國把強敵置于困境時競相使用的‘天子玩法’是《老子》第36章中的文章的模範實踐．這里我們可以提出一個探索《老子》和縱橫家之間關係的課題．其文章就是“將欲歙之，必固張之，將欲弱之，必固强之，將欲廢之，必固興之，將欲奪之，必固與之”．

戰國時代의 養生術과 德・聖人觀[*]

李　成　九^{**}

머리말

　　근자의 중국고대사연구에서 두드러지게 부각되는 경향 가운데 하나로서는 이른바 疑古主義에 대한 반동을 우선 꼽을 수 있다. 이는 1920年代 顧頡剛을 필두로 하는 古史辨派가 전국시대를 분기점으로 그 이전의 夏商周 三代를 신화와 전설의 세계로 내몰았던 이래 타성적 답습을 거듭해온 고대문화 인식에 대한 반기이자 부정이라고 할 수 있다. 예컨대 陰陽五行思想의 경우 그것은 今文學의 전통을 계승한 梁啓超와 그를 이은 顧頡剛의 주장에 따라 戰國末 이후의 思想으로 인정되어 왔지만 근자에는 타당성 여부야 어

＊ 이 논문은 1995학년도 울산대학교 학술조성연구비에 의하여 연구되었음.
＊＊ 울산대 사학과 교수

110

찌되었든 그 연원을 商代까지 소급하는 경향이 새롭게 대두되는 실정[1]이고 이와 同軌로서 陰陽五行說이란 日者들이 遠古 이래의 原始思惟를 담은 자료를 토대로 정리, 체계화한 것이라는 설득력 있는 주장[2]도 제기되었다. 이런 과감한 연구시각의 바탕을 이루는 것은 중국고대문명을 구성하는 다양한 요소들이 종래의 암묵적으로 견지되어 온 인식과는 판이하게 놀랄 만큼 유구한 연원과 전통을 갖는다는 학문적 확신이다. 張光直 같은 이는 심지어 초기 중국문명과 마야문명 간에 상당한 문화적 공통점이 확인되는 이유가 舊石器 晩期인 2-3만년전 인디언의 선조들이 베링해협을 거쳐 아메리카로 이동하면서 아시아의 문화요소들을 가져갔기 때문이라는 파격적 주장[3]까지도 서슴지 않는다.

　이처럼 중국고대문화의 연원을 上古로 소급할 수 있었던 것은 물론 근래의 엄청난 고고발굴의 덕분이다. 이를 토대로 한 연구의 결과 신석기시대의 衣食住의 기본형태와 성격, 祭儀·占卜과 관련된 상징체계, 그리고 父系 혈연조직에 기초한 사회정치구조 등이 초기문명의 기본 성격을 규정했다는 사실이 밝혀졌고[4] 그에 따라 中國文明의 형성을 商代 이전까지로 끌어올릴 수 있는 가능성도 높아졌다. 예컨대 "中國은 6천여년의 文明史를 갖고 있다"라는 唐蘭의 자부심 가득찬 주장[5]이 개진될 수 있는 토대가 마련된 것이다. 중국고대문화를 이처럼 '단절'이 아닌 '연속'의 시각에서 이해하려는 움직임은 종래 변혁기적 성격이 강조되어 온 戰國時代의 연구에도 예외없이 적용된다. 지하출토자료는 전국시대에 여전히 주술적인 세계관과 사유구조가 뿌리깊이 尙存해 있었으며 諸子思想을 비롯하여 당시 편찬된 문헌들이

---

1) 金谷治, 〈五行說の起源〉, 《東方學》 第78輯, 1989 참조.
2) 李零, 〈"式"與中國古代的宇宙模式〉, 《中國文化》 第四期, 1991, p.26.
3) 張光直, 《考古學專題六講》, 臺北 稻鄕出版社, 1988, 第一講 〈中國古代史在世界史上的重要性〉.
4) 李成珪, 〈中國文明의 起源과 形成〉, 서울大東洋史學硏究室 編, 《講座中國史》 I, 서울 지식산업사, 1989; 同, 〈중국문명과 帝國의 形成〉, 新東亞 1993년 1월호 별책부록 《中國百科》, pp.53-54.
5) 《考古》編輯部, 〈大汶口文化的社會性質及有關問題的討論綜述〉, 《考古》 1979-1. p.33.

이전 시대와의 뚜렷한 연속성을 갖는다는 사실을 검증해주었기 때문이다.[6]
本稿 역시 이런 경향에 발맞추어 戰國 당대인들의 사유구조를 지배했던 관
념의 주술성과 전통성을 德과 聖이라는 두 어휘를 소재로 하여 밝혀보고자
한다.

德과 聖人이라는 어휘는 흔히 儒家的 仁義와 이를 체득한 孔子類의 君子
또는 上古의 聖王과 동등한 개념으로 인식되고 있다. 그러나 우리는 중국의
많은 철학적 어휘가 본래부터 관념적 용어였던 것만은 아니라는 점을 유의
할 필요가 있다. 결론부터 말하자면 德이란 天神이 베푸는 원초적 생명력을
本義로 하며 聖 또는 聖人도 그런 주술적 생명력을 갖춘 존재를 지칭하는
어휘였다. 물론 德이 주술적인 생명력이나 그 원천을 의미했다는 것은 이미
적지않은 연구성과에 의해 밝혀진 바 있다. 그러나 그 德의 원초적 의미가
구체적으로 무엇이었으며 戰國에 이르러 그것이 인간에 내재된 생명력으로
轉移된 배경이 무엇이었는가 등에 대해서는 이렇다할 해명이 없었고 또한
德과 聖·聖人의 본래적 상관성도 종래 간과되어 왔던 게 사실이다. 따라서
德과 聖에 담긴 본래적 의미와 그 시대적 추이를 분석하여 고대인들의 생명
력에 대한 관념의 변이과정을 해명하는 일은 의미있는 작업으로 여겨진다.

낮은 생산력 하에서 고단한 삶을 견뎌야 했던 고대인들로서는 생명에의
집착 또한 그만큼 강했으리라 생각해 볼 수 있다. 중국고대에 再生을 주제
로 한 설화와 도상자료가 적지않게 확인된다는 사실은 그를 직간접적으로
입증한다고 하겠다. 특히 미증유의 전란과 변혁을 감내해야 했던 戰國 당시
인들에게 생명의 유지와 연장은 최대의 관심사였음에 틀림없다. 戰國時代
다양한 양생술의 성행은 그를 웅변한다. 따라서 養生術과 주술적 德·聖人
觀의 구체적 상관성을 해명하는 일도 本稿의 중요부분을 구성하게 될 것이
다. 그리하여 本稿는 우선 德과 聖(人)의 원초적 의미와 전국 이전까지의 그
의 추이를 살펴보고자 한다. 이어서 戰國時代 모든 계층에 걸친 생명력에의

---

6) 李零,〈"式"與中國古代的宇宙模式〉, p.26; 李學勤,〈重新估價中國古代文明〉·〈對古書
的反思〉, 同著,《李學勤集》, 哈爾濱 黑龍江教育出版社, 1989.

112

강한 희구가 어떻게 德·聖人의 관념에 영향을 미쳤으며 그것은 또한 어떠
한 관념적 分化를 가져왔는가를 해명하며, 마지막으로는 안정적 삶을 보장
할 통일천하에의 희구 속에서 배태된 聖人帝王論의 성격을 검토해 보고자
한다.

I. 德과 聖의 원초적 의미

甲骨文에 보이는 德의 初形은 目 위에 — 또는 二의 斜線이 붙어있는 모
습으로서 현재의 直字이다. 물론 彳과 直에 從하는 字形도 이미 卜辭에 보
이지만 이는 直에서 파생된 字일 것이다. 따라서 德이란 본래 '눈으로 보는'
행위와 관련된 모종의 의미를 지칭하는 字였음을 일단 확인할 수 있겠다.
그런데 그 初文인 直이 目 위에 呪飾을 단 모습을 상형한 字라는 해석에 입
각하여 이 글자를 눈의 呪力에 호소하는 행위라고 보는 견해[7]를 고려하면
德의 初文은 모종의 종교적·주술적 행위를 내포하는 字였다고도 추정된다.
특히 直과 字形上 매우 흡사하여 同一系列의 글자로 이해되는 省이 甲骨文
이나 西周金文에서 확인되듯이 王의 巡行視察에 의한 領土의 질서확립이라
는 종교적 의미를 지니는 행위였다[8]는 사실은 德(즉 直)이 神性을 一身에
체현한 呪術王으로서의 商王과 불가분의 관련성을 갖는 주술적 행위에 대
한 지칭이었으리라는 추측도 가능케 한다. 이는 卜辭의 德이 王과 祖先神
사이의 交感행위로 해석되는 점[9]으로도 입증된다.

---

7) 白川靜, 《漢字の世界》1, 東京 平凡社, 1976, pp.188-189.

8) 小南一郎, 〈天命と德〉, 《東方學報》第64冊, 1992, p.50.

9) Donald J. Munro, "The Origin of the Concept of Te", *The Concept of Man in Early
   China*, Stanford Univ. Press, 1969, pp.188-190. Munro에 의하면 商代에서의 德은 "보
   다"라는 의미 이외에 天上界에 있는 祖先神에게 자문을 구하는 것과 祭物을 바치는
   것이 결합된 특별한 종교적 행위를 가리킨다고 하는데 이는 아무래도 望祭에서 유추
   한 해석인 듯하고, 설사 卜辭의 德의 用例에 祖先神을 올려다보는 종교적 행위를 의
   미하는 경우가 있다고 해도 그것이 과연 德의 본래적 또는 보편적 의미인지는 의심
   스럽다.

 以上의 간단한 字義 분석으로 적어도 商代 단계에서의 德이 눈과 관련된 주술적 행위를 의미했음은 일단 수긍되지만 德 본래의 보다 구체적 의미는 여전히 모호한 상태이다. 이같은 난관을 타개하기 위해 우선 고려해야 할 점은 첫째, 눈(특히 동물의)의 두드러진 특징이 發光이며, 西周金文이나 《尙書》에 頻出하는 '明德'('밝은 德' 또는 '德을 밝힌다'라는 의미)이라는 어휘는 德과 明의 밀접한 상관성을 시사한다는 사실이다. 즉, 눈의 핵심적 속성은 '明'이나 '光'에 있다는 것이다. 둘째, 神意를 체현한 巫祝王으로서의 권위에 호소하는 商王이 '본다'(直)는 행위가 기실 祖先神이 보는 것으로도 해석가능하다면, 德의 주체는 祖先神을 비롯한 天上界의 神이라고 볼 수 있다. 따라서 卜辭에 보이는 德의 初文인 直은 본래 神의 '밝은 눈' 또는 '빛나는 눈'을 象形한 글자라는 해석도 충분히 가능하다.

 光明의 눈을 가진 神格으로서 숭배된 것은 물론 日月神이었다. 가령 盤古가 죽은 뒤 그의 左右의 눈이 각기 日月이 되었다는 것은 日月이 目으로 인식된 好例이다. 근래 新石器時代 遺址에서 발견된 陶器나 玉器에서 日 또는 日月을 상징하는 圖象符號나 紋飾이 적지않게 확인되고 있음은 주지의 사실이며 이와 관련된 연구성과도 많이 눈에 띤다. 그 가운데서도 특히 주목되는 것은 揚子江 下流域의 신석기 유물에 보이는 '밝은 눈'의 神面에 대해 그 연원과 변천을 분석한 林巳奈夫의 뛰어난 勞作[10]이다. 그 내용 중 本稿와 관련되는 부분만을 간략하게 정리하면 다음과 같다.

 (1) 河姆渡文化의 圖象에서 雙鳥가 짊어지고 있는 日月은 良渚文化 단계에서는 태양의 눈(즉, 日이 발산하는 氣를 나타내는 暈이 있는 눈)과 달의 눈(즉, 흰자위가 있는 눈)을 가진 神面으로 발전되고(그림 1) 이는 龍山文化를 거쳐 商代의 饕餮로 이어진다.

 (2) 良渚文化의 最高神은 暈이 있는 눈, 즉 빛나는 태양의 눈을 가진 神으로서 그것은 양자강 하류의 稻作에 결실을 가져다주는 여름의 陽光과 熱氣의 神이다.

---

10) 林巳奈夫, 〈中國古代の遺物に表はされた氣の圖像的表現〉, 《東方學報》 第61冊, 1989.

114

(3) 良渚文化에서 이 最高神의 모습을 담은 玉琮과 玉鉞은 각기 제사에 임하여 그 신이 강림하여 머무는 〈主〉이며, 거기 강림한 神의 권위를 빌어

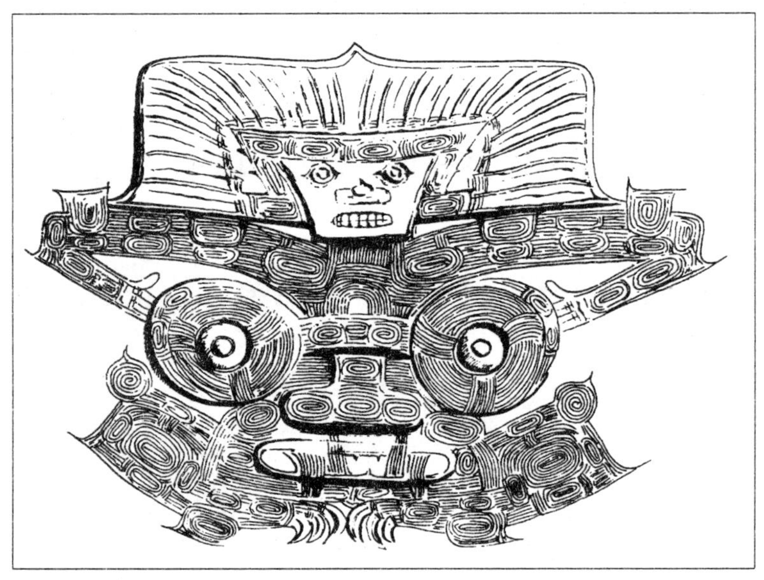

그림 1

지배자가 軍事와 刑罰을 관장하는 수단이다. 또한 璧은 日이나 月의 상징이며 璧의 둥근 구멍은 日月의 光源이다.

(4) 良渚文化에서 龍山文化를 거쳐 商代에 이르기까지 神像의 머리 위나 눈 주위에 붙어있는 羽冠을 방불하는 깃털장식 모양은 태양의 火氣(=陽氣)와 달의 水氣(=陰氣)의 圖象的 표현이며 이는 전국시대의 神像에서도 확인된다.

물론 이같은 대담한 결론을 도출하기까지의 구체적 논증과정이 얼마나 타당한지에 대해서는 異見이 있을 수 있고, 또한 중국의 학계에서 神人獸面紋으로 거의 공식화되어있는 良渚文化의 紋飾을 과연 日月의 눈을 가진 二神으로 확정할 수 있는지도 다소 의문이다.[11] 그러나 神像의 시대적 추이에

보이는 연속성은 확실히 수긍되는 바이며, 특히 태양의 光明과 熱氣를 표현
한다는 暈과 羽飾은 萬物을 化育하는 태양의 속성을 고려할 때 적절한 해석
으로 판단되며, 그 모습은 甲骨文에 보이는 德의 初形인 直字를 연상하기에
충분한 듯하다.[12] 게다가 지배자가 玉器에 강림한 神의 힘을 빌어 자신의 주
술적 권위를 확보했다는 것은 商王의 '直' 행위의 원천이 天神에 있었음을
시사하기도 한다. 요컨대 文字學的 접근으로는 德의 원초적 의미를 확실히
구명할 수 없었지만, 신석기시대 이래의 고대인의 태양에 대한 관념을 통해
우리는 그것이 日神이 地上界에 베푸는 光明과 溫暖 및 그에 의한 생명력의
分施로 이해할 수 있는 가능성을 확보할 수 있게 되었다.

　　이처럼 太陽을 天神의 눈으로 인식한 관념은 전세계의 古代民族에 보편
적으로 확인되며,[13] 中國의 경우에도 가령 商代의 卜辭에서 '明'字가 때로
從日이 아닌 從目으로 되어있듯이 目을 日로 여긴 점[14]이나 또는 《太平御覽》에
인용된 《壬子》의 "日月爲天下眼目, 人不知德"[15]에서 볼 때 역시 日＝天目 관
념의 實在가 확인된다. 《淮南子》에서 人間의 耳目을 日月에 비견하는 例[16]
도 같은 관념의 소산일 터인데, 단지 이 경우는 日(月)이 天目일 뿐 아니라

---

11) 가령 玉琮을 巫師의 通天工具로 해석하고 玉琮에 보이는 動物圖像은 巫師의 天地
　　溝通을 돕는 존재로 이해하는 張光直의 견해에 따르면, 이 "神人과 獸面複合體"는 그
　　런 巫師와 動物 助力者를 표현한 것이라 한다(同,〈中國古代史在世界史上的重要性〉,
　　pp.9-10; 同,〈濮陽三蹻與中國古代美術上的人獸母題〉,《文物》 1988-11, pp.38-39).
12) 林巳奈夫의 이같은 주장은 '皇'字의 本義와 起源에 대한 상반된 입장을 해결하는데
　　도 결정적인 기여를 할 수 있을 것이다. 卽, '皇'字의 윗 부분에 대해서는 빛나는 태
　　양을 상형한다는 說과 冠冕의 象形이라는 說이 있었고, 중국의 학자들은 良渚文化의
　　이른바 神人獸面紋의 羽冠을 근거로 하여 그것이 羽冠임을 결론짓고 있지만(杜金鵬,
　　〈說皇〉,《文物》 1994-7), 林巳奈夫의 견해에 의거하면 그것은 본래 太陽의 光明과 熱
　　氣를 상형한 모습이자 또한 그런 太陽의 神性의 體現者임을 자임하려는 지배자의 羽
　　冠 장식이라는 통일된 이해가 가능하기 때문이다.
13) 御手洗勝,《古代中國の神神》, 東京 創文社, 1984, 本論·第二部·第八章〈帝舜の傳說〉,
　　p.595의 註(4) 참조.
14) 饒宗頤,〈大汶口 "明神" 記號與後人禮制 — 論遠古之日月崇拜 —〉,《中國文化》 第2期,
　　1990, p.82.
15) 《太平御覽》 卷3.
16) 《淮南子》,〈精神訓〉, "是故耳目者日月也, 血氣者風雨也. 日中有踆鳥, 而月中有蟾蜍.
　　日月失其行, 薄蝕無光···耳目清, 聽視達, 謂之明."

116

天耳이기도 했음을 시사한다. 또한 본래 太陽神 祝融·重黎와 同一神인 離
婁(離朱)[17]가 《莊子》[18]나 《孟子》[19]에서 밝은 눈을 가진 인물로 등장한 例나
太陽神으로서 숭배되었던 舜이 '重瞳子'를 가진 明目의 聖人[20]으로 전화된
것도 같은 관념의 所産임에 틀림없다.

이처럼 上古의 관념에서는 地上界의 萬物을 生育하는 생명력의 원천은
太陽神이나 또는 태양의 밝은 눈을 가진 天界의 上帝였고, 따라서 太陽 또
는 太陽의 눈이 베푸는 빛과 열기야말로 생명력으로서의 德의 원초적 의미
라고 조심스럽게 말할 수도 있겠는데,《山海經》에 보이는 燭龍의 다음과 같
은 모습은 天目으로서의 太陽과 德의 밀접한 상관성을 보다 뚜렷이 확인해
주는 것 같다. 즉,

> 신이 있어 사람의 얼굴에 뱀의 몸으로 붉은데 세로눈이 곧바로 합쳐져있다.
> 그가 눈을 감으면 어두워지고 눈을 뜨면 밝아진다. 먹지도 잠자지도 숨도 쉬지
> 않으며 비바람을 불러올 수 있다. 이것은 대지의 밑바닥을 비추며 이름을 燭龍
> 이라 한다(有神, 人面蛇身而赤, 直目正乘, 其瞑乃晦, 其視乃明, 不食不寢不息,
> 風雨是謁. 是燭九陰, 是謂燭龍.[21]

우선 燭龍의 蛇身은 고대중국에 있어서 뱀이 不死의 生命力을 상징한다[22]
고 볼 때 그의 무한한 生命力을 표상하는 요소로 판단된다. 특히 '不食不寢
不息'은 地上의 모든 생명체가 寢食을 통해 생명을 유지하는 것에 대비하여
燭龍은 휴식하거나 他者에 의존하지 않고도 끊임없는 생명력을 유지하고
또 그것을 아낌없이 베푸는 자립적 존재이자 生命力의 원천임을 드러내는
귀절이며, 이는 《老子》에서 萬物의 創造主인 道가 虛無 또는 無爲로 설명되

---

17) 楊寬,〈楊序〉,《古史辨》第七册 上篇, 上海古籍出版社 影印本, p.11.
18)《莊子》,〈天地〉, "黄帝游乎赤水之北, 登乎崑崙之丘, 而南望還歸, 遺其玄珠. 使知索之
   而不得, 使離朱索之而不得···."
19)《孟子》,〈離婁〉上, "離婁之明, 公輸子之巧, 不以規矩, 不能成方員. 師曠之聰, 不以六
   律, 不能正五音"
20)《太平御覽》卷81, "尸子曰, 昔者舜兩眸子, 是謂重明."
21) 이 번역은 鄭在書 譯註,《山海經》, 서울 民音社, 1993, p.326을 따랐다.
22) 拙稿,〈戰國時代의 戰爭呪術과 그 觀念構造〉, 서울大學校 東洋史學硏究室 編,《古代
   中國의 理解》1, 서울 知識産業社, 1994, pp.177-179 참조.

는 것이나 德이 만물을 化育하는 것과도 흡사하다. 또한 그것은 《莊子》의 神人이 '不食五穀, 吸風飮露'[23]하는 것과도 흡사하며, 특히 上記 인용 가운데 '風雨是謁'을 袁珂의 주장처럼 '風雨로 밥을 삼는 것'[24]으로 해석하면 神人의 행위와 거의 완전히 합치되며 따라서 《莊子》의 聖人이나 神人의 본래적 모습이 바로 燭龍과 같은 신격이었다고도 추정된다. 이처럼 燭龍은 생명력의 원천으로서의 上帝와 동일한 존재로 보기에 전혀 손색이 없는데, 그러나 燭龍의 본질적 성격은 '燭'字를 冠한 그 호칭에서 보거나 또는 《楚辭》에서 "태양의 빛이 도달하지 않는 곳은 어디에 있을까? 燭龍은 무엇을 비추고 있는가?"[25]라는 서술에서 보더라도 天地萬物을 밝게 비추는 데 있었다. 그리고 이런 燭龍의 성격과 직결되는 신체의 기관으로서 주목되는 부분은 바로 燭龍의 '直目'이다. 郭璞은 이에 대해 '目從也', 즉 '세로로 된 눈'이라는 注釋을 달았는데, 가령 《楚辭》의 '魂乎無西…豕首縱目, 被髮鬤只, 長爪踞牙, 誒笑狂只'[26]와 같은 用例에서 보이듯이 縱目은 두려운 異形神의 몰골을 특징짓는 요소[27]로서 사용된다는 사실을 감안할 때, 그것은 九陰에까지 속속들이 光明을 베푸는 생명력의 원천으로서의 燭龍의 면모에 필수적으로 수반되어야 할 明目과는 전혀 걸맞지 않는다. 요컨대 直目은 明目과 모종의 밀접한 관련을 갖는 표현임에 거의 틀림없다. 여기서 우리는 다시 德의 初文이 直이었다는 사실을 상기할 필요가 있으며, 또한 《尙書》에서도 여전히 直이 悳(=德)과 通用되었다[28]는 점에 주목해야 한다. 그렇다면 上古의 관념의 寶庫이자 원초적 생명력을 추구하는 巫祝의 '텍스트'라 일컬어지는 《山海經》

---

23) 《莊子》, 〈逍遙遊〉.

24) 袁珂, 《山海經校注》, 上海古籍出版社, 1983, p.438. 袁珂는 畢沅의 "謁, 噎字假音"의 주석에 따라 이런 해석을 내리고 있다. 風雨가 地上界의 物이 아닌 天界의 氣라면 燭龍이 風雨를 먹는 것은 그의 '不食'과 반드시 배치된다고는 볼 수 없을 것이다.

25) 《楚辭》, 〈天問〉, "日安不到? 燭龍何照?"

26) 《楚辭》, 〈大招〉.

27) 林巳奈夫, 〈長沙出土楚帛書の十二神の由來〉, 《東方學報》 第42冊, 1971, p.30. p.31에 林巳奈夫가 復原한 楚帛書의 神의 縱目을 참조할 것.

28) Munro, "The Origin of the Concept of Te", p.190. 이 내용의 전거는 Karlgren의 "Glosses on the Book of Documents"(BMFEA 22, 1950)인데 이는 未見.

에 비교적 古形의 德字인 直이 사용되었을 가능성도 배제할 수 없고, 이런 정황에 입각하여 直目에서의 直이 德이라 한다면 直目은 '생명력을 베푸는 밝은 눈'임을 단언할 수 있고, 이는 燭龍이 그 눈을 감으면 어두워지고 눈을 뜨면 밝아진다는 서술과도 안성맞춤으로 들어맞는다. 이같은 논증이 타당하다면 원초적 관념에서의 德이란 太陽神 또는 太陽의 明目을 지닌 天帝가 베푸는 생명력이었음을 좀더 강하게 단언할 수 있을 것이다.

물론 이 정도의 논증만으로는 德의 원초적 의미가 太陽神이나 上帝가 베푸는 생명력이라 단정할 수는 결코 없다. 따라서 이제 德과 天神의 밀접한 상관성을 보다 뚜렷이 입증하기 위해 우리는 先秦 및 秦漢의 문헌에서 生命力으로서의 德의 分施者로 설명되는 聖人의 원초적 면모가 太陽神 또는 태양의 눈을 가진 帝와 매우 흡사하다는 사실에 주목할 필요가 있다. 우선 聖의 字義 분석에서부터 실마리를 풀어보자.

甲骨文의 聖字는 특별히 큰 귀를 가진 사람이 입 옆에 서 있는 모습을 象形하며 이 때문에 神의 啓示나 또는 그 계시를 나타내는 音을 들을 수 있는 예민한 聽力의 소지자를 지칭하는 글자로 해석되고 있다.[29] 天子의 執政을 일컫는 '聽事'란 본래 神事를 듣는다는 의미이며,[30] '聖人南面而聽天下'[31]라는 상투적 문장도 기실은 聖人의 본래적 속성인 예민한 聽力에서 연원한 것이었다. 그러나 이와 같은 字形上의 의미와는 달리 고대중국인의 觀念上 聖은 '귀밝음(耳明)'뿐 아니라 '눈밝음'(明目)까지도 아울러함의하는 어휘였다.

우선 《尚書》〈洪範〉篇의 "睿作聖"에서 보듯이 聖을 지칭하는 '睿'가 '目'을 구성요소로 하며 孔安國傳에도 "睿者, 通乎微也"라는 것을 보면 聖이 미

---

29) James C.H. Hsu(許進雄), Ancient Chinese Society - An Epigrahpic and Archaeological Interpretation, 嶺南大中國文學硏究室 옮김, 《중국고대사회》, 서울 知識産業社, 1993, p.32, p.44;白川靜, 《漢字の世界》 1, pp.198-199. 한편 Julia Ching은 神의 소리를 듣고 그것을 입을 통해 전달하는 사람으로 해석하고 있다(同, "Who Were the Ancient Sages?", Julia Ching & R.W.L. Guisso ed., *Sages and Filial Sons:Mythology and Archaeology in Ancient China*, The Chinese Univ. Press of Hong Kong, 1991, p.16).

30) 白川靜, 《漢字の世界》 1, p.199.

31) 《禮記》, 〈大傳〉 및 《周易》 〈說卦傳〉.

세한 부분까지 꿰뚫어 보는 밝은 눈을 의미한다고 이해할 수 있다.[32] 또한《淮南子》에서 "老子曰, 見小曰明"[33]이라거나 또는 "물건에는 비슷하면서도 다른 것이 많은데 오직 聖人만이 그 微細한 (차이를) 안다"[34]라는 것도 그런 聖의 본질적 속성을 입증한다. 아울러 휘하의 무리로부터 盜賊에게도 道가 있는가라는 질문을 받은 盜跖이 "어찌 道뿐이겠느냐? 關內에 깊이 숨겨진 재물을 헤아리는 것은 聖이며 먼저 들어가는 것은 勇, 後에 나오는 것은 義 云云" 했다는《呂氏春秋》의 희화적 일화[35] 역시 聖의 본질적이고 핵심적인 속성이 은밀한 곳까지도 꿰뚫어 보는 明目에 있었음을 입증한다. 다음과 같은《尸子》의 내용도 聖의 그런 특성을 적절히 드러낸다. 즉,

> 聖人의 몸은 태양과 같다. 무릇 태양은 둘레가 一尺(에 불과하지만) 그 빛은 天地를 (가득) 채운다. 聖人의 몸은 작지만 그 비추는 바는 멀다.[36]

물론 上記의 인용에는 聖人이 구비하는 본질적 속성로서의 明目이 그다지 뚜렷이 부각되지 않는 느낌도 들지만, 가령 이 문장에 "離婁는 千里의 구석까지도 비춘다"[37]라는《漢書》의 귀절을 병렬, 대비해보면 聖人이 離婁와 같은 태양신의 明目을 지닌 존재로 인식되었음을 재삼 확인할 수 있고 따라서 聖人의 明目에 대한 관념의 연원도 太陽神에 있었음을 유추할 수 있다.《呂氏春秋》의 다음과 같은 내용은 그런 인상을 보다 짙게 자아낸다.

> 聖王의 德은…太陽의 광채와 같이 밝아 萬物을 變化(즉, 化育)하고 도달하

---

32) 《詩經》〈凱風〉의 '聖善'에 대해 毛傳과 鄭箋도 각기 '聖, 叡也', '叡作聖'라고 해석는 해석을 달고 있다.
33) 《淮南子》,〈道應訓〉:
34) 《淮南子》,〈繆稱訓〉, "物多類之而非, 唯聖人知其微."
35) 《呂氏春秋》,〈當務〉, "跖之徒問於跖曰, 盜有道乎? 跖曰, 奚啻其有道也? 夫妄意關內, 中藏, 聖也. 入先, 勇也. 出後, 義也. 知時, 智也. 分均, 仁也, 不通此五者, 而能成大盜者, 天下無有." 흡사한 내용은《莊子》의〈胠篋〉篇과《淮南子》의〈道應訓〉에도 보인다.
36) 《尸子》卷上,〈神明〉, "聖人之身猶日也. 夫日圓尺, 光盈天地. 聖人之身小, 其所燭遠."
37) 《漢書》卷87,〈揚雄傳〉, "離婁燭千里之隅."

120

지 않는 바가 없다.[38]

　이는 一見 聖王이 天下에 베푸는 세속적 恩德을 太陽에 비견하는 심상한 내용으로 치부될 수도 있지만, 또 한편으로 太陽光의 생명력이 四時에 걸쳐 萬物을 生長, 盛衰, 貯藏케 하는 원동력일진대 聖의 본질로서의 明目이 단순히 天下를 구석까지 밝게 비추는 기능뿐만 아니라 萬物을 化育하는 생명력까지도 아울러 내포한다는 것을 의미한다고도 이해할 수 있다.

　以上에 의거할 때 聖이란 聰耳와 함께 明目을 아울러 소지한 존재를 지칭하는 어휘였으며[39] 또한 그의 明目은 太陽神에서 연원했음을 확인할 수 있는데, 그렇다면 聖이란 본래 太陽神의 모방자로서의 巫祝王 정도의 단계를 지칭하는 어휘였을까? 원초적 관념에서의 聖이란 혹시 人性이 아닌 神性의 표현이 아니었을까? 물론 甲骨文의 字形에 대한 해석으로는 聖이 극히 유별난 인간의 특징으로 이해되지만, 과연 그것이 인간을 지칭한 것인지, 그리고 한 걸음 더 나아가 聖의 본래적 관념이 고스란히 文字化된 것인지는 의문이다. 이런 의문에서 출발하여 본래적 聖의 神性 가능성을 타진해볼 때 우선 《詩經》에 보이는 다음과 같은 두 편의 詩의 문장이 우선 주목된다.

　　① 아! 그대 군자여! 언제나 편안히 살려고만 하지 말지어다. 그대의 직위를
　　　 삼가 공손히 하고 이에 正直을 더하면 神이 그것을 들어(神之聽之) 福祿으
　　　 로 그대를 도울지니라.
　　　 아! 그대 군자여! 언제나 편안히 살려고만 하지 말지어다. 그대의 직위를 삼
　　　 가 공손히 하고 正直을 기꺼이 한다면 神이 그것을 들어 그대에게 景福을
　　　 크게 줄지니라.
　　② 저 새들을 보아도 벗을 찾는 소리를 내거늘, 하물며 사람이 친구를 찾지
　　　 않겠는가? 神이 들으면(神之聽之) 마침내 화평해지리라.[41]

　우선 上記 인용으로부터 유추하자면 이들 詩가 吟詠된 당시에는 '神之聽

---

38) 《呂氏春秋》,〈勿躬〉, "聖人之德…昭乎若日之光, 變化萬物而無所不行"
39) 《中庸》 31章에 보이는 "唯天下至聖爲能聰明, 睿知, 足以有臨也"도 이를 입증하는 것
　　 같다.
40) 《詩經》,〈小雅〉, '小明'詩.
41) 《詩經》,〈小雅〉, '伐木'詩.

之'가 하나의 관용 귀절이었음을 짐작할 수 있고 따라서 神과 聽의 親和性 내지 相關性을 일단 상정해 볼 수 있다. 또한 적어도 上記인용에 限하면 인간에게 福祿과 和平을 내리는 神이란 밝은 귀를 가진 존재로 인식되었음을 확인할 수 있다. 그렇다면 聽의 原義는 神의 명민한 聽力을 지칭하는 글자는 아니었을까? 물론 卜辭의 用例에 의하면 聽 역시 神意를 듣는다는 의미로 해석되지만,[42] 그러나 그보다 훨씬 후대의 기록인 《詩經》에서 오히려 보다 원초적 단계의 聽의 관념이 尙存했을 가능성도 적지 않다. 특히 上記한 ①의 경우 神이 듣는 대상이 소리가 아니라 君子의 행위 또는 자세라는 사실에 의거하자면 神의 聽이란 明目과 明耳로 감지하는 이른바 耳目에 의한 聽이라는 느낌을 지울 수 없다. 게다가 《淮南子》에서 上記한 ②의 뒷 귀절인 '神之聽之, 終和且平'을 인용하면서 '夫鬼神視之無形, 聽之無聲'이라 설명하고 있는 것[43]은 명민한 視聽이 鬼神의 본래적 속성임을 입증하는 동시에 鬼神의 聽이 視까지도 겸하는 행위일 가능성을 한층 높여 준다. 이것이 단순한 가능성의 영역에 그치지 않음은 '聽'字가 聖과 德 각각의 字形에서 핵심이 되는 大耳(즉, 明耳)와 明目이 결합된 글자라는 사실에서 확연히 드러난다. 따라서 聽字는 聖과 德이 본래부터 지녀왔던 밀접한 상관성을 강력히 시사하며 게다가 德이 본래 인간계의 聖人이 베푸는 생명력이 아니라 太陽神에서 발산되는 생명력이라는 점을 중시해보면 聖 또한 본래는 天神의 면모나 그의 德을 표현하는 어휘였다고 추정된다. 이는 聖과 同義語로서 앞에서 소개한 睿가 본래 神의 叡明을 지칭하는 글자였다[44]거나, 《尙書》의 "帝德廣運 乃聖乃神 乃武乃文"[45]이나 《韓非子》의 "神聖不能解",[46] 《淮南子》의 "非神聖人, 莫之能分",[47] 《漢書》의 "五帝神聖"[48]에서와 같이 聖과 神이 같

---

42) 白川靜, 《字統》, 東京 平凡社, 1984, p. 607 참조.
43) 《淮南子》, 〈泰族訓〉.
44) 白川靜, 《字統》, p.46 참조.
45) 《尙書》, 〈大禹謨〉.
46) 《韓非子》, 〈主道〉.
47) 《淮南子》, 〈人間訓〉.
48) 《漢書》, 卷49, 〈竈錯傳〉.

은 차원의 어휘로서 병렬되고 있다는 근거에서 우선 증명된다. 그러나 이런 전통적 문헌자료가 제시하는 증거의 불완전함을 뛰어넘어 聖이 天神의 聰

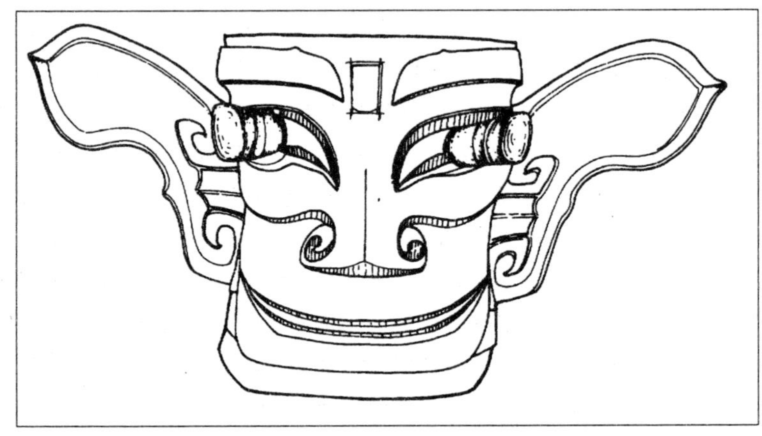

그림 2

耳와 明目으로 특징지워지는 神性의 표현이었음을 너무도 극명하게 드러내는 好例는 三星堆 二號坑에서 출토된 3件의 大小型 靑銅人面像(그림 2)이라 아니할 수 없다.[49] 이들 人面像의 공통된 특징은 무엇보다도 괴이하게 돌출된 눈과 과장된 크기의 귀라 할 수 있다. 커다란 귀는 甲骨文에 보이는 聖의 字形을 구성하는 특별히 큰 귀의 요소와 정확히 합치되며 돌출된 눈은 明目의 표현임에 틀림없다. 따라서 이들 人面像이 원초적 聖 관념을 구상화한 실물이었다는 것은 너무나도 명백하다. 구구한 설명을 빌지 않더라도 이들이 人間이 아니라 古代 蜀人이 숭배했던 最高神이었을 것은 명약관화하며, 또한 이를 燭龍이나 祝融으로 해석하는 견해[50]에 따르자면 太陽神 또는

---

49) 이에 대해서는 金秉駿, 〈殷周時期 川西平原에서의 靑銅文明의 形成과 發展 ― 古代地域文明의 형성에 대한 ―摸索〉,《古代中國의 理解》1, pp.57-58 참조.

50) 徐朝龍, 〈縱目假面, <燭龍>と<祝融> ― 三星堆文明における靑銅<縱目假面>と中國古代神話傳說との接點 ―〉. 徐는 여러가지 근거에 입각하여 靑銅人面像이 곧 燭龍임을 주장하는 가운데 특히 燭龍의 直目이 곧 縱目이며 이것이 人面像의 돌출된 눈을 가리킨다고 주장한다. 물론 縱目에 대한 그의 주장은 郭璞이 燭龍의 直目을 '目從也'로 해석한 데 근거한다. 그러나 전술했듯이 郭璞이 '直'을 '從'으로 해석한 것은 '直'이

太陽의 明目을 가진 至高神이 明目뿐 아니라 大耳=聰耳를 아울러 구비한 神格이라는 관념이 古代中國에 광범위하게 존재했음을 확인할 수 있다.

결국 神性으로서의 聖이란 地上界에 光明을 베풀어 萬物을 生育함과 동시에 자연재해나 질병으로 인한 人間의 고통과 호소를 그 거대하고 (따라서) 예민한 귀로써 세밀하게 들어 해결해주는 생명력의 원천으로 정리될 수 있다. 그렇다면 이처럼 본래 明目과 聰耳를 구비한 神性의 표현이었던 聖이 人性으로 전화된 배경이나 계기는 무엇이었을까? 이에 대해서는 몇 가지 가능성을 상정할 수 있는데, 우선 古代中國의 특징적 세계관으로서의 神界와 人間界의 연속성을 고려할 수 있다.

신석기시대부터 초기문명에 이르기까지 이른바 原始國家의 지배자가 天·神과의 溝通능력을 지닌 巫師였다[51]거나, 또는 接神을 통해 神性을 體現한 巫祝王이었다는 것은 주지의 사실이다. 그렇다면 그들이야말로 天·神의 分身이자 代行者임에 틀림없고, 따라서 天·神의 聖을 체현한 聖人이 될 수 있는 것이다. 이러한 聖人의 면모는 巫의 자격을 거론한 《國語》의 다음과 같은 서술에 잘 드러나 있다. 즉,

> (民 가운데) 그 智慧가 上下를 잘 조화할 수 있고, 그 聖은 멀리까지 밝음을 베풀 수 있고, 그의 明(目)은 사물을 밝히고 그의 聰(耳)는 사물을 들어 꿰뚫을 수 있는 者라면 明神이 그에 강림하는데 (그런 者를) 남자는 覡이라 하고 여자는 巫라 한다.[52]

'세로'라는 것을 설명한 것일뿐 '돌출된' 눈을 지칭하려는 의도는 없었다고 판단된다. 다만 古代 四川地域民들 간에 縱目의 형상을 띠는 始祖를 숭배하는 習俗이 존재했고 (金秉駿, 〈殷周時期 川西平原에서의 靑銅文明의 形成과 發展〉, p.14) 蜀國의 始祖인 蠶叢 역시 縱目의 특징을 갖추었다는 점을 중시한다면 靑銅人面像의 돌출된 눈이 그 縱目이었을 가능성도 있다. 그러나 縱目은 이와 같은 始祖의 신비성을 표현하는 요소이기도 했지만 전술했듯이 두려운 異形神을 특징지우는 요소로 인식되었던 것도 사실이다.

51) 張光直, 〈中國古代史在世界史上的重要性〉 및 K. C. Chang, *Art, Myth, and Ritual;The Path to Political Authority in Ancient China*, Harvard Univ. Press, 1983, Ch.3, "Shamanism and Politics" 참조.

52) 《國語》, 〈楚語〉下, "(民)其智能上下比義, 其聖能光遠宣朗, 其明能光照之, 其聰能聽徹之, 如是則明神降之, 在男曰覡, 在女曰巫⋯".

124

聖·明·聰이 본래 天神의 속성이었음은 누누히 지적한 대로인데, 上記 인용에서는 智와 아울러 그 聖·明·聰이 巫의 전제조건이며 그런 조건을 갖춘 者에게만 明神이 강림하여 비로소 巫覡이 될 수 있다는 식으로 단계를 나누고 있어 一見 聖·明·聰이 본래 人性인 듯이 서술하고 있다. 물론 巫의 기본적 자격요건으로서 神意를 감지할 수 있는 비범한 靈的 능력의 소지가 요구되었음은 충분히 인정되지만 그러나 上記 문장에서 뚜렷이 확인되듯이 聖·明·聰은 神意를 보고 들을 수 있는 능력이기는커녕 오히려 神意의 體現을 전제로 하여 신의 역할을 대행할 수 있는 능력 또는 자격을 지칭하는 어휘로까지 해석된다. 이와 같은 聖·明·聰이 巫가 되기 이전 단계에 이미 巫의 전제조건으로서 필히 구비되어야 한다면 成巫의 핵심적 과정절차 또는 단계로서의 降神은 이렇다할 의미나 중요성을 상실하게 되는 꼴이 된다. 따라서 이렇게 볼 때 聖·明·聰는 巫의 전제조건이기는커녕 降神 연후에 巫가 비로소 갖추게 되는 주술적 능력이며 바꾸어 말하면 그것은 본래 明神이 巫의 몸을 빌어 地上界에 베풀고자 했던 역할이었다.

神性으로서의 聖이 人性이 된 계기는 이와 같이 설명될 수 있는데, 여기서 지적해둘만한 매우 흥미로운 사실은 위에서 언급한 巫覡의 聖·明·聰이 《尙書》의 洪範九疇 가운데 두번째로 제시된 '五事'의 내용에 다음과 같이 포함되어 있다는 점이다. 즉,

> 五事, 一曰貌, 二曰言, 三曰視, 四曰聽, 五曰思. 貌曰恭, 言曰從, 視曰明, 聽曰聰, 思曰睿. 恭作肅, 從作乂, 明作哲, 聰作謀, 睿作聖.

위에서 열거되듯이 五事의 표현결과는 恭·從·明·聰·睿(즉, 聖)인데, 전술했듯이 明·聰·聖이 天神 또는 그의 顯現者로서의 巫의 본질적 속성이었다면 그와 뚜렷한 차별성을 드러내는 恭·從은 관념의 세속화와 함께 五行說에 맞추어 첨가된 것으로도 추정된다. 물론 明·聰·聖 역시 〈洪範〉의 편찬 단계에서는 그 의미가 상당히 세속화된 인상이 짙지만, 그러나 五事가 君主로서 구비하거나 준수해야할 德目이라고 볼 때 明·聰·聖은 原

始國家의 巫祝王이 실현해야할 神意의 내용이었다고 볼 수 있다. 그러나 또
한편 洪範九疇가 天帝로부터 禹에게 下賜된 것이라는 〈洪範〉篇의 서술의
裏面에 무언가의 신화적 관념이 내포되었다고 본다면 明·聰·聖은 禹와
관련된 德目이라 추정할 수 있다. 주지하듯이 戰國 諸子문헌에서는 禹가 夏
王朝의 창시자이자 治水에 성공한 文化英雄으로 규정되고 있지만, 그처럼
聖王으로서 歷史化 되기 이전의 禹는 '저절로 불어나는 生命土'인 息壤을
天上에서 가져다가 原初의 洪水 위에 흩뿌림으로써 原始의 混沌을 극복하
고 大地에 질서를 확립한 生命力의 원천으로서의 英雄神이자 戎族 계열의
部族神이었다[53]고 한다. 그렇다면 본래 天神 또는 部族的 主神인 禹가 地上
界에 베푼 생명력으로서의 聖·明·聰이 그가 聖王으로 전화되는 과정과
함께 세속화되었다고 볼 수 있다. 이렇게 볼 때 聖의 人性化의 배경으로서
는 특히 春秋戰國時代에 이르러 신화의 歷史化에 따라 초자연계의 神들이
傳說이나 歷史上의 人間英雄으로 전화[54]되어간 사실을 또한 꼽을 수 있다.
이와 같은 경향은 《大戴禮記》의 〈五帝德〉篇에 보이는 五帝와 禹의 성격 묘
사에 잘 드러나 있다. 직접 관련된 내용만을 발췌해보면 다음과 같다.

① (黃帝)成而聰明 ··· 乘龍辰雲, 以順天地之紀 ··· 麻離日月星辰 ··· 生而民
　得其利百年.
② (帝顓頊)疏通而知事 ··· 履時以象天, 依鬼神以制義, 治氣以敎民, 絜誠以祭
　祀. 乘龍而至四海 ··· 動靜之物, 大小之神, 日月所照, 莫不祗勵.
③ (帝嚳)博施利物, 不於其身. 聰以知遠, 明以察微 ··· 歷日月而迎送之, 明鬼
　神而敬事之 ··· 春夏乘龍 ··· 日月所照, 風雨所至, 莫不從順.
④ (帝堯)其仁如天, 其知如神, 就之如日, 望之如雲 ··· 四時先民治之 ··· 四海之
　內, 莫不說夷.
⑤ (帝舜)敦敏而知時, 畏天而愛民 ··· 叡明通知, 爲天下工, 使禹敷土, 主名山
　川, 以利於民 ··· 羲和掌麻, 敬授民時.
⑥ (禹)爲神主, 爲民父母, 左準繩, 右規矩, 履四時, 據四海, 平九州, 戴九天, 明
　耳目, 治天下.

---

53) 小南一郞, 〈大地の神話 - 鯀·禹傳說原始 - 〉, 《古史春秋》 第一號, 1984.
54) 張光直, 《中國靑銅時代》, 香港 中文大學出版社, 1982, 第十一章, 〈商周神話之分類〉,
　　p.177.

다소 장황하게 열거한 五帝 및 禹에 대한 묘사로부터 도출될 수 있는 공통점은 다음과 같다.

첫째, 이들에게는 세속적 聖王과 초자연계의 至高神이라는 두가지 성격이 혼효되어 있다. 물론 上記 인용 전반에서는 세속적 聖王으로서의 면모가 거의 일관되게 표출되어 있고 특히 '絜誠以祭祀'(顓頊), '明鬼神而敬事之'(帝嚳), '畏天而愛民'(帝舜) 등의 귀절은 天 또는 神에의 종속성이 매우 짙게 드러난다. 그러나 가령 黃帝·顓頊·帝嚳의 '乘龍'은 《山海經》에서 句芒·蓐收·祝融이 '乘兩龍'[55]한다거나 또는 馬王堆漢墓 〈辟兵圖〉에서 龍이 太一神의 탈것으로 묘사되는 例를 굳이 거론하지 않더라도 이들이 명백한 神格의 소지자임을 입증한다. 물론 이런 '乘龍'類의 표현은 전국시대에 성행한 呪術的 聖人觀이나 또는 同種의 聖人帝王論의 반영으로도 볼 수 있지만, 그러나 또 한편 儒家 계열의 合理主義나 人文主義와 대비되는 그런 呪術的 聖人帝王論이란 戰國時代까지도 여전히 민중적 차원에서 뿌리깊게 남아있었던 呪術的·神話的 世界觀의 반영이라고 볼 때 '乘龍'類의 표현은 五帝에 대한 원초적 관념의 잔재이거나 그로부터의 영향으로 해석된다. 이처럼 五帝의 원초적 모습이 天界의 至高神이었고 上記 引用에서 그런 면모의 잔재가 확인된다면, 聖王으로서의 그들의 특성과 治績을 다룬 여타의 내용도 天神의 인간화라는 각도에서 이해함으로써 그 속에서 天神으로서의 원초적 기능을 복원하거나 또는 天神의 잔재를 엿볼 수 있을 것이다.

이런 시각에서 上記 내용을 검토해볼 때 주목되는 두번 째 공통점은 그들이 帝堯의 경우를 제외하고 모두 聖의 본질적 속성인 聰明을 갖추고 있다는 사실이다. 우선 黃帝에 대한 '成而聰明'이라는 표현이 그러하고, 顓頊의 '疏通而知事'도 睿가 전술했듯이 '通乎微也'라고 볼 때 聖, 즉 聰明으로 해석가능하다. 또한 帝嚳의 '聰以知遠, 明以察微'와 舜의 '叡明通知' 禹의 '明耳目, 治天下'도 모두 聰明의 요소를 지니고 있다. 이는 그들 五帝 및 禹가

---

55) 《山海經》, 〈海外東經〉, "東方句芒, 鳥神人面, 乘兩龍";同, 〈海外西經〉, "西方蓐收, 左耳有蛇, 乘兩龍";同, 〈海外南經〉, "南方祝融, 獸身人面, 乘兩龍."

본래 聖德을 지닌 天上界의 神格이었음을 웅변하는데, 다만 그들이 地上界의 聖王으로 轉化되는 과정과 軌를 함께 하여 본래 생명력의 分施를 의미했던 聰明도 세속적 '知'의 의미를 보다 강하게 내포하게 된 것 같다.

세번째의 공통점으로서 그들이 天下와 人民을 이롭게 했다거나, 四海의 內 또는 日月이 비추는 곳, 즉 天下가 모두 그들에 기꺼이 순종했다는 類의 항목은 물론 統一天下를 주재하는 영명한 帝王의 출현에 대한 希求를 반영하는 것이기도 하지만, 또 한편으로는 天下를 속속들이 비추고 天下의 事情을 세밀히 듣는 天神의 聰明한 德行이 세속화된 결과로 이해할 수 있을 것 같다. 이는 특히 帝舜이 '使禹敷土, 主名山川, 以利於民'했다는 서술에서 극명하게 드러난다. 이 문장은 전후 문맥에 의하면 '禹에게 命하여 九州를 區劃하고 山川의 命名을 주관케 하여 民에게 편리하도록 하게 했다'라는 의미로 해석된다. 그러나 禹가 실행한 敷土의 원초적 의미가 전술했듯이 息壤을 洪水 위에 흩뿌림으로써 大地에 생명력을 가져온 것[56]이라 볼 때, 聖王으로서의 帝舜이 民을 이롭게 했다는 표현의 원초적 의미 역시 地上世界에 생명력을 베풀었다는 의미로 해석할 수 있다. 따라서 上記 인용에 보이는 '利'의 행위란 본래는 이들 聖王이 신화적 관념 단계에서 실현한 生命力의 分施임에 틀림없다.

네 번째의 공통점은 天文의 관장으로서, '厤離日月星辰'(黃帝)·'履時以象天'(顓頊)·'歷日月而迎送之'(帝嚳)·'其知如神 ··· 四時先民治之'(帝堯)·'知時 ··· 羲和掌厤, 敬授民時'(帝舜)·'履四時(禹)'가 그러하다. 日月星辰의 運行 및 그에 따른 '時'를 관장하는 일은 본래 上帝의 기능이었고, 巫祝은 그런 上帝의 대행자로서 天·神과의 비밀스러운 溝通을 통해 天時를 豫知(즉, 知時)할 수 있었다. 上記의 내용에서 帝堯가 '其知如神'하다거나 舜이 '知時'했다는 것은 巫祝王으로서의 양자의 叡智를 우선 입증한다. 또한 가령 舜의 아비 瞽瞍 및 그 先祖 幕이 예민한 聽覺으로 春風의 到來를 감지할 수 있는 능력을 갖추어 天時의 변화에 따라 萬物을 成育했다는 일화[57]는 神의

---

56) 小南一郎, 〈大地の神話 - 鯀·禹傳說原始 - 〉.

128

聖이 그 神意를 체현한 巫의 聖으로 이행된 好例가 아닐 수 없다. 이어서
上記하듯이 帝舜이 본래 太陽神 혹은 太陽의 御者였던 義和로 하여금 曆을
관장케 하고 그에 입각하여 人民을 위해 時令을 頒布했다는 사실은 聖의 최
종적 세속화 단계를 나타낸다.

以上 〈五帝德〉篇에 보이는 五帝 및 禹에 대한 다소 장황한 분석을 통해
神聖의 人性化 배경을 확인해 보았는데, 聖의 人性化의 배경과 관련하여 주
목할만한 또 하나의 측면은 上帝를 비롯한 여러 天神들이 대부분 部族이나
氏族의 始祖神이었다는 사실이다. 이에 대해서는 商人이 숭배했던 上帝란
先祖의 총칭 또는 先祖의 추상화된 관념이라거나,[58] 文獻上에 보이는 五帝
類의 帝들은 각 族姓의 宗神이라는 지적[59]만을 제시해도 충분할 것이다. 물
론 上帝를 祖先神으로 볼 수 있는가에는 적지않은 논란이 있고, 上帝 관념
은 自然神과 氏族祖先神의 구분과 함께 출현했다는 주장도 있지만,[60] 예컨
대 商의 王室을 구성하는 十 支族이 十日神話를 배경으로 하여 10개의 太陽
각각의 後裔임을 자임함으로써 그 권위를 정당화했다[61]고 보면 自然神(및
上帝)과 祖先神의 구분이란 불분명할 수밖에 없고, 따라서 이렇게 볼 때 祖
先神으로서의 帝가 祖先神 숭배 자체의 自然神崇拜化에 따라 宇宙 至上神
으로 轉化되는 경향에 있었다[62]고 보는 쪽이 타당할 듯싶다. 설사 上帝와 祖

---

57) 御手洗勝, 〈帝舜の傳說〉, PP.546-551 참조. 御手洗勝은 부인하지만, 일반적으로 明目
    의 舜과 盲人 瞽瞍의 관계는 光明과 暗黑의 交替·鬪爭으로 설명되고 있다. 한편 中
    鉢雅量에 의하면 鯀과 禹, 黃帝와 蚩尤 등의 例에서 보이는 二神의 대립이나 상반된
    성격은 二神의 협동에 의한 天地의 再生을 모방하는 古代 中國人의 농경의례에서의
    假面舞에서 비롯되었다고 한다(同, 《中國の祭祀と文學》, 東京, 創文社, 1989, pp.5-7).
58) 張光直, 〈商周神話之分類〉, p.164, p.173.
59) 李零, 〈考古發現與神話傳說〉, 《學人》 第五輯, 1994, pp.126-127. 李零의 해석에 의하
    면, 가령 虞·夏가 顓頊을 祖로 하거나, 唐·商·周가 帝嚳을 祖로 삼는 현상은 不同
    族姓의 氏族이 혈연관계를 模擬하여 비교적 커다란 지역집단에 가맹함으로써 몇몇
    "帝"가 동시에 또한 不同 族姓의 "共祖"가 된 결과라 한다.
60) Julia Ching, "Who Were the Ancient Sages?", p.12.
61) 松丸道雄, 〈殷人の觀念世界〉, 讀賣新聞社·東方書店 主催 シンオジウム 《中國古文
    字と殷周文化》, 東京 東方書店, 1989.
62) 池田末利, 〈續釋帝·天〉, (同著, 《中國古代宗敎史硏究》, 東京 東海大學出版社, 1981
    所收).

先神을 구분한다고 해도 祖先神 숭배가 중국고대의 보편적 현상인 점을 감안한다면, 氏族 始祖들의 신격화가 神·人의 연속성이라는 관념으로 연결되었을 것은 극히 당연하며, 따라서 이와 같은 神人의 연속성에서 보면 祖先神의 후예로서 그 역시 死後 祖先神의 반열에 오르게될 氏族 대표자가 神聖性을 확보할 수 있었던 것도 당연한 귀결이라 아니할 수 없다. 예컨대 商王이 死後 地下 피라미드를 방불할 정도로 장려한 규모의 분묘에 극도로 정중하게 매장된 이유는 그 葬送儀禮가 王을 商王朝의 관념적 지배자인 先王들의 자리에 奉戴하는 국가적 최대 중요행사였기 때문이라는 지적[63]이 그를 웅변한다.

以上 聖의 人性化 배경 또는 계기에 대한 분석을 통해 내릴 수 있는 잠정적 결론은 神·人界의 뚜렷한 구별을 특징으로 하는 西方 고대문명의 宇宙觀과는 판이하게 고대중국의 그것을 특징짓는 것은 神界와 人間界의 연속성이었으며,[64] 이는 祖先神 숭배와 불가분의 관계에 있다는 사실이다. 본래 太陽이나 太陽의 눈을 가진 上帝의 光明이 가져다주는 生命力을 의미했던 德이 훗날 세속군주가 인민에게 베푸는 恩德으로 전화되거나 또는 후술하듯이 戰國時代의 道家的 養生術에서 人體에 내재된 생명력의 원천으로서의 精神氣로 전환될 수 있었던 계기는 바로 여기에 있지만, 또 한편 원초적 단계에서부터 이미 德이 氏族의 先祖가 해당 氏族에게 베푸는 生命力을 含意했던 것도 같은 관념에서 始祖를 上帝나 기타 自然神으로 神格化할 수 있었기 때문이다. 이는 《國語》에 보이는 다음과 같은 서술에서 잘 나타나 있다. 즉,

> 黃帝는 姬水에 의해 (生長하여 一家)를 이루었고, 炎帝는 姜水에 의해 (生長하여 一家를) 이루었다. (兩者는 一家를) 이루었지만 德을 달리 했다. 그런 故로 黃帝는 姬(姓)이 되었고, 炎帝는 姜(姓)이 되었다…姓을 달리 하면 德이 다르고,

---

63) 松丸道雄, 〈殷周國家の構造〉, 岩波講座·世界歷史4, 《東アジア世界の形成》 1, 東京 岩波書店, 1970, p.85.

64) 漢代 董仲舒의 철학이 天地人 三者의 상호 보완 및 상호 견제·영향력 행사를 골자로 하는 우주 모델을 계통화했다는 李澤厚의 주장(同, 〈秦漢思想簡議〉, 同著, 《中國古代思想史論》, 北京 人民出版社, 1985 所收)에 따른다면 그것은 이와 같은 神·人의 연속성이라는 神話的 世界觀의 철학적 귀결이라도 할 수 있을 것이다.

德을 달리 하면 類를 달리 하게 된다…姓을 같이 하면 德도 同一하게 된다….[65]

여기서의 德이 生命力을 의미한다는 것은 이미 先學이 인정된 대로인데,[66] 姓이 다르면 德도 달라지고 姓이 같으면 德도 같다는 것은 씨족적 秩序 아래에서는 德이 個個 氏族의 고유한 生命力으로 인식되었음을 드러낸다. 특히 德과 병칭되는 姓도 金文에서 '生'으로 쓰이는 용례에서 엿볼 수 있듯이 씨족의 혈통에 의해 전승되는 生命力을 原義로 하며[67] 上記하듯이 黃帝와 炎帝가 각기 姬姓과 姜姓(의 始祖)가 되었다면, 上記 인용은 씨족 생명력의 원천이 씨족 始祖의 德에 있었음을 입증하는 셈이 된다. 또한 氏族의 德=姓을 씨족의 發源地와 연결시키는 것도 始祖가 출현한 始源地야말로 始祖의 시신에 깃든 영혼이 머무는 聖地이자 동시에 씨족 생명력의 원천이었기 때문일 것이다. 신석기시대 墓葬의 頭向이 해당 민족의 故地 方向을 표시한다는 일반적 추정[68]을 따르자면, 그런 埋葬儀禮 역시 始源地로 回歸한 死者의 영혼이 그곳의 생명력을 빌어 再生하도록 祈求하는 관념의 표현일 것이다. 물론 上記 인용의 姬水나 姜水는 엘리아데(M. Eliade)의 견해를 빌자면 만물을 생성하는 물의 생명력을 상징한다고도 볼 수 있지만, 그러나 또 한편 신석기시대의 취락이 주변에 풍부한 물과 비옥한 토지를 갖춘 河川 주변지역에 주로 형성된 사실에 의거하면 姬水나 姜水는 그런 자연조건을 배경으로 하여 씨족의 형성을 가능케 한 씨족의 발원지로 이해될 수 있다.[69]

---

65) 《國語》, 〈晋語〉四, "黃帝以姬水成, 炎帝以姜水成. 成而異德, 故黃帝爲姬, 炎帝爲姜··
·異姓則異德, 異德則異類···同姓則同德···."
66) 林巳奈夫, 〈佩玉と綬 - 序說 - 〉, 《東方學報》 第45冊, 1973, p.35;小南一郎, 〈天命と德〉, p.41.
67) 小南一郎, 〈天命と德〉, p.41.
68) 吾汝祚, 〈大汶口文化的墓葬〉, 《考古學報》 1990-1, pp.1-2;盧央·邵望平, 〈考古遺存中所反映的史前天文知識〉, 中國社會科學院考古研究所 編, 《中國古代天文文物論集》, 北京 文物出版社, 1989.
69) 이와 같은 氏族의 始祖와 發源地와 姓 三者의 밀접한 상관성은 예컨대 周族의 始祖 后稷의 名인 棄가 周族의 姓인 姬의 音源이며, 周族의 居住地였던 周라는 명칭도 棄聲의 轉音에 불과하다는 주장에서도 확인될 수 있다(이에 대해 자세한 것은 加藤常賢, 〈中國古代姓氏の研究に就いて〉 및 同, 〈支那古姓氏の研究〉, 同著, 《中國古代文化の研究》, 東京 明德出版社, 1980을 참조할 것). 또한 周代의 封建에 있어서 周族의 始

이처럼 祖先神이 베푸는 德이야말로 氏族 生命力의 원천이라는 관념은 陳氏(즉, 田氏)가 祖先神의 德에 힘입어 齊의 정권을 획득하리라는 다음과 같은 예언에 너무도 극명하게 드러난다. 즉,

> (陳氏의 祖先은) 幕에서 瞽瞍에 이르기까지 命을 어기지 않았고, 게다가 舜이 明德을 겹쳐 (늘려 그의 후손) 遂에게 德을 쌓아두었으며 遂는 대대로 그것을 지켜 胡公不淫에 이르렀기 때문에 周는 그에게 姓을 下賜하여 虞帝를 祀하도록 했다. 臣이 듣건대 盛德은 반드시 百世代에 걸쳐 祭祀를 (享有한다고) 한다. 虞의 世代는 아직 (百을 채우지 않았으니) 장차 齊에서 (그 德을) 계속 지켜나갈 것이고 그 조짐은 이미 나타나있다.[70]

陳氏가 齊의 정권을 專斷, 簒奪할 수 있는 터전이 舜을 필두로 한 祖先神으로부터 계승된 생명력으로서의 德이라는 사실은 上記 인용의 제시만으로도 충분할 것이다. 아울러 여기서 지적될 수 있는 점은 첫째, 德의 지속과 祖先祭祀의 상관성이다. 씨족의 번성과 연속을 가져다주는 힘의 원천이 祖先神의 德에 있고 그것이 上記하듯 오직 씨족 후손에게만 전승된다면 德의 지속적 施惠를 祈求하거나 또는 그의 施惠에 감사하는 祭祀는 당연 씨족의 후예에 의해서만 主宰될 수 있었다. 《左傳》에서 "神은 그의 族類(가 바치는 제사가 아니면 그 祭物을) 享歆하지 않고 民은 그 族의 (鬼神이) 아니면 祭祀하지 않는다"[71]라는 귀절은 이를 웅변한다. 또한 再生의 생명력 또는 生殖力을 표상하는 '巳', 즉 뱀을 구성요소로 하는 祀가 본래 子嗣를 祈求하는 祭禮였다는 것[72]이나 禱 역시 生命・生産의 延長・延續에의 祈求였다는 것[73]

源地에서 가져온 흙으로 조성된 周都의 大社의 흙을 떼어내어 封土의 社를 조성하는 儀式이 제후의 영토에 생명력과 질서를 불어넣는 의미를 갖는다는 것(小南一郎, 〈社の祭祀の諸形態とその起源〉, 《古史春秋》 第四號, 1987)도 씨족 생명력의 원천이 氏族의 始源地에 있다는 관념을 입증한다.

70) 《左傳》昭公8年條, "自幕至于瞽瞍無違命, 舜重之以明德, 寘德於遂. 遂世守之. 及胡公不淫, 故周賜之姓, 使祀虞帝. 臣聞盛德必百歲祀. 虞之歲數未也, 繼守將在齊, 其兆旣存矣."

71) 《左傳》僖公 10年條, "神不歆非類, 民不祀非族." 同31年條의 "鬼神非其族類, 不歆其祀"도 거의 같은 내용.

72) 周策縱, 〈中國古代的巫醫與祭祀・歷史・樂舞及詩的關係〉, 《淸華學報》 新12卷, 1979-12, p.22.

73) 上同, pp.27-28.

132

도 祭祀가 氏族 生命力의 祈求행위였음을 입증한다. 그러나 또 한편 구체적 삶의 場에서 氏族의 繁殖과 직결되는 것이 풍부한 物産의 혜택임에 틀림없다고 볼 때, 明德을 갖춘 神이 民에게 嘉生, 즉 '嘉穀韭卵之屬'을 내려준 보답으로 民이 供物로 神을 제사했다는 《國語》의 내용[74]도 德과 祭祀의 밀접한 상관성과 함께 德의 구체적 요소로서 물질적 혜택이 포함된다는 사실을 적절히 일깨워준다. 이처럼 氏族의 생명력이 祖先神의 생명력 여부에 달려 있다면 祖先神의 생명력을 영원히 지속시키는 일은 氏族의 급선무가 아닐 수 없다. 가령 '祭'字의 本義가 犧牲을 살육하여 그 骨肉을 神 앞에 肆陳하는 것이었다는 해석[75]이나, 商代에 인간을 神靈의 食用으로 바치는 이른바 人牲이 엄청난 규모로 자행된 사실,[76] 그리고 《左傳》에 보이는 社稷에 대한 '血食'의 언급[77] 등은 그를 예증하고 있다. 기실 춘추시대까지도 각 제후국이 종묘사직의 유지를 위해 골몰한 것도 祖先祭祀가 씨족의 생명력 유지에 필수적이라는 관념을 배경으로 하는 것이었다. 둘째로 검토해보아야 할 것은 上記 인용에서 虞舜에 대한 제사의 계기로 제시된 賜姓의 문제이다. 위와 같이 씨족 생명력의 지속을 위해 조선제사가 가히 필수적이라면 賜姓을 계기로 하여 제사가 수행되기 이전에 이미 舜에 대한 제사가 그 후손에 의해 遵行되어왔을 것은 명약관화하고 '遂가 대대로 德을 지켰다'는 언급은 바로 祭祀의 지속을 의미함에 틀림없다. 따라서 賜姓이란 씨족 생명력의 인정, 바꾸어 말해 舜의 후예씨족의 존립 인정을 의미하는 정도로 이해해야 할 듯하다. 德과 賜姓의 상관성은 《左傳》의 다음과 같은 사례에서도 보인다.

天子建德, 因生以賜姓, 祚之土而命之氏.[78]

---

74) 《國語》, 〈楚語〉下, "···民是以能有忠信, 神是以能有明德, 民神異業, 敬而不瀆, 故神降之嘉生, 民以物享, 禍災不至, 求用不匱." 여기서의 嘉生에 대해 韋昭는 '嘉穀韭卵之屬'라 注하고 있다.

75) 池田末利, 〈祭の意義〉(同著, 《中國古代宗敎史硏究》 所收).

76) 이에 대해서는 胡厚宣, 〈中國奴隷社會的人殉和人祭〉《文物》 1974-7·8 및 黃展岳, 《中國古代的人牲人殉》, 北京 文物出版社, 1990 참조.

77) 《左傳》 莊公6年條, "···抑社稷實不血食···."

78) 《左傳》, 隱公8年條.

　　앞서의 분석에 의거하면 '天子建德'이란 天子가 유덕한 개인을 봉건한다
는 의미이기보다는 祖先神의 德을 계승한 씨족집단 또는 氏族長을 봉건한
다는 의미로 해석해야 할 것이다. 따라서 '因生以賜姓'은 그 씨족이 發源한
地名에서 연원하여 배태된 姓을 인정한다는 의미일 것이다. 씨족의 발생지
와 姓의 상관성에 대한 관념은 전술한 黃帝와 炎帝가 姬水와 姜水를 발원지
로 했기 때문에 각기 姬姓과 姜性이 되었다는 것과 합치된다. 그런데 天子
가 同姓의 宗室이 아닌 異姓의 씨족집단을 굳이 봉건해야 하는 구체적 이유
는 무엇일까? 이는 물론 이른바 異姓諸侯의 세력을 불가피하게 인정할 수밖
에 없었기 때문일 것이다.

　　'上帝의 明目'에서 演化된 德의 含意가 '繁殖'이나 '生殖'이었다는 사실[79]
을 굳이 제시하지 않더라도, 씨족의 생명력이 곧 씨족집단의 번성과 동일시
된다면 德을 갖춘 씨족이란 많은 인구 및 그것이 실현하는 일정 정도의 강
력한 武力을 옹유한 씨족을 의미한다고 볼 수 있다. 씨족적 관념을 여전히
주된 존립기반으로 했던 春秋期 國家의 양대기능이 '戰爭과 祭祀'로 인식되
었음[80]에 비추어 볼 때, 씨족 생명력(德)의 유지를 위해서는 조선 祭祀와 함
께 씨족의 존립을 보증하는 武力이 필수적이었다고 보면, 德이란 祭祀를 통
한 씨족의 번식 및 그에 수반된 武力을 아울러 함의할 수 있을 것이다. 이
런 맥락에서 볼 때 天命과 天德의 受任을 자부했던 西周王朝의 군주권을 구
성하는 양대요소가 제사권과 군사권이었다는 것[81]은 周代에도 德의 원초적
관념이 지배구조의 차원에까지 생생히 기능했음을 입증하는 동시에 생명력
으로서의 德을 지탱하는 양대지주가 제사와 무력이었음을 다시금 웅변한다.

　　以上으로 德과 姓의 밀접한 상관성을 확인해 보았고, 그 과정에서 賜姓의

---

79) 周策縱, 〈中國古代的巫醫與祭祀·歷史·樂舞及詩的關係〉, pp.22-23. 周는 《尙書·洪
範》과 桓譚의 《新論》에서 五福으로 열거된 요소 중 前者의 '攸(修)好德'과 後者의
'子孫衆'이 대응됨과 아울러 德과 植·殖이 공히 從直이라는 점에 착안하여 德의 原
義가 繁殖임을 논증하고 있다. 이는 물론 直의 原義가 明目과 관련된다는 점을 간과
하고는 있지만, 生命力으로서의 德의 演化된 의미가 繁殖이라 볼 때 타당한 지적일
것이다.
80) 《左傳》, 成公23年條, "國之大事, 在祀與戎."
81) 小南一郞, 〈天命と德〉, pp.42-43.

의미가 씨족의 독자적 존립을 인정하는 것임을 확인했는데 그렇다면 禹와 四嶽에 대한 賜姓 경위를 주요 골자로 하는 《國語》의 다음 내용도 간접적이나마 德의 의미 분석을 위한 자료로서 활용할 수 있을 것 같다. 즉,

> (治水에 대한 禹의 嘉績이 上帝의 마음을 흡족하게 하여)皇天은 그를 칭찬하여 天下를 福祿으로 주고 姒라는 姓과 有夏라는 氏를 下賜했으니, (이는) 그가 아름다운 福으로 (天下를) 殷富케 하고 萬物을 生育할 수 있었기 때문이다. (皇天은) 四嶽에게 封國을 福祿으로 주고 命하여 侯伯으로 삼고, 姜이라는 姓과 有呂라는 氏를 下賜했으니, (이는) 그가 禹의 股肱心膂가 되어 萬物을 養殖하여 人民을 풍족하게 할 수 있었기 때문이다.[82]

禹와 四嶽에 대한 賜姓만을 놓고보면 上記 인용의 전체적 언급취지도 德과 姓의 상관성이라는 분석틀로써 이해할 수 있을 듯하고 그런 맥락에서 보자면 萬物의 生育과 養殖도 禹와 四嶽이 해당 氏族에 베푼 생명력으로서의 德으로 해석될 수 있겠지만, 그러나 전후의 문맥에 적지않은 관념적, 사상적 변화가 엿보이는 것도 사실이다. 우선 姒姓 氏族의 始祖神으로서 洪水로 상징되는 원초의 혼돈을 종식하고 大地에 생명력과 질서를 가져다준 존재로서 숭앙되었던 禹는 이제 구체적인 治水事業에 성공한 人間英雄으로 전화되었고, 그에 연하여 성공적 치수사업의 공로에 대한 보답으로 皇天에 의해 天子의 지위와 함께 姓氏를 賜與받았다는 것이 그러하다. 요컨대 賜姓의 계기로서의 德은 씨족 생명력 또는 그의 원천이기는커녕 治水사업의 성공으로 대변되는 세속적 功勞로 전환되고 있으며 그와 함께 賜姓보다는 授命이 전면에 부각되고 있다. 이와 같은 禹德의 세속화는 물론 東周에 들어와 顯在化된 神話의 歷史化 경향을 반영하는 것이기도 하지만 동시에 그것은 권력의 세속화와 함께 씨족의 혈통이나 주술적 권위보다 개인의 능력과 공적이 통치권의 근거로서 보다 중시되는 경향[83]과 軌를 함께 한다고 볼 수

---

82) 《國語》〈周語〉下, "皇天嘉之, 祚以天下, 賜姓曰姒氏曰有夏, 謂其能以嘉祉殷富生物也. 祚四嶽國, 命以侯伯, 賜姓曰姜氏曰有呂, 謂其能爲禹股肱心膂, 以養物豊民人也."
83) 이에 대해서는 K.C.Chang, *Art, Myth, and Ritual - The Path to Political Authority in Ancient China*, pp.33-34 참조.

있다. 그 경향의 高潮는 商周交替로 결과하였고, 이제 왕조의 찬탈을 정당
화하기 위해 天命을 지배이념으로 내세운 西周王朝의 출현으로 인한 德 개
념의 세속화 현상은 불을 보듯 뻔한 일이라 아니할 수 없다.

　西周의 등장과 함께 나타난 天 관념의 변화로서 우선 손꼽을 수 있는 점
은 商人의 '帝'와 달리 西周의 '天' 또는 '上帝'는 이미 祖先神의 성격을 갖
지 않는다는 사실이다. 생명력의 원천으로서의 上帝, 즉 天이 더 이상 祖先
神이 아니라면 씨족 조선신 역시 생명력의 원천일 수 없고 따라서 씨족의
후예라 해서 德을 자임할 수는 없다면 당연 다른 방법으로 天德의 획득이
모색되어야 했을 것이다. 이런 天 관념과 상응하는 것이 西周의 天命觀이다.
《國語》에 보이는 "天道無親, 唯德是授"[84]에서 극명하고도 집약적으로 드러
나듯이 西周 天命論을 특징짓는 양대요소는 天命은 不變이 아니며 上帝는
오직 德있는 者에게만 天命을 授與한다는 것이다. 요컨대 天子로 인정받기
위해서는 德의 保有가 필수적으로 전제되어야 하고 그 德이란 善政을 의미
할진대 이는 명백히 주술주의의 부정이자 이성주의의 표방이며 동시에 더
나아가서는 世俗的·個體的 德能主義의 표방이자 혈통적 세습주의의 부정
으로도 여겨진다. 그러나 또 한편 文王이 調和의 통치를 행하자 上帝가 懿
德을 내려 그를 도왔다는 金文의 내용[85]은 文王의 德의 연원이 天에 있었고
단지 그 天德 수혜의 계기로서 文王의 善政이 작용했음을 드러낸다. 따라서
이는 人德에 비해 天德이 여전히 절대적 우위에 있음을 웅변하는 것이다.
더욱이 주왕조가 왕조적 권위의 근거 또는 원천을 受命天子인 文·武王에
게 두고 西周의 王들에게 文·武王의 德의 계승이 강조된 것은 德이 先王의
생명력으로서 왕실에 계통적으로 전승된다는 관념을 입증하는 것이며, 따라
서 西周에서도 역시 德은 생명력의 의미를 지녔다고 단언할 수 있다.[86] 결국

---

84) 《國語》, 〈晉語〉六. 《左傳》 僖公5年條의 "故周書曰, 皇天無親, 惟德是輔…"도 이와
　흡사한 기술이다.
85) 小南一郎, 〈天命と德〉, p.38에 인용된 史牆盤 銘文 참조.
86) 서주시대의 이와 같은 天德 개념 및 그 계승구조에 대해서는 小南一郎, 〈天命と德〉
　참조.

136

西周 王朝는 克殷의 명분으로서 개체적 덕능주의에 입각한 天命論를 주장했지만 그와 동시에 文·武王이 획득한 天命 및 그에 상응하는 天德이 세습된다고 자임함으로써 자가당착적 모순을 드러냈다. 이런 의미에서 적어도 德에 관한 한 西周의 등장은 미완성의 혁명이었다고 할 수 있다.

씨족제 질서가 사회전반을 규제했던 春秋時代에도 德이 의연히 집단적 생명력을 의미했음은 전술의 내용에서도 확인되며, 예컨대 九鼎의 大小輕重을 묻는 楚莊王에게 王孫萬이 "周德雖衰, 天命未改 云云"[87]했다는 《左傳》의 기술도 周德이 周 왕조의 씨족적·집단적 생명력을 지칭한다고 볼 때 전통적 德 관념의 尙存을 입증한다. 또한 春秋時代에 人事가 天命에 의해 결정된다는 宿命論과 함께 天命은 人事에 因循한다는 定命論이 공존한다는 지적[88] 역시 전통적 天德 관념의 뿌리깊은 잔존을 간접적으로 시사한다.

以上 本章에서는 生命力에 초점을 맞추어 德과 聖의 원초적 의미와 그의 추이를 알아보았는데, 그러면 씨족제의 해체에서 당연히 수반될 씨족 생명력으로서의 德의 소멸이라는 점과 그 한편으로 전국시대의 전란 상황에서 당연히 예상되는 죽음에 대한 공포감에 정비례하여 증폭될 수밖에 없는 生에의 집착이라는 상황 속에서 원초적 德의 관념은 어떻게 추이했고 그에 수반하여 聖 또는 聖人의 의미는 어떤 우여곡절을 겪었는가를 次章에서 살펴보기로 하자.

II. 養生術 및 德·聖人觀의 二元性

1. 修德과 呪術的 養生術

---

87) 《左傳》, 宣公3年條.

88) 許倬雲, 〈先秦諸子對天的看法〉, 原載 《大陸雜誌》 15-2·3, 同著, 《求古編》, 臺北, 1989, p.427;館野正美, 〈中國古代における運命論の系譜 ― <天>·<命>·<天命>等の語彙をめぐる論議の流れ ―〉, 《東方學》 第66輯, 1983.

戰國時代에 들어와 보다 현저화된 사회경제적 변화와 발전이 종래의 呪術的 세계관과 사유구조를 크게 개변했음은 충분히 인정되지만, 그러나 日書를 비롯한 근자의 出土資料는 당시인들이 여전히 종래의 神政的 思惟의 타성에서 크게 벗어나지 못했음을 웅변하고 있다. 다소 도식적으로 말하자면 諸子百家로 대표되는 合理的 人文主義 운동이란 고작 소수 지배식자층의 테두리를 벗어나지 못했고 다수 민중들의 일상생활은 여전히 呪術的 巫俗의 관성적 지배 아래 있었다고 할 수 있다. 이와 같은 新舊的 세계관의 混淆 또는 사유구조의 (계층적) 二重性이라는 현상은 德의 관념에도 그대로 적용될 수 있다. 즉, 呪術과 神秘主義를 배격하는 儒家의 德이란 오로지 개인이 스스로 修養을 통해 성취, 도달해야할 고답적 德性이거나 통치자의 자격으로서의 品德 혹은 그의 인민에 대한 자세로서의 德行 등을 의미한 반면, 原初的 관념을 담고 있는 數術方技家나 그를 철학적 母胎로 하는 道家·陰陽家에서의 德은 의연히 呪術的 生命力이라는 의미를 직간접적으로 내포하고 있었다. 本稿의 주요 관심대상인 후자의 德에 대한 분석은 따라서 道家·陰陽家의 저변을 이루는 신화적 관념의 실체를 해명해 줄 수 있을 뿐더러 근래 다량 출토되는 方術書와 道家·陰陽家의 관계를 확인해주는 방편이 될 것이다.

戰國時代에 원초적 德 관념이 이처럼 뿌리깊게 상존한 배경으로서는 물론 중국고대문화의 연속성 또는 기층사회의 불변불활성을 우선 꼽을 수 있겠지만, 또 한편 씨족제의 해체가 이미 시대적 대세였음을 감안하면 당시의 德 관념이 종래의 씨족적 생명력과는 판이했으리라는 것도 쉽사리 예상되는 바이다. 예컨대 士를 上限으로 하는[89] 中下層民의 관념을 반영하는 秦簡 日書에서 自我에의 관심과 祖先神의 권위실추가 두드러진 양상으로 손꼽힌다는 지적[90]이나, 戰國後半부터 나타난 墓葬 중시풍조가 공동체의 파괴에 따른 인간의 個性伸張으로 死者의 영혼이 좀처럼 祖靈界로 돌아가지 않고

---

89) 工藤元男 〈睡虎地秦簡日書における病因論と鬼神の關係について〉, 《東方學》 第88輯, 1994年 7月.
90) 張强, 〈近年來秦簡<<日書>>研究評介〉, 《文博》 1995-3 참조.

138

生者를 위협한다는 祖靈관념의 변화에 대응하는 조치였다는 견해,[91] 그리고 西周의 "我"가 西周王朝를 운명공동체로 보는 "우리"였던 반면 春秋戰國時代의 "我"는 개인으로서의 "我"였고 그에 상응하여 "命"도 天命에서 개인적 운명으로 추이했다는 주장[92] 등은 戰國時代 씨족제의 해체에 따른 인간의 개체화를 뚜렷이 입증하는 동시에 그에 수반하여 종래 씨족의 혈통 속에서 전승된다고 인식되었던 德도 개체화된 인간이 직접 天으로부터 받는 생명력으로 추이했으리라는 점을 적절히 시사한다. 또한 씨족제의 해체는 이제 德이 더 이상 先聖 및 名姓의 후예만이 향유하는 이른바 지배계급의 전유물[93]이기는커녕 모든 인간이 개체적 주술을 통해 누릴 수 있는 보편적 생명력으로 전화되는 계기를 마련했다. 예컨대 《墨子》의 "民德不勞"[94]에서의 "德"은 물론 주술적 생명력보다는 후술하는 인간 생명력의 원천으로서의 精氣로 이해해야 타당하겠지만 오히려 德의 그러한 의미 변환 또한 德 추구의 신분적 무차별성을 반영하는 것으로 볼 수 있다. 이와 같은 德 추구의 개별화는 祭祀의 개체화와 빈번화로 이어질 수밖에 없다. 가령 日書에서 祖先神靈이나 厲鬼 등의 祟로 야기된 질병을 治癒하기 위해 陰陽五行說에 입각한 번다한 供犧·供進가 이루어지는 것[95]이 그를 입증하며, 儒家가 귀신의 서열을 구분하고 祭祀의 등급을 신분과 대응시킨 것이나 墨家의 厚葬 배격 등은 禮의 붕괴에 수반된 당시의 무분별한 祭儀 및 過禮 행위[96]에 대한 비판적 대처로 볼 수 있고, 또한 儒墨이 공히 人民統合의 입장에서 祭祀에 접근하는 이른바 집단주의적 祭祀論을 개진한 것도 인간의 개별화 경향에

---

91) 小南一郎, 〈漢代の祖靈觀念〉, 《東方學報》 第六六冊, 1994.

92) 小南一郎, 〈中山王陵三器銘とその時代背景〉, 林巳奈夫 編, 《戰國時代出土文物の研究》, 京都大人文科學研究所, 1985, pp.338-339.

93) 《國語》〈楚語〉上에서 祝과 宗의 자격으로서 각기 '先聖之後'와 '名姓之後'가 손꼽히는 것은 德의 祈求를 위한 제사의 主宰者이자 따라서 德의 受任者가 조선신의 후예여야 함을 명백히 드러낸다.

94) 《墨子》, 〈節用〉上, "是以用財不費, 民德不勞, 其興利多矣."

95) 工藤元男 〈睡虎地秦簡日書における病因論と鬼神の關係について〉.

96) 가령 戰國楚의 경우 小型墓에까지 陶鼎과 陶敦의 副葬이 보편적으로 이루어졌다는 것(間瀬收芳, 〈戰國時代楚文化の中の鼎と敦〉, 《古史春秋》 第三號, 1986)은 禮制 붕괴의 일단을 시사한다.

대응한 것으로 이해할 수 있다. 반면 이런 儒墨으로부터 철저히 배척당할 수밖에 없었던 楊朱類의 重生重己主義나 道家의 관념적 養生術을 비롯하여 그 저변을 이루는 다양한 충차의 呪術的 養生術의 풍미와 그의 개체화 양상은 씨족제 해체에 따른 개체적 생명력 祈求로의 이행이라는 시대적 대세를 반영하는 것이다.

이러한 주술적 양생술의 성행을 시대적 풍조로 볼 수 있다면 그것은 종래의 呪術的 思惟의 타성 탓으로만 치부될 수는 없고 오히려 미증유의 전란과 사회적 격변으로 점철된 戰國 특유의 시대상이 그의 엄청난 증폭을 가져온 주요조건을 마련했다고 여겨진다. 예컨대 前漢末 사회불안의 고조와 함께 광범위한 지역에 걸쳐 民衆의 광적 신앙대상으로서 祭祀되었던 西王母가 인간에게 不死의 생명을 보장하는 종말론적 救濟의 神이었다[97]는 것은 시대적 혼미와 생명 추구의 뚜렷한 상관성을 웅변한다. 특히 七雄 간의 끝없는 전쟁을 감내해야 했던 당시인들로서는 생명에 대한 위협을 느끼는 만큼에 비례하여 생에 대한 갈구도 강렬해질 수밖에 없었다.《老子》가 生에 대한 집착을 반대한 것은 역설적으로 당시인들의 生에 대한 강한 집착을 반증하며,[98] 인간의 생명을 관장하는 司命神에 대한 祭祀가 先秦문헌에 적지 않게 확인될 뿐만 아니라 그에 대한 제사가 齊・三晋・楚에서 거행된 사실[99]이나, 근래 출토된 包山楚簡에서 太(太一)・司命・司過(司中)만이 주요 天神으로서 祭禱대상이 되고 있다는 점,[100] 그리고 《史記・天官書》에서 보이듯이 그가 星神으로 자리잡고 있는 점[101] 등은 全中國에 걸쳐 전란의 세월을

---

97) 小南一郎,《西王母と七夕傳承》, 東京 平凡社, 1991, pp.290-291. 西王母에 대한 폭발적 신앙이 이처럼 前漢末의 사회적 위기의식의 고조와 직결된다는 것은 西王母로 확인되는 最古의 圖象이 담긴 畫像磚이나 銅鏡이 출현한 시기가 兩漢交替期였다는 사실에서도 입증된다(同, pp.242-244).

98) 南山春樹,《老子傳說の研究》, 東京 創文社, 1979, 前篇 第一章 第一節〈道家の養生說〉, pp.31-32.

99) 周勛初,〈秦漢宗敎一般〉, 同著,《九歌新考》, 上海古籍出版社, 1986, pp.33-34.

100) 李零,〈考古發現與神話傳說〉, p.119. 李零은 이 司命과 司過를《楚辭・九歌》에 나오는 大司命과 少司命으로 추측하고 있다.

101)《史記》, 卷27〈天官書〉, "斗魁戴匡六星曰文昌宮···四曰司命, 五曰司中, 六曰司祿."

140

버텨야 했던 당시인들의 생명에 대한 강렬한 집착을 적나라하게 드러냄과 아울러 養生辟邪를 위한 祭祀의 성행을 단적으로 보여준다.

전쟁이 이처럼 생명력을 해치는 행위라면 그것은 당연 德에 위배되는 일이 아닐 수 없다. 전국시대의 문헌에 "兵者, 凶器也; 爭者, 逆德也"라는 상투적 표현이 허다하게 보인다는 것[102]은 그런 인식을 잘 드러내며, 《老子》30章의 다음과 같은 내용은 그런 표현을 적절히 해설하는 것 같다.

> 군대가 處했던 곳에서는 가시덤불이 생겨나고, 大軍이 일어난 후에는 반드시 凶年이 온다.[103]

물론 이는 인민이 전쟁에 동원되어 농사를 돌볼 겨를이 없기 때문에 凶年이 든다는 식으로 이해할 수도 있겠지만, 그러나 앞 문장이 다분히 呪術的 의미를 내포하고 있다는 점과 아울러 '爭者, 逆德也'라는 앞서의 표현, 그리고 上記한 30章에 뒤이은 31章에 나오는 "夫佳兵者, 不祥之器"라는 표현을 연관지워 생각해보면, 上記 내용은 天德에 위배되는 전쟁은 결국 天의 재앙을 자초한다는 呪術的 관념을 내포하고 있다고 판단된다.[104] 그러나 《老子》도 인정하듯이 戰爭이란 또 한편 不得已한 일[105]이기도 하고 기실 戰國의 爭亂을 종식시키기 위해서는 무력통일전쟁도 불가피한 일이었다. 여기서 우리는 德이 武力(즉, 刑)의 요소를 포함한다는 前章의 내용을 상기할 필요가 있다. 그렇다면 天德, 즉 天이 보장하는 생명력을 갖춘 자만이 辟邪행위로서 勝戰을 보장받는다고 할 수 있다. 우선 《左傳》에 인용된 《軍志》의 "德이 있는 (者는) 對敵할 수 없다"[106]라는 귀절은 그를 적절히 例示하는 것 같고,

---

102) 이에 대해서는 拙稿, 〈戰國時代의 戰爭呪術과 그 觀念構造〉, p.165를 참조할 것.

103) 《老子》30章, "師之所處, 荊棘生焉, 大軍之後必有凶年."

104) 陸德明이 《老子道經音義》에서 上記한 "凶年"에 대해 "天應惡氣, 災害五穀, 盡傷人也"(李定生, 〈《文子》非僞書考〉, 陳鼓應 主編 《道家文化研究》 第五輯, 上海古籍出版社, 1994, p.468에서 再引用)라 설명한 것은 그런 의미에서 매우 적절하다.

105) 《老子》31章, "兵者, 不祥之器, 非君子之器, 不得已而用之, 恬淡爲上."

106) 《左傳》, 僖公28年條, "軍志曰…有德不可敵." 이는 楚子가 晋侯의 군대를 뒤쫓지 말라고 하면서 피력한 말 가운데 인용된 것인데, 이 귀절 바로 앞에서 晋侯에 대해 '天假之年, 而除其害. 天之所置, 其可廢乎'라고 표명한 것을 보면 여기서의 德은 天德

또한《越絶書》에서 "夫聖人行兵, 上與天合德"[107]라는 것도 天德의 획득 여부가 戰勝의 관건임을 잘 보여주고 있다.《左傳》에 보이는 다음의 내용도 修德이 戰勝을 보장하는 필수적 전제조건임을 제시하고 있다. 즉,

> 先王은 五年 (동안) 征伐(의 吉凶 여부)를 占卜하여 매년 그 吉祥이 되풀이되어, 吉祥이 거듭되면 (征伐)에 나서고 거듭되지 않으면 修德을 더하여 다시 占卜한다.[108]

이처럼 勝戰의 원동력이 되는 德의 여부를 占卜행위로 판별한다는 것은 그 德이 통치자의 세속적 德政이기보다는 天神의 裁可에 따라 부여된 생명력임을 시사하며 따라서 修德도 天德을 보장받기 위한 祭祀 등의 通天 행위로 해석된다. 이와 같은 德의 呪術性은 商王 紂가 失德하자 亳에 十日 間 흙비가 내리고 天命을 상징하는 九鼎이 자리를 옮겨 앉고 여자가 남자로 변하기도 하며 하늘에선 血雨가 내리고 國道에 가시덤불이 자라는 등의 妖祥과 災殃이 일어났다는《墨子》의 내용[109]에서도 확인된다. 또한 商代에 帝太戊가 妖祥의 桑이 朝에서 자라는 것에 두려움을 느끼고 伊陟의 말대로 修德하자 祥桑의 枯死해버렸다는 修德勝妖의 일화[110] 역시 생명력으로서의 德이 갖는 辟邪의 呪力을 例示한다.《老子》에 보이는 다음과 같은 내용은 德의 呪術性을 보다 확실히 입증해준다. 즉,

> 道로써 天下에 임하면 그 鬼도 靈力을 부리지 않는다. (실은) 그 鬼가 靈力을 부리지 않는 것이 아니라 그 靈力이 사람을 해치지 않는 것이다.[111]

임이 명백하다.

107)《越絶書》第十二,〈外傳記軍氣〉第十五.

108)《左傳》襄公13年條, "先王卜征五年, 而歲習其祥, 祥習則行. 不習則增修德而改卜."

109)《墨子》〈非攻〉下, "逮至乎商王紂, 天不序其德, 祀用失時, 兼夜中, 十日雨土于薄, 九鼎遷止, 婦妖宵出, 有鬼宵吟, 有女爲男, 天雨肉, 棘生乎國道." 이에 대한 자세한 주석은《墨子閒詁》(北京 中華書局 1986), pp.138-139 참조.

110)《史記》卷3,〈殷本紀〉, "亳有祥桑穀共生於朝, 一暮大拱. 帝太戊懼, 問伊陟. 伊陟曰, 臣聞妖不勝德, 帝之政其有闕與? 帝其修德. 太戊從之, 而祥桑枯死而去." 이와 흡사한 내용은 武丁 때의 事例로서《說苑》〈君道〉篇에도 보인다.

111)《老子》60章, "以道莅天下, 其鬼不神. 非其鬼不神, 其神不傷人."

《老子》에서의 道가 여전히 신화적 관념을 담고있는 "萬物의 母"이자 생명력으로서의 德의 淵源[112]이라고 볼 때 上記한 내용은 天德을 견지하면 귀신도 재앙을 일으키지 못한다는 의미로 해석되며, 따라서 이 역시 생명력이 지닌 辟邪의 呪力을 입증한다고 볼 수 있다. 그렇다면《史記》에 보이는 "諸侯咸歸軒轅, 軒轅乃修德振兵"[113]에서의 修德도 天德을 누리기 위해 행하는 呪術的 通天 행위라는 시야에서 이해될 수 있겠는데, 戰國時代에 이처럼 天德에 의거한 戰勝을 祈求하는 儀禮가 出戰에 앞서 거행되었음을 생생하게 보여주는 동시사료로서는《詛楚文》을 꼽지 않을 수 없다.

《詛楚文》의 기본 골자는 秦 惠文王이 楚懷王의 罪를 神靈에게 詛祝하는 전반부와 官民에게 奮起協力할 것을 호소하고 神靈의 德에 의해 楚軍을 제압할 것을 祈盟하는 후반부로 구성되어 있다. 이같은 詛祝과 盟誓의 구조는《墨子》의 〈迎敵祠〉篇에도 대동소이하게 보이고 있어[114] 당시 出戰에 앞선 祭儀에서 보편적으로 사용된 형태로 해석된다. 아래에서는 本章과 직접 관련되는 몇가지 부분만을 뽑아 검토해 보기로 하자.

① 秦의 嗣王은 吉玉과 宣璧을 敢用하여 宗祝으로 하여금 丕顯大神 巫咸에게 告하여 楚王 熊相의 多罪를 꾸짖는다.
② 楚王 熊相은 皇天上帝 및 丕顯大神 巫咸의 光烈威神을 두려워 하지 않고 …諸侯의 군대를 이끌고 우리를 來犯했다. 우리의 社稷을 劃伐하려 했고 우리 百姓을 伐滅하여 皇天上帝 및 丕顯大神 巫咸에 대한 경건한 제사와 圭玉·犧牲을 滅廢하려 했다.
③ 秦國의 嬴衆은 皇天上帝 및 丕顯大神 巫咸의 禩靈德賜를 應受하여 楚軍을 克滅하고 우리의 邊城을 다시 經略한다.[115]

---

112)《老子》의 道·德의 저변을 이루는 神話的 思惟에 대해서는 蕭兵·葉舒憲,《老子的文化解讀》, 湖北人民出版社, 1994를 참조할 것.

113)《史記》卷1,〈五帝本紀〉.

114) 伊藤淸司,〈巫祝と戰爭〉,《池田末利博士古稀記念東洋學論集》, 東京, 1980, pp.250-251.

115) 이 해석은 다음 몇 가지의 註釋을 참조했다. 郭沫若,〈詛楚文考釋〉,《中國建設》4卷 6期, 1947(《郭沫若全集·考古編》9, 北京 科學出版社, 1982 再錄);陳世輝,〈＜詛楚文＞補釋〉,《古文字硏究》第十二輯, 1985;湯余惠,《戰國銘文選》, 長春 吉林大學出版社, 1993,〈詛楚文·湫淵〉.

上記하듯이 上帝와 巫咸이 제사되는 이유는 그의 '光烈威神'과 '禠靈德賜' 때문이다. 우선 전자에 대해 살펴보면, 光烈은 《國語》〈楚語〉下에서 祝이 되기 위한 조건 가운데 하나로 손꼽히는 '先聖之後之有光烈'에서의 光烈과 동일하다. 先聖의 후예라면 당연 德의 계승자이고 韋昭가 注하듯이 烈이 明의 의미라면 光烈은 明德에 대한 지칭임에 틀림없다. 또한 威神은 神威와 같고[116] 《文子》와 《淮南子》에 보이는 '因天之威, 與元同氣'[117]에서의 威가 德과 同義語라[118]고 볼 때 神威는 '神靈한 德'또는 '靈力'[119]으로 해석된다. 또한 '禠靈德賜'도 '福되고 神靈한 德의 베품' 정도로 해석된다.

上記 내용에서 주목되는 또 한 가지는 祭祀의 주된 대상이 上帝가 아니라 巫咸이라는 사실이다. 戰國 中半에 오면, B.C. 300年 直前에 해당되는 中山王墓에서 출토된 方壺銘文의 "以饗上帝"[120]에서 확인되듯이 본래 天子에게만 허용되었던 上帝에의 祭祀가 周室의 쇠퇴에 따른 上帝의 권위상실을 드러내듯 諸侯 사이에서도 거행되었고 물론 주지하듯이 秦의 경우는 春秋時代부터 이미 上帝에 대한 祭祀가 행해졌다. 따라서 巫咸이 주인공으로 선택된 배경에는 戰士로서 출전하는 인민에게 보다 친숙한 巫咸이 그들의 적극적 전투참여의사를 유도, 진작시키는데 더 안성맞춤이었기 때문이라 여겨진다.[121] 이런 추측은 "巫咸初作醫"라는 《世本》의 내용과 巫咸의 '咸'이 의료

---

116) 湯余惠, 〈詛楚文·湫淵〉, p.193, 註30.

117) 《文子》, 〈上仁〉;《淮南子》, 〈泰族訓〉.

118) 劉文典은 《廣雅》의 "威, 德也" 및 《風俗通義·十反》의 "書曰, 《天威棐諶》 言天德輔誠也"에 입각하여 威가 德임을 뚜렷이 밝히고 있다(同撰, 《淮南鴻烈集解》上, 北京 中華書局, 1989, p.318).

119) 德이 폴리네시아人의 mana와 유사한 魔力, 威力, 靈力, 精神威力이라는 견해는 이미 적지않은 학자들이 피력한 바 있다. 이에 대해서는 林巳奈夫, 〈佩玉と綬 - 序說 -〉, 《東方學報》 第45冊, 1973, p.38의 註47;蕭兵·葉舒憲, 《老子的文化解讀》, pp.840-842 및 杜正勝, 〈形體·精神與魂魄 ― 中國傳統對〈人〉認識的形成〉, 《新史學》 2卷 3期, 1991, p.49 참조.

120) 朱德熙·裘錫圭, 〈平山中山王墓銅器銘文的初步研究〉, 《文物》 1979-1, p.48.

121) 秦의 中下層의 종교관념을 반영하는 日書에 대한 분석에 의하면 그들 中下層은 上帝를 중시하는 통치계층과는 반대로 上帝를 멀리 하고 鬼神을 가깝게 여겼다고 한다(張强, 〈近年來秦簡<<日書>>研究評介〉, p.106). 한편 내용이 거의 恰사한 現存의 《詛楚文》 三種 刻辭 가운데 巫咸 이외에 주인공으로 등장하는 厥湫와 亞駝 역시 민중적 神格이었을 것이다.

기구인 箴·鍼의 古字라는 설명[122]에서 도출되듯이 巫咸이 神醫, 즉 질병퇴치의 神이었다는 결론으로 그 신빙성이 매우 높아진다. 특히 전술했듯이 당시인들의 주요관심사 가운데 하나가 질병의 퇴치였고 그 역시 생명 추구의 일환이었다고 보면 神醫 巫咸은 생명력의 神이었고 따라서 승리를 보장하는 戰神으로도 숭배되었을 것이다. 이는 戰國時代 戰神으로 숭배되었던 黃帝가 醫藥 및 疾病을 관장하는 神格이기도 했던 것[123]과 맥락을 같이 한다. 이렇게 볼 때 秦이 出戰에 앞서 巫咸에 대한 祭祀를 거행한 것은 그의 德에 힘입어 勝戰하려는 의도와 함께 그를 내세워 出戰에 임하는 개체적 인민의 죽음에 대한 공포감을 마비시키려는 기만적 의도가 숨어있다고도 여겨진다.

上記한 《詛楚文》의 발췌에서 또 한가지 짚고 넘어가야할 점은 巫咸에 대한 祭物로 사용된 珪璧 역시 생명력으로서의 德과 불가분의 관계에 있다는 사실이다. 前章에서 언급했듯이 良渚文化의 玉琮을 神이 강림하여 머무는 〈主〉라거나 또는 巫師의 通天工具라고 보면 玉器는 독점적 接神·通天으로써 권위를 과시하는 무축적 首長의 필수물임과 아울러 天神이 지닌 생명력의 원천으로서의 德을 지닌 呪器로 해석된다. 또한 黃帝의 黃이 璜으로 조합된 佩玉을 상형한 글자라는 해석[124]이 타당하다면 黃帝라는 어휘는 '黃帝'를 始祖로 숭배하는 이른바 黃帝族이 그런 佩玉으로써 '黃帝'의 神聖性을 나타내거나 또는 그의 巫祝的 族長이 '黃帝'의 德이 깃든 玉器를 佩用한 습속에서 연원하여 造語되었을 가능성도 있다. 이같은 추정은 顓頊이 草木과 玉을 소지하고 歡舞하는 巫祝의 모습을 본뜬 글자라는 해석[125]이나 商代의 玉器에 묘사된 鬼神이나 動物이 商의 지배 하에 편입된 각 지역의 血族집단이 제사한 祖先神의 모습이라는 주장[126]에 의해 설득력을 가질 수 있다. 최근 西周 後期로 추정되는 晉侯의 墓에서 수백 개의 玉飾으로 장식된 墓主의 服飾과

---

122) 周策縱, 〈中國古代的巫醫與祭祀·歷史·樂舞及詩的關係〉, pp.49-50.
123) 黃帝와 醫藥의 관계에 대해서는 丸山敏秋, 《黃帝內經と中國古代醫學》, 東京, 1988, 第8章, 〈黃帝內經の成立について〉 참조.
124) 許進雄, 《중국고대사회》, pp.35-36, p.45.
125) 周策縱, 〈中國古代的巫醫與祭祀·歷史·樂舞及詩的關係〉, p.45.
126) 林巳奈夫, 〈佩玉と綬 - 序說 - 〉, pp.33-35.

覆面들이 출토되었는데,[127] 이를 몸에 두르고 祭儀를 주재한[128] 晋侯야말로 通天을 통해 天神의 德을 一身에 체현한 巫祝的 聖人이 아닐 수 없다.

戰國時代에도 商周만큼 다채롭지 못하기는 해도 佩玉이 풍부하게 제작되었고,《禮記》의 鄭玄注에서 珩·璜·衝牙 등을 組合한 佩玉을 〈德佩〉라 일컬었다는 사실[129]은 戰國 以後에도 玉이 여전히 生命力과 生産力의 응집물로서 인식되었음과 동시에 生命力을 의미하는 德의 원초적 관념이 뚜렷이 상존했음을 입증한다. 그러나 또 한편 商周단계에 있어서 玉이란 神을 강림케 하는 매개물이었고 따라서 玉의 德은 降神을 전제로 하는 것인데 비해 戰國의 佩玉은 玉 자체가 생명력을 갖는다는 관념 위에서 그 생명력을 몸에 끌어들이기 위한 개체적, 주술적 양생술의 일환으로 추이해간 듯하다. 물론《詛楚文》에서 圭璧이 여전히 祭玉으로 사용되고, 戰國時代 각 지역의 민간제사를 반영하는 것으로 추정되는《山海經》各山系 末尾의 山嶽祭祀에서도 거의 대부분 犧牲과 함께 珪璧이 祭物로 供獻되고,[130]《呂氏春秋》의〈仲春紀〉에서도 동물의 번식기인 仲春에는 犧牲 대신 圭璧을 祭祀의 供物로 사용한다[131]는 등 戰國時代에도 여전히 玉器가 이른바 '집단적 養生'을 위한 祭玉으로서 기능하고 있다.[132] 그리고《墨子》에서, 殷이 쇠퇴하자 天의 使者인 赤鳥가 珪를 물고 와 周社에 떨어뜨리면서 天命이 周文王에 주어졌음을 알렸다는 일화[133] 역시 戰國時代 珪玉이 天德의 상징물로 관념되었음을 웅변

---

127) 山西省考古硏究所·北京大學考古學系,〈天馬 - 曲村遺址北趙晋侯墓地第二次發掘〉,《文物》1994-1; 同,〈天馬 - 曲村遺址北趙晋侯墓地第四次發掘〉,《文物》1994-8; 同,〈天馬 - 曲村遺址北趙晋侯墓地第五次發掘〉,《文物》1995-7 참조.

128) 李成珪,〈群盜의 皇帝 劉盆子〉, 黃元九敎授定年紀念論叢《東아시아의 人間像》, 서울 도서출판 혜안, 1995, p.46.

129) 이에 대해서는 林巳奈夫,〈佩玉と綬 - 序說 - 〉참조.

130) 松田稔,〈《山海經》に於ける山岳祭祀〉,《國學院雜誌》83-2, 1982, pp.84-87의 表1은《山海經》의 祭祀 내용을 일목요연하게 정리하고 있다.

131) "祀不用犧牲 用圭璧."

132) 馬王堆一號漢墓帛畵에서 中段 아래의 祭祀 장면 위에 기이하리만치 크게 묘사된 璧珩이 祭壇에 마련된 璧珩을 상징한다는 해석(曾布川寬,《崑崙山への昇仙》, 東京 中央公論社, 1981, p.89)에 따르자면 이 또한 祭玉의 實例이다.

133)《墨子》,〈非攻〉下, "…赤鳥銜珪, 降周之岐社, 曰, 天命周文王伐殷有國…." 여기서의 珪가《呂氏春秋》에서 다음과 같이 丹書로 바뀐 것은 명백히 周의 火德을 보다 강

146

하며 따라서 이 역시 天과의 상관성을 전제한다고 볼 수 있다. 그러나 또
한편 漢代에 들어와 佩玉이나 玉裝飾이 財産증식이나 長生 類의 形而下學
的 幸福 획득을 위한 수단으로서 일상품화하고 그 연장선에서 玉衣에 死體
의 防腐효과가 있다는 俗信이 보편화될 정도로 玉德 관념이 세속화한 것[134]
이 漢代에 돌연히 나타났을 리 없고, 특히 戰國時代 씨족제 해체에 따른 인
간의 개체화, 전란기이자 전환기로서의 특수성이 필연적으로 조장하는 초조
감과 享樂主義 및 祈福主義 등이 주술적 관념의 왜곡적 증폭을 초래했으리
라는 점을 고려할 때 戰國時代 玉德 관념의 세속화는 충분히 예기될 수 있
다. 설사 玉材 자체에 山嶽精靈의 靈性(즉, 德)이 내재되어 있다는 관념이
본래부터 존재했다 해도[135] 결과는 마찬가지였을 것임에 틀림없다. 이와 같
은 玉德의 세속화와 軌를 같이 하는 것이 長生不死의 추구 및 그 연장선에
서는 神仙術이라 할 수 있다.

기실 적정한 정도의 안락한 삶을 전제로 하는 長壽의 추구란 文明 출현
이래 인간의 공통된 관심사라고도 하겠고, 고대 중국인의 경우도 예외는 아
니어서 《詩經》이나 《書經》에는 長壽를 회구하는 내용이 있고, 西周金文에
도 '眉壽萬年'·'眉壽無疆'과 같이 長壽를 축원하는 귀절이 빈번히 확인되
며 西周人이 祖先이나 天에 생명의 연장을 祈求하는 일은 보편적 습속이기
도 했다.[136] 그러나 또 한편 西周 金文의 末尾에 王이 冊命을 받는 당사자에
게 내리는 祝辭로서 "아무개여, 萬年토록 子子孫孫에까지 영원히 寶로 사용

조하기 위함이다. 즉, 《呂氏春秋》, 〈應同〉, "及文王之時, 天先見火, 赤鳥銜丹書集於周
社, 文王曰 火氣勝, 火氣勝, 故其色尙赤, 其事則火."

134) 林巳奈夫, 〈佩玉と綏 - 序說 - 〉, pp.32-33;同, 〈中國古代の祭玉·瑞玉〉, 《東方學報》
第40冊, 1969, p.305.

135) 林巳奈夫는 商周時代에 神의 강림 여부와 관계없이 材料 자체로서 玉이 생명력으
로서의 德을 지녔다고 여겨졌는지는 뚜렷이 알 수 없다는 입장을 피력한(同, 〈佩玉と
綏 - 序說 - 〉, p.38의 註 50) 반면, 牟永抗은 玉에 본래 '山嶽精靈'類의 靈性이 담겨
있다는 관념이 존재했으리라 추측하고 있다(浙江省文物考古研究所 外 編著, 《良渚文
化玉器》, 北京 文物出版社, 1990, 〈前言〉, p.X).

136) 金谷治, 〈神儒の形成〉, 《世界の歷史3·東アジア文明の形成》, 東京 筑摩書房, 1960,
p.254; Yu Ying-Shih, "Life and Immortality in the Mind of Han China", *Harvard
Journal of Asiatic Studies*, Vol.25, 1964-1965, p.87.

하라"라는 표현이 거의 천편일률적으로 보인다는 사실만으로도 씨족제 질서 아래에서는 씨족 생명력의 지속이 개체의 생명 연장에 비할 수 없이 우선시되었음을 확언할 수 있다. 게다가 전국시대까지도 여전히 당시인의 일상생활을 근저에서 지탱했던 신화적 관념에서의 不死나 永生이 現生의 무한정한 지속이 아니라 생명력의 쇠퇴와 再生 및 그의 정기적 반복을 의미했다면,[137] 그리고 祖先神이 베푸는 생명력이 씨족의 혈통을 통해 계승된다면, 씨족제 下에서의 개체 성원의 생명은 씨족의 지속적 번식을 통해 반복적 부활을 보장받을 수 있다는 관념이 보다 보편적이었을 것이다.[138] 따라서 商周 이래의 개체적 長壽 희구의 심화 결과 이미 육체적 不死의 관념이 東周 初인 B.C. 8세기 경 문헌이나 金文에 출현했다[139]고 해도 개체적 長生不死 희구는 씨족제 해체 이후인 戰國時代에 들어와 보편화되었다고 할 수 있고, 전란의 격화와 사회적 변혁에 수반된 重生 풍조는 不死 욕구를 전 계층에 걸쳐 증폭, 확산시켰을 것이다.

물론 不死 욕구를 증폭시키는데는 물질적 풍요에 수반된 현실긍정적 쾌락주의와 향락주의[140]가 일정한 작용을 하기도 했겠지만, 이는 극소수 지배층에 국한된 것이었을 터이고, 그런 부류의 수요가 馬王堆帛書에 수다하게 보이는 養生方技의 書로 결과했을 것이다. 이런 경향은 戰國秦漢의 諸侯와 皇帝들이 不死藥을 구하기 위해 方士들을 三神山에 보내는 지경에서 정점에 이른다고 할 수 있다. 그러나 전체적으로 보자면 不死의 관념은 시대적 위기의식의 소산으로 이해되어야할 것이다. 환상의 仙鄕으로 도피하려는 듯한[141] 神仙術의 본격적 출현 시기가 대규모 전쟁이 보다 격화되는 B.C. 4세

---

137) 小南一郎, 《西王母と七夕傳承》, p.200.

138) Frazer에 의하면 야만인들은 어린아이가 자라면서 그들의 죽은 祖先을 닮아가는 것은 그 祖先의 靈魂이 어린아이에게 再生했기 때문이라 믿었다고 한다. 이에 대해 상세한 것은 Sir, James G. Frazer, *The Belief in Immortality and the Worship of the Dead, Macmillan Company*, London, 1913(李新萍・郭于華・王彪 譯, 《永生的信仰和對死者的崇拜》, 北京, 中國文聯出版公司, 1992) 참조.

139) Yu Ying-Shih, "Life and Immortality in the Mind of Han China", p.87.

140) 津田左右吉, 《道家の思想とその展開》(津田左右吉全集　第13卷), 東京　岩波書店, 1964, pp.250-251.

148

기 경이었음은 결코 우연한 현상이라 볼 수 없다. 당시 개체적 長生不死를 추구하는 다양한 층차의 養生術이 폭발적으로 성행한 것도 생명을 위협하는 未曾有의 紛亂 속에서 생명을 유지, 연장하는 일이 전 계층에 걸쳐 공통된 과제였음을 여실히 드러내는데, 이런 맥락에서 보자면 다양하게 공존한 養生術 간에 상호 뚜렷한 연속성이 확인되는 것은 당연한 일이기도 하다.

물론 세속적 不死와 초세속적 不死(즉, 神仙)를 구분하려는 입장[142]도 있고 生에 대한 집착을 반대하는 老莊 계열의 관념적 養生術이 세속적 長生術과 현격한 차이를 보이는 것도 사실이다. 그러나 예컨대 민간의 주술적 양생술을 반영하는 秦簡日書나 《山海經》을 특징지우는 祭祀·占星·醫藥 등의 方術과 神仙術의 주역이랄 수 있는 方士의 주요 기능[143] 간에 뚜렷한 질적 차이를 확인할 수 없다면 方士의 神仙術은 기본적으로 민간신앙에 뿌리를 두면서 상호 영향을 주고받았다[144]고 보아야할 것이다. 특히 秦簡日書 詰篇에 보이는 屈臥·箕坐와 같은 辟邪 자세가 導引術의 자세와 일치된다는 사실은 神仙方技術의 導引이 귀신퇴치를 위한 呪術的 辟邪術에서 연원했음을 웅변한다.[145] 또한 《老子》의 '善攝生者'(50章)나 '長生久視之道'(59章)와 《莊子》에서 '五穀不食 吸風飮露'하는 神人의 경지가 長生神仙術의 반영임이 명백한 점이나 그러한 神仙術의 일환인 導引과 辟穀이 馬王堆帛書에서 보듯이 세속적 健康長壽醫學書인 《導引圖》나 《却穀食氣》로 구체화된 것[146] 등

---

141) 顧頡剛은 神僊說 출현원인의 하나로서 시대적 압박에 따른 고민을 환상으로 해결하려 한 점을 꼽고 있다(同, 《秦漢的方士與儒生》, 上海古籍出版社, 1978, p.10).

142) Yu Ying-Shih, "Life and Immortality in the Mind of Han China", pp.87-89.

143) 方士가 鬼神祭祀·醫藥·候星望氣 등을 잡다하게 관장했다는 것에 대해서는 陳槃, 〈戰國秦漢間方士考論〉, 《中央研究院歷史語言研究所集刊》 17, 1948 참조. 물론 《山海經》에 반영된 주술적 의료행위에 비해 方士의 醫藥지식이 보다 풍부하고 실제적이었던 것(許道勛, 〈略論秦漢的"方技"〉, 祝瑞開 主編, 《秦漢文化和華夏傳統》, 學林出版社, 1993)도 사실이다.

144) 金谷治, 〈神僊の形成〉, pp.249-250.

145) Donald Harper, "A Chinese Demonography of the Third Century B.C.", *Harvard Journal of Asiastic Studies*, vol.45 no.2, 1985, pp.484-490. 그에 의하면 導引은 주술적 효험이 있다고 여겨진 동물의 몸짓을 모방한 데서 비롯되었으며 이는 大儺 十二神의 동물춤에서도 확인된다고 한다.

146) 周世榮, 〈從馬王堆出土文物看我國道家文化〉, 《道家文化研究》 第三輯, 上海古籍出版

도 다양한 養生術 사이에 존재하는 연속성을 입증한다. 양생술이 추구하는 생명력의 원천이 天(神)에 있었음을 새삼 상기해 보면 이와 같은 연속성은 양생술이 공히 天德의 획득을 모색하는 행위였던 데서 연원한다고 여겨진다. 養生論에서 大宇宙와 小宇宙(즉 身體)가 相感관계를 갖거나 合一한다고 인식된[147] 점이나, 小宇宙를 다루는 方技가 大宇宙를 다루는 數術을 前提한다는 지적[148]은 그 점을 뚜렷이 입증하며, 巫祝이나 方士가 占星과 醫藥을 아울러 관장한 것도 이 때문이다. 따라서 양생술의 모태 역시 전통적인 신화적 세계관이었다고 하겠는데, 이는 환상성을 본질로 하는 神仙術에도 잘 드러나 있다.

　인간으로서 神의 고유 영역인 不死의 경지를 상정한다는 것 자체가 神의 권위에 대한 명백한 도전이라고 볼 때 신선관념의 출현은 上帝의 권위 실추에 수반된 인간의 해방[149]이라는 맥락에서 이해할 수도 있다. 후술하듯이 道家계통의 문헌에서 天德보다도 人間에 내재한 生命力, 즉 '內德'을 추구하는 것이나 不死藥의 존재에 대한 믿음 자체도 이런 경향의 연장선에서 이해될 수 있다. 그러나 적어도 전국시대까지의 관념에 있어서는 이런 不死藥이 神界나 환상의 세계인 崑崙 또는 三神山에 있었다고 보면 神仙說이란 신화적 세계관의 연속 또는 그로부터의 차용결과로 이해되어야 할 것이다. 예컨대 神話와 仙話를 엄격히 구분할 수 없다거나,[150] 現世와 격리된 神仙世界란 본래 死後의 靈魂들이 모이는 祖靈世界에서 起源했다[151]는 견해가 우선 그를 뒷받침한다. 또한 仙人=羽人의 신체적 특징 가운데 하나로서 大耳가 손꼽힌다[152]는·사실과 老子가 그의 名인 耳와 字인 聃에서 엿보이듯이 본래 大

社, 1993 참조.
147) 坂出祥伸, 〈中國古代養生思想研究の現狀と課題〉, 同編, 《中國古代養生思想の總合的研究》, 東京 平河出版社, 1988, p.4.
148) 李零, 〈道家與 "帛書"〉, 陳鼓應 主編, 《道家文化研究》, 第三輯, p.389.
149) 顧頡剛, 《秦漢的方士與儒生》, p.10.
150) 李零, 〈考古發現與神話傳說〉, p.137.
151) 小南一郎, 〈壺型の宇宙〉, 《東方學報》 61冊, 1989, p.177. 따라서 仙人이란 죽음을 거치지 않은 채 祖靈이 된 사람들이라는 것이다.
152) 李零, 〈考古發現與神話傳說〉, p.138 참조.

150

耳의 巫祝이었다는 주장[153]의 타당성은 大耳가 밝은 귀를 속성으로 하는 天神이나 神意를 체현한 聖人의 특징임에 비추어볼 때 神仙術과 道家의 상관성 및 양자의 모태으로서의 주술적 관념을 단적으로 드러낸다. 이는 先秦의 思想을 다수 포함하는 《抱朴子》에서 明目과 모종의 관련성을 가지리라 추측되는 方瞳과 엄청나게 큰 귀를 仙相으로 인식하는[154] 점에서도 재확인된다. 이런 맥락에서 보면 仙人의 관념이란 神界에 대한 인간의 도전이라는 방향보다는 神·人의 연속성이라는 고대중국의 특징적 세계관과의 관련 속에서 이해되어야 할 것 같다.

이런 시각에서 보면 神仙이 되기 위해 玉屑을 먹거나 辟穀食氣하는 것도 본래는 天德을 획득하기 위한 通天 행위에서 비롯되었다고 볼 수 있다. 우선 《山海經》의 다음과 같은 기술은 玉이 본래 神들의 음식물임을 例示한다. 즉,

> (稷澤) 속에는 白玉이 많고 玉膏가 산출되는데 그 샘에서 펑펑 솟아나오며 黃帝가 이것을 먹고 饗했다. … 天地의 귀신이 이것(玉)을 먹고 饗했다. 君子가 이 玉을 차고 다니면 상서롭지 못한 일을 막을 수 있다.[155]

이처럼 黃帝를 비롯한 鬼神들이 玉을 먹는 반면 君子는 단지 辟邪를 위해 佩用한다는 것은 적어도 이 단계에서는 玉이 神만이 먹을 수 있는 것으로 관념되었음을 드러내며 또한 神의 玉食은 神들이 玉을 饗했다는 서술에 비추어볼 때 玉이 神에 대한 祭物로 사용된 습속에서 비롯되었음을 시사한다. 그러나 이는 食玉이 神들과 동일한 不死의 경지를 보장할 수 있다는 관념의 출현 가능성을 이미 배태하고 있는 것이다. 그리하여 《楚辭》에서 "崑崙에 올라 玉英을 먹고 天地와 같이 長壽를 누리며 日月과 나란히 빛을 발하리라"[156]거나 "玉樹의 가지를 꺾어 肉脯를 삼고 옥가루를 빻아 양식을 삼

---

153) 蕭兵·葉舒憲, 《老子的文化害毒》, pp.970-975 참조.
154) 《抱朴子·內篇》, 〈微旨〉, "若令吾眼有方瞳, 耳長出頂, 亦將控飛龍而駕慶雲, 淩流電而造倒景, 子又將安得而詰我."
155) 鄭在書 譯註 《山海經》, 〈西山經〉, pp.87-88, "其(稷澤)中多白玉, 是有玉膏, 其原沸沸湯湯, 黃帝是食是饗.…天地鬼神 是食是饗. 君子服之, 以禦不祥."
156) 《楚辭·九章》, 〈涉江〉, "登昆侖兮食玉英, 與天地兮同壽, 與日月兮同光."

으리라"[157]는 것은 食玉이 永生을 가능케 한다는 神仙術의 관념을 단적으로 드러낸다. 食玉이 日月・黃帝의 경지를 보장하는 것이라면《莊子》의 다음과 같은 기술도 神仙術의 맥락에서 이해가능하다. 즉,

> 日月은 道를 얻어 옛부터 쉬지않고 (비추며)···黃帝는 道를 얻어 하늘로 올라갔다.[158]

전술했듯이 道가 생명력으로서의 德의 원천이라면 上記 인용은 玉食을 통해 영원한 생명력을 획득하려는 神仙術을 모태로 한 것으로도 이해되며, 특히 至高神 黃帝가 得道登僊의 존재로서 설정되었다는 것은 그를 웅변한다. 玉食과 함께 氣를 먹는 행위도 登僊의 방법이었음은《楚辭》의 다음과 같은 내용에서 엿보인다.

> 軒轅에게는 의지할 수 없으니 나는 장차 王子喬를 좇아 노닐겠노라. 六氣를 먹고 沆瀣를 마시며 正陽을 삼키고 朝霞를 머금겠노라. 神明의 淸澄함을 지키니 精氣가 들어오고 麤穢가 털어지노라.[159]

上記 인용에서 흥미로운 사실은 神仙이 되는 길을 인도하는 조력자로서 黃帝가 아닌 王子喬가 선택된다는 점이다. 이와 관련하여 顧頡剛은 神人 黃帝로 대표되는 西方 崑崙傳說이 仙人 王子喬로 대표되는 東方 蓬萊傳說로 대체되고 그에 따라 不死의 방법도 玉食에서 食氣로 전화된 것이라 설명하고 있다.[160] 기실 고대중국에서 西方의 崑崙이 死後 登僊의 세계인[161] 반면 蓬萊는 현세에 존재하는 환상의 세계였고 보면 그 주장은 어느 정도 타당성

---

157)《楚辭》,〈離騷〉, "折瓊枝以爲羞兮, 精瓊爢以爲粮."

158)《莊子》,〈大宗師〉, "日月得之, 終古不息.···黃帝得之, 以登雲天."

159)《楚辭》,〈遠遊〉, "軒轅不可攀援兮, 吾將從王喬而娛戲. 飡六氣而飮沆瀣兮, 漱正陽而含朝霞. 保神明之淸澄兮, 精氣入而麤穢除."

160) 顧頡剛,〈<<莊子>>和<<楚辭>>中昆侖和蓬萊兩個神話系統的融合〉,《中華文史論叢》 1979-2. 그는 또한 상기 내용이 담겨있는〈遠遊〉篇의 人名과 地名에 대한 분석을 통해〈遠遊〉를 燕人의 저작으로 추정하고 있다.

161) 死後의 崑崙昇仙에 대해서는 曾布川寬,《崑崙山への昇仙》참조.

이 있고, 崑崙을 떠받드는 巫祝의 주술성에 비해 蓬萊를 선전하는 方士의 환상성이 당시의 세속적 長生추구 세태와 교묘히 맞물려 보다 호소력을 가졌다고 보면 후자의 득세 또한 일정한 추세였을 것이다. 그러나 또 한편 蓬萊와 崑崙이 원래 동일한 宇宙山이었다[162]고 볼 때 양자를 뚜렷하게 구분하기란 어려운 것도 사실이다. 그야 어쨌든 玉食보다는 氣의 흡입이 신선관념의 환상성에 보다 적합한 행위였음은 수긍되는 바이다. 上記 인용에서 六氣·沆瀣·正陽·朝霞을 섭취한다는 것은 바로 氣를 흡수하는 행위이며, 특히 精氣를 入하고 麤穢를 제거한다는 것은 辟穀食氣에 다름아니다. 유한한 생명력밖에 보장하지 못하는 穀物은 不死를 지향하는 神仙術에서는 당연 추하고 더러운 것일 수밖에 없고 그보다는 天德의 영원한 생명력을 내포하는 氣를 흡입해야 했다.

이상과 같이 神仙術에서의 天德 획득방법이 극히 개인주의적인 동시에 비현실적인데 비해 戰國 數術家의 天德 추구는 다분히 집단적 양생을 목적으로 하면서 나름 대로 과학적으로 모색되고 있다. 이는 天의 생명력과 그 변화를 추적하여 그것을 人事에 적용하려는 노력의 결과로 보인다. 물론 보다 원초적인 관념을 담고 있는 長沙子彈庫 楚帛書의 경우는 여전히 주술적이다. 楚帛書 중간의 長篇에서 발췌한 다음과 같은 내용이 그러하다.

① 戊歲德慝, 如□□其邦, □一□之行, 卉木民□…惟德慝之歲, 三時…(戊歲에는 그 年의 德이 나쁘다. 만일…그 邦에…가 있어…의 行이 있으면 卉木은 萌하고….德이 나쁜 歲에는 三時에…).
② 是□德慝, 群神乃德.
③ 民祀不歆, 帝將由以亂逆之行(民의 祭祀가 적절하지 않으면 帝는 凶咎를 내릴 것이다).[163]

주지하듯이 楚帛書의 내용에는 殘缺이 많아 구체적 字句 해석상 적지않은 논란이 있지만, 그러나 상기한 ①과 ②에서 보듯이 德은 天神이 베푸는

---

162) 小南一郎, 《西王母と七夕傳承》, pp.168-169.
163) 《楚帛書》의 釋文과 解讀은 林巳奈夫, 〈長沙出土戰國帛書考〉, 《東方學報》 36, 1964 및 李零, 《長沙子彈庫戰國楚帛書研究》, 北京 中華書局, 1985를 함께 참조하였음.

생명력의 원천임에 틀림없고 이는 ③에서 民의 제사가 周到하지 못하면 上帝가 재앙을 내린다는 근거에서 볼 때 더욱 뚜렷해진다. 따라서 ③에 의거하면 ①과 ②의 기본취지도 民이 神意의 구체적 표현으로서의 四季의 질서에 순응하면 神德이 내린다는 것으로 이해될 수 있을 것이다.[164] 음양오행설을 기조로 하는 통일천하질서의 大綱이랄 수 있는 《呂氏春秋·十二月紀》나 그것을 거의 답습한 《禮記·月令》도 이와 같은 주술적 數術家 계열의 楚帛書를 모태로 체계화된 것이었다고 볼 때 天德의 획득이 고대중국에서 얼마나 중시되었는가를 새삼 실감할 수 있다. 특히 전국시대 占星術의 성행이 전란과 재앙으로 인한 지배층의 위기감과 불안을 배경으로 한 것이었음[165]을 감안하면 數術家의 天德에 대한 모색과 중시는 당연한 것이었다. 이런 數術家 계열의 이론으로 보이는 《淮南子》의 다음과 같은 내용에서의 德도 역시 같은 의미이다.

> 太陽이 冬至點에 이르면 北斗의 柄이 眞北 방향을 가리켜 陰氣가 極하여 陽氣가 싹튼다. 故로 冬至를 德이라 한다.[166]

여기서의 德은 쇠퇴했던 태양의 생명력이 冬至를 기점으로 부활했음을 지칭하는 어휘이다. 이런 맥락에서 보면 馬王堆帛書 《黃帝書》의 "春夏爲德, 秋冬爲刑. 先德後刑以養生"[167]이나 "先德後刑, 順于天"[168]도 天德의 盛衰를 좇아야 五穀의 숙성과 인민의 번식을 실현할 수 있음을 갈파한 것으로 이해해야 할 듯하다. 또한 《管子》에서 "오직 聖人만이 四時를 안다. 四時를 알지 못하면 이에 國의 기틀을 잃는다"[169]라는 것은 聖人이야말로 通天행위를

---

164) 이에 대해서는 李零, 〈楚帛書的再認識〉, 《中國文化》 第十期, 北京 中國文化雜誌社, pp.53-54 참조.
165) 《史記》, 卷27, 〈天官書〉, "田氏纂齊, 三家分晉, 竝爲戰國. 爭於攻取, 兵革更起, 城邑數屠, 因以饑饉疾疫焦苦, 臣主共憂患, 其察禨祥候星氣尤急."
166) 《淮南子》, 〈天文訓〉, "日冬至則斗北中繩, 陰氣極陽氣萌, 故曰冬至爲德."
167) 《黃帝四經今注今譯·十六經》, 〈觀〉, p.98.
168) 同上, p.101.
169) 《管子》, 〈四時〉, "唯聖人知四時. 不知四時, 乃失國之基."

통해 그처럼 天數를 체득함으로써 地上의 秩序를 統理하는 주체[170]였음을 단적으로 보여준다.

以上에서 살펴본 數術方技家의 관념을 철학적 모태로 하는 道家에 있어서의 德 역시 같은 의미를 가졌을 것은 당연하다. 이에 대해서는 節을 바꾸어서 살펴보기로 하자.

2. 德・聖人 觀念의 分化

근래 諸子思想을 전통과의 단절보다는 연속에서 이해하려는 경향은 道家에 대해서도 예외없이 적용되고 있는 것 같다. '신화적 세계관의 철학화'[171]라는 老莊에 대한 규정적 표현에서 단적으로 드러나듯이 道家思想의 철학적 모태가 주술적이고 신화적인 관념이었음은 이미 적지않은 학자들의 연구성과[172]에 의해 증명되고 있다. 최근 중국학자들이 '道家文化'라는 개념을 설정하여 거기에 道家哲學思想과 이를 배태한 문화배경, 그리고 이러한 哲學 및 문화배경의 영향 속에 출현한 道敎를 포함하는 기타문화현상까지를 포괄함으로써 道家文化와 전통적 민간신앙의 상관성을 폭넓게 이해하려 시도하는 것[173]도 그런 경향과 同軌임은 두말할 나위 없다. 이런 맥락에서 보면 老莊에서의 無欲・虛靜・心齋 등의 주요개념이 接神을 위해 無欲無心과 意識의 淸淨을 꾀하는 〈齊〉라는 신앙체험으로부터 배태되었으리라는 추정[174]도 매우 설득력을 갖는다고 할 수 있다. 이처럼 엄연한 철학적 추상성

---

170) 李成珪, 〈戰國時代 國家와 小農民 生活〉, 《古代中國의 理解》 1, p.151.

171) 李成珪, 〈諸子의 學과 思想의 理解〉, 《講座中國史》 I, p.178.

172) 이러한 연구로서는 우선 蕭兵・葉舒憲, 《老子的文化解讀》이나 N.J.Giradot, *Myth and Meaning in Early Taoism*, Univ. of California Press, 1983 등을 꼽을 수 있으며, 方術 전문연구가인 李零의 다음과 같은 논문들도 그런 시각을 여실히 드러내고 있다. 즉, 同, 〈馬王堆房中書研究〉, 《文史》 35, 1992 ; 〈道家與"帛書"〉 ; 〈說"黃老"〉, 陳鼓應 主編, 《道家文化研究》 第五輯, 1994;

173) 周世榮, 〈從馬王堆出土文物看我國道家文化〉, p.395. 이 논문이 개재된 《道家文化研究》라는 명칭의 학술잡지에는 그러한 연구경향을 반영하는 논문들이 적지않게 실리고 있다.

174) 赤塚忠, 〈中國古代思想史〉, 《赤塚忠著作集》第二卷・中國古代思想研究, 東京 研文社, 1987, pp.242-243. 이에 대한 전론으로는 赤塚忠, 〈道家思想の原初形態〉・〈古代の

을 견지하고 있는 道家의 많은 개념과 어휘들이 전통적 관념 및 습속과 연속성을 갖는다면 그 본래적 의미에 대한 민속학적, 인류학적 접근이나 재조명 작업은 당연한 일이기도 하고, 道家문헌에 빈출하는 德이 마나(mana)와 동일한 원초적 생명력을 기초로 한다는 것[175]도 그런 접근의 일례이다. 또한 그런 德의 원천인 原始創造力으로서의 道의 성격을 표현하는 《老子》에서의 谷神·玄牝이 원초적 생식숭배와 관련있는 개념임은 이미 밝혀진 대로이다.

谷神은 天地萬物을 生産, 養育하는 神이며, 이와 거의 같은 의미로서 道의 만물 창조력을 여성의 생식기에 비유한 어휘가 玄牝이다. 보다 명확히 말하자면, 일체의 "實有"를 産生하는 "空虛"로서의 道를 표현하는 玄牝은 지극히 크고 끝없이 깊은 生殖器로서의 宇宙子宮(the womb of universe)을 의미한다[176]고 한다. 虛가 實을 산생한다는 것은 동굴이나 壺가 생명력의 産生을 상징하는 것과 同軌의 관념이다. 가령 不死의 생명력을 상징하는 西王母가 동굴이나 壺形 石室에 거주하거나[177] 도가적 聖人인 廣成子가 동굴을 의미하는 空同(=崆峒)에 거주하거나[178] 古代 蜀國의 시조 蠶叢이 岷山의 石室에 거주했다거나[179] 또는 우리나라의 단군신화에서 熊女가 인간이 되기 위해 일정 기간 동굴에서 머물러야 했다는 등의 설화들은 고대인들에게 동굴이 새로운 생명력을 부여하는 再生의 장소로 인식되었음을 웅변한다. 또한 공히 생명력과 밀접한 관련을 갖는 동시에 發音上 同一系의 어휘임에 틀림없는 葫蘆(hu-lu)·崑崙(Kun-lun)·崆峒(kong-dong)·渾沌(hun-tun) 등이 동굴과 상관성을 갖는 壺·虛에서 연원했다는 것[180]도 《老子》의 虛나 그를

　　信仰體驗と道家の思辨法〉,《赤塚忠著作集》第四卷·諸子思想研究, 研文社, 1987이 있으나 이는 未見.

175) 德과 mana의 동일성에 대해서는 註119 참조.

176) 李零,〈馬王堆房中書研究〉, p.43; 蕭兵·葉舒憲,《老子的文化解讀》, pp.602-611.

177) 小南一郎,《西王母と七夕傳承》, pp.281-283.

178) 《抱朴子》,〈極言〉, "昔黃帝生而能言, 役使百靈, 可謂天授自然之體者也. 猶復不能端坐而得道. 故陟王屋而受丹經, 到鼎湖而飛流珠, 登崆峒而問廣成……." 註190을 아울러 참조할 것.

179) 《古文苑》注引《先蜀記》, "蠶叢始居岷山石室中."

180) 中野美代子,《龍の住むランドスケ-プ》, 東京 福武書店, 1991, pp.46-48. 특히 葫蘆가 생명력 넘치는 낙원의 세계를 상징한 것에 대해서는 小南一郎,〈壺型の宇宙〉를 참조

표현하는 玄牝이 생명력에 대한 원초적 관념을 내포하고 있음을 새삼 입증한다. 玄牝의 '玄'이 '卵이 처음 생성되는 모습'을 상형하는 글자[181]라고 볼 때 이 역시 生殖 및 生命과 불가분의 관계에 있음을 확언할 수 있고 따라서 宇宙子宮의 무한한 생명력을 상징하는 玄牝에서의 '玄'은 형이상학적 의미보다는 宇宙의 至大性과 영원성을 표상하는 글자임에 틀림없다. 그렇다면《老子》의 다음과 같은 내용에 보이는 玄德 역시 우주의 생명력을 지칭하며 따라서 天德으로 치환가능한 어휘일 것이다.

> 낳으면서도 낳은 것을 가지지 않고, 지으면서도 지은 것을 기대지 않고, 자라게 하면서도 자란 것을 지배하지 않네. 이를 일컬어 玄德이라 한다.[182]

여기에는 萬物을 産生, 養育하는 道・德의 본질이 잘 드러나 있는데, 이처럼 玄이 天과 불가분의 관계에 있는 어휘였음은 道家계열의 문헌에서 적지 않게 확인된다. 가령《淮南子》에 보이는 '玄元'[183]에 대해 高誘가 '天氣'라 注한 것이 우선 그러하고, 기타 '玄聖',[184] '玄虛'[185]도 그와 연하는 의미로 해석된다. 또한 帝王이 天과의 合德儀禮를 거행하는 장소인 明堂을 후술하듯이 玄堂이나 玄宮으로 일컫는 것도 玄과 天의 밀접성을 입증한다.《莊子》에 보이는 天德 역시 생명력의 원천이 天에 있었다는 관념을 재확인해준다.[186]

老莊에서의 聖人은 이와 같은 天德을 體現, 分施하는 존재[187]였는데, 그

할 것.

181) 蕭兵・葉舒憲,《老子的文化解讀》, p.607.

182)《老子》, 10章, "生而不有, 爲而不恃, 長而不宰, 是謂玄德." 이와 동일한 내용은 51章에도 보인다.

183)《淮南子》,〈本經訓〉, "是以天覆以德, 地載以樂, 四時不失其序, 風雨不降其虐, 日月淑淸而揚光, 五星循軌而不失其行. 當此之時, 玄元至碭而運照…."

184)《淮南子》,〈齊俗訓〉, "今欲學其道, 不得其淸明玄聖, 而守其法籍憲令…";《抱朴子》〈微旨〉, "黃老玄聖…."

185)《韓非子》,〈解老〉, "聖人觀其玄虛, 用其周行, 强字之曰道."

186)《莊子》,〈天道〉, "舜曰, 天德而出寧, 日月照而四時行. 弱書夜之有經, 雲行而雨施矣. 堯曰, 然則膠膠擾擾乎! 子, 天之合也, 我, 人之合也.;同, "君原於德, 而成於天. 故曰, 玄古之君天下, 無爲也, 天德而已矣."

德의 本義가 주술적 생명력이라면 老莊的 聖人의 본래 모습은《莊子》에 보이는 다음과 같은 神人의 경지라 아닐 수 없다.

> 藐姑射의 山에는 神人이 살고 있는데 피부는 冰雪과 같고 얌전하기가 처녀 같다. 五穀을 먹지 않고 바람을 들이쉬고 이슬을 마시며, 雲氣를 타고 飛龍을 몰아 四海의 밖을 노닐었다. 그가 神(靈力)을 집중하면 만물이 傷하거나 병드는 일이 없고 오곡이 익는다.····그 神人의 德은 장차 萬物과 함께 어울려 하나가 된다.[188]

우선 藐姑射가《山海經》에 보이는 列姑射[189]와 동일지역이라는 郭璞注는 上記 내용의 배경을 이루는 세계관이《山海經》에 일관하는 신화적 세계관과 별반 차이가 없으리라는 추측을 낳게 한다. 이런 시각에서 볼 때 神人이 五穀을 먹지않고 그의 靈力, 즉 德이 만물의 번식과 오곡의 숙성을 가져온다는 것은 前章에서 살펴본《山海經》의 燭龍이 不食不寢不息하면서 大地에 광명을 베푸는 모습을 방불케 한다. 다만 燭龍이 人面蛇身인데 비해 上記한 神人은 인간화된 仙人의 모습을 띠는 점이 뚜렷하게 다른 부분이다. 따라서 神人이란 燭龍類 神格 자체의 인간적 변형이거나 또는 그 神意를 체현한 巫祝的 聖人을 모태로 하는 존재라 할 수 있고, 老莊의 초월적 聖人이나 至人의 개념도 그런 주술적 무축의 '聖'에서 비롯되었다고 볼 수 있다. 그러나 이처럼 자연질서를 一身에 체현한 神人의 존재는 전국시대의 추세에 따라 老莊 역시 개체적 養生術로 추이하면서 점차 배격대상으로 격하되는데《莊子》에 보이는 다음과 같은 내용은 그를 적절히 例示한다. 즉,

> (黃帝는) 廣成子가 空同 위에 살고 있다는 말을 듣고 그를 찾아가 만나서 말하기를····나는 天地의 精氣를 취하여 五穀(의 생산을) 돕고 民人을 養育하고자

---

187)《老子》22章, "是以聖人抱一爲天下式";《莊子》,〈徐無鬼〉, "以德分人謂之聖, 以財分人謂之賢."
188)《莊子》,〈逍遙遊〉, "藐姑射之山, 有神人居焉. 肌膚若冰雪, 淖約若處子. 不食五穀, 吸風飲露, 乘雲氣, 御飛龍, 而遊乎四海之外. 其神凝, 使物不疵癘而年穀熟····之人也, 之德也, 將磅礴萬物以爲一"
189)《山海經》,〈海外北經〉, "列姑射在海河州中."

한다. 나는 또한 陰陽을 다스려 群生을 順應케 하고자 하는데 어찌해야 하겠는 가?[190]

    이에 대해 廣成子는 가차없이 비난을 퍼부었고 결국 黃帝가 '治身'과 '長久'(즉 長生術)에 대해 묻자 기꺼이 養生術에 관해 설명했다는 것이 上記 인용에 뒤이어 보인다. 廣成子는 그 이름으로 보거나 또한 그가 거주하는 空同이 전술했듯이 洞窟 및 混沌과 상통한다고 볼 때 宇宙의 생명력을 관장하는 至上神이 道家的 聖人으로 전화, 윤색된 존재로 판단된다. 廣成子가 이처럼 黃帝의 요구를 비난하고 나선 것은 次章의 내용에서 확인되듯이 전국 후기에 그러한 주술적 군주관이 여전히 성행했음을 반증하기도 한다. 그러나 어쨌든 醫藥養生의 方技가 道家의 바탕이었다는 지적[191]도 있듯이 老莊은 개체적 양생술을 지향했고 특히 《莊子》의 경우는 全生益壽를 위한 養形보다는 養神을 우위의 경지로 삼았다.[192] 이에 照應하여 《莊子》의 聖人이나 至人은 生死를 초월하여 관념적 自由를 만끽하는 존재로 묘사되는데, 이는 격렬한 사회변화에 適應, 得志하지 못한 이들이 관념적으로 현실사회를 벗어나 절대의 경지에 도달하려 했던 사회배경을 반영하는 것[193]이기도 하다. 《老子》에서의 德이 개체적 양생술과 밀접한 관련을 갖는 것도 이와 같은 급박한 시대배경과 무관할 리 없고,[194] 더 나아가 道家를 비롯한 養生方技에서 天德이 예컨대 "德者, 內也"라는 《韓非子》〈解老〉篇의 귀절이 단언하듯이 '內德', 즉 인간 내면에 갖추어진 생명력으로 전화된 것도 그와 同軌의 경향을 반영한다.

    이처럼 德이 인간에 내재된 생명력으로 이행된 원인은 물론 인간의 生

---

190) 《莊子》, 〈在宥〉, "(黃帝)聞廣成子在於空同之上, 故往見之. 曰, …吾欲取天地之精, 以佐五穀, 以養民人. 吾又欲官陰陽, 以遂羣生. 爲之奈何?"

191) 李零, 〈說"黃老"〉.

192) 南山春樹, 《老子傳說の研究》, pp.25-27.

193) 板野長八, 《中國古代における人間觀の展開》, 東京 岩波書店, 1972, pp.134-135.

194) 《老子》, 50章, "善攝生者…入軍不被甲兵…兵無所容其刃"은 생명력으로서의 德이 지닌 辟兵呪力을 예증하는 동시에 戰國의 전란이 그런 주술적 養生術을 요구했음을 시사한다.

死를 氣의 聚散으로 보고 생명현상을 인체에 내재한 氣의 운동으로 이해했던 養生的 方技醫學의 대두와 함께 德이 그런 氣 또는 精氣와 동일시된 탓도 있지만 그러나 또 한편 그런 인식의 저변에는 시대변화 및 그에 수반된 전통적 세계관의 추이가 엄존했던 것도 사실이다. 그런 추이를 구성하는 요소로서는 앞서도 언급했듯이 씨족제의 해체에 따른 인간의 개체화로 인해 德이 씨족 생명력에서 民을 포함한 모든 계층의 인간이 개체적으로 추구해야할 생명력으로 전화되는 경향을 우선 꼽을 수 있고 둘째로 원래 초자연계의 신이었던 堯舜禹 등이 人間 英雄으로 전화되면서 그들이 베푸는 원초적 生命力으로서의 德도 인간에 내재하는 생명력으로서의 德으로 추이했던 이른바 '神德의 人德化' 경향을 거론할 수 있을 것이다. 앞서 인용했던 《墨子》의 귀절 '民德不勞'에서의 '民德'은 그를 단적으로 입증하는 사례가 아닐 수 없다. 더 나아가 후자의 경향을 배태할 수 있었던 神·人의 연속성도 神人一體, 즉 神性이 人間自體에 내재한다는 관념[195]으로 이어져 人德의 관념을 배태할 수 있는 토양을 마련했다고 볼 수 있다.[196] 예컨대 《莊子》에서 "德全者形全, 形全者身全"[197]이라거나 "形全者神全, 神全者聖人之道也"[198]라는 것은 神=德이 인체에 내재한 생명력이며 그것이 신체로서의 形을 主宰한다는 것을 잘 나타내고 있다. 그리고 이에 따라 聖人이란 이제 天德을 體現하여 이를 지상계에 分施하는 존재이기보다는 그런 내재적 德을 온전히 하는 존재로 묘사되고 있다.

全德=全神의 聖人이 되기 위해서는 德의 培養은 필수적이다. 가령 《韓非子》의 다음과 같은 내용이 그를 예시한다. 즉,

---

195) 이와 같은 神人一體의 관념에 대해서는 栗原圭介, 《中國古代樂論の研究》, 東京 大東文化大學東洋研究所, 1978, p.370을 참조할 것.

196) 杜正勝은 德이 본래 人體에 내재된 생명력으로서의 精氣를 의미했다고 이해하고 (同, 〈形體·精神與魂魄 — 中國傳統對〈人〉認識的形成〉), 赤塚忠도 人間에 內在한 精氣로서의 德의 보편적 근거로서 天 또는 天德이라는 개념이 나왔다고 설명하지만(同, 〈中國古代思想史〉, p.296) 이는 德 개념의 본래 의미에 대한 몰이해의 결과이다.

197) 《莊子》, 〈天下〉.

198) 同上.

160

> 身體는 精을 積聚함으로써 德으로 삼는다.····이제 修身하여 外物이 그 精神을 惑亂할 수 없다. 그러므로 (《老子》에서) 修身하면 그 德이 이에 純眞해진다라고 한 것이다.[199]

상기내용의 精나 精神이란 神·氣·德과 동일범주의 생명력을 지칭하므로[200] 그 精 또는 精氣를 積聚한다는 것은 바로 內德의 배양일 것이다. 《莊子》에서 싸움닭이 상대방 닭의 울음소리에도 나무로 만든 닭처럼 꿈쩍않는 상태를 全德에 비유하는 것[201]도 養形보다 내면적 德의 배양이 중요시되었음을 나타낸다. 초기 道家의 養生論을 대변한다고 일컬어지는 이른바 《管子》四篇 가운데 하나인 〈心術下〉篇의 "日新其德, 昭知天下, 通于四極"도 관념적이긴 하나 內德의 배양이 聖人이 되는 길임을 갈파한다. 물론 이 《管子》四篇의 경우도 예컨대 〈心術上〉에 보이는 "虛無無形謂之道, 化育萬物謂之德"과 같은 문장은 거기서의 德 역시 《老子》의 玄德과 같은 天德인 듯한 인상을 주지만, 그러나 同篇에서 "德者, 道之舍. 物得以生生 云云"한 것은 그 德이 이미 內德化 했음을 확언케 한다. 그리하여 〈心術下〉篇에 보이는 다음과 같은 내용도 養生的 內德 추구임이 분명하다. 즉,

> 形이 正하지 않은 것은 德이 없기 때문이다. 속이 精하지 않은 것은 心이 治되지 않았기 때문이다. 形을 端正히 하고 德을 飾하면 萬物이 모두 얻어진다. (이는) 새가 스스로 날아오는 것과 같아 그 極함을 알지 못하니, 天下를 밝게 알 수 있고 四極에 통한다. 이 때문에 物로써 五官을 어지럽히지 말고 五官으로 마음을 어지럽히지 말라고 하니 이를 일컬어 內德이라 한다.[202]

---

199) 《韓非子》, 〈解老〉, "身以積精爲德, ···今治身而外物不能亂其精神, 故曰脩之身其德乃眞."

200) 杜正勝, 〈形體·精神與魂魄 — 中國傳統對〈人〉認識的形成〉.

201) 《莊子》, 〈達生〉, "鷄雖有鳴者, 已無變矣. 望之似木鷄矣. 其德全矣. 異鷄無敢應者, 見者反走矣."

202) 《管子》, 〈心術〉下, "形不正者, 德不來, 中不精者, 心不治, 正形飾德, 萬物必得. 翼然自來, 神莫知其極, 昭知天下, 通于四極. 是故曰, 無以物亂宮, 無以官亂心, 此之謂內德." 張舜徽는 '神莫知其極'의 神이 衍字라고 추측한다(同, 《周秦道論發微》, 北京 中華書局, 1982, 〈心術下篇疏證〉, p.235). 이와 흡사한 내용은 〈內業〉篇에도 보인다. 즉, "形不正, 德不來;中不靜, 心不治. 正形攝德, 天仁地義, 則淫然而自至神明之極, 照乎知萬物."

上記 인용에서 홍미로운 점은 《管子》의 時令諸篇을 비롯한 數術家 문헌에서 刑德이 天의 '生命力과 殺傷力'을 지칭하는 데 비해 위의 경우 形德이 身體와 그것을 지탱하는 精氣(즉, 內德)을 의미한다는 사실인데 이 역시 養生的 道家에서의 德이 개체화·내면화되었음을 입증하는 부분이다. 이렇게 볼 때 《管子》四篇을 비롯한 도가적 養生說에서의 德은 天神이 베푸는 주술적 生命力으로서의 본래적 의미보다는 그런 大宇宙로서의 天의 原理와 합일된 小宇宙로서의 個體 內의 精氣(생명력)였고, 따라서 이를 체현한 聖人 역시 天地의 原理를 一身에 체현한 매우 합리적 관념의 聖人으로서 주술적 聖人과는 사뭇 달랐다고 정리할 수 있겠다. 아울러 이상과 같은 道家의 內德 추구는 매우 고답적이고 관념적이지만 그러나 이는 당시의 시대상황과 격리된 채로 진행되었다기보다는 당시의 민중을 포함한 모든 계층의 생명력 추구의 연장선에서 이해되어야 할 것이다.

以上과 같은 天德의 人德化 경향은 물론 儒家에 보다 두드러지게 보인다고 할 수도 있다. 그러나 《荀子》의 "聖人者, 人之所積而致也"[203]라는 문장이 단적으로 입증하듯이 儒家的 聖人이란 인간사회를 규율하는 禮의 본질로서의 仁義와 道德을 완성한 이른바 人道에 일관하는 존재였고 따라서 주술적 또는 개체적 生命力으로서의 道家的인 道德과는 거리가 먼 존재였다. 天道와 天德의 체현을 지향하는 老莊이 유가적 聖人과 仁義를 배격한 것[204]도 그 때문이라 하겠다. 그런데 이와 같은 諸子의 德·聖人의 관념에서 매우 홍미로운 현상은 呪術的 天 및 鬼神 信仰을 강조하는 墨家의 德과 聖人이 의외로 세속성을 강하게 드러낸다는 사실이다.

《墨子》의 用例에 의거해 보면 墨家의 德은 儒家의 그것과 전혀 동일하거나[205] 또는 관직을 담당할 수 있는 전문적 능력[206]을 의미한다. 물론 《墨子》

---

203) 《荀子》, 〈性惡〉. 같은 《荀子》〈天論〉篇의 "明於天人之分, 則可謂至人矣" 역시 聖人이란 人道의 體得者라는 것을 例示한다.
204) 《老子》第19章, "絶聖棄智, 民利百培. 絶仁棄義, 民復孝慈";《莊子》, 〈在宥〉, "故曰, 絶聖棄知, 而天下大治"
205) 《墨子》, 〈尙賢〉下, "德行之厚若禹湯文武不可得也";同, 〈非命〉上, "是以近者安其政, 遠者歸其德."

에서도 '天德'이라는 어휘가 보이지만 "觀其事, 上利乎天, 中利乎鬼, 下利乎人, 三利無所不利, 是謂天德"[207]에서 확인되듯이 이는 명백히 인간의 功利主義的 행위를 유도하는 것일 뿐 天이 베푸는 생명력과는 상당한 거리가 있다. 특히 다음과 같은 내용은 墨家의 세속적 聖人觀을 여실히 증명한다. 즉,

> 鬼神의 明智를 聖人에 비교하는 것은 聰耳와 明目을 (가진 자를) 귀머거리와 장님에 비교하는 것과 같다.[208]

전술했듯이 巫祝的 聖人이 神性으로서의 聰耳와 明目을 갖춘 자로 관념된 점을 고려하면 上記 인용처럼 밝은 귀와 눈을 가진 鬼神에 비해 귀머거리와 장님으로 낙착된 墨家에서의 聖人은 주술적 존재이기는커녕 鬼神과는 철저히 구분되는 존재로서 인식되었음을 확언해준다. 《墨子》에서 天子의 視聽이 神과 같이 밝은 것도 그가 明目과 聰耳의 呪力을 가졌기 때문이 아니라 관료를 비롯한 民이 그의 耳目이 되어 視聽을 돕기 때문이라는 언급[209] 역시 墨家의 聖人이 인간으로서의 개체적 한계를 뛰어넘지 못하는 세속적 군주였음을 웅변한다. 특히 墨子가 天子의 자격으로서 "天下之仁人", "天下之賢可者", "天下賢良聖知辯慧之人"을 내세운 것이나, 天下의 '興利除害'를 위해 최대의 근로와 철저한 검약을 실천했다는 禹를 이상적 君主像으로 칭양하고 禪讓論을 주장한 것 등[210]은 墨家의 세속적 君主論을 여실히 증명한다. 물론 《墨子》에는 周文王이나 聖人의 德을 日月의 光明과 天地의 항구성에 비유한 내용도 보여[211] 一見 전통적인 呪術的 聖人觀을 답습하는 듯하지

---

206) 《墨子》에서의 賢이 전문능력을 의미한다(拙稿, 〈戰國時代 官僚論의 展開〉, 《東洋史學硏究》第25輯, 1987, pp.20-22)고 볼 때, 예컨대 "列德而尙賢"(〈尙賢〉上)에서처럼 賢과 다를 바 없는 德 역시 전문적 능력을 의미한다고 보아 대과없을 것이다.

207) 《墨子》, 〈天志〉中.

208) 《墨子》, 〈耕柱〉, "鬼神之明智於聖人, 猶聰耳明目之與聾瞽也."

209) 《墨子》, 〈尙同〉中, "···曰天子之視聽也神. 先王之言曰, 非神也, 夫唯能使人之耳目助其視聽···."

210) 李成珪, 〈中國古代 皇帝權의 性格〉, 東洋史學會 編, 《東亞史上의 王權》, 서울 한울아카데미, 1993, p.17, p.19.

211) 《墨子》, 〈尙賢〉中, "周頌道之曰, 聖人之德···若日之光, 若月之明, 如天地同常";同, 〈兼

만, 그러나 이는 공히 《詩經》과 《書經》의 내용을 인용한 것으로서 墨家의 本意와는 다소 거리가 있고, 따라서 《墨子》에 인용된 經典과 墨家의 기본 입장 間에 뚜렷이 존재하는 이같은 차이점을 중시한다면 墨家가 자신의 주장을 정당화하기 위해 《書經》의 여러 篇을 독자적으로 제작했다[212]고 이해하는 것도 재고의 여지가 있고 오히려 《墨子》에 인용된 《書經》 역시 戰國 以前부터 전승된 古籍일 가능성도 크다고 하겠다. 墨家가 이처럼 鬼神과 人間을 철저히 구분한 것은 초월적 鬼神의 권위주의적 신성성에 호소하여 인민지배의 효율성을 기하려했던 데 있었다. 이는 墨家의 祭祀觀에서 뚜렷이 나타난다.

　물론 墨家에서의 天과 鬼神은 祭祀와 祈求의 대상이었고,[213] 그에 상응하여 天은 天候의 安定과 五穀의 豊饒라는 福祿을 내리거나 또는 天罰로서 疾病禍崇와 霜露不時를 가져오는 존재였다.[214] 그러나 厚葬久喪이 국가의 빈곤과 인구의 감소에 의한 上帝鬼神 제사의 빈약함을 초래한다고 한 것[215]은 기실 그를 기화로 上帝와 鬼神이 내릴 재앙에 대한 인민의 공포감에 호소하여 富國을 도모하기 위한 것임에 틀림없고, 또한 宗廟祭祀와 社祭를 주재할 祝宗으로서 呪術的 靈力을 지닌 巫祝이 아닌 '國之父兄慈孝貞良者'를 택한다는 것[216]은 父兄이 墨家의 尙同的 질서를 지탱하는 기층 촌락공동체 질서의 유지자로 이해되며 '慈孝貞良' 역시 그에 연하는 權威에의 從順의 덕목이라 볼 때 祭祀실시의 취지가 국가권력의 강화나 인민통합을 위해 그 효용성을 발휘하도록 함에 있음을 알 수 있다. 이는 墨家가 귀신에 대한 제사를 권하면서 "정말 귀신이 없더라도 제사는 宗族과 鄕里의 친목을 도모하는 데 유

愛〉下, "泰誓曰, 文王若日若月, 乍照, 光于四方于西土."
212) 松本雅明, 《春秋戰國における尙書の展開》, 東京 風間書房, 1966, p.492.
213) 板野長八, 〈中國古代における人間觀の展開〉, p.37.
214) 山邊進, 〈《墨子》の天について　―傳統的天觀との比較を中心として―〉, 《東方學》 第84輯, 1992年 7月, p.3.
215) 同上, pp.4-5.
216) 《墨子》, 〈明鬼〉下, "且惟昔者虞夏商周, 三代之聖王, 其始建國營都, 日必擇國之正壇, 置以爲宗廟, 必擇木之脩茂者, 立以爲菆位, 必擇國之父兄慈孝貞良者, 以爲祝宗."

용하다"[217]고 주장한 데서도 재확인된다. 이런 맥락에서 보면 墨家가 宿命論을 배격하고 善因善果 · 惡因惡果의 應報라는 定命論을 개진하면서 이를 보증하는 근거로서 善惡에 상응하는 명확한 상벌을 내리는 天을 내세운 것[218]도 天의 권위를 빌어 철저하게 인민을 통제하고 그의 노동력을 최대한 착취하기 위한 것이었다고 볼 수 있다. 이는 《墨子》에 있어서 賞罰과 관련된 天意가 바로 墨家의 의지이자 주장이었다는 지적[219]에서도 입증된다. 이렇게 보자면 墨家가 과연 인간을 감독하는 존재로서의 天을 진지하게 신봉했는지에 대한 회의[220]는 더욱 커질 수밖에 없다.

以上과 같이 墨家의 聖人觀과 祭祀觀을 일관하는 것은 天人의 분리였고 그것은 민간의 呪術的 귀신신앙을 최대한 이용하여 인민통합 및 통제라는 공리주의적 목적을 달성하고자 했던 墨家의 입장에서는 오히려 더욱 강조되어야 했다. 따라서 墨家는 주술적 제사의 효용성에 집착하면서도 天子를 비롯한 제사 주재자의 주술적 면모에 대해서는 간과하는 자가당착적 모순을 낳을 수밖에 없었다. 더욱이 天이나 鬼神의 존재를 확신하지 않으면서도 그에 대한 숭배를 중요교의로 삼아 대거 선전했다는 것은 墨家의 사상적 파탄이라 아니할 수 없다. 그러나 어쨌든 墨家가 개체적 養生術로 치달았던 道家와는 판이하게 인민 지배를 위해 주술적 세계관을 적극 이용했다는 사실은 인민통합을 위한 呪術의 효용성이 戰國時代 역사적 실재였음을 새삼 재확인해 준다. 따라서 次章에서와 같이 戰國末에 갈수록 원초적인 德 · 聖人觀의 연장선 위에서 呪術的 聖人帝王論이 성행했던 것도 결코 허구가 아니었을 뿐더러 오히려 시대적 요구였음을 단언할 수 있다.

---

217) 《墨子》, 〈明鬼〉下, "雖使鬼神誠亡, 此猶可以合驩聚衆, 取親於鄕里."
218) 館野正美, 〈中國古代における 運命論の系譜〉, pp.9-11.
219) 山邊進, 〈《墨子》の天について〉, p.4.
220) 李成珪, 〈諸子의 學과 思想의 理解〉, p.175.

III. 聖人帝王論과 封禪·明堂

전란과 변혁으로 점철되었던 전국시대가 德과 聖人의 관념에 적지않은 변이를 초래한 것은 전술한 바와 같지만, 그럼에도 불구하고 德의 본래적 의미인 생명력의 원천이 天에 있으며 聖人은 그 天德의 體現(分施)者라는 전통적 기본관념은 전국의 紛亂이 조장한 養生 추구로 인해 오히려 전 계층에 걸쳐 보다 확고히 보존될 수 있었다. 이제 통일천하를 준비하고 실현했던 戰國後半부터 秦漢에 이르는 시기에도 그것은 통일천하질서를 주재할 帝王의 성격을 규정하는 데 또 다시 기능했다. 帝王이란 天과의 感應, 合一을 통해 우주적 질서를 體現하고 이를 주재하는 聖人이어야 한다는 이른바 聖人帝王論이 바로 그것이다.

우선 이 시기에 편찬된 《禮記》가 "天子祭天地, 諸侯祭社稷"[221]이라 하듯이 天子와 諸侯 간의 祭禮를 차등적으로 규제하려 한 것이나 또는 "오직 聖人만이 上帝를 제사할 수 있다"[222]고 규정한 것은 戰國時代 上帝에 대한 제사가 諸侯에 의해 거행되었던 관행을 타파해야할 조건이 성숙, 실현되었고 따라서 通天을 위한 祭天儀禮는 유일무이한 聖人天子의 절대적 권위에 상응하는 독점적 특권이어야 한다는 현실적 당위성을 표출한 것으로 볼 수 있다. 여기서 주목되는 부분은 天子가 聖人과 동일시된다는 점인데 과연 그 聖人의 구체적 함의가 무엇이었는지는 동일한 《禮記》 및 그와 비슷한 시기에 편찬된 同種의 儒家문헌인 《大戴禮記》에 보이는 다음과 같은 내용을 통해 접근할 수 있다. 즉,

① 孔子가 대답하여 말하기를, 이른바 聖人이란 (그) 智慧가 大道에 通하여

---

221) 《禮記》, 〈王制〉.
222) 《禮記》, 〈祭義〉, "唯聖人爲能饗帝…．"

變化에 應해 窮하지 않고 事物의 情性을 헤아릴 수 있는 者이다. 大道란 變化하여 萬物을 凝成하는 所以이다. … 그 때문에 (聖人의) 사업은 크고 (그 德은) 天地에 配하며 (그의 光明은) 日月과 나란히 (비추며, 民이 그를 仰望함이) 雲蜺와 같고 萬物을 統會하여….

② 오직 天下의 지극한 聖人만이 능히 聰明叡智하여 (天下에) 臨할 수 있고…·天이 覆하고 地가 載하며 日月이 비추고 霜露가 내리는 곳 (어디에서나) 무릇 血氣를 가진 것은 尊親하지 않음이 없으니 그러므로 (聖人을) 配天이라 한다.[224]

上記의 두 인용이 상당히 유사한 내용을 담고 있음은 쉽사리 직감할 수 있고 따라서 동일 계열의 聖人論으로 이해될 수 있다. 우선 ①에서 聖人이 聰明한 智慧로써 萬物 생성의 원리로서의 道를 체득하여 萬物을 統理한다는 것은 人道의 완성을 일관되게 지향했던 원시유가의 聖人觀보다는 道家나 數術家 계열의 성인관을 반영한다. 또한 ①과 ②에서 공히 聖人의 聰明叡智를 日月에 비유하는 것도 원초적 德·聖 관념을 연상케 한다. 따라서 上記한 禮書의 聖人觀은 전국시대 성행한 數術方技家 및 이를 모태로 하는 道家·陰陽家로부터 영향받았음을 뚜렷이 시사한다. 흥미로운 점은 그런 聖人을 配天(地)이라 일컫는다는 사실이다.

配天 또는 配天地가 帝王의 德을 지칭한다는 사실은 《莊子》의 "帝王之德 配天地"[225]에서 명확히 입증되며, 따라서 《楚辭》의 "名聲若日 明四海只. 德譽配天, 萬民理只"에 보이는 '德譽配天' 역시 帝王의 德을 가리킨다고 볼 수 있다. 이렇게 보면 德配天이란 聖人帝王의 德이 天에 짝할 만큼 절대적이라는 것을 표현하는 글귀로 일단 이해할 수 있다. 이처럼 配天이 天子만의 고유한 면모였음은 配天이 곧 天子와 同義語로 인식되었음을 보여주는 《莊子》의 다음과 같은 用例에서 입증된다.

---

223) 《大戴禮記》, 〈哀公問〉, "孔子對曰, 所謂聖人者, 知通乎大道, 應變而不窮, 能測萬物之情性者也. 大道者, 所以變化而凝成萬物者也.… 故其事大, 配乎天地, 參乎日月, 雜乎雲蜺, 總要萬物…."

224) 《中庸》 31章, "唯天下至聖爲能聰明, 睿知, 足以有臨也.…·天之所覆, 地之所載, 日月所照, 霜露所隊, 凡有血氣者, 莫不尊親, 故曰配天."

225) 《莊子》, 〈天道〉.

　　堯가 許由에게 齧缺은 配天할 수 있는가라고 묻자, … 許由가 말하기를, 위
험하오, 天下를 위태롭게 할 것이오. 齧缺의 사람됨은 聰明叡智하고 민첩하며
그 天性이 남보다 뛰어나고 人智로써 天에 대응하려 하오.…그를 配天으로 삼
으면 그는 또한 人爲에 의지하여 天을 무시할 것이오.[226]

　　上記하듯이 配天이 天下를 주재하는 직위라면 그것은 명백히 天子에 대
한 지칭이었다. 이러한 配天의 기본요건으로서 여기서도 聰明叡智가 우선
거론되고 있는 점도 그것이 원초적 聖·德에서 연원했음을 재확인할 수 있
다. 또한 그 聖·德이 본래 天神의 속성임을 감안하면 配天에 비해 配天地
는 天地가 함께 萬物을 生育한다는 관념[227]에서 비롯된 後起의 개념으로 판
단된다. 이는 "以天爲宗, 以德爲本, 以道爲門, 兆於變化, 謂之聖人"[228]이라는
《莊子》의 문장에서도 재삼 입증된다. 配天이 帝王의 德을 지칭하는 것이었
음은 馬王堆黃帝書에 보이는 黃宗(즉, 黃帝)의 다음과 같은 宣言에서도 확
인된다.

　　吾受命于天, 定位于地, 成名于人. 唯余一人□乃配天, 乃立王三公, 立國置君三
卿.[229]

　　우선 □에 들어갈 글자는 전후 문맥으로 보아 德임에 틀림없고, 그 앞에
보이는 余一人은 一人 또는 予一人과 함께 商周時代 天子에 대한 별칭이었
다.[230] 따라서 上記 인용 역시 德配天의 주체가 天子임을 예시한다고 볼 수
있다. 이는 黃帝가 馬王堆黃帝書를 비롯한 전국 문헌에서 무력전쟁을 통한
천하통일의 주역으로 묘사되고 있는 사실[231]에서도 확증된다. 더 나아가 黃

---

226) 《莊子》, 〈天地〉, "堯問於許由曰, 齧缺可以配天乎?…許由曰, 殆哉, 圾乎天下. 齧缺
　　之爲人也, 聰明叡智, 給數以敏, 其性過人, 而又乃以人受天…與之配天乎, 彼且乘人而
　　無天…."
227) 가령 《易》, 〈繫辭傳〉의 "天地之大德曰生"은 그런 관념을 반영한다.
228) 《莊子》, 〈天下〉.
229) 黃帝四經今注今譯, 《十六經》, 〈立命〉, p.87.
230) 胡厚宣, 〈中國奴隷社會最高統治者的稱號問題〉, 《紀念顧頡剛學術論文集》上冊, 成都
　　巴蜀書社, 1993, pp.147-155 참조.
231) 拙稿, 〈戰國時代의 戰爭呪術과 그 觀念構造〉, pp.203-205.

168

帝가 王을 세웠다는 上記의 귀절은 黃帝書가 편찬된 戰國後期[232]에 이미 王보다 우위에 서는 帝의 개념이 성립되었음을 새삼 입증한다.[233] 그런데 지금까지의 단순한 配天 사례와 비교할 때 上記 인용에서 주목되는 점은 帝王의 德이 配天하기 위해서는 天命의 受任이 전제된다는 사실이다. 이는 配天의 德을 보증하는 근거가 天에 있었음을 다시금 웅변하는 것이며, 따라서 帝王은 天으로부터의 受命을 통해 天德을 체현함으로써 비로소 天과 德을 짝하는 문자 그대로 天의 分身인 天子였던 것이다. 上記 인용에 의거하는 限 이처럼 帝가 受命天子였다면 진시황이 채택한 皇帝의 함의를 上帝와 동일한 차원에서의 우주질서의 주재자로 받아들이는 것[234]도 재고의 여지가 있는 것 같다.[235] 어쨌든 配天이 天과 동등한 짝이 아니라는 것은 그의 연원에서도 확인된다.

문헌자료로서 配天을 언급하는 早期의 例는 《詩經》의 "思文后稷, 克配彼天"[236]의 귀절이다. 이 의미에 대해서는 后稷의 德을 칭송하는 것이라는 해석도 있지만, 그것을 인정해도 해당 귀절을 담은 詩篇이 祭祀의 歌詩이므로 그것은 祀天의 配祭라고 보는 쪽이 타당한 듯 싶다.[237] 따라서 祭祀의 관점에서 보면 配天이란 始祖神을 天에 配祀하는 儀禮에서 연원한 것으로 여겨진다. 또한 金文에서 配天·配帝의 의미로서 '有嚴在帝所', '先王其嚴, 在帝左右', '十又二公, 在帝之懷' 등의 표현[238]이 보이는 것도 配天·配帝가 上帝나 天의 권위를 빌어 先王·先公을 신성시하려 한 의도의 소산으로 볼 수 있다.

---

232) 吳光,《黃老之學通論》, 杭州 浙江人民出版社, 1985, pp.130-133.
233) 《史記》卷5,〈秦本紀〉, "(昭讓王)十九年, 王爲西帝, 齊爲東帝, 皆復去之"에 의하면 戰國 後半 秦과 齊가 일시나마 帝를 칭했음을 확인할 수 있다.
234) 西嶋定生,〈皇帝支配の成立〉.
235) 이는 秦始皇이 水德說을 공식 채택하고 祭天儀禮로서의 封禪에 집착한 점에서도 그러하다.
236) 《詩經》,〈周頌〉, '思文'詩.
237) 이에 대해서는 池田末利,〈配天考〉 및〈中國における至上神儀禮の成立〉(同,《中國古代宗教史研究》所收) 참조.
238) 胡厚宣,〈中國奴隸社會最高統治者的稱號問題〉, p.143.

이렇게 볼 때 聖人帝王의 德配天이란 天德의 體現 또는 合一 정도의 의미로 이해할 수 있겠는데 이는 《呂氏春秋》에 보이는 다음과 같은 내용에서도 확인된다. 즉,

ⓐ 黃帝曰,《芒芒昧昧, 因天之威, 與元同氣.》 ⓑ 故曰同氣賢於同義, 同義賢於同力, 同力賢於同居, 同居賢於同名. 帝者同氣, 王者同義, 覇者同力, 勤者同居則薄矣. 亡者同名則糊[239]

ⓐ에서 威는 德[240]이므로 上記 인용문의 전체적 의미는 王보다 우위에 서는 帝는 天德을 좇아 天과 同氣=同德해야 한다는 것으로 해석된다. 이와 거의 동일한 내용이 《文子》나 《淮南子》에 각기 두 군데씩이나 실려 있다는 사실[241]은 그것이 당시 道家 계열에 있어서 매우 중시되었음을 드러낸다. 특히 《文子》와 《淮南子》에 실린 내용에서 유추하건대[242] ⓐ의 《 》 안의 부분은 이른바 黃老道家나 數術家 계열에 속하는 黃帝書의 經文인 듯하고 ⓑ는 그에 대한 해설로 추측된다. 이를 입증하는 것이 ⓐ와 흡사한 馬王堆 黃帝書의 "恒先之初, 迥同太虛"[243]이다. '恒先之初'는 바로 '芒芒昧昧'를 가리키며 '迥同太虛'는 通同太虛, 즉 同天이므로 '與元同氣'와 같은 의미이다.[244] 그리고 "恒先之初, 迥同太虛"의 해설에 해당된다고도 여겨지는 것이 上記한

---

239) 《呂氏春秋》, 〈應同〉.

240) 註 118 참조.

241) 徐慧君·李定生 校注, 《文子要詮》, 上海 復旦大學出版社, 1988, 〈符言〉, p.89, "道曰, 芒芒昧昧, 從天之威, 與元同氣……"; 同, 〈上仁〉, p.179, "道之言曰, 〈芒芒昧昧, 因天之威, 與元同氣.〉 故同氣者帝, 同義者王, 同功者覇, 無一焉者亡."; 《淮南子》, 〈泰族訓〉, "黃帝曰, 〈芒芒昧昧, 因天之威, 與元同氣.〉 故同氣者帝, 同義者王, 同力者覇, 無一焉者亡."; 同, 〈繆稱訓〉, "黃帝曰, 芒芒昧昧, 從天之道, 與元同氣." 종래에는 《文子》가 僞書로 간주되어 上記 《文子》의 내용도 《淮南子》의 그것을 인용한 것으로 인식되어 왔지만, 1973年 漢墓에서 《文子》의 殘簡이 출토됨으로써 《文子》가 漢初에 이미 존재한 先秦古籍이며, 또한 原本 《文子》에서의 文子와 平王의 대화가 今本에는 老子와 文子로 바뀌었다는 사실이 아울러 확인되었다. 이에 대해서는 李定生, 〈<<文子>>非僞書考〉 참조.

242) 註241 참조.

243) 《黃帝四經今注今譯》, 《道原》, p.203.

244) 이에 대해서는 饒宗頤, 〈楚帛書與<<道原篇>>〉, 《道家文化硏究》 第三輯을 참조하였음.

170

ⓑ와 同類의 아래 내용이다.

> 오직 聖人만이 無形을 살피고 無聲을 들을 수 있다. 虛의 實在를 안 연후에
> 太虛할 수 있다. 이에 天地의 精에 通하고 (天地와) 通同하여 틈이 없고 因襲하
> 여 自滿하지 않는다. 이 道를 장악하는 것을 일컬어 精하다고 한다.[245]

여기서의 精이 전술했듯이 德·氣와 동일한 生命力을 지칭한다고 보면
상기 내용 역시 聖人帝王이란 天地의 德과 합일하는 존재임을 明示한 것으
로 해석된다. 특히 聖人이 無形과 無聲을 보고 들을 수 있기 때문에 天地의
精에 通할 수 있다는 것은 원초적 의미에서의 聖人이 聰耳와 明目을 갖추어
通天하고 그럼으로써 地上의 秩序를 統理한다는 것과 일치되며, 이런 성인
의 모습은 또한 《白虎通》에서 "聖人所以能獨見前覩, 與神通精者, 蓋皆天所
生也"[246]라는 것과 극히 恰似하다.

聖人帝王에게 以上과 같은 通天·配天이 요구되는 것은 그를 통해 획득
한 德이야말로 地上界의 순조로운 질서를 보장하는 원동력이었기 때문이다.
예컨대 "聖人이 위에서 (다스리면) 우박이 내리지 않고 내리더라도 災害가
되지 않는다"[247]라는 《左傳》의 문장은 우선 그를 적절히 例示하는데 이와 같
은 聖人의 면모는 《文子》에 보이는 다음과 같은 내용들에 보다 잘 나타나
있다. 즉,

> ① 文子가 말하기를, 上古의 眞人은 陰陽을 호흡하여 모든 生命(體)는 그 德
> 을 우러러 和順하지 않음이 없다. 이 시대에는 그들을 領理하지 않아도 離
> 合이 隱密하여 스스로 純朴함을 이루고 純朴함이 흩어지지 않아 만물이 크
> 게 풍족하였다.

---

245) 《黃帝四經今注今譯》,《道原》, p.205, "唯聖人能察無形, 能聽無(天?)聲, 知虛之實, 後
能太虛. 乃通天地之精, 通同而無間, 周(因)襲而不盈, 服此道者是謂能精."
246) 《白虎通》,〈聖人〉.
247) 《左傳》昭公4年條, "聖人在上, 無雹. 雖有, 不爲災."
248) 《文子要詮》,〈上禮〉, p.205, "文子曰, 上古眞人呼吸陰陽, 而群生莫不仰其德以和順.
當此之時, 領理隱密自成純樸, 純樸未散, 而萬物大優." 恰似한 내용은 《淮南子》〈俶眞
訓〉에도 보인다. 즉, "是故聖人呼吸陰陽之氣, 而羣生莫不顒顒然, 仰其德以和順. 當此
之時, 莫之領理, 決離隱密而自成, 渾渾蒼蒼, 純樸未散, 旁薄爲一, 而萬物大優." 본문의

② 大人은 天地와 德을 合하고 日月과 明을 合하며 鬼神과 靈을 合하고 四時
와 信을 合한다. 그러므로 聖人은 天心을 품고 地氣를 안으며 冲을 잡고 和
를 품어(含和) 廟堂을 내려가지 않고도 四海로 뻗치며 습속을 變易시키고
인민을 교화시켜 善으로 나가게 하는 것이 마치 자기 성질대로 하는 것 같
으니 (이는) 神으로써 化할 수 있기 때문이다.[249]

上記하듯이 眞人이나 大人이 陰陽의 氣를 호흡함으로써 天地·日月·鬼
神의 明德과 靈性을 체득하고 이를 地上界의 群生에게 分施함으로써 五穀
의 풍요와 人民의 번식을 실현한다는 것은 그가 配天의 聖人과 동일한 존재
임을 웅변한다. 따라서 配天·同天·通天·合天이란 공히 聖人이 天德을 체
현, 감응하는 행위를 지칭한다고 볼 수 있다. 더욱이 ②에서 大人이 廟堂에
앉아 四海를 관장하는 존재라면 그는 天下를 주재하는 聖人帝王임에 틀림
없다. 다만 ②에서 홍미를 자아내는 것은 大人이 '和를 품는' 행위 역시 전
후 맥락에서 볼 때 德과의 관련성을 시사한다는 사실이다. 이렇게 볼 때 주
목되는 귀절이 《淮南子》에 보이는 "至伏羲氏, 其道昧昧芒芒然, 吟德懷和"[250]
라는 문장인데, 이것이 앞서본 "芒芒昧昧, 因天之威, 與元同氣"와 동일한 내
용으로 해석된다면 '吟德懷和' 역시 天德을 體得, 感應하는 행위이며 또한
'吟德'에서 유추하더라도 '懷和', 즉 '含和'는 天德과의 合一을 지칭한다고
여겨진다. 그렇다면 和 역시 德과 同類의 생명력을 지칭하는 어휘라 확언할
수 있다. 이처럼 德과 동일한 의미를 갖는 和의 用例는 특히 《淮南子》에 수
다하게 확인되며,[251] 高誘는 '和는 氣也'라고 註解하고 있다. 그러나 《史記·
天官書》의 "日變脩德, 月變省刑, 星變結和"[252]에서 刑德이 각기 月과 日의

《文子》에 대한 해석은 《淮南子》의 문장을 참조하였다.

249) 《文子要詮》, 〈精誠〉, p.51, p.665, "大人者, 與天地合德, 日月合明, 鬼神合靈, 與四時
合信. 故聖人懷天氣, 抱天心, 執冲含和, 不下廟堂而行四海, 變易習俗, 民化遷善, 若出
諸己, 能以神化也. 역시 거의 동일한 내용이 《淮南子》의 〈泰族訓〉篇에 보인다.

250) 《淮南子》, 〈俶眞訓〉.

251) 《淮南子》, 〈原道訓〉, "聖亡乎治人 而在于得道, 樂亡乎富貴 而在乎德和"; 同, 〈俶眞
訓〉, "天氣始下 地氣始上 陰陽錯合 相與優游競暢于宇宙之間, 被德含和"; 同, "交被天
和, 食于地德"; 同, "古之眞人, 立於天地之本, 中至優游, 抱德煬和, 而萬物雜累焉"; 同,
〈覽冥訓〉, "(夏桀之時)春秋縮其和, 天地除其德."

252) 이와 흡사한 내용은 《管子》의 〈四時〉篇에도 다음과 같이 확인된다. 즉, "聖人日食

172

속성임에 비추어 보면 和란 특히 星이 베푸는 생명력을 지칭한다고 판단되며, 이는 "日掌陽, 月掌陰, 星掌和. 陽爲德, 陰爲刑, 和爲事"[253]라는 《管子》의 기술이 입증한다. 더 나아가 和라는 어휘의 의미를 감안할 때 그것은 調和를 실현하는 힘이라는 억측도 가능케 한다. 이는 上記한 ②에서 大人이 '舍和'하여 인민을 교화시켜 善으로 나아가게 한다는 내용에서 우선 신빙성을 가지며, 특히 《管子》에서 춘계에는 따뜻한 바람이 불어 겨울 동안 막힌 것을 풀고 그런 자연에 좇아 원망을 풀고 죄를 사면하고 四方을 通하게 되면 柔風과 甘雨가 도래하여 百虫이 번식하는 것을 星德이라 일컫는다는 내용[254]에서 보다 설득력을 가질 수 있다고 여겨진다.

上記한 《文子》에 보이는 聖人帝王의 주술적 면모는 《大戴禮記》에서

> 聖王의 德이 盛하면 人民이 질병에 걸리지 않고 六畜이 疫에 걸리지 않으며 五穀에 災殃이 생기지 않고, 諸侯는 정벌하지 않아도 王命을 따르며 百姓은 刑罰없이도 다스릴 수 있고 蠻夷는 來服한다[255]

는 내용에서 보다 구체적으로 전개되고 있다. 그리하여 "帝란 天號이다. 德은 天地에 配하며 公位를 私로 하지 않는다. 이를 칭하여 帝라 한다"[256]는 《易緯》의 서술이나 "天地·陰陽·四時·日月·星辰·山川·人倫에 통하여 그 德이 天地와 같은 者를 皇帝라 칭한다"[257]는 《春秋繁露》의 주장은 그러한 聖人帝王論이 漢代의 皇帝觀에도 그대로 이어졌음을 여실히 드러낸다.

이제까지 살펴본 바와 같이 戰國後半부터 秦漢에 걸쳐 편찬된 문헌에 수다하게 확인되는 聖人帝王論은 一見 극히 신비주의적이고 따라서 비현실적

則修德, 月食則修刑, 彗星見則修和…."

253) 《管子》,〈四時〉.

254) 《管子》,〈四時〉, "東方曰星, 其時曰春, 其氣曰風, 風生木與骨. 其德喜嬴, 而發出節時. …解怨赦罪, 通四方. 然則柔風甘雨乃至, 百姓乃壽, 百虫乃蕃, 此謂星德."

255) 《大戴禮記》,〈盛德〉, "聖王之盛德, 人民不疾, 六畜不疫, 五穀不災, 諸侯無兵而正, 小民無刑而治, 蠻夷懷服."

256) 《太平御覽》卷76, "易緯曰, 帝者天號也. 德配天地, 不私公位. 稱之曰帝."

257) 《春秋繁露》,〈三代改制質文〉, "通天地陰陽四時日月星辰山川人倫, 德侔天地者, 稱皇帝…."

인 空論으로 치부될 수도 있다. 그러나 또 한편 그것은 聖人을 평범한 인간이 사실상 도달할 수 없는 至高의 경지로 설정함으로써 현실적으로 등장하는 皇帝의 초월성과 유일성을 보증하는 근거로서 작용했다고 볼 수 있다.[258] 秦漢의 皇帝들이 通天冠을 머리에 쓰거나[259] 通天臺를 축조한 것[260]도 주술적・초월적 권위를 자부하는 皇帝權의 자기과시욕구가 현실적으로 구체화된 결과로도 이해해 볼만하다. 특히 方士의 허무한 神仙術에 매료되었던 秦始皇이나 漢武帝가 실행에 옮긴 封禪儀禮나 明堂 축조 역시 주술적 권위를 확인, 과시하려는 皇帝權의 집착과 욕구를 반영하는 것이라면 그 역시 聖人帝王論의 연장선에서 이해되기에 충분하다.

진한시대의 封禪에 보이는 특징적 양상은 秦始皇과 漢武帝에 의해 거행된 封禪이 皇帝 개인의 不老登僊을 목적으로 철저히 비밀리에 이루어진 반면 後漢 光武帝 때 거행된 封禪은 王朝의 受命을 전제로 한 易姓告代를 목적으로 群臣이 지켜보는 가운데 공개적으로 이루어졌다는 것이다.[261] 封禪의 의식양태와 거행목적이 이처럼 판이했던 것은 물론 각각을 주도했던 方士와 儒者의 성격차 때문이라 할 수 있다. 戰國을 풍미했던 개체적 養生術의 頂点에 해당되는 神仙術의 주역으로서 秦漢 皇帝權의 신비화 작업을 주도했던 方士들이 개체주의 및 비밀주의를 지향한 반면, 성대한 祭儀의 형식이 보증하는 황제지배의 정당성에 초점을 맞추었던 儒家 쪽은 국가주의와 공개주의를 지향했다고 볼 수 있기 때문이다. 황제지배의 세속적 公共性에서 보자면, 秦・漢初에는 方士들에 비해 수세에 몰렸던 儒家가 그들 方士의 역할을 흡수함으로써 결국 한왕조의 의례를 완성해나간 것은 시대적 대세였다고도 할 수 있다. 그러면 戰國後半에서 秦漢期에 이르는 시기의 封禪觀은

---

258) 李成珪, 〈中國 古代 皇帝權의 性格〉, pp.18-19.

259) 《文選》 卷3, 〈張平子東京賦一首〉, "冠通天…而南面以聽矣";《後漢書》〈輿服志〉上, "通天冠, 高九寸…."

260) 《史記》 卷28 〈封禪書〉, "(漢武帝)乃作通天莖臺, 置祀具其下, 將招來僊神人之屬"; 同, 卷122, 〈酷吏列傳〉, "是時天子方欲作通天臺而未有人, 溫舒請覆中尉脫卒, 得數萬人作."

261) 栗原朋信, 〈始皇帝の泰山封禪と秦の郊祀〉, 《中國古代の社會と文化》, 東京大學出版會, 1957.

方士의 그것과 등치될 수 있는 것인가? 물론 이 시기에 封禪儀式을 주도한 집단이 方士인 것은 사실이지만 전술한 聖人帝王論에 뚜렷이 검증되는 주술적 공공성에서 보면 皇帝 개인의 不老登僊만을 목표로 하는 方士의 封禪說에는 封禪의 本質에 대한 歪曲 가능성도 상정된다. 이는 司馬遷이 五德說을 정립한 鄒衍과 燕齊의 方士를 명확히 구분하고 後者를 鬼神에 의거하여 怪迂阿諂苟合하는 무리로 혹평한 점[262]에서 볼 때 설득력을 갖는다. 따라서 개체적 양생술의 권화라고도 할 수 있는 方士들에 의해 편향, 왜곡되기 이전의 封禪說 본연의 모습을 구명할 필요가 있다.

이런 시야에서 볼 때 주목되는 점은 上古에 封禪을 거행한 帝王이 72人이었고 그 가운데 이름이 알려져 있는 이는 12人이며 그 첫번 째가 無懷氏였다는 내용을 골자로 하는 《史記·封禪書》와 《管子》〈封禪〉篇의 언급[263]이다. 우선 伏義·神農·炎帝·黃帝 등에 앞서 無懷氏가 거론된다는 사실이 이채롭다. 無懷氏는 그 호칭으로 보아 道家的 聖王임에 틀림없고, 전술했듯이 廣成子가 원초적 至上神에서 도가적 聖人으로 탈바꿈했듯이 無懷氏 역시 "實有"를 生育하는 "空虛"로서의 창조적 至上神에서 도가적 聖王으로 전화된 존재로 추정된다. 이런 존재가 다분히 의도적으로 儒家的 聖王보다 앞자리에 배치된 것은 封禪說이 道家나 그의 모태로서의 數術方技家에서 연원했을 가능성을 일단 시사한다. 이를 뒷받침하는 것이 72나 12라는 숫자이다. 《管子》의 〈五行〉篇에서 一年을 72日씩 五季로 구분하거나, 《逸周書》의 〈時訓〉篇에서 一年을 5日씩 세분하여 72節氣로 삼는 것,[264] 그리고 12가 목성의 주기 12년, 一年 12개월, 12支 등과 동일한 숫자라는 사실들을 중시해 보면 이 두 숫자는 결코 무심하게만 볼 수 없고 따라서 天文·曆法을 관장하

---

262) 《史記》 卷28, 〈封禪書〉, "自齊威·宣之時, 騶子之徒論著終始五德之運, 及秦帝而齊人奏之, 故始皇采用之. 而宋毋忌·正伯僑·充尙·羨門高最後皆燕人, 爲方僊道, 形解銷化, 倚於鬼神之事. 騶衍以陰陽主運顯於諸侯, 而燕齊海上之方士傳其術不能通, 然則怪迂阿諂苟合之徒自此興, 不可勝數也."

263) 《史記》 卷28, 〈封禪書〉, "管仲曰, 古者封泰山禪梁父者七十二家, 而夷吾所記者十有二焉. 昔無懷氏封泰山, 禪云云……" 《管子》〈封禪〉篇의 내용은 이와 동일하다.

264) 이에 대해서는 金谷治, 《管子の研究》, 東京, 1987, p.231, p.245 참조.

는 數術家나 또는 鄒衍類의 五德說과의 밀접한 관련성을 충분히 시사한다고 보아도 무리는 없을 것이다. 그렇다면 封禪은 帝王 개인을 위한 不老登僊術과 등치될 수만은 없고 따라서 方士들의 조작이기는커녕 天德과의 合一을 祈求하는 주술적 지배자의 행위에서 연원하여 이미 전국후반에는 이념적 토대 위에 王者의 受命儀式으로서 의례적 구체화가 진행되고 있었으리라 추측된다.

이런 맥락에서 재음미해볼 만한 것이 黃帝가 泰山封禪을 통해 登天했다는 漢武帝 시기 方士들의 주장[265]이다. 물론 이는 漢武帝의 封禪을 부추기려는 方士의 날조로도 해석할 수 있지만, 또 한편 黃帝가 得道登天했다는 《莊子》의 기술에 의거하면 이미 전국시대에 黃帝가 封禪類의 天德 祈求 행위를 통해 登天했다는 神仙說이 존재했음을 강력히 시사한다. 그리하여 《莊子》의 서술을 方士의 주장에 접목시켜 보면 黃帝登天의 계기 또는 원동력으로서의 得道는 바로 성공적 封禪과 동일시 될 수 있다. 여기서 우리는 數術家 계통의 문헌인 馬王堆黃帝書의 "吾受命于天…唯余一人德乃配天"라는 黃帝의 宣言을 다시 상기할 필요가 있다. 이 문장에서 黃帝의 德이 配天할 수 있었던 계기, 즉 得道가 受命이고 보면 그 역시 封禪과 일치된다. 이렇게 보면 戰國 후반에는 封禪을 不死昇天의 시야에서 이해하는 方士神仙術과 함께 聖人帝王이 되기 위한 天德祈求행위의 시야에서 접근하는 경향이 공존하고 있었다고 추정해볼 수 있다. 결국 생명력 祈求행위에서 연원한 封禪은 개체적 양생술에서는 不老登僊의 방법으로서 전개된 반면 집단적 양생술에서는 天德체현을 위한 聖人帝王의 受命 의례로서 전개되었다고 볼 수 있다. 다만 이미 帝王이 출현한 漢代 以後에 오면 그것은 王朝의 受命을 전제로 하는 易姓告代 儀式으로 전화되었던 것이다.

封禪의 목적이 이처럼 昇天이나 德配天에 있었다면 그 의식의 본래적 양태는 祭天儀式이었음에 틀림없다. 따라서 封禪에 대해 《史記正義》가 "此泰

---

265) 《史記》 卷28, 〈封禪書〉, "(公孫)卿曰, 申公, 齊人. 與安期生通, 受黃帝言, 無書, 獨有此鼎書. 曰, …封禪七十二王, 唯黃帝得上泰山封. 申公曰, 漢主亦當上封, 上封則能僊登天矣."

山上築土爲壇以祭天, 報天之功, 故曰封. 此泰山下小山上除地, 報地之功, 故曰禪"이라 설명하거나 漢武帝 때 실행된 封과 禪의 祭儀가 泰一과 后土에 대한 제사의례와 동일한 형식으로 거행되었다는 사실은 封禪이 天地에 대한 祭祀임을 드러내지만, 封禪의 본질이자 핵심은 어디까지나 祭天儀禮인 封에 있었다. 封의 장소가 泰山 頂上으로 고정된 반면 禪의 경우는 반드시 梁父로 한정되지 않은 것[266]도 그러한 兩者의 차등성을 입증한다. 그러나 전술했듯이 聖人帝王이 갖춘 德의 면모가 配天에서 配天地로 이행되었다고 보면 封과 禪의 결합 역시 그런 추세에 발맞춘 것으로 이해된다. 그러면 封禪이 굳이 泰山과 그 기슭에서 거행된 이유는 무엇일까?

그것은 물론 泰山이 갖는 특별한 신성성 때문일 것이다. 《山海經》의 허다한 山嶽祭祀에서 확인되듯이 山嶽이란 天神이 강림하여 머물거나 또는 天地를 昇降하는 교통로 구실을 하는 장소[267]이고 보면 封禪地域으로서의 泰山 역시 그러한 宇宙山으로서 기능했다고 볼 수 있다. 泰山은 齊魯지역에서 古來로 崇拜의 대상이 되어왔고 漢代의 경우 死者가 귀환하는 장소가 泰山이라는 관념이 광범위하게 존재했다.[268] 이른바 神界로서는 崑崙이나 三神山에 못미치지만 崑崙이나 蓬萊가 現世에 실존하지 않는 死後世界이거나 또는 극소수의 方士들만이 그 실재를 주장하는 未知와 幻想의 山이고 보면 그의 代替物[269]로서의 泰山의 현실적 신성성은 상대적으로 높아질 수밖에 없다. 따라서 秦始皇의 泰山封禪을 그가 몇 차례의 巡幸에서 거행한 대대적인 山川 제례의 일환으로 왜소화시킬 수는 결코 없다. 중국 역사상 秦始皇만큼 東海를 빈번히 바라본 天子가 없었을 것이라는 지적 그대로 秦始皇이 泰山을 중심으로 하는 산동반도 주변의 聖地·聖山에 집착한 것[270]이 그를 반증

---

266) 《漢書》 卷6, 〈武帝紀〉, "太初元年十二月, 禪高里." 顔師古注에 인용된 伏儼에 의하면 高里는 "山名, 在泰山下"로 되어있다.
267) 《山海經》, 〈海內西經〉, "海內昆侖之虛, 在西北, 帝之下都"; 同, 〈大荒西經〉, "有靈山, 巫咸巫卽巫肦巫彭巫姑巫眞巫禮巫抵巫謝巫羅十巫, 從此升降, 百藥爰在."
268) 吳榮曾, 〈鎭墓文中所見到的東漢道巫關係〉, 《文物》 1981-3.
269) 中野美代子, 《龍の住むランドスケ-プ》, p.39.
270) 同上, pp.37-38.

한다. 그러나 秦始皇의 그와 같은 기이한 집착이 단순히 동해의 三神山 때문이라[271]고만 볼 수 없는 것은 古來로 泰山 주변에 明堂이 존재했기[272] 때문이다. 泰山과 明堂 간에 틀림없이 존재할 모종의 관계를 밝혀줄 수 있는 것은 大汶口文化에서 출토된 陶器의 紋樣이다.

饒宗頤에 의하면, 大汶口文化의 陶紋에 보이는 字形의 符號 가운데 日·月·山의 조합형태를 띠는 것은 山이나 또는 山上에 설치된 封土의 壇, 즉 明堂에서 天의 明神인 日月, 그 중에서도 특히 太陽에 대한 제례를 거행했던 신석기시대인들의 習俗을 표현한 것이고, 이는 그런 符號를 지닌 大汶口 陶器가 바다에서 100餘里 떨어진 구릉지대에 많이 출토된다는 사실에서 입증되며, 따라서 태산을 중심으로 하는 지역은 古代 태양에 대한 제례지역으로서의 明堂이 있던 곳이라는 것이다.[273] 그렇다면 산동지역에 우뚝 솟아있는 泰山은 古來로 太陽神에 대한 제례지역으로서의 明堂이 있던 지역이었고 泰山封禪은 본래 생명력의 원천인 태양에 대한 祭儀를 통해 그의 德을 祈求하던 의례에서 비롯되었으리라는 억측도 낳게 한다. 이는 明堂 역시 문헌자료에서 天德의 祈求 및 體現의 장소로 설명되고 있다는 점에서 수긍되며, 秦始皇이 泰山封禪을 비롯하여 동방에 그토록 집착한 것도 생명력 희구라는 당시의 시대정신을 반영하는 것이라 할 수 있다.

明堂이 영원한 生命力을 보증하는 장소였음은 우선 《莊子》의 다음과 같은 내용에서 엿볼 수 있다.

> 黃帝는 그것(道)을 얻어 하늘로 올라갔고, 顓頊은 그것을 얻어 玄宮에 거처했으며, 禺强은 그것을 얻어 北極에 서게 되었고, 西王母는 그것을 얻어 少廣에 坐定했다.[274]

---

271) 同上.
272) 《漢書》 卷25下, 〈郊祀志〉下, “初, 天子封泰山, 泰山東北阯古時有明堂處, 處險不敞.”
273) 饒宗頤, 〈大汶口“明神”記號與後人禮制 -論遠古之日月崇拜-〉.
274) 《莊子》, 〈大宗師〉, “黃帝得之(道), 以登雲天. 顓頊得之, 以處玄宮. 禺强得之, 立乎北極. 西王母得之, 坐乎少廣.”

178

黃帝와 西王母가 得道하여 각기 不死昇天하거나 영원한 생명력을 상징하는 동굴로서의 少廣[275]에 거처했다면 顓頊이 得道하여 거처하게 된 玄宮 역시 宇宙의 무한한 생명력과 合一하는 장소였음에 틀림없다. 이 玄宮이 바로 明堂이고 보면[276] 明堂이란 天德을 體現, 感應하는 장소로 이해된다. 宮이나 堂이 본래 神殿이었음[277]을 굳이 거론하지 않더라도 玄宮과 玄堂이 동일장소이리라는 것은 쉽사리 이해되는데, 그런 玄堂에 대해 언급하고 있는 《墨子》의 다음과 같은 내용은 明堂과 受命天子의 관계를 보다 뚜렷이 보여준다.

① 高陽이 이에 禹를 玄宮에서 命했다.
② 天이 이에 湯을 鑛宮에서 命했다.[279]

②의 내용에 이어서 "夏德大亂"이 운위되는 것을 보면 夏의 생명력이 고갈되었기 때문에 湯에게 天命이 주어졌음을 알 수 있고, 따라서 玄宮=鑛宮=明堂이란 受命에 의해 天德을 받는 장소임을 확인할 수 있다. 明堂이라는 어휘는 先秦 儒家의 문헌에도 散見되는데, 儒家의 德·聖人 관념이 그러하듯 明堂 역시 적어도 외양적으로는 세속적 王者가 布政하는 장소였다. 다음과 같은 몇 가지 用例를 검토해 보자.

① 周公이 攝政을 (맡아) 天下에 군림하여 亂을 종식하고 나자 6년만에 天下가 크게 다스려졌다. 이에 方國諸侯를 宗周에 소집하여 明堂의 位에서 諸侯를 大朝했다(《逸周書·明堂》).

---

275) 小南一郎, 《西王母と七夕傳承》, p.283.
276) 《管子》의 幼官이라는 篇名이 玄宮의 오류이며 그 玄宮이나 玄堂이 明堂임은 주지의 사실이다(金谷治, 〈陰陽五行說の成立について〉, 1987年 《東方學會創立四十周年記念東方學論集》, p.8).
277) 白川靜, 《漢字の世界》2, pp.104-105.
278) 《墨子》, 〈非攻〉下의 原文에는 "高陽乃命玄宮"으로 되어 있으나 孫詒讓의 주석에 따름(《墨子閒詁》, p.135 참조).
279) 同上, "天乃命湯於鑛宮."
280) "周公攝政, 君天下彌亂, 六年而天下大治. 乃會方國諸侯于宗周, 大朝諸侯于明堂之位."

② 齊宣王이 물어 말하기를, 사람들이 모두 나에게 明堂을 헐어버리라고 말합니다. 그것을 헐어 버릴까요, 그만 둘까요? 孟子가 대답하여 말하기를, 明堂은 王者의 堂입니다. 王께서 王政을 행하고자 한다면 그것을 허물지 마십시오(《孟子·梁惠王下》).
③ (秦은)이렇게 하면 군대가 다시 국경 밖으로 나가지 않아도 令이 天下에 시행될 것이며, 이렇게 하면 明堂을 축조하여 諸侯를 朝會해도 아마 가능할 것입니다(《荀子·强國》).[282]

이처럼 先秦儒家 문헌에서의 明堂이란 명백히 王者가 諸侯를 朝會하는 장소로 규정되어 있다. 그런데 明堂이 受命의 장소이자 天德 체현의 장소였다면 上記의 내용에도 그의 잔재가 미약하나마 남아 있음직하다. 이런 시각에서 주목되는 것은 齊宣王이 泰山에 남아있는 明堂을 허물라는 측근들의 조언을 듣고 孟子에게 그에 대한 자문을 구했다는 점이다. 이는 아마도 諸侯로서 明堂을 유지할 경우 災殃을 자초할 우려 때문이었다고도 추측된다. 반면 孟子와 荀子가 齊·秦에 대해 王道政治를 행하면 明堂을 유지하거나 축조해도 된다는 주장을 개진한 것은 물론 王者 출현의 희구를 반영하는 것이지만 그 저변에는 주술주의에 반대하고 人道를 확신하는 儒家의 기본입장이 전제되어 있다고도 해석된다. 그렇다면 주술적 관념을 대변하는 齊宣王의 측근들이 우려했던 災殃의 실체는 무엇일까? 여기서 우리는 西周王朝의 冊命儀式이란 天德을 受任한 王이 그 德을 諸侯들에게 分與하는 의미를 내포한다는 견해[283]에 주목할 필요가 있다. 明堂이 본래 天子의 天德體現의 장소였다면 거기서 王이 諸侯를 朝會한다는 것 역시 諸侯들에게 생명력으로서의 德을 分與하는 행위를 수반하는 것이 아닌가? 西周의 王이 降神을 매개하는 圭璧을 諸侯에게 賜與하여 封地에서의 제사권을 위임하거나[284] 또는 西周의 封建儀禮에서 王이 생명력이 담긴 周社의 흙을 諸侯에게 떼어주어 해당 제후의 封地가 생명력과 질서를 갖도록 했다[285]는 주장은 그러한 天

---

281) "齊宣王問曰, 人皆謂我毀明堂. 毀諸, 已乎? 孟子對曰, 明堂者王者之堂也. 王如行王政, 則勿毀之矣."
282) "若是則兵不復出于塞外而令行于天下矣, 若是則雖爲之築明堂而朝諸侯, 殆可矣."
283) 小南一郎, 〈天命と德〉.
284) 林巳奈夫, 〈中國古代の祭玉·瑞玉〉, pp.296-299.

180

子의 位相과 明堂의 기능을 적절히 입증한다. 따라서 天과 직접 溝通할 권한이 부여되지 않은 諸侯의 신분으로서 通天 장소인 명당을 유지하는 일은 불경스러운 행위가 아닐 수 없고 齊宣王의 우려도 그에서 비롯된 듯하다.

明堂의 주술성은 물론 數術家 및 이를 계승한 陰陽說에서 명확히 드러난다. 數術家가 "明堂義和史卜之職"에서 나왔다는 〈漢書藝文志〉의 설명은 戰國에서 漢代에 이르는 주술적 明堂觀을 반영한다. 특히 《呂氏春秋》의 〈十二月紀〉에서 天子가 四季에 맞추어 淸陽·明堂·總章·玄堂에 순차적으로 거처하면서 자연의 리듬에 조응하는 月令을 반포하고, 또한 적정한 달에 잡거나 수확한 물고기와 곡식을 먼저 맛보고 이를 宗廟에 바쳐 祭祀하거나 穀熟을 기원하는 등 呪術的 儀禮를 거행하는 것[286]은 明堂 및 그 주체로서의 聖人天子의 주술성을 유감없이 보여준다. 이와 같은 〈十二月紀〉의 明堂觀은 《淮南子》의 다음과 같은 서술에서도 연속된다.

① 그러므로 옛날 明堂의 제도는···정결함이 上帝를 제사지내고 귀신을 예찬하는 정도로 족했다.
② 옛날 神農이 天下를 다스림에 있어서는 ··· 때에 맞추어 새로운 (수확물)을 맛보고 明堂에서 제사했다.
③ 옛날 五帝三王이 정치를 행하고 가르침을 베풀 때···이에 명당의 朝를 세우고 明堂의 令을 행하여 陰陽의 기운을 조절하고 四時의 계절을 조화시키며 질병의 재앙을 피하게 한다.[289]

우선 ②에서 聖王 神農이 새로운 수확물을 맛보고 이를 供物삼아 明堂에서 제사했다는 것은 자연질서를 一身에 체현하는 呪術王으로서의 면모와 祭禮장소로서의 明堂의 기능을 적절히 드러내며 이는 明堂이 上帝와 鬼神에 대한 祭禮의 장소였다는 ①의 내용에서도 확인된다. 또한 ③은 聖人帝王

---

285) 小南一郎, 〈社の祭祀の諸形態とその起源〉, pp.27-28.
286) 拙稿, 〈呂氏春秋 十二月紀의 성격〉, 《蔚山史學》 제4집.
287) 《淮南子》, 〈本經訓〉, "是故古者明堂之制, ··· 靜潔足以享上帝禮鬼神····."
288) 《淮南子》, 〈主術訓〉, "昔者 神農之治天下也, ···以時嘗穀, 祀於明堂."
289) 《淮南子》, 〈泰族訓〉, "昔者, 五帝三王之蒞政施教···乃立明堂之朝, 行明堂之令, 以調陰陽之氣, 以和四時之節, 以辟疾病之菑."

이 天德과의 合一장소인 明堂에 군림함으로써 陰陽刑德의 기운을 조절하고 질병과 재앙을 구축하는 모습을 보여준다. 이와 같은 呪術的 明堂觀은 戰國에서 秦漢에 걸친 시기에 편찬된 禮書에서도 확인된다. 예컨대 "天道의 不順은 明堂(의 政敎가) 닦이지 않은 데서 생긴다. 고로 天災가 일어나면 明堂(의 政敎를) 닦아야 한다"라는 《大戴禮記》의 내용[290]이나 "(明堂은) 神靈에 通하고 天地에 感應한다"라는 《禮記》의 기술[291]이 그것이다. 전술한 先秦儒家의 그것과는 판이한 이러한 禮書의 明堂論은 당시 주술적 聖人帝王論의 성행을 입증하는 동시에 儒家로서도 그런 주술적 관념을 수용하지 않을 수 없었음을 반증한다.

이상에 의거하면 封禪이란 본래 聖人이 配天의 德을 보증하는 受命을 祈求하는 의례였고 明堂은 바로 그 의례가 거행되는 장소였다. 아울러 明堂은 이제 配天의 德을 체현함으로써 지상의 질서를 統理하게 된 聖人帝王이 呪術王으로서 갖가지 주술적 의례를 거행하고 時令을 반포하는 場이었다고 볼 수 있다. 이처럼 주술적 관념을 저변으로 하는 聖人帝王論과 封禪 · 明堂說이 뚜렷한 상관성을 가지면서 전개되었다는 사실은 그 三者의 대두 시기가 대체로 戰國後半으로 일치된다는 것을 다시금 입증하며, 그것은 또한 天下人民의 생명력을 보증하는 聖人帝王의 출현을 희구하는 당시의 시대상을 반영하는 것이다. 따라서 三者의 상관성을 매개하는 것도 生命力의 祈求라는 上古 이래의 전통적 관념에 다름 아니었다.

맺 음 말

지금까지 살펴본 내용을 정리해 보면 다음과 같다. 우선 德의 원초적 의미는 太陽神이나 또는 太陽의 눈을 가진 上帝가 光明과 熱氣로 地上界의 萬

---

290) 《大戴禮記》, 〈盛德〉, "天道不順, 生於明堂不飾, 故有天災, 則飾明堂也."
291) 《禮記 · 樂記》, "(明堂)通神靈, 感天地."

物을 生育하는 힘의 원동력이었고, 그 上帝가 씨족조선신과 동일시된 관념에 의해 德은 조선신에 의해 賜與되고 씨족 혈통에 따라 계통적으로 전승되는 씨족의 집단적 생명력을 지칭하기도 했다. 물론 씨족 생명력의 지속을 위해서는 조선신에 대한 제사는 필수적이었다. 德이 天神의 明目에서 연원한 것에 비해 聖은 그의 聰耳에서 비롯된 어휘이다. 그러나 聖은 聰耳뿐 아니라 明目까지도 아울러 소지하여 지상계를 보살피는 天神의 속성을 지칭했다. 이와 같은 神性으로서의 德과 聖은 고대중국의 특이한 神·人의 연속성 및 조선 숭배 등의 관념에 따라 주술적 通天 행위를 매개로 그들 天神=祖先神의 神聖性을 一身에 체현한 聖人과 그 聖人이 갖춘 생명력으로 轉移되었다. 이러한 聖의 인격화는 세속적 人德의 출현 가능성을 배태하는 것이었고, 마침내 권력의 세속화라는 시대적 추이를 직접적 배경으로 하는 西周의 天命觀은 이른바 呪術的 天德이 世俗的·個體的 人德으로 전화될 수 있는 계기를 마련했으며 그것은 儒家의 德·聖人觀으로 이어지기도 하지만 전통적 德·聖人 관념의 관성적 지속성을 일거에 저지하기에는 역부족이었고 西周王朝 역시 그런 天德의 획득을 왕조의 존립기반으로 삼았다.

戰國時代의 현저한 사회경제적 변화 역시 사회 저변에 의연히 尙存한 주술적 德·聖人觀을 일소할 수는 없었고 오히려 격렬한 전란과 급격한 사회변화는 생명력의 祈求를 부채질하여 주술적 양생술이 보다 성행하는 배경을 마련했다. 물론 씨족제의 해체에 따른 인간의 개체화로 인해 德은 씨족 생명력에서 개체적 생명력으로 전화되었고 이는 神仙術을 극점으로 하는 개체적 양생술의 풍미를 낳았으며 또한 道家의 경우 德이란 인간에 내재한 생명력을 의미하기도 했다. 그러나 道家의 고답적 양생술을 비롯하여 기층의 주술적 양생술에 이르기까지 그 저변에서는 전통적 德·聖人觀의 영향을 뚜렷이 확인할 수 있고, 이는 통일을 준비, 실현해나간 戰國後半에서 秦漢에 걸친 시기에 형성된 聖人帝王論으로도 이어질 수 있었다. 다만 神仙術을 포함하는 전국의 개체적 양생술이 지향한 仙人·神人이 聖人帝王論을 배태할 수 있는 일정한 매개체 구실을 했다는 것도 부인할 수 없다.

戰國 後半부터 본격적으로 등장하는 聖人帝王의 면모가 《山海經》의 燭龍을 비롯한 원초적 신격이나 또는 《莊子》의 神人을 방불한다는 것은 聖人帝王論 역시 원초적이고 주술적인 德·聖人觀을 모태로 하는 것임을 입증하지만 또 한편 그것은 農事의 풍요나 질병의 퇴치 등 당시인들의 보다 세속적인 욕망을 반영하기도 했다. 이러한 聖人帝王論과 밀접한 상관성을 갖고 전개된 것이 封禪·明堂論이었고 따라서 이 역시 上古 이래의 주술적 관념을 모태로 하는 것임에 틀림없다. 그리하여 이제 封禪을 통해 明堂에 좌정하게 된 聖人天子는 우주질서를 一身에 체현한 巫祝王으로서 四季의 적절한 순환과 그에 따른 농사의 풍요, 인민과 가축의 번식, 질병의 퇴치를 보증하는 존재로서 기능하도록 기대되었다.

결국 이렇게 보면 주술적 德·聖人觀이 신석기시대부터 진한에 이르기까지 지속되었다는 것은 중국고대문화의 연속성을 입증하는 것이기도 하지만, 또 한편 전체 계층에 걸쳐 총체적 위기의식을 고조, 증폭시켰던 전국시대의 미증유한 분란이 생명의 유지, 연장을 위한 다양한 주술의 성행을 가져왔다는 점을 중시한다면 오히려 이성적 세계관이 대두된 전국시대가 주술적 관념의 지속과 더 나아가 그의 왜곡적 증폭까지도 초래하는 계기를 조성했다고도 여겨진다. 또한 전국시대에 이처럼 원초적 德·聖人觀이 성행했다면 人間中心主義 및 현실주의를 특징으로 하는 제자백가와 그를 대변하는 儒墨的 德·聖人觀은 고작 일부 상층식자층만에 한정된 것으로도 해석된다. 그러나 특히 주술주의를 배격했던 儒家가 전국후반부터 秦漢에 걸쳐 巫祝과 方士의 신비주의 및 주술주의와 길항하면서도 또 한편 그를 흡수하여 漢代 황제지배체제를 지탱하는 국가의례를 정리, 완성한 것은 지배이념의 지위를 차지하기 위한 儒家의 대단한 변신과 발전을 웅변하는 것이다.

<中文摘要>

戰國時代的養生術和德・聖人觀

所謂德的原始意思　是太陽神或者具有太陽眼的上帝以其光明和熱氣生育地上萬物的原動力，　又是依據那上帝同氏族祖先神同樣看待的觀念爲祖先神所賜與的，　依據氏族血統有系統地被傳承的氏族集團之生命力．　此裏用不着說爲持續氏族生命力必須祭祀祖先神．　比起這德是淵源於天神的明目的，　所謂聖便是一種淵源於那聰耳的詞彙．　不過這聖所指的是天神不只以聰耳而且也以明目來考察地上界的屬性．　這樣具有神性的德和聖便依據中國古代神・人相連以及祖先崇拜等特殊觀念，　以呪術性通天行爲爲媒介，　被轉移爲把天神和祖先神同樣看待的神聖性體現于一身的聖人及其聖人所具備的生命力．　這聖的人格化是孕育那世俗性人德的出現之可能性的．　這是以權力之世俗化的時代風尙爲直接背景的西周天命觀，　終於爲呪術性天德能够轉化爲世俗性・個體性人德安排了契機，　那也就與儒家的德・聖人觀相聯系，　但在完全阻止傳統德・聖人觀念的慣性的持續性上仍爲力不足，西周王朝也以那天德的取得爲王朝存立的基盤．

戰國時代的社會經濟上的顯著變化，　也沒法掃淸那頑强地在于社會底層的有呪術性的德・聖人觀，　那激烈的戰亂和急速的社會變化，　却煽動生命力的祈求來打下呪術性養生術更爲盛行的背景．　這期間，　德固然隨着因氏族制之解散而引起的人類之個體化，而從氏族生命力轉化爲個體生命力．結果，這就使得以神仙術爲極點的個體養生術風靡一時，　又終至于道家將德意味着人類內在的生命力．　但是在那從道家的高踏性養生術到基層的呪術性養生術的底邊，　我們能够確認傳統德・聖人觀的明顯影響，　而且這又能够與從準備和實現統一的戰國後期到秦漢時期所形成的聖人帝王論相聯系．　但也不能否認那包括神仙術的戰國個體養生術所嚮往的仙人・神人也起了一定的能够孕育聖人帝王論的媒介作用．

從戰國後期正式開始出現的聖人帝王的面貌，　恰似以《山海經》中的燭龍爲首的原初神格或者《莊子》中的神人，　這一面就證明聖人帝王論也是源於原始呪術性德・聖人觀的，　一面也反映了當時人類的想要農事豊收或治療疾病等世俗慾望.　和這樣的聖人帝王論密切相關地展開的就是封禪・明堂論.　所謂封禪是聖人帝王祈求或確認配天之德的呪術性儀禮，　明堂是舉行那儀禮的場所.　所以這兩者也無疑是源於上古以來的呪術性觀念的.　於是人們期待通過封禪坐定於明堂裏的聖人帝王將宇宙秩序體現于一身的巫祝王能够保證四季的適當循環以及由此帶來農事的豊饒，人民和家畜的繁殖和疾病的痊癒.

戰國時代 川東地域의 巴國과 그 起源[*]
― 巴蜀文化의 形成過程과 관련하여 ―

金　秉　駿[**]

Ⅰ. 問題 提起

　四川지역은 종종 '巴蜀'이라는 용어로 통칭되므로 어느 정도 두 지역간의 문화적・종족적 유사성이 추측된다. 巴와 蜀이 秦嶺산맥과 大巴山 등의 험준한 지형으로 둘러싸인 四川분지내에 위치하고 있었기 때문에 분지 바깥의 중원지역이나 川西高原지역과의 교통보다 巴蜀간의 교통이 수월하다는 지리적 조건도 이러한 점을 뒷받침한다. 그러나 戰國시대 川西지역과 川東

　* 이 논문은 1995년도 한국학술진흥재단의 공모과제 연구비에 의하여 연구되었음
** 한림대 사학과 교수

지역에는 각각 蜀國과 巴國이 성립하여 있었고, 그들은 秦에 의해 멸망될 때까지 계속해서 대립하고 있었다. 또 秦은 巴와 蜀을 멸망시킨 후 川西지역에는 蜀郡을, 川東지역에는 巴郡을 설치하여 통치하였으며, 秦漢帝國에서도 비록 세분화되기는 했어도 기본적으로 두 지역을 巴와 蜀으로 나누어 지배하였다. 戰國시대에 川西와 川東의 두 지역에 서로 다른 국가가 성립되어 있었고, 秦漢시대에 들어와서도 두 지역간의 구별이 지속된다면, 川西지역의 蜀文化에 대한 접근과 함께 川東지역의 巴文化가 따로 검토되어야 비로소 四川지역의 전체적 성격이 분명해질 것이다.

그러나 川東지역의 巴國의 경우에는 蜀國과는 상황이 크게 달라 그 전개과정을 해명하는 데에 적지 않은 어려움이 있다. 三星堆와 成都를 중심으로 한 활발한 발굴성과로 인해 川西평원에서는 이미 殷代로부터 중원지역과 문화적 성격이 구별되는 청동문명이 발전하고 있었고, 그것은 戰國시대까지 기본적으로 계승되었다고 할 수 있다.[1] 반면 川東지역에서는 三星堆와 같은 대규모 유적이 발견되지 않았음은 물론, 殷周시대에서 戰國시대에 이르기까지 발견된 적은 양의 고고자료조차 문헌자료와의 불일치가 두드러진다. 巴文化에 대한 많은 연구들은 이러한 상황에도 불구하고 가능한한 문헌자료와 고고자료와의 일치를 위해 많은 노력을 기울여온 것이 사실이지만,[2] 그 중 戰國시대 巴國의 성격과 春秋시대 이전까지의 巴國과의 관계에 대한 문제는 여전히 설득력 있게 해결되었다고 보기 힘들다.

巴國의 역사를 가장 자세히 전하는 《華陽國志》의 巴志에는 巴國이 殷周시대 이래 戰國시대에 이르기까지 川東지역에 위치하면서 지속적으로 발전한 것처럼 기록되어 있다. 그런데 현재까지의 고고발굴 자료로는 川東지역에서 春秋시대 이전으로 소급되는 문화유적을 거의 찾을 수 없다. 이 때문에 기왕의 많은 연구들도 春秋시대 이전의 巴國의 기원과 관련하여 '早期

---

1) 拙稿,〈殷周時期 川西平原에서의 靑銅文明의 形成과 發展 ─ 古代地域文明의 形成에 대한 ─摸索 ─〉,《古代中國의 理解》Ⅰ, 1994.

2) 楊銘,〈巴的歷史與文化硏究綜述(1930-1993)〉, 1993年度 重慶首屆戰國巴渝文化學術討論會 提出論文 ; 柳春鳴,〈巴渝文化硏究的新起点 ─ 首屆戰國巴渝文化學術硏討會綜述〉,《中國史硏究同態》1993-12 참조.

巴文化'라는 개념을 설정하고 인접지역에서 그 위치를 찾고자 논의를 진행해왔다. 그러나 이제까지의 연구는 주로 夏商시기의 '早期 巴文化'에 집중되어 왔고, 그 이후 시기에 대해서는 별다른 고찰 없이《華陽國志》의 기록대로 川東지역에서 발전하였다고 보고 있다.

물론 戰國시대 川東지역 문화의 기원과 관련해서 夏商시기의 '早期 巴文化'의 위치 규명은 매우 중요하다. 그러나 이와 함께 戰國시대 巴國의 성격 나아가 四川지역의 지역문명의 성격과 관련해서 西周에서 春秋시대까지의 巴國과 戰國시대 巴國과의 관계가 연속적인지 아닌지가 반드시 검토되어야 한다고 생각한다. 사실《華陽國志》巴志가 巴國의 역사부분만을 모아 편집하였기 때문에 마치 巴國이 한 지역에서 동일한 성격을 가진 채 성장한 것처럼 보인다고 생각된다. 西周시기로부터 春秋시대에 이르기까지의 國名은 반드시 한 지역에만 있었던 것이 아니므로, 다른 종족과 문화를 가진 집단이 동일한 國名을 사용하였을 가능성을 배제할 수 없다.[3] 물론 문헌자료가 부족한 형편상 동일한 '巴'字를 지나치게 세분化하여 이해하는 것도 반드시 바람직한 것은 아니다. 현재 남아있는 지명중에 '巴'字가 붙어 있는 곳들을 고대 巴人들이 거주하였거나 巴國이 위치하고 있었던 곳이라 주장하는 견해들도 이러한 이유에서 부득이해 보이기도 한다. 그러나 이같이 巴國의 개념을 일원化하여 이해하게 되면, 혹 巴에 대해 일관된 이해가 가능할 지 모르나, 지나친 일원화는 공간을 달리하는 이질적 집단을 시간의 순서에 따라 결합시키게 되는 문제를 야기하며, 그리하여 결국은 오히려 巴文化에 대한 개념에 혼돈을 가져올 수 있다고 생각한다. 이러한 점에서 戰國시대 巴國은 이전 春秋시대까지의 巴國과 직접적 계승관계를 갖고 있는지에 대한 검토가 필요하다는 것이다.

이 문제는 戰國시대 巴國의 성격뿐 아니라, 소위 '巴蜀文化'의 성격에도 밀접히 관련되어 있다. 殷周시기의 청동문화가 사천서부의 成都평원에 집중

---

3) 陳槃, 《春秋大事表列國爵姓及存滅表譔異》 (中央研究員歷史語言研究所集刊之五十二, 1969)를 보면 동일한 國名에 상이한 姓과 爵이 있었던 예를 쉽게 찾아볼 수 있다.

되어 있는 반면, 戰國시대에는 川西지역은 물론 川東지역까지를 포함하는 지역에서 동일한 내용의 문화가 발견된다. 그리하여 이 두 지역의 문화는 '巴蜀文化'라 일컬어져, 중원을 비롯한 다른 지역과 구별되는 지역문화로서의 위치를 갖게 되었다. 그런데 西周시대부터 春秋시대까지의 巴國은 蜀國과는 달리 西周로부터 姬姓諸侯가 봉건되는 등 중원과의 정치적 접촉이 비교적 많았으므로, 西周시기로부터 戰國시대에 이르기까지 巴國이 川東지역에서 지속적으로 성장하였던 것이라면, 사천분지 안에 西周의 봉건제후가 위치하였던 것을 의미하게 되며, 이러한 정치적 접촉에 수반하여 중원의 西周문명이 이 지역에 이식되었을 것이라 추정된다. 반면 두 시기의 巴國간에 단절을 가정한다면, 戰國시대 川東지역을 포함하는 巴蜀文化가 중원문화와는 달리 독특한 지역문명의 성격을 가지고 발전했을 가능성이 커지는 셈이다.

또 戰國시대의 巴國을 春秋 이전시기의 巴子之國과 연속적인 관계로 이해하는 이상, 선진적 중원문화의 강한 영향하에 있었던 戰國시대 巴國이 그에 인접한 川西지역의 蜀國에 영향을 주어 비로소 川西지역과 川東지역에 동일한 내용의 巴蜀文化가 형성되었다고 보게 된다. 비교적 이른 시기에 이루어진 川東지역의 청동문화유지 발굴은 이러한 논의를 뒷받침해 주었던 것이 사실이다. 다시 말해 1950년대 昭化縣 寶輪院 묘장과 涪陵縣 冬笋壩 묘장에서는 중원문화의 특징이 일부 확인될 뿐 아니라, 이들 묘장이 발굴되는 시점에 川西평원에는 戰國시대의 蜀文化를 규정할 만한 유적이 발견되지 않았기 때문에 이 곳에서 발견된 대부분의 청동문화가 川東지역 파문화의 특징으로 규정되었다. 이렇듯 川西지역에 비해 특징적인 청동문화가 다량으로 집중되어 발견되었던 당시로서는 별다른 이견없이 巴文化의 우월성이 받아들여졌고, 따라서 자연스럽게 川西평원의 蜀國으로의 영향에 의한 '巴蜀文化'의 성립을 결론지울 수 있었던 것이다.

그러나 戰國시대의 巴國을 반드시 春秋시대 巴國의 연속이라고 볼 수 없다면, 오히려 殷代 이래의 문화전통을 갖는 蜀文化로부터의 영향을 巴蜀文

化의 형성에서 배제할 수 없을 것이다. 최근 새로운 고고발굴의 결과, 川東지역에서 발견된 청동문화와 동일한 것들이 川西평원에서 더욱 많이 발견되었다. 즉 이제 寶輪院 묘장과 涪陵縣 冬笋壩 묘장에서 발견된 기물들이 더 이상 川東지역의 특징이라고 할 수 없게 되었다면, 川東지역의 문화가 川西지역의 문화에 영향을 주어 巴蜀文化가 형성되었다는 견해는 재검토되지 않으면 안된다고 생각한다.

이러한 문제들은 모두 春秋시대 이전까지 巴國과 戰國시대 巴國과의 관계에서 비롯되는 것들이다. 그러므로 戰國시대 巴蜀文化의 형성과정 및 巴國의 성격을 이해하기 위해서는 바로 이 점이 우선적으로 검토되어야 하는 것이다. 이를 위해 먼저 戰國시대에 이르기까지 문헌자료에 보이는 '巴國' 관련 기록들이 과연 동일한 대상을 지칭하는지를 살펴보기로 하자.

II. 文字資料에서의 巴國과 그 활동지역

문헌상 가장 시기가 앞서는 '巴'의 존재는 殷代의 甲骨文에서 시작한다. 현재까지 '巴' 혹은 '巴方'이라고 석독되는 甲骨文 수는 대략 10여조에 이르고 있는데,[4] 그 내용은 蜀의 경우와 거의 유사한 것들이다. 첫번째의 경우는 전쟁과 관련된 '伐巴'類의 것들인데,[5] 주로 婦好에 의해 정벌을 행하고 있지

---

4) 다만 최근 갑골문에서의 '巴'字에 대한 의문이 제시되고 있다. 이들은 甲骨文에 나오는 巴字의 자형인 '[illegible]'을 巴라고 석독할 수 없으며, 그 대신 '兇'字 혹은 '夷'字로 釋讀하는 것이 타당하다고 주장한다.(趙誠 編著, 《甲骨文簡明詞典》, 中華書局, 1988, p.145) 甲骨文字를 광범하게 총정리한 업적들에서도 '巴'字를 확인할 수 없다는 점 또한 아직 甲骨文의 巴字가 공인되었다고 보기 어려운 점이기도 하다.(孟世凱, 〈巴渝文化瑣議〉, 首屆戰國巴渝文化學術硏討會提出論文, 1993.10) 또 蜀의 경우 甲骨文의 자형에서 縱目이라는 후대의 蜀文化의 요소와 연결될 수 있는 여지라도 찾을 수 있었지만, 巴의 경우에는 이 점이 분명치 않다. 《說文解字》에는 '巴, 虫也, 或曰食象蛇'라고 巴字를 설명하고 있는데, 이러한 巴의 의미로서의 蛇와 甲骨文의 '巴'자간에 공통점을 찾기 곤란하다는 것이다.

5) '壬申卜, 爭, 貞命婦好從沚震伐巴方, 受有又' (《殷墟粹編》 1230) ; '辛未卜, 爭, 貞婦好其從沚震伐巴方, 王勿自東? 伐旹, 阱, 于婦好立' (《殷墟文字乙編》 2984 2950) ; '丁

192

만 간혹 王의 親征도 눈에 뜨인다. 남아있는 甲骨文의 대부분이 이러한 내용을 담고 있어 殷과의 관계가 우호적이지는 않았을 것임을 추측케 한다. 두번째는 정벌 이후 이 지역을 안무하기 위한 방법이라 보여지는 使臣의 파견과 그의 安危를 묻는 내용이다.[6] 셋째는 商王의 祖先을 제사하는 宗廟의 犧牲으로 巴人을 사용하는 경우인데,[7] 둘째와 셋째 경우 모두 征伐後 殷에 의해 취해진 조처들로 이해할 수 있는 내용이다. 그런가 하면 殷王이 직접 巴의 풍흉을 점치는 卜辭도 발견되어,[8] 巴의 풍흉이 殷王의 주요한 관심사가 될 정도로 殷王朝와 巴의 경제적 관계가 긴밀했다고 추측된다.

卜辭에서 보이는 巴方에 대한 공격이 주로 沚震이라는 곳에서부터 이루어지고 있으므로 巴方은 河南 睢縣 동남쪽에 해당된다고 하는 沚震과의 거리가 멀지 않아야 한다.[9] 또 일반적으로 方이 위치하는 범위도 殷의 중심활동지역에서 지나치게 멀리 설정해서는 곤란하다. 巴의 풍년여부를 묻는 '巴受年'과 같은 卜辭가 출현하는 것도 巴方이 殷의 중심지역과 멀리 떨어져 있지 않다는 증거로 이용된다.[10] 이 때문에 殷代 巴의 활동지역을 山西省 永濟縣 근처로 보는 견해도 있지만,[11] 殷의 甲骨文에 보이는 몇몇 지역은 중원에서 비교적 먼 곳에 위치하기도 하고, 그리고 湖北省 黃陂縣 盤龍城에서 발견된 유적들이 鄭州 二里岡期의 殷文化와 동일하다는 것에서 이 지역까지 殷의 정치범위가 확대되어 있었으므로,[12] 巴方의 위치도 戰國시대 巴國

卯卜, □, 貞, 王敦缶于巴? 二月'(《殷墟書契後編》 1, 9, 7).

6) '辛未卜, 賓, 貞沚震啓巴, 王勿隹從止'(《乙》 7818) '貞沚震啓巴王從'(《合》 223) (*啓＝敎). 董其祥, 《巴史新考》(重慶出版社, 1983) ; 姚政,〈論巴族國家的形成〉(首屆戰國巴渝文化學術硏討會論文, 1993.10) pp.13-18 참조.

7) '庚申卜, 母庚示巴, 不用'(《南明》 613) 庚이라는 商王의 母를 제사하는 宗廟의 犧牲으로 巴人이 사용되는 예이다.

8) '貞, 巴不其受年? 巴受年? 王占曰, 巴其受年'(《殷墟文字乙編》 5280).

9) 沚震은 首止로도 釋讀되는데,《左傳》僖公 5年條 '會王世子于首止' 杜預注 '首止, 衛地, 陳留襄邑縣東南有首鄕' 참조.

10) 受年, 有禍의 지배는 보통 四土와 연결된다고 한다. 岳連建,〈商代邊遠地區二里岡期文化分析 — 兼論商代早期的政治疆域 —〉,《考古與文物》 1993-4, p.66.

11) 何光岳, 《楚滅國考》(上海人民出版社, 1990) p.101.

12) 宋新潮, 《殷商文化區域硏究》(陝西人民出版社, 1991) ; 宋新潮,〈商代政治疆域與商文化影響範圍〉,《中國史硏究》 1991-1.

이 위치한 川東지역에 있을 수 있는 가능성까지 배제할 필요가 없을 지 모른다. 또 '巴受年'이라는 기사도 반드시 공납을 전제하지 않는 한 은왕조의 수도에 근접해 있었을 것이라고 보지 않을 수 있다.

그러나 川東지역은 북으로 秦嶺산맥과 大巴山과 같은 높은 산들로 둘러싸여져 있으며 또 구릉지대에 위치하고 있어 中原지역은 물론 인접지역과도 교통하기가 불편한 곳이라는 점을 감안한다면, 殷의 武丁이 親征하는 빈번한 전쟁을 치루었다고 보기에는 너무 격절된 곳이라 하지 않을 수 없다. 갑골문에 나타난 巴와의 전쟁 기록들은 蜀에 비해 보다 직접적이며 그 빈도수도 많다.[13] 巴의 경우 간혹 '巴方'이라 하여 '方'을 연서하는 경우가 있는가 하면, 蜀은 '方'과 연칭되는 경우가 하나도 발견되지 않는다는 것도 단순한 우연으로 돌리기보다는 巴가 殷에게 직접 위협이 되는 적대적인 정치세력으로서의 '方'으로 인식되었음을 상징하는 것으로 이해하고 싶다. 또 戰國시기 巴蜀文化라고 병칭될 정도로 巴文化는 蜀文化와 지리적으로도 연접해 있으면서 동시에 매우 유사한 문화를 가지고 있었기 때문에 戰國시대 이후에는 巴蜀이라 연칭되는 경우가 많았는데 비해, 甲骨文에서는 巴와 蜀이 병칭되고 있는 것이 하나도 발견되지 않는다.[14] 이것은 후대에서와 같이 두 지역이 반드시 인접하지 않았을 가능성을 시사하는 것이며, 따라서 巴의 위치를 戰國시대와 동일한 것으로 이해하여 川西지역의 蜀과 인접한 川東지역으로 볼 필요도 없을 것이다.

반면 巴에 관련된 고전승이 많이 전해지는 《山海經》의 기록은 초기 巴國의 존재를 이해하는 데에 도움이 된다.[15] 《山海經》의 〈海內經〉篇에는 巴國

---

13) 蜀과의 전쟁이 없었다는 것은 아닌데, '伐蜀'의 기록도 한군데 확인되며, '伐缶于蜀' '至蜀有事'도 모두 군사적 행동과 관련된 내용이다. 그러나 이들은 殷과의 관계가 아니라 周原의 周와의 관계라고 보여진다.(林向, 〈周原卜辭中的蜀〉, 《考古與文物》 1985-6) 한편 巴의 경우는 대부분이 殷의 갑골문에서 발견되는 것에 비해, 蜀의 경우 殷의 갑골문에 나타나는 것은 2개에 그치고 나머지는 모두 周原의 갑골문에서 발견되는 것은 매우 흥미롭다. 이러한 지역별 빈출현상을 두고 蜀과 殷과의 거리가 멀거나 교통이 불편하고 關中지역의 周와의 거리가 가깝다는 것을 의미하는 것이라 해석할 수 있다면, 巴는 殷과의 거리가 상대적으로 가깝다고 생각되기 때문이다.

14) 佟柱臣, 〈巴與巴蜀古文化對象的考察〉, 《南方民族考古》 2輯, 1989.

이 西南쪽에 위치하고 있으며, 그 시조는 后照라 하고, 太昊→咸鳥→乘厘→后照로 이어지는 계보까지 마련하고 있다.[16] 〈海內南經〉篇에는 夏后啓의 신하인 孟涂가 '丹山'의 서쪽에 있는 巴에서 제사와 소송을 담당했다고 기록하고 있다.[17] 이 중 孟涂가 제사와 소송을 담당했다는 〈海內南經〉의 기록은 그 내용이 殷代의 지배방식을 연상케 한다는 점에서 주목할 만하다. 巴國의 선조를 華夏民族의 여러 선조들과 연결시키고 있다는 점은 秦漢 이후 중국 내의 각국의 祖先을 혈연적으로 결합시키려 했던 戰國 이후의 경향에서[18] 비롯된 것으로 이해된다. 다만 王室에서 使者를 파견하여 제사를 집행하는 것을 '王事'라 하고 이 제사를 받아들이는 것은 곧 殷의 지배에 복속하는 것이라는 견해에 주목한다면,[19] 중원으로부터 使臣이 와서 제사를 담당하고 아울러 '其衣有血者執之'와 같이 神判에 기초한 소송을 담당하고 있는 것은 巴가 殷의 정치적 범위에 속해 있었던 것을 의미하는 것이라고 볼 수 있다.[20] 따라서 그 위치도 갑골문에서 살펴본 바와 같이 중원과 그리 멀리 떨어져 있지 않은 곳이라 추측된다. 같은 《山海經》 海內經에 長沙와 零陵의 경계에 있는 九嶷山을 '南方'이라 칭하고[21] 居延과 流沙지방을 '西海'로 칭하고 있었던 것으로 보아[22] 巴가 위치한 '西南'은 漢中, 鄂西, 四川지역을 포괄하는 지역이지만,[23] 丹山의 위치가 대략 大巴山지구 혹은 秭歸지구에 비

---

15) 甲骨文에 나오는 四方의 風神名이 《山海經》에 거의 그대로 등장하고 하고 있는 것들을 볼 때(鄭杰祥, 〈商代四方風神名和風名新證〉, 《中原文物》 1994-3) 《山海經》에 전해지는 고전승이 결코 후대의 상상의 산물이 아니라 적어도 殷代부터 오래동안 민간에 전승되어 온 것임을 알 수 있다.

16) 《山海經》 海內經 '西南有巴國, 太昊生咸鳥, 咸鳥生乘厘, 乘厘生后照, 后照是始爲巴人'.

17) 《山海經》 海內南經 '夏后啓之臣孟涂, 是司神于巴, 巴人訟于孟涂之所, 其衣有血者執之···在丹山西'.

18) 李成珪, 〈戰國時代 統一論의 形成과 그 背景〉, 《東洋史學研究》 8·9合, 1975, p.82.

19) 白川靜, 《漢字の世界 — 中國文化の原點》 1 (平凡社, 1976) p.103.

20) 《華陽國志》 卷1 巴志 '五帝以來, 黃帝·高陽之支庶, 世爲侯伯'라는 기록도 역시 중원과의 관계를 시사해준다.

21) 《山海經》 海內經 '南方蒼梧之丘, 蒼梧之淵, 其中有九嶷山, 舜之所葬, 在長沙零陵界中'.

22) 《山海經》 海內經 '西海之內, 流沙之中, 有國名曰壑市' 郭璞云 '流沙在西海郡北'.

정되고[24] 蛇山이 지금의 大巴山지구에 해당되므로,[25] 丹山과 蛇山을 근거지로 했다고 보이는[26] 초기 巴國의 범위는 漢水유역과 鄂西지구에서 크게 벗어나지 않았을 것이다. 각 지역에 위치한 여러 전승들을 종합하였다는 제작의 성격상, 巴관련 여러 기록들을 굳이 하나의 계보로 무리하게 연결시켜 이해할 필요가 없을지도 모르지만, 일단은 《山海經》에 나오는 巴의 위치가 川東지역에 국한되지 않는다는 점에 주목해 두고 싶다.

甲骨文 이외에 殷末周初시기의 巴가 언급되고 있는 것으로는 《華陽國志》巴志의 기록이 있다. 《山海經》이나 갑골문에서보다 중원지역과의 정치적 관계가 분명하게 드러나는 것으로서 이 점도 蜀과의 구별이 분명해지는 점이다. 巴志의 ⓐ '周武王伐紂, 實得巴蜀之師, 著乎尙書, 巴師勇銳, 歌舞以凌殷人'이라는 기록은 滅商시 巴가 참여했고 이 내용은 《尙書》에도 기록되어 있다는 것이다. 그런데 정작 周武王의 滅商이 기록되어 있는 《尙書》牧誓篇에는 蜀과 함께 '庸·蜀·羌·髳·微·盧·彭·濮人'이 병기되고 있을 뿐, 그 중에 巴는 보이지 않는다.[27] 그러나 《華陽國志》가 '著乎尙書'라 하여 서술의 근거를 명기해 둔 것으로 보아, 적어도 그 당시의 《尙書》에는 이러한 내용이 있었는데 후에 '巴'라는 字句가 탈락했을 가능성을 남겨두는 편이 나을 것 같다.[28]

---

23) 논자에 따라서는 西南이라는 지리에 대해 커다란 편차를 보인다. 가령 많은 논자들이 지금의 漢中 혹은 鄂北지역을 의미한다고 하는 반면, 何光岳, 《楚滅國考》에서는 《山海經》海內經의 '有巴遂山, 繩水出焉'에서의 巴遂山이 靑海省 巴顔喀喇이라고 주장하여, 이 곳 '西南'의 위치를 甘肅, 靑海 일대로 보기도 한다.

24) 대표적인 견해로 漢水 지역의 大巴山 주변에 있었다고 하는 견해와(鄧少琴, 〈巴史再探〉, 《巴蜀史迹探索》, 四川人民出版社, 1983 ; 何光岳, 《楚滅國考》 p.99) 秭歸縣 鱣魚山유지에 위치하고 있었다는 견해를(楊權喜, 〈略論古代的巴〉, 《四川文物》 1991-1, p.12. 이 견해는 《山海經》〈海內南經〉에 대한 郭璞의 주에 '今建平郡丹陽城秭歸縣東七里, 卽孟涂所居也'라는 기록에 근거한다.) 들 수 있다.

25) 何光岳, 《楚滅國考》, pp.99-100.

26) 《山海經》海內南經 '巴人訟于孟涂之所, 其衣有血者執之…在丹山西', '巴'字가 '食象의 蛇'로 표현된 것이나 《山海經》海內經 '巴國 … 有黑蛇, 靑首, 食象'의 기록으로 미루어 丹山 혹은 蛇山을 巴의 근거지로 본다. 鄧少琴, 〈巴史再探〉, 《巴蜀史新探》, p.56.

27) 《尙書》牧誓篇 '西土之人 … 庸·蜀·羌·髳·微·盧·彭·濮人'.

28) 기왕의 견해처럼 '庸·蜀·羌·髳·微·盧·彭·濮人'중 彭이 巴일 것이라든지(鄧少

　巴志는 ⓐ의 기록에 바로 이어 ⓑ '武王旣克殷, 以其宗姬封於巴, 爵之以子'[29]라는 기록을 싣고 있다.[30] 이 기록을 巴가 滅商에 참여했다는 ⓐ의 기록과 함께 읽으면, 곧 滅商에서의 공적 때문에 武王이 克殷後 宗室 姬姓諸侯를 봉건했다는 내용으로 해석된다. 그런데 이것도 克殷에 공이 있는 巴의 君長의 지위를 박탈하고 그 대신에 宗室諸侯를 封建한다는 의미가 되므로 문맥과 어울리지 않는다는 지적이 있을 수 있다.[31]

　그러나 이 점은 滅商에 참여한 다른 종족들에 대한 周의 조처를 볼 경우 아무런 문제가 안된다. 蜀의 경우 滅商에 동참한 후 周에 의해 곧바로 공격을 당해 패배하였고,[32] 그 이후 줄곧 적대적인 관계에 있었다. 따라서 巴의 경우도 비록 克殷에 공이 있다해도 얼마든지 周로부터 공격을 받아 君長이 교체될 수 있었을 것이다. 微의 경우는 蜀의 경우보다 더욱 분명한 西周의 조치를 찾을 수 있다. 扶風縣 莊白1호 출토 청동기 중의 牆盤銘에는 微氏의 가족이 본래 微國에 거주하고 있다가, 周 武王의 滅商 이후 岐周 근처에 거주지를 마련하고 대대로 周왕실의 史官을 맡았다는 내용이 기록되어 있다.[33] 한편 北京 琉璃河 M1193 묘장에서 출토된 銅罍에는 周王이 燕 昭公을 匽侯로 봉하는 명문이 새겨져 있는데, 여기에 微氏의 종족을 匽侯에게 分賜하고 있는 사실을 발견할 수 있다.[34] 微氏의 종족이 岐周와 燕에 각각 나뉘어 거

琴, 〈巴史新探〉, 《巴蜀史迹探索》, p.12) 혹은 濮이 巴일 수도 있다.(徐中舒, 〈巴蜀文化初論〉, 同氏著, 《論巴蜀文化》, 四川人民出版社, 1981) 물론 蜀을 나중에 巴蜀之師로 확대해석했을 가능성도 배제하지 못한다.

29) 劉琳 校注, 《華陽國志校注》 (巴蜀書社, 1984) p.10.

30) 子爵의 사여에 대해서는 별 문제가 없지만, '以其宗姬封於巴'은 판본에 따라 '以其宗姬於巴'으로 되어 있기도 한다. 이를 받아들이는 입장에서는 宗姬가 본래 巴에 있었기('於'='在') 때문에 子爵을 사여한다는 의미로 해석한다. (任乃强 校注, 《華陽國志校補圖注》, 上海古籍出版社, 1987, p.4) 이렇게 해석한다면 본래 巴에 衛나 應과 같이 監國이 설치되었다가 나중에 姬姓諸侯가 정식으로 봉건되었을 것이라는 본고의 논지를 더욱 보강해 준다.

31) 任乃强 校注, 《華陽國志校補圖注》 (上海古籍出版社, 1987) p.4 ; 劉韻葉, 〈武王伐紂無巴論〉, 首屆戰國巴渝文化學術研討會提出論文, 1993.10.

32) 《逸周書》 世俘篇 '甲子, 朝至接于商, 則咸劉商王紂···康子, 陳本命伐磨·百偉, 命伐宣方, 新荒命伐蜀. 乙巳, 陳本命新荒自蜀磨至, 告禽霍侯, 俘艾佚侯, 小臣四十有六'.

33) 尹盛平, 《西周微氏家族靑銅器群硏究》, (文物出版社, 1992) pp.41-58.

34) 中國社會科學院考古硏究所·北京市文物硏究所 琉璃河考古隊, 〈北京琉璃河1193號大

주하게 되었다는 것인데, 이 점은 周初의 관례로 보아 微의 세력을 분산시
키기 위한 것이었다고 보여진다. 즉 蜀과 같이 직접적 군사공격을 받은 기
록은 없지만, 微國을 구성하는 종족들이 周王에 의해 여러 곳으로 分賜되고
있는 것은 이미 微國이 周의 영역 안에 복속되었음을 의미하며, 아울러 微
의 세력을 약화시키기 위해 그 종족들을 여러 곳으로 나누어 거주시키는 정
책이 실시되었음도 알 수 있다.

巴의 경우도 周를 도와 滅商에 참여했지만, 克殷의 功에 따라 기존의 영
역을 그대로 유지한 채 西周와 우호적 관계에 있었다고 생각되지 않는다.
蜀처럼 군사 공격을 받거나 微의 경우처럼 西周의 영역에 속하게 되었다고
생각된다. 《左傳》昭公 9년조에 보이는 '及武王克商, 巴·濮·楚·鄧, 吾南
土也'라는 기록은 巴가 周의 영토안에 편입되었다는 점을 명확히 전해주고
있는 것이다. 이처럼 西周의 영역에 편입된 지역에 西周의 宗室諸侯가 봉건
되는 것은 오히려 자연스러운 결과일 것이다.

周初 이래의 巴國이 어디에 있었는지에 대해서는 전혀 언급이 없어 고찰
이 어렵지만, 巴國이 姬姓諸侯에 봉해졌다는 점에 주의해 보면, 그 위치는
당시 宗周·成周에서 그리 멀지 않았을 것으로 추정된다. 西周와 春秋시대
姬姓諸侯의 지리적 위치를 검토한 연구에 따르면[35] 西周시대의 姬姓諸侯를
鄂北지역 以南지역에서는 거의 찾을 수 없으며 대부분 교통이 편리한 지역
에 분포하고 있다고 하기 때문이다. 그렇다고 周가 남쪽으로 진출하지 못한
것은 아니지만, 姬姓이 봉건된 巴國은 다른 漢水유역의 漢陽諸姬와 같이 漢
水 혹은 鄂北지역에 위치하고 있었을 것이라 보는 것이 무난하다.

다음은 春秋시대에 등장하는 巴관계 자료를 검토해 볼 차례이다. 《華陽
國志》에도 그 자취가 언급되어 있지만, 대부분은 《左傳》의 내용과 중복되어
있다. 저작연대 등에서 자료의 신빙성이 보다 높은 《左傳》의 기록을 중심으
로 살펴보기로 한다. 春秋시대의 巴는 8조에 걸쳐 《左傳》에 등장하는데, 그

墓發掘簡報〉, 《考古》 1990-1.

35) 伊藤道治, 〈姬姓諸侯封建の歷史地理的意義〉, 同氏著, 《中國古代王朝の形成》, 創文社,
1975.

198

중 昭公 13년조 楚 共王이 後嗣를 결정하는 故事에 '巴姬'가 등장하고 있으며,[36] 똑같은 고사가 《史記》 楚世家에서도 보인다. 《華陽國志》에서 巴와 楚와의 通婚관계가 언급되고 있는 것을 참조하면, 여기에서의 '巴姬'는 楚에 시집온 巴의 宗室女라고 생각된다. 그런데 春秋시대 '婦人은 國과 姓을 稱한다'는 관례에 따르면[37] 여기에서 '巴姬'라 칭한 것은 단지 '巴에서 온 여자'라는 의미가 아니라 姬姓 巴國으로부터 시집온 여자를 뜻하며, 곧 春秋시대 姬姓諸侯로서의 巴國의 존재를 말해주는 것이다. 또 桓公 9년조에는 巴와 鄧의 전쟁을 기록하면서 巴를 '巴子'라고 부르고 있는데,[38] 이것은 앞서 《華陽國志》에서 西周로부터 봉건과 함께 子爵을 사여받았다고 한 巴子之國을 의미하는 것으로 보인다. 결국 春秋시대에 《左傳》·《史記》·《華陽國志》 등의 문헌기록에 나타나는 巴國은 周初 姬姓이 子爵을 사여받아 봉건된 巴子之國과 동일한 것이라고 해야 할 것이다.

이 시기의 巴國은 어느 지역에 위치한 것이었을까? 중원의 정치질서가 기록되어 있는 《左傳》에 巴가 기록된다는 것 자체가 중원을 중심으로 한 春秋시대의 분쟁권 안에 있었다는 것을 의미하므로,[39] 지리적으로 격절된 川東지역에 위치했다고 보기는 힘들다. 이 점은 《左傳》에 기록되어 있는 개개의 기록들에서도 다시 한번 확인된다. 먼저 桓公 9년조의 기사에는, 巴子가 鄧과 우호관계를 맺고자 楚에게 부탁하였고, 楚가 이를 받아들여 道朔이라는 자를 시켜 巴의 사신과 함께 鄧으로 가던 중, 그 鄧의 남쪽에 위치한 鄾로부터의 침탈을 받게 됨으로써 생긴 사건에 대해 언급하고 있다.[40] 楚가

---

36) 《左傳》 昭公13년條(B.C. 529) '初(楚)共王無塚適(嫡), 有寵子五人而無適立焉.····乃與巴姬密埋璧于太室之庭'.
37) 周集云, 《巴族史探微》, p.84. 齊姜, 燕姞, 鄧曼, 紀姜, 秦嬴, 成風, 褒姒 등은 그 대표적 예이다.
38) 《左傳》 桓公 9年條(B.C. 703) '巴子使韓服告于楚'.
39) 王獻唐, 《山東古國考》 第3部.
40) 《左傳》 桓公 9年條(B.C. 703) '巴子使韓報告于楚, 請與鄧爲好. 楚子使道朔將巴客以聘于鄧, 鄧之南鄙鄾人攻而奪之幣, 殺道朔及巴行人. 楚子使薳章讓于鄧, 鄧人弗受. 夏, 楚使鬪廉帥師及巴師圍鄾. 鄧養甥·聘甥帥師救鄾, 三逐巴師, 不克. 鬪廉衡陳其師于巴師之中, 以戰而北, 鄧人逐之, 背巴師而夾攻之. 鄧師大敗, 鄾人宵潰'.

이 사건을 조정하고자 했으나 실패하자, 楚의 鬪廉이 楚의 군대와 巴의 군대를 함께 거느리고 鄧을 협공한 끝에 鄧의 군사를 패배시켰다는 내용이다. 한편 莊公 18년조에는 楚文王이 즉위하자 巴人이 楚와 함께 申을 공격하였다는 기록이 있다.[41] 이러한 기록들은 모두 巴의 군대와 楚의 군대가 함께 행동하고 있음을 나타내는 것으로 巴와 楚가 매우 근접해 있다는 사실을 말해준다. 특히 同年條에는 巴人이 楚에 叛하여 楚의 那處를 공격하여 점령하고 드디어는 楚의 성문까지 육박하였던 사건이 기록되어 있고[42] 19년조에는 楚가 津에서 巴를 크게 패배시켰다고 되어 있는데,[43] 楚의 정치적 경제적 중심지인 郢과 근접해 있는 那處를 점령했다는 것이나 역시 가까운 지역인 津(지금의 枝江)에서 이를 패배시킨 것으로 보아 이 당시 巴는 楚와 가까운 거리에 있었던 鄂西 혹은 鄂北지역을 벗어나지 않는다고 추정된다.(그림 1)

한편 楚의 군대와 함께 鄧과 鄾를 공격하기 위해 巴의 군대가 동원된 것

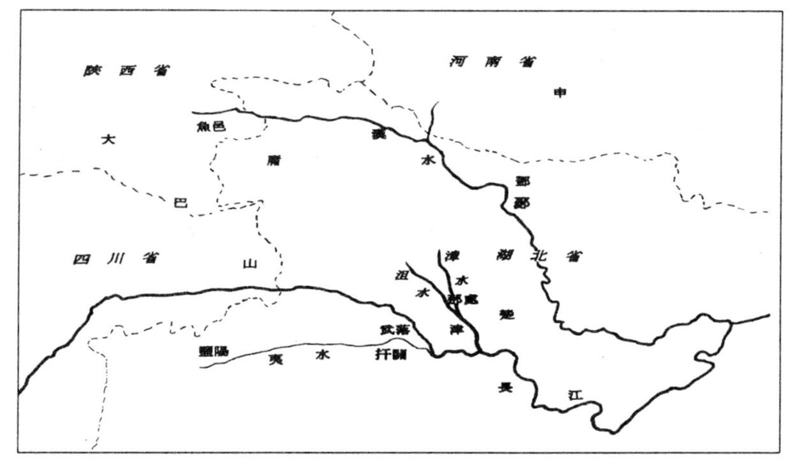

그림 1 春秋時代 鄂西地域 地圖

41) 《左傳》 莊公18年條(B.C. 676) ‘(楚)文王卽位, 與巴人伐申而掠其師’.
42) 《左傳》 莊公18年條(B.C. 676) ‘巴人叛楚, 伐那處, 取之, 遂門于楚 閻敖游涌而逸, 楚子殺之, 其族爲亂, 冬, 巴人因之伐楚’.
43) 《左傳》 莊公 19年條(B.C. 675) ‘十九年春, 楚子禦之, 大敗於津’.

은 鄧과 鄾의 지역과도 거리가 멀다고 할 수 없다는 것을 말해준다. 巴가 楚를 거쳐야 하는 지리적 위치에 있었기 때문에 巴가 鄧과의 관계를 직접 맺지 않고 楚의 도움을 구하였다는 견해도 있지만, 巴人이 楚를 공격하여 鄾를 포위하였으나 楚王이 이끄는 군대에 의해 鄾에서 패배했다고 하는 哀公 18년의 기록을[44] 보면 얼마든지 직접 鄾로의 군사적 행동이 가능한 것이므로 그다지 설득력을 갖지 못한다. 그보다는 巴가 楚와 긴밀한 정치적 관계에 있었기 때문이라고 이해하는 편이 나을 듯한데, 莊公 18년 申을 공격할 때에도 楚와 함께 행동을 한 것이라든지, 이어 楚의 那處를 공격하여 점령한 것을 '叛楚'라 한 것은 두 국가간의 관계가 정치적으로 밀접한 관계였음을 암시한다. 그러므로 정치적 관계 때문에 楚와의 연계가 나타나는 것이되, 鄧과 鄾는 巴의 군사적 행동 범위안에 있는 가까운 곳이라 생각된다. 楚文王이 즉위하자 楚가 巴人과 함께 申을 정벌하였던 것도 春秋시대의 申國과의 거리가 그리 멀지 않은 곳에 위치하였음을 추측케 한다. 文公 16년조에는 巴의 군대가 秦의 군대와 함께 楚를 도와 庸의 반란을 진압하였고, 그로 인해 庸의 영토 일부였던 魚邑을 나누어 가졌다는 내용이 전한다.[45] 그런데 春秋시대 鄧과 鄾는 鄂西北쪽의 襄樊市 북쪽에 위치하고 있었고, 申은 豫西南 南陽市에, 그리고 庸은 鄂西北 竹山縣에 있었고,[46] 楚는 湖北 枝江(江陵)을 중심으로 성장하고 있었으므로,[47] 春秋初期 巴子之國은 대략 이 주변 즉 鄂西北의 漢水지역 혹은 鄂西에서 활동하고 있었다고 보아야 할 것이다.

---

44) 《左傳》哀公 18年條(B.C. 477) '巴人伐楚圍鄾, …(楚)敗巴師于鄾'.

45) 《左傳》文公 16年條(B.C. 611) '楚大飢…庸人率群蠻以叛楚, 麇人率百濮聚于選, 將伐楚. 于是申·息之門不啓. 楚人謀徙于阪高… 秦人·巴人從楚師, 群蠻從楚子, 遂滅庸';《華陽國志》卷1 巴志 '遂滅庸而分其地, 巴得魚邑'.

46) 《華陽國志》卷1 巴志 '遂滅庸而分其地, 巴得魚邑' 여기에서 언급된 魚邑이 四川省 동부지역의 奉節縣이라고 보는 견해도 있지만, 庸을 멸망시킨 뒤 얻은 곳이므로 庸과의 거리가 너무 멀어서는 곤란하며, 더욱이 중간에 大神農架라는 매우 높은 지형이 있기 때문에 庸이라는 단일한 국가에 속해있었던 곳이라고 볼 수는 없다고 생각된다. 따라서 陝西省 安康市의 魚脯谷을 魚邑이라고 보는 견해를 취하는 편이 무난할 듯하다.(何光岳, 《楚滅國考》, 上海人民出版社, 1990, p.104)

47) 何光岳, 《楚滅國考》, p.103.

그런데 西周시대에서 春秋시대까지의 巴는 오로지 《華陽國志》나 《左傳》
의 기록에서 확인할 수 있는 姬姓諸侯 巴子집단만이 있었던 것은 아니다.
西周初 이들에 의해 분산되거나 복속된 집단의 존재도 주목해야 할 것이다.
《逸周書》 王會篇에 巴人이 周王을 朝見하고 比翼鳥를 공납하는 기록이 보
이는데,[48] 이것은 蜀人을 비롯한 각 지역의 여러 부족들이 자신들의 특산품
을 周王에게 바치는 내용 속에 기록되어 있는 것이다. 즉 문맥으로 보아 西
周로부터 분봉된 姬姓諸侯가 특산품을 周王에 헌납하는 것이 아니므로, 이
때의 巴人은 姬姓諸侯라 할 수 없다. 따라서 殷末에 周를 도와 滅商에 참여
하였다가 周의 영역에 편입되어 宗室 姬姓諸侯가 분봉된 巴지역의 토착민
들을 의미하는 것으로 보여진다.

西周初 周의 영역에 포함된 여러 지역들에는 종종 두개 이상의 姓을 발
견할 수 있다. 微國의 경우에도 姬姓과 함께 子姓이 발견되고 있으며,[49] 燕
國의 경우에도 姬姓과 姞姓이 동시에 보이는 것이[50] 그것이다. 이 경우 姬姓
은 周族과 동일한 姓으로서, 周로부터의 분봉을 의미한다면, 다른 하나의
姓은 周에 편입되기 이전의 姓으로 보는 편이 무난하다. 다음과 같은 기록
을 보면, 周初 巴國의 경우에도 '姬姓'외에 또다른 姓을 갖는 종족이 존재했
을 가능성이 크다.

① '鍾離, 運掩, 菟裘, 尋, 梁, 修魚, 白, 賨, 飛廉, 密如, 東灌, 良, 時, 白, 巴,
   [公巴公巴], 郯, 復, 蒲, 皆嬴姓也'
② '江, 黃, 耿, 弦 … 郯, 復, 巴 … 皆嬴國也'
③ '巴, 楚昭王妾巴姬國, 與風姓巴別'
④ '五帝以來, 黃帝·高陽之支庶, 世爲侯伯'[54]

---

48) 《逸周書》 王會篇 '巴人以比翼鳥'.
49) 尹盛平, 《西周微氏家族靑銅器群硏究》, pp.64-65.
50) 相原俊二, 〈春秋期に至る燕の變遷 — 燕國考その二〉, 《中國古代史硏究》 第3, 吉川弘
    文館, 1969.
51) 《潛夫論》([淸]王繼培 箋·彭澤 校正, 《潛夫論箋校正》, 中華書局, 1985本) 卷九 志氏
    姓 p.423.
52) 《路史》 後紀 卷7.
53) 《路史》 後紀 卷9下.

202

《路史》의 ②는 그보다 시기가 이른 《潛夫論》의 기록 ①에 기초하였으리라 생각하지만, 姬姓諸侯의 巴子之國과는 다른 嬴姓의 巴國을 지칭하고 있다. 《路史》의 또다른 기록인 ③에서는 역시 姬姓 巴國 외에 風姓 巴國이 있었음을 말해준다. 《華陽國志》의 ④의 기록도 그 姓을 정확히 기록하지는 않았지만, 黃帝와 高陽의 후예들이 姬姓 외에 매우 많은 姓氏를 갖고 있다는 점에 주목하면, 姬姓諸侯가 분봉되는 시점에 姬姓과는 다른 姓을 가진 巴人이 있었을 가능성을 시사한다.[55]

《後漢書》 南蠻西南夷列傳과 《水經注》에는 春秋시대 이전에 巴子之國과 별개로 존재한 巴人에 관한 전승을 보다 구체적으로 전하고 있다. 《水經注》 夷水條에는 廩君이 淸江에 해당하는 夷水지역을 거슬러 올라 捍關을 근거지로 하여 ‘巴에 王이 되었다’는 기록이 남아있다.[56] 《後漢書》에는 본래 武落 鐘離山 출신인 5姓의 종족이 있었는데, 그 중 巴氏의 務相 즉 廩君이 뛰어난 능력을 바탕으로 다른 부족들의 君長이 되었으며, 이후 夷水로부터 鹽陽에 이르러서는 그 곳의 神女로부터 鹽陽지역의 공동통치를 권유받았으나 이를 거절하고 神女를 주살하였고, 夷城에서 나머지 4姓들을 신하로 하여 다스렸다는 내용이 기록되어 있다.[57] 《世本》에는 바로 이 廩君의 선조가 巫蜒에서 나왔다고 한다.[58] 결국 廩君이 巫蜒에서 武落 鐘離山으로, 그리고 夷水, 鹽陽을 거쳐 夷城까지 이동해 왔다는 것이다. 여기에서 巫蜒은 巫山 일대를, 武落 鐘離山은 湖北 長陽縣 일대를 의미하고, 夷水는 淸江을, 鹽陽은 湖北 恩施縣 동쪽을, 그리고 捍關은 湖北 長陽縣 남쪽을 의미한다고 하므로,[59] 廩君은 淸江 하류에 위치한 長陽縣 일대에서 점차 西遷하여 恩施縣까지 이르르게 되었다는 것이 된다.

蜀과 微가 각각 周의 滅商을 도왔으나 곧 군사적 공격을 받거나 종족의

---

54) 《華陽國志》 卷3 巴志.
55) 陳槃, 《春秋大事表列國爵姓及存滅表譔異》 冊3 45. 巴 참조.
56) 《水經注》 夷水條 ‘夷水卽狼山淸江也···昔廩君浮土舟于夷水, 据捍關而王巴’.
57) 《後漢書》 卷86 南蠻西南夷列傳 p.2840.
58) 《後漢書》 卷86 南蠻西南夷列傳 李賢注 引《世本》 p.2840 ‘廩君之先, 故出巫蜒也’.
59) 童恩正, 《古代的巴蜀》 (四川人民出版社, 1979), p.9.

分賜가 이루어졌다는 것은 蜀族과 微族의 저항이 예상되었기 때문이라면, 巴에 宗室諸侯가 봉건되었을 때에도 姬姓이 아닌 본래의 巴人들에 대한 조처가 예상된다. 현재로서는 巴와 관련하여 微와 같이 부족의 이산을 직접 전하는 기록은 없다. 혹은 晋·魯에 대한 西周의 封建과 같이 타부족을 함께 사여한다는 내용도 확인되지 않는다. 다만 周初에 殷族의 조직적 저항을 막기 위해 설치된 監國제도가 매우 시사적이다. 三監의 경우가 가장 대표적이지만, 이외에 應國과 衛도 이러한 범주에서 이해할 수 있다. 康叔이 殷의 舊地인 衛에 봉건된 것도 周室의 王官으로 殷族을 감시하기 위한 것이었는데, 처음에는 伯으로 칭해지고 있었다가 후에 諸侯로 상승한 것이며, 應國의 경우에도 처음에는 殷代로부터의 應族의 저항을 막기 위해 姬姓이 파견된 監國이었는데 나중에 姬姓諸侯가 되었다는 것이다.[60] 모두 西周에 편입된 지역의 저항을 막기 위해 가장 믿을만한 姬姓이나 周公의 친족이 파견되어 監國을 설치하였다가 나중에 諸侯로 승격한 예이다. 殷代 이래의 巴國 역시 西周에 편입되었으나 西周에 대한 저항의 가능성이 충분하였을 것이라면, 종족의 이산이 확인되지 않는 이상 이 지역에 대해 監國을 설치하여 西周의 통치를 잘 시행할 宗室이 파견되었을 가능성이 크다고 생각된다.

春秋 이전의 시기에 巴가 활동한 지역의 범위가 그다지 명확하지 않은 반면, 戰國시대 巴가 위치하고 있었던 지점은 川東지역이었다는 점에 이견이 없다. '巴蜀世戰爭'이라는[61] 기록에서도 알 수 있듯이 蜀과의 빈번한 전쟁을 치루었다는 것이나, 蜀의 苴侯가 巴와 친했다는 기록,[62] 그리고 秦이 蜀을 정벌할 때에 내친 김에 巴까지 멸망시켰다는 기록들은[63] 모두 戰國시대 巴國이 川西평원에 있었던 蜀과 가까운 지역, 곧 川東지역에 위치하고 있었다는 것을 말해준다. 또 한편 楚와도 접경하고 있었는데, 楚威王 때에[64]

---

60) 伍仕謙,〈論西周初年的監國制度〉,《西周史研究》(人文雜誌叢刊 第2輯), 1984.

61)《華陽國志》卷1 巴志.

62)《華陽國志》卷1 巴志 '蜀王弟苴侯私親於巴'.

63)《華陽國志》卷1 巴志 '巴爲求救於秦, 秦惠文王遣張儀·司馬錯救苴·巴, 遂伐蜀, 滅之, 儀貪巴·苴之富, 因取巴, 執王以歸'.

64) 많은 경우 威王(B.C. 339-329)이라고 해석하지만, 段渝,〈涪陵小田溪巴王墓新證〉, 李

巴子를 멸망하고 川東지역에 그의 廢子를 銅梁侯로 封建했다는 것이나,[65] 楚가 川東지역의 枳를 점령한 얼마 안있어 멸망했다는 것들은 모두 楚의 서편 즉 川東지역에 巴가 위치하고 있었다는 것을 의미한다. 결국 春秋시대 이전의 巴가 巴子之國이건 廩君蠻의 巴이건 모두 鄂西지역에 위치하였던 것임에 비해, 戰國시대에는 春秋시대와는 활동지역을 달리하는 川東에 위치하게 되었다는 것이다.

이상에서 上古로부터 戰國시대에 이르기까지 문헌자료에 등장하는 巴國의 존재를 주로 중원과의 관계와 그 위치를 중심으로 검토해 보았다. 갑골문과 《山海經》의 단계에서는 중원지역에 비교적 가까운 서남쪽의 지역일 가능성이 많았다. 이들 자료보다 巴國의 실체가 분명하게 다루어지고 있는 殷末周初 이후에는 西周初 西周의 영역으로 편입되면서 姬姓 宗室諸侯가 봉건되었고, 春秋시대 姬姓諸侯로서의 巴子之國은 楚, 鄧, 申 등의 국가와 관계를 맺고 있었다고 전해지는데, 그 활동범위를 미루어보아 鄂西 혹은 鄂北의 漢水유역을 크게 벗어나지 않는다는 점을 추측할 수 있었다. 반면 이러한 巴子之國과 함께 廩君蠻이라는 또 다른 종족으로서의 巴가 巫山과 淸江 일대에서 존재하고 있었다.

III. 春秋以前 '早期 巴文化'의 檢討

문헌자료에서 보이는 春秋시대 이전의 巴는 戰國시대 巴와 구별되는 것으로서, 川東지역이 아닌 다른 지역에 위치하였을 것이라고 추정해 보았는데, 이러한 문헌자료로부터의 추정은 과연 고고자료에 의해 충분히 증명될

紹明 等, 《巴蜀 歷史·民族·考古·文化》의 경우에는 頃襄王이라고 해석한다. 양자는 滅巴의 시기를 사이에 두고 있기 때문에 그 견해여하에 따라 滅巴 이후의 상황에 커다란 의견의 차이를 보이는 것이다. 何光岳, 《楚滅國考》 p.106에서는 銅梁이 合川의 서쪽이라 하여 이 때 楚가 巴의 도읍인 墊江을 함락하고 銅梁侯에 봉하였던 것이라고 한다.

65) 《益部耆舊傳》 '楚襄(威)王滅巴子, 封廢子于濮江之南, 號銅梁侯'.

수 있는 것일까? 명문이 새겨진 고고자료가 발견되지 않는 한 春秋시대 이전의 巴國의 위치를 정확히 규정하는 것은 매우 어려운 일이다. 따라서 문헌자료에서 추정한 몇군데의 지역을 선택하여, 戰國시대 川東지역의 巴文化와 동일한 고고자료가 발견되는지를 검토하는 방법으로 이 문제에 접근해 보고자 한다.

1. 川東지역의 諸遺跡

사실 하나의 지역문화를 이해할 때에는 같은 지역에서의 문화발전을 상정하는 것이 가장 자연스럽다. 巴文化의 경우에도 인접지역과 비교를 하기 이전에 우선 같은 川東지역에서 발견되는 春秋 이전 시기의 유지를 검토하는 것이 순서일 것이다. 前章에서 살펴본 바로는 春秋시대 이전의 巴子之國이 川東지역에 위치했을 가능성이 적다고 했지만, 이 점을 확인하기 위해서라도 이 지역에 대한 '早期 巴文化'의 검토는 필요하다. 더욱이 《華陽國志》에는 '巴國分遠, 故于盟會希'라 하여 春秋시대에 중원과 격절되어 있는 巴國을 강조하고 있으므로,[66] 그 가능성을 타진할 필요는 있다고 본다. 이하 신석기문화 이래 川東지역에 대한 검토를 통해 戰國시대 巴文化와의 계승관계 여부를 살펴보기로 한다.

川東지역에서 발견되는 신석기문화 중에 大溪文化가 있다. 1920년대 이후 巫山 大溪지역에서 조사되었던 신석기문화가 1960년대 鄂西지역의 宜昌·秭歸 등지에서 발견된 유지의 문화와 유사하다는 사실이 확인되면서, 이후 大溪文化로 명명되었다.[67] 大形 石斧, 有段雙肩石錛 등의 石器가 발견되고, 그리고 紅陶 위주의 陶器는 印紋이 많이 보이며 曲腹杯와 筒形瓶이 전

---

66) 楊權喜, 〈西陵峽商周文化的初步討論〉, 《中國考古學會第七次年會論文集》, 文物出版社, 1992에서는 《華陽國志》의 이같은 기록에 근거하여 西周시기부터 이미 川東지역에 巴國이 위치하고 있다고 한다. 이에 대한 검토는 이미 前節에서 한 바와 같지만, '分遠'의 기록을 굳이 川東지역에 국한하여 이해할 필요는 없을 것 같다. 鄂西지역에 위치한 巴國도 중원으로부터 '分遠'된 곳이라고 할 수 있다고 본다.
67) 中國社會科學院考古研究所 編著, 《新中國的考古發現與研究》 (文物出版社, 1984), p.127.

206

형적 기형으로 나타나는 大溪文化는 주로 鄂西北 일대를 중심으로 豫西南에서 湘北 洞庭湖 주변까지 분포되어 있다.[68] 그런데 정작 巫山縣 大溪유지의 연대는 B.C. 3300년 전후로 추정되며, 이는 大溪文化의 만기에 해당되는 것이어서 大溪文化의 전형적인 형태라거나, 이 지역을 중심으로 발전하였다고 할 수 없다.[69] 사실 巫山縣 大溪유지는 행정구역상 四川省에 편입되어 있지만, 가장 동쪽에 치우쳐 위치하고 있으며 지형과 생활조건도 鄂西지역의 宜昌·秭歸 지역과 더욱 유사한 측면을 가지고 있다.

川東지역의 신석기문화 유지는 大溪文化만 있었던 것은 아니다. 大溪文化에 비해 그 규모가 극히 작고 체계적인 조사도 제대로 이루어지지 않았지만, 최근 주로 廣元과 綿陽을 중심으로 또 다른 계통의 신석기문화가 발견되었다. 주로 廣元 張家坡, 鄧家坪 등의 유지와 綿陽의 邊堆山유지에서 발견되는 이 신석기문화는 夾砂褐陶가 泥質灰陶와 黑陶와 공존하고 있다는 점, 그리고 器底에 繩紋이 새겨져 있다는 등의 특징을 가지고 있지만, 그 중에서도 가장 두드러진 특징은 平底器의 기형이 공통적으로 확인된다는 것이다.[70] 이 平底器를 비롯해 기본적인 도기의 형태가 川西지역의 三星堆유지 1기문화와 비슷하다는 지적이 있어, 川西평원의 신석기문화와 동일한 유형으로 간주되어지기도 한다. 다만 川西지역의 유물과 비슷한 면모를 보이는 반면, 川東지역의 商代 청동기문화와 戰國시대의 巴文化로 연결되는지 여부는 불분명한데, 발견된 도기 기형으로 보아서는 이후 圜底器 등을 특징으로 하는 川東지역에서 발견되는 문화와의 직접적 연결관계를 찾기 힘들다.

이들 廣元·昭化지역보다 조금 남쪽에 해당하는 嘉陵江 중하류 유역에 또 다른 신석기문화가 발견되었다.[71] 1979년 조사하기 시작한 이 지역의 신

---

68) 孟華平,〈論大溪文化〉,《考古學報》 1992-4.
69) 蒙默,《四川古代史稿》(四川人民出版社, 1988) pp.4-5.
70) 王代升,〈綿陽市四十年文物考古綜述〉,《四川文物》 1991-5 ; 鄭若葵 唐志工,〈廣元市魯家墳新石器時代遺址調査記〉,《四川文物》 1992-3. 신석기조기에 해당되는 中子鋪 營盤梁유지도 조사되었다.〈廣元出土大量有地層根據的細石器〉,《中國文物報》 1991.2.3.
71) 重慶市博物館,〈四川嘉陵江中下游新石器時代遺址調査〉,《考古》 1983-6.

석기문화는 戰國시대 巴國의 수도가 위치하고 있었던 지역에 위치하고 있다는 점에서 川東지역의 신석기문화로서 그 의미가 크다. 우선 이 지역에서는 大溪文化의 전형적 기물인 圈足盤, 夾砂釜, 夾砂罐의 殘片들이 발견되기는 하나 다른 유물의 특징으로 보아 大溪文化와는 계통을 달리하는 문화로 알려진다. 또 四川省내 서남쪽에서 발견되는 禮州의 신석기문화나, 서북쪽에서 발견되는 理縣·汶川의 신석기문화와도 전혀 공통점을 찾을 수 없거니와, 釜·甕·罍·大口缸의 陶器조합을 구성하고 있고, 素面이 많은 대신 문양이 있는 陶器가 적다는 것이나, 三足器가 거의 보이지 않는다는 점, 그리고 夾砂釜와 夾砂罐을 취사기로 사용한다는 것은 廣元지역을 중심으로 한 신석기문화와도 동일시할 수 없는 독특한 문화적 특징이기도 하다. 이 지역에서 夾砂釜가 취사기의 일종으로 사용되었던 것은 약간이나마 戰國시대 川東지역의 문화와의 관련을 엿볼 수 있게 하지만, 극히 적은 양에 불과한 것이므로 섣부른 판단은 피하도록 한다. 다만 출토된 泥質褐陶 및 內褐外黑의 尖底器, 細泥內紅外陶의 小口高領甕 등이 형태상 川西평원의 廣漢·

水觀音유지의 그것과 유사하여, (그림 2) 廣元지역의 신석기문화와 마찬가지로 早期 蜀文化와의 관계가 긴밀했음을 시사해주고 있다는 점은 주목해 둘 필요가 있다.[72]

大溪文化는 屈家嶺文化→靑龍泉3기

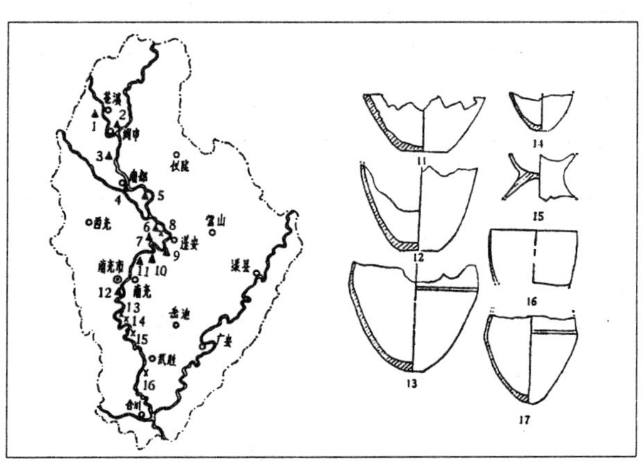

그림 2 嘉陵江 중하류 新石器文化遺址 및 出土陶器

---

72) 沈仲常·黃家祥,〈從新繁水觀音遺址談早期蜀文化的有關問題〉, 徐中舒 編,《巴蜀考古論文集》, 1987.

208

문화→楚文化로 발전하였기 때문에 戰國시대 巴文化와의 관련을 찾을 수 없으며, 廣元지역이나 嘉陵江 중하류의 閬中縣 藍家壩 유적, 南部縣 報本寺 유적들도 모두 신석기 문화층 이후 곧바로 漢唐시대의 문화층으로 연결되어 殷周시대에서 春秋시대에 이르기까지의 문화층이 공백을 보이고 있기 때문에, 일견 이들 지역의 신석기문화가 더 이상 발전하지 못하고 단절되어 버린 인상이 강하다. 다만 최근 閬中縣 坪上 유지의 발굴은 이 점을 약간이나마 해결해 주는 듯하다. 이 유지에서 발견되는 유물들의 편년은 殷代 중만기에서 西周시기까지 소급된다.[73] 또 三星堆 3, 4기 및 成都 指揮街, 方池街 유지와 유사한 요소가 발견되는데, 素面이 많다는 점이나 圈足과 三足器가 비교적 적고 尖底, 小平底, 平底器가 많다는 器形의 면에서 두 지역간의 공통적 요소를 찾을 수 있다. 특히 藍家壩 유적에서 보이는 早期 蜀文化 계열의 尖底器類가 坪上 유지 단계에 와서 보다 중요한 기형으로 자리잡게 되었다는 점은 이 지역의 신석기문화가 殷周시기까지 계속 발전하고 있다는 것을 말해주고 있다. 한편 1959년 四川省 涪陵의 동쪽 長江 北岸에 위치한 忠縣에서 발견된 澮井溝유지의 발굴보고는[74] 신석기문화층과 殷周시기의 문화층이 분절되어 있지는 않지만, 신석기문화에서 殷周시기의 청동문화까지가 하나의 문화층에 함께 퇴적되어 있다고 보고하고 있다. 일단은 川東지역의 신석기문화가 殷周시기까지 계속되는 과정을 확인할 수 있다고 하겠다.

그러나 川東지역에서 殷周문화 유적이 발견된다고 해서, 동일한 시기에 중원이나 川西지역에서 발견된 문화와 같이 청동문명 단계에 들어선 것이 아니다. 閬中縣 坪上 유지의 경우 殷代 중만기에서 西周初에 걸친 것이라고 편년된 근거가 廣漢 三星堆 3, 4기의 尖底器와 도기기형이 유사하기 때문이지만, 이 유지의 발전단계까지 三星堆와 유사한 단계라고 할 수는 없다. 가령 坪上 유지에서 발견된 도기는 대부분 手制에 의해 만들어졌으며 극히 일부만이 慢輪으로 다듬어졌다고 하는데, 殷代 중기 이후에 해당하는 廣漢 三

---

73) 孫智彬, 〈1989年四川主要考古發現槪述〉, 《四川文物》 1990-2, p.34.
74) 四川省長江流域文物保護委員會文物考古隊, 〈四川忠縣澮井溝遺址的試掘〉, 《考古》 1962-8, p.417.

星堆유지에서 발견되는 도기가 대부분 快輪을 사용하였기 때문에 陶胎가 1cm~1.5cm 정도로 균일할 수 있었으며 手制로 만든 도기는 극히 적은 도기에 국한되었다고 하는 것과[75] 비교하면, 坪上 유지의 도기 제작기술이 川西평원의 三星堆 지역의 그것에 비해 매우 뒤떨어진 것이라고 하지 않을 수 없다. 유지의 규모 또한 그리 크지 않을 뿐 아니라, 발굴유물 중에는 청동기의 잔편조차 한 점도 발견되지 않는다.

忠縣 㵲井溝유지에서 발견된 도기는 閬中縣 坪上 유지에서 발견된 것보다 발전된 단계의 것이라 보이는데, 많은 도기가 輪制를 사용하고 있을 뿐 아니라 도기를 굽는 온도도 대부분 비교적 높기 때문이다.[76] 뿐만 아니라 陶釜, 角杯와 網墜와 함께 이미 부패한 小米가 발견되었는데, 이로 보아 이 유지의 先民은 어렵생활과 함께 농업을 하는 단계에 있었던 것으로 평가된다. 주목할 부분은 川東지역에서 발견된 유지 중에서는 유일하게 청동기가 발견되었다는 점인데, 殘長이 4.3cm인 雙翼式의 銅鏃 1건이 㵲井溝 유지 제3층에서 출토되었다.(그림 3) 논자에 따라서는 銅鏃의 경우 일단 쏘고 난 후 다시 회수하기가 어렵다는 성격상 1-2건의 銅鏃이 발견된다는 것은 곧 다량의 銅鏃이 만들어졌다는 것을 의미한다고 주장하기도 한다.[77] 그러나 단 1건의 銅鏃만으로 忠縣 㵲井溝 유지가 청동시대에 들어섰다고 판단하는 것은[78]

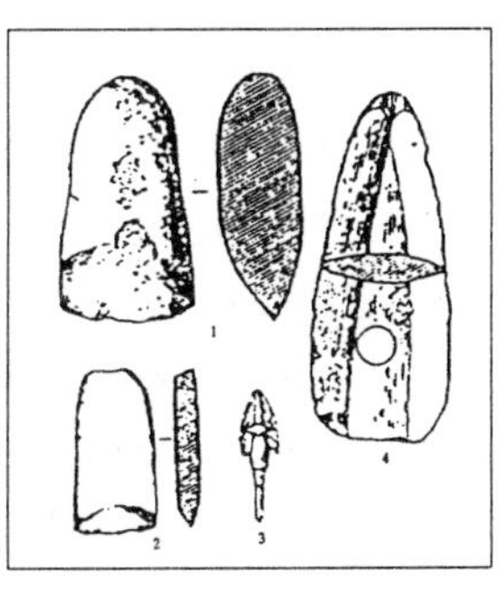

그림 3 忠縣 㵲井溝 遺址 出土 石器(1, 2, 4) 및 銅鏃(3)

섣부른 일이 아닐 수 없다. 일반적으로 청동문명이 형성되었다는 조건으로

---

75) 陳顯丹, 〈廣漢三星堆遺址發掘槪況·初步分期 ― 兼論'早期文化'的特徵及其發展 ―〉, 四川大學博物館·中國古代銅鼓硏究學會 編, 《南方民族考古》 2, 四川大學出版社, 1989, p.227.

76) 四川省長江流域文物保護委員會文物考古隊, 〈四川忠縣㵲井溝遺址的試掘〉, 《考古》 1962-8.

77) 姚政, 〈論巴族國家的形成〉, 首屆戰國巴渝文化學術硏討會論文, 1993.10.

78) 四川省長江流域文物保護委員會文物考古隊, 〈四川忠縣㵲井溝遺址的試掘〉, 《考古》 1962-8, p.417.

210

성벽, 계층분화, 문자, 청동기 등이 갖추어져야 한다는 것은 주지하는 바이지만, 아직까지 성벽과 문자, 혹은 계층분화를 시사하는 대형건축 유지 및 묘장들이 하나도 발견되지 않았으므로, 이 지역의 문화를 川西평원의 청동문명과 비견할 수는 없다.

뿐만 아니라 아직까지 坪上과 忠縣유지 이후부터 巴縣 冬笋壩 유지와 涪陵縣 小田溪, 그리고 昭化縣 寶輪院 유지가 발견되는 戰國末까지 川東지역에서 문화유적이 확인되지 않고 있다. 忠縣 溎井溝유적이 殷代 早期에 해당한다고 되어 있고, 閬中縣 坪上 유지는 殷代 중만기에서 西周初에 해당한다는 발굴보고에 따르면, 西周 중기 이후 春秋시대와 戰國初까지의 문화유적이 공백을 보이는 셈이다. 이와 같이 본격적인 청동문명에 진입했다고 보이지 않으며, 또 한두 군데의 殷周시기 유적을 제외하고는 戰國시대까지의 문화공백이 보인다면, 殷周이전의 문화와 戰國시대 川東지역의 문화와는 계승관계를 찾기 어렵다고 해야 할 것이다.

다만 거의 5~600년에 이르는 오랜 기간동안 이 川東지역에 거주하는 종족이 없었다고 볼 수는 없으므로, 일단 戰國시대 巴文化와 忠縣 유지에서 발견된 여러 유물들을 비교함으로써 그 상관관계를 추적해 볼 필요가 있다. 戰國시대 川東지역에서는 여러 종류의 많은 묘장이 발견되지만, 어떤 묘제이든지 간에 陶器·銅器의 기본조합과 문양이 유사하게 나타나고 있어,[79] 이들 사이에 보이는 공통요소는 곧 川東지역의 특징적 문화를 가늠케 하기에 충분할 것이다. 陶器에는 罐, 豆, 釜, 壺, 盆, 盤 등의 종류가 있는데, 그 중에서 罐은 양이 가장 많으며 밑바닥이 불에 그을려져 있는 것으로 보아 실제로 사용된 취사기물이라 판단되므로 罐의 형식은 戰國시대 川東지역에 거주하는 자들의 대표적 문화를 나타낸다고도 할 수 있다. 陶罐의 형식에는 I式罐이라 칭해지는 小口圜底罐과 II式罐이라 불리는 平底罐의 두 종류가 있다.(그림 4) 몇몇 묘장에서는 예외적인 경우도 있지만 일반적으로는 圜底罐이 많고 平底罐이[80] 적게 발견된다.[81] 따라서 繩紋 圜底罐을 대표적인 도

---

79) 趙殿增, 〈巴蜀原始文化的研究〉, 徐中舒 主編, 《巴蜀考古論文集》, 文物出版社, 1987.

기형식이라고 할 수 있다. 圜底器는
陶罐 외에 陶釜에서도 발견되는데,
많은 묘에 이미 銅釜가 취사용기로
사용되고 있었기 때문에 그 양이 그
리 많지는 않지만, 繩紋을 주된 문양
으로 하고 圜底器라는 점이 주목된
다. 圜底器 외에도 矮圈足을 가진 豆
의 형태도 다른 지역에서는 찾아볼

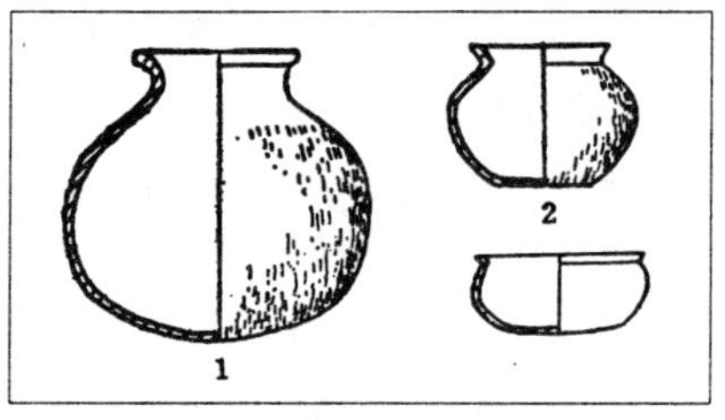

그림 4 戰國時代 川東地域 出土 小口
圜底罐(1) 및 平底罐(2)

수 없는 川東지역의 고유한 특징으로 지적되며, 비록 수량은 적지만 折脣口
沿의 盤, 大口小底의 盆들도 특징적이다.[82](그림 5)

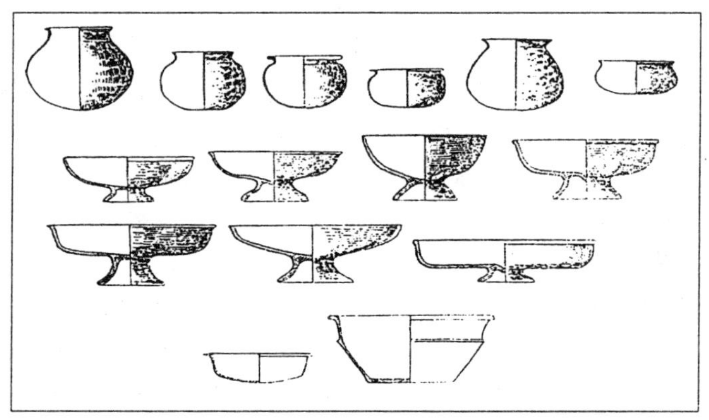

그림 5 戰國時代 川東地域 出土 陶器

그런데 이러한 戰國시대의 도기 기형의 일부가 川東지역의 신석기문화와

---

80) 宋治民, 〈略論四川戰國秦墓葬的分期〉, 《中國考古學會第一次年會論文集》, 文物出版
　　社, 1980, p.267에서는 平底器의 출현을 巴지역이 秦에 의해 점령된 후 중원문화의
　　영향을 받기 시작한 뒤의 현상으로 이해한다.
81) 馮漢冀等, 〈四川古代的船棺葬〉, 《考古學報》 1958-2.
82) 四川省博物館編, 《四川船棺葬發掘報告》, p.77.

殷周시기의 문화유적에서 확인된다. 川東 廣元지역과 嘉陵江 유역의 신석기문화 유적에서는 취사기로 釜形器가 사용되었던 것을 발견할 수 있었는데, 그 양이 그리 많지 않았던 데에 반해, 이에 이어지는 殷周시기의 유적 중 忠縣 㳡井溝유지에서는 신석기문화시대의 유적보다 상대적으로 侈口圜底의 釜形器가 많이 발견되고 있다. 즉 신석기시대 문화로부터 殷周시기에 이르기까지의 川東지역에서는 圜底形의 釜形器가 점차 널리 사용되어졌다는 것인데, 이러한 형식이 戰國시대 川東지역의 문화에까지 확인된다는 것으로 보아 圜底形의 도기들이 川東지역에서의 주요한 문화전통이었을 수 있는 것이다.

그렇다면 과연 殷周시기 이전의 문화와 戰國시대 巴文化 사이에 계승관계가 맺어질 수 있다는 것을 말해주는 것이라고 보아도 좋은가? 戰國시대 巴文化의 기원을 川東지역의 殷周시기 문화유적에서 찾을 수 있다고 할 수 있는 것인가? 그러나 발견된 圜底器의 전체 수량도 얼마되지 않기 때문에, 이 정도의 증거만으로 戰國시대와의 계승관계를 논할 수는 없다. 뿐만 아니라 閬中縣 坪上 유지에서는 圜底器가 보이지 않고 오히려 川西평원의 청동문명과 동일한 尖底器 기형이 많이 발견되며, 圜底器가 가장 커다란 비중으로 발견되는 忠縣 㳡井溝 유지에서도 圜底器 다음으로는 尖底器가 많이 발견되고 있다는 점에 주의해야 한다. 차라리 川東지역의 문화에서 신석기문화에서 殷周시기까지 지속되고 있는 도기전통은 圜底器가 아니라 尖底器라 해야 할 것이며, 따라서 殷周시기 이전의 川東지역은 川西지역의 문화적 영향하에 있었다고 보는 편이 나을 것 같다.

圜底器라는 도기기형의 유사성을 증거로 川東지역의 문화적 계승을 운위하려면 이 圜底形의 釜形器가 분포되어 있는 지역을 확인할 필요가 있다. 川東지역을 포함한 보다 넓은 지역에 걸쳐 유행하였던 기형이었다면 戰國시대 巴文化의 기원 역시 川東지역에 국한시킬 수 없기 때문이다. 이하 시각을 川東지역 바깥으로 돌려 주변지역에서 발견되는 문화 특히 도기기형에 주목해 보기로 한다.

2. 西陵峽지역의 諸遺跡

川東과 인접한 주변지역과의 비교라 해서 모든 지역과 일일히 문화의 유사성을 찾아낼 수는 없으므로, 기왕에 戰國시기 巴國의 기원이라고 지적되어 온 곳을 중심으로 살펴보기로 한다. Ⅱ장에서 언급한 대로, 문헌자료를 통해 살펴본 巴의 범위는 매우 넓다. 甲骨文과 《山海經》에서 출현하는 巴, 그리고 西周시대에서 春秋시대까지의 '巴子之國'의 범위는 대략 鄂西 혹은 鄂北지역에 해당한다고 추정되며, 또 하나의 巴의 기원으로 보여지는 廩君蠻도 鄂西지역에서 발원하여 淸江 주변의 지역에서 성장하였다. 따라서 戰國 이전의 巴文化의 기원을 살펴보기 위해서는 鄂西, 鄂北, 淸江유역의 모든 지역에서 찾아보아야 할 것이지만, 기왕의 연구들은 이 지역들 중에서 서쪽에 치우쳐 있는 西陵峽 지역을 '早期 巴文化'의 중심지역으로 주목하고 이들 지역으로부터 출토되는 고고자료에 대한 분석을 진행해 왔다. 이 지역은 최근 三峽댐 공사로 대대적 발굴조사가 이루어지고 있는 점도 있지만, 戰國시대 川東지역의 도기와 공통된 특징을 많이 발견할 수 있는 지역이라는 점에서 '早期 巴文化'로서 주목되어 왔던 것이다. 본절에서는 이처럼 기왕의 연구에서 주목한 西陵峽 지역을 '早期 巴文化'로 볼 수 있는지의 가능성을 진단해 보기로 한다. 여기서 西陵峽지역이라 하는 곳은 淸江 입구에 해당하는 宜都, 長陽지역과 長江을 따라 분포되어 있는

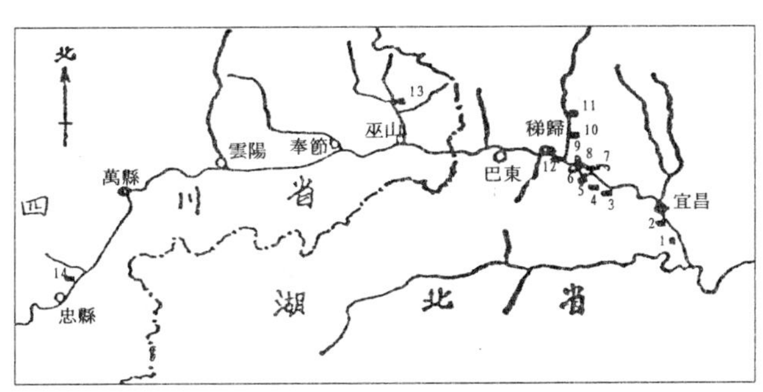

그림 6 西陵峽地區 夏商時期 遺址 分布圖
1.枇杷 2.林子崗 3.白廟 4.三斗坪 5.銀街
6.楊泗廟 7.蘇家坳 8.中堡島 9.路家河 10.王家壩
11.張家坪 12.鰱魚山 13.大昌壩 14.滄井溝

214

宜昌, 秭歸, 巴東 지역 특히 西陵峽에서 巫峽에 이르는 지역을 일컫는다.(그림 6)[83]

이 지역에서 발견되는 신석기문화는 城背溪문화에서부터 보고되고 있으며, 이에 이어서는 大溪文化가 발견된다. 鄂西지역에서 鄂東, 湘西 나아가 豫南지역에 걸쳐 분포되어 있는 이 大溪文化는[84] 다시 지층상 疊壓관계를 보여주고 있는 屈家嶺文化로 연결된다.[85] 이 문화층은 그 지층이 얇고 유적유물도 비교적 적게 포함되어 있는 편이지만 高圈足杯 등 屈家嶺文化의 전형적 기물이 발견되는 점에서 屈家嶺文化의 전형적 유지라 해도 무방할 것이다.

문화의 내용을 살펴보면, 大溪文化의 묘장형식은 매우 복잡하며, 掘肢葬이 특징적이다. 石器는 大型 石斧, 圭形 石鑿, 扁平 石錛 및 鋤, 刀, 盤狀器 등이 많은데 磨制石器가 주가 된다. 정치한 옥기도 다량으로 발견된다. 도기는 磨光紅陶, 灰黑陶의 순으로 많이 발견되며, 그 기형으로는 彩陶瓶, 曲腹杯, 矮圈足豆, 球腹小口罐 등이 있다. 대부분 圈足器의 형태를 띠지만,[86] 中堡島지역에서 발견된 大溪文化 1기 유존에서는 적은 양의 圜底形의 釜形器가 생활용구로 사용되었다는 보고가 있고, 屈家嶺文化와 湖北 龍山文化에

---

83) 이하 이 지역의 고고발굴조사에 대해서는 宜昌地區博物館 · 四川大學歷史系考古專業, 〈宜昌白廟遺址試掘簡報〉, 〈考古〉 1983-5 ; 宜昌地區博物館 · 四川大學歷史系考古專業, 〈宜昌中堡島新石器時代遺址〉, 《考古學報》 1987-1 ; 中國科學院考古研究所長江三峽工作組, 〈長江西陵峽考古調查與發掘〉, 《考古》 1961-5 ; 四川省博物館, 〈四川省長江三峽水庫考古調查簡報〉, 《考古》 1959-8 ; 廬德佩, 〈鄂西發現的古文化遺存〉, 《考古》 1986-1 ; 林春, 〈宜昌地區長江沿岸夏商時期的一支新文化類型〉, 《江漢考古》 1984-2 등의 글을 참조하였다. 특히 《江漢考古》 1994-1에는 1984년 이후 三峽댐 공사로 시작된 대대적인 고고조사 발굴이 보고되어 있다.

84) 孟華平, 〈論大溪文化〉, 《考古學報》 1992-4 ; 李文杰, 〈試論大溪文化與屈家嶺文化, 仰韶文化的關係〉, 《考古》 1979-2.

85) 鄂西지역을 제외한 江漢平原 등지에서도 大溪文化와 屈家嶺文化간의 관계가 명확한 것은 아니다. 따라서 두 문화가 반드시 계승관계에 있었던 것이 아니라는 지적도 적지 않은데, 大溪文化는 鄂西를 중심으로 하고, 屈家嶺문화는 江漢평원을 중심으로 하였던 두개의 계통을 달리하는 原始문화라는 것이다. (王勁, 〈江漢地區新石器時代文化綜述〉, 《江漢考古》 1980-1, p.11) 그렇지만 적어도 이 鄂西지역에서만큼은 두 문화의 인습관계를 인정할 만하다.

86) 四川長江流域文物保護委員會文物考古隊, 〈四川巫山大溪新石器時代遺址發掘紀略〉, 《文物》 1961-11 ; 四川省博物館, 〈巫山大溪遺址第三次發掘〉, 《考古學報》 1981-4.

이르기까지도 계속해서 상당수의 圜底
形 釜形器가 발견되었다는 점이 지적
된다.[87](그림 7) 이 지역에는 圈足器가
가장 뚜렷한 기형으로 자리잡고 있어
圜底器가 차지하는 비중도 크지 않을
뿐 아니라, 釜形器를 포함한 도기들의

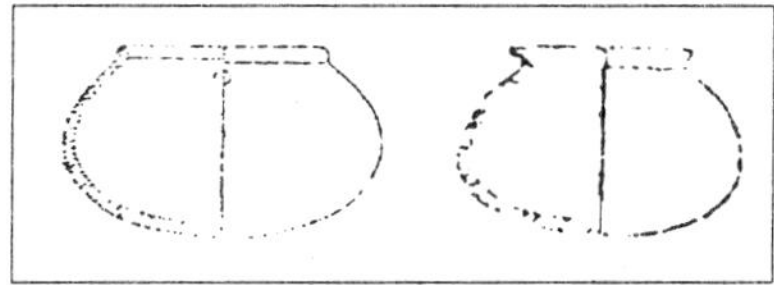

그림 7　大溪文化(左) 및 屈家嶺文化
(右)의 圜底器

전체적인 조합내용과 특징을 보아도 城背溪문화 이후 大溪文化, 屈家嶺文
化, 그리고 湖北 龍山文化로 이어지는 일련의 계통이 강조되어야 하고 이것
들은 川東지역의 문화와 공통점을 찾기 어려운 다른 문화권으로 분류되어
야 한다.[88] 그럼에도 불구하고 川東지역의 殷周시기 忠縣 㴑井溝 유적에서
보이는 圜底形 釜形器가 鄂西지구의 신석기문화에서도 발견된다는 점이 주
목되는 부분이다.[89] 즉 드물게나마 川東지역에서 신석기문화로부터 忠縣 㴑
井溝유지를 거쳐 戰國시대에 이르기까지 발견되었기 때문에 주요한 도기전
통으로 주목해 왔던 圜底器가 川東지역에 국한되지 않고, 전혀 문화유형을
달리한다고 하는 지역의 문화유적에서도 적지 않게 발견된다는 것을 기억
해 둘 필요가 있는 것이다.

　西陵峽 지역의 屈家嶺文化에 이어지는 그 다음 시기는 湖北 龍山文化의
한 문화유형으로 분류되는데, 白廟子 유적을 대표로 하고 中堡島 등의 지점
에서도 많은 유물이 발견된다.[90] 최근 石家河文化의 내용이 밝혀지면서 이
白廟유지를 石家河文化 季家湖유형이라 칭하기도 하며,[91] 혹은 시기가 石家
河文化보다 늦다고 해서 二里頭문화의 白廟유형으로 분류하기도 하지만,[92]

---

87)　宜昌地區博物館・四川大學歷史系,〈宜昌中堡島新石器時代遺址〉,《考古學報》1987-1,
　　p.51.
88)　趙殿增,〈巴蜀原始文化的硏究〉, 徐中舒 主編,《巴蜀考古論文集》文物出版社, 1987 ;
　　楊榮新,〈早期蜀文化與廣漢三星堆遺址〉,《四川文物　1989年　三星堆遺址硏究專輯》,
　　1989 pp.46-47 ; 蒙默,《四川古代史稿》(四川人民出版社, 1988).
89)　기왕의 연구중에는 大溪文化를 巴文化와 연결시키고자 하는 것도 보인다.(姚政,〈論
　　巴族國家的形成〉, 首屆戰國巴渝文化學術硏討會論文, 1993.10)
90)　林春,〈宜昌地區長江沿岸夏商時期考古學文化序列〉,《江漢考古》1985-11.
91)　楊權喜,〈三峽的重大考古發現〉,《江漢考古》1994-1.

기본적으로 大溪文化에서 屈家嶺文化를 잇는 계열의 문화로 평가된다. 다만 이러한 大溪文化 계열의 문화와 다른 내용도 나타나기 시작하는데, 그것은 小平底器가 발견된다는 사실이다. 小平底器는 비록 그 양이나 전체 도기 중에서 차지하는 비중이 그리 크지 않으나, 이전 시기의 문화유형에서는 찾을 수 없기 때문에 무언가 새로운 문화의 유입을 의미하는 것으로 보인다.

湖北 龍山文化에 이어지는 다음 단계에서는 확실히 이전의 문화와 다른 성격의 기물들이 발견된다. 도기는 夾砂灰褐陶가 위주로 구성되어 있고, 手制陶의 비중이 비교적 크다. 기본기형은 罐, 甗, 豆, 盂, 杯, 鬶, 盉, 器蓋, 缸, 器座 등이다. 비교적 조잡하기는 하지만, 圜底器·長柄器와 小平底 혹은 尖底器를 위주로 하며 三足器는 단지 鬶, 盉에서 보인다. 주요 문양은 繩紋과 方格紋의 2종류이며, 方格紋이 발달되었다. 가장 특징적인 기물로서는 圜底束頸繩紋 혹은 方格紋罐, 小平底 혹은 尖底盂, 尖底杯, 豆形長柄器 등을 들 수 있다. 이와 같이 三斗坪 상층, 路家河 상층, 楊家嘴, 鰱魚山, 中堡島 상층, 朝天嘴 상층 등의 유적에서는 大溪文化 이래의 신석기문화에서 보이는 圜底器를 일부 그대로 계승하면서 이와 함께 尖底器의 형태를 한 도기들이 다량으로 발견되고 있는 것이다.(그림 8) 그런데 이렇게 圜底器와 尖底器가 출현하는 것은 殷周시기 川東지역 忠縣 潧井溝유지의 도기조합과 매우 유사한 측면을 보이기 때문에 이 시기의 문화를 이전 大溪文化 이래의 文化와는 구별되는 '早期 巴文化'로 규정하게 되었던 것이다.[93]

이 문제를 구체적으로 검토하기 위해, 이 지역 夏商시기 문화를 '早期 巴文化'로 규정하고 있는 연구들의 논거들을 하나씩 살펴보기로 하자. 우선 宜都에서 秭歸에 이르는 江峽간의 지역이 夏商시기 巴人의 활동구역이며, 이 일대의 巴人들이 후에 巴氏의 수령이 되어 白虎를 숭배하고 이후 巴族이 되었다는 내용을 문헌자료로부터 찾을 수 있다는 것이 첫번째 논거이고, 둘

---

92) 孟華平,〈白廟早期遺存及相關問題〉,《江漢考古》 1994-1.
93) 王勁,〈鄂西峽江沿岸夏商時期文化與巴蜀文化關係〉, 李紹明·林向·趙殿增 編,《三星堆與巴蜀文化》, 巴蜀書社, 1993 ; 楊權喜,〈荊楚地區巴蜀文化因素的初步分析〉, 李紹明·林向·趙殿增 編,《三星堆與巴蜀文化》, 巴蜀書社, 1993 등.

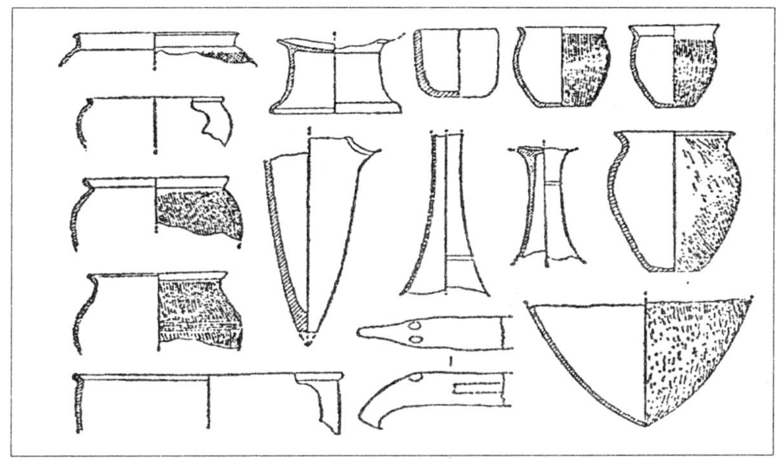

그림 8 西陵峽地區 出土 陶器

째는 이 곳에서 발견된 일부 器形을 川東 혹은 川西평원의 巴蜀文化에서 찾
을 수 있다는 것이 그 논거이며, 셋째는 비슷한 시기인 殷代 후기에 江漢평
원과 鄂西지역에 분포되어 있는 沙市 周梁玉橋, 官堤 등의 유지와 문화적
성격을 달리한다는 것이다. 넷째는 이와 같이 巴文化와 관계를 갖고 있는
西陵峽지구에서 전개되는 문화가 이후 巴文化와 전혀 다른 형태로 발전하
는 것으로 보아, 川東지역으로의 이동이 이루어지기 이전의 夏商시기 문화
를 ‘早期 巴文化’로 보아야 한다는 것이다.[94]

  첫번째 논거에 대해서 살펴보면, 전장에서 살펴본 바와 같이 巴人의 활동
범위을 굳이 이 지역에 국한시킬 필요는 없지만, 대략적인 巴人의 활동범위
안에 포함되어 있으므로 일단 큰 문제는 없어 보인다. 이 지역에서 발견된
고고문화가 巴蜀文化의 고고자료와 유사하다는 두번째 논거는 이 지역이
‘早期 巴文化’일 가능성을 충분히 높혀주는 것이 사실이나, 이 점에 대해서

---

94) 楊權喜,〈關于巴·濮若干問題探討〉, 湖北省考古學會選編,《湖北省考古學會論文選集》
   (二) 1991.

218

는 잠시 뒤에 살펴보기로 하자.

세번째의 논거는 주변의 다른 문화와는 그 유형을 달리하고 있다는 점에서 西陵峽 지역의 독특한 성격을 부각하기에 좋은 정황적 증거이다. 다만 沙市 周梁玉橋, 官堤 등의 유지는 같은 지역의 또 다른 문화인 江陵지역에 위치하고 있는 梅槐橋유형과 다르다는 점을 간과해서도 안된다. 이 지역 문화에서 川東지역과의 문화적 공통성이 발견된다면, 이 곳도 앞서의 두번째 논거에 따라 얼마든지 '早期 巴文化'의 범위에 들 수 있기 때문이다. 이 문제를 검토하기 위해 江漢평원의 諸遺跡을 간략히 살펴보기로 한다.

江陵을 중심으로 한 江漢평원의 신석기문화는 西陵峽지구에서의 신석기문화 발전과정과 마찬가지로 大溪文化에서 屈家嶺문화, 그리고 靑龍泉3期문화가 이어지고 있다. 그런데 이에 이어 二里岡下層에서 殷墟1期에 이르는 시기에 걸쳐 발견되는 荊南寺유형에서는 鬲·釜·杯 등이 西陵峽지구에서 발견되는 것과 유사하다는 점은 있지만, 중원의 商文化와 매우 긴밀한 관계를 갖고 있다는 점에서 西陵峽지역의 것과 다른 문화유형으로 구분된다. 즉 花邊口沿 夾砂罐이 二里頭文化의 것과 동일하다든지, 기타 鬲·瓿·爵·簋 ·斝 등이 二里岡과 黃陂 盤龍城에서 발견된다는 것으로 미루어 주변의 西陵峽지역에 비해 훨씬 중원과 밀접한 관계를 맺고 있다는 것을 알 수 있으며, 아울러 澧水유역 石門皂市의 유적과 유사한 유물이 많이 보인다는 것도 西陵峽지역과 별개의 문화유형으로 분류될 수 있는 부분이다.[95] 한편 이에 이어지는 江漢평원의 江陵 梅槐橋유지나 沙市 周梁玉橋, 官堤 유지중 周梁獄橋의 문화는 주로 當地의 荊南寺유형에서 온 것이고, 梅槐橋의 문화는 湖南 澧水유역 靑銅문화 石門寶塔의 문화가 북으로 들어왔던 것이다.[96] 다만 기본적으로 이전의 荊南寺유형을 계승하고 있다는 점에서 그리고 그 문화요소가 西陵峽에서 출토된 것들과는 다르다는 점에서는 일치한다.

이와 같이 西陵峽지역과 다른 문화유형에 속하는 江漢평원 지역에서는

---

95) 荊州地區博物館·北京大學考古系, 〈湖北江陵荊南寺遺址第一·二次發掘報告〉, 《考古》 1989-8.
96) 何駑, 〈梅槐橋類型卜甲·卜骨的分析〉, 《考古與文物》 1991-5.

이전시기로부터의 토착적인 요소와 중원으로부터의 강한 영향과 함께 四川지역의 文化와 유사한 점을 찾아볼 수 있다는 점이 지적된다. 荊南寺유형의 경우, 燈形器, 小杯에서 川西평원의 蜀文化요소를 찾을 수 있다는 점이 주목되지만, 江陵 梅槐橋유지나 周梁玉橋에서도 四川지역의 文化와 유사한 점이 발견된다. 梅槐橋유지는 川東지역의 閬中 藍家壩유지와 비교해 볼 때, 도기조합이 釜·瓮·罍·大口缸으로 구성되어 있다는 점에서 일치하고 있을 뿐만 아니라, 卷沿·方格紋의 釜에서나 窄平折沿·束直頸·圓鼓肩의 형태를 띤 罍에서 기형의 일치를 찾을 수 있다고 한다.[97] 또 周梁玉橋유지에서는 甲骨이 발견되는데, 그것을 周原, 殷墟, 成都평원에서 출토된 것과 각각 비교해 본 결과 成都평원에서의 그것과 가장 유사하다는 연구도 찾을 수 있다.[98] 이와 같이 西陵峽지구 외에 湖北省의 다른 지역에서도 川東지역의 문화와의 유사성이 발견되므로,[99] 西陵峽지역으로부터 川東지역으로의 이동을 설명하는 논리가 타당하다면, 마찬가지로 江漢평원의 梅槐橋유형이나 周梁玉橋유지로부터 巴文化가 전래되었을 가능성을 배제할 수 없게 된다.[100]

네번째는 西陵峽지구에서 西周 이후 전개되는 문화가 상당히 다른 유형을 보이므로, 그 이전 夏商시기까지의 문화를 '早期 巴文化'로 보아야 한다는 주장이다. 즉 西陵峽지구의 경우 圜底器를 특징으로 하는 문화에 이어지는 다음 시기는 西周에서 春秋초기에 해당되는 시기로서 소위 夔國문화로

---

97) 何駑, 〈略論商時期"板楯蠻"考古學文化〉, 《四川文物》 1992-3. 물론 이 글은 川東지역의 藍家壩유지를 板楯蠻의 활동지역으로 보고, 이것과 梅槐橋유형과 유사하다는 점을 이유로 江陵지구로부터 川東지구로의 이동을 주장하고 있다. 다만 이것 역시 藍家壩유지를 板楯蠻의 활동지역으로 볼 수 있는지도 의문이려니와, 논자에 따라 藍家壩유지의 시대가 梅槐橋유형보다 앞선다고 보는 경우도 있으므로 그 결론에는 동의할 수 없다.

98) 何駑, 〈梅槐橋類型卜甲·卜骨的分析〉, 《考古與文物》 1991-5.

99) 川東지역 忠縣 㴲井溝유지의 夾砂深腹圜底罐이 湖北 盤龍城에서 성행한 大口尊과 매우 유사하다는 지적도 있다. 趙殿增, 〈巴蜀原始文化的硏究〉, 徐中舒 主編, 《巴蜀考古論文集》, 文物出版社, 1987.

100) 王文建, 〈商時期澧水流域靑銅文化的序列和文化因素分析〉, 《考古類型學的理論與實踐》, 文物出版社, 1989에서는 湘西지역의 瀘溪浦市와 辰溪潭灣에서 발견된 도기들이 대부분 平底, 圈足器이며, 釜와 罐을 주요한 특색으로 하고 있는 점이 鄂西 西陵峽지구의 문화요소와 유사하다고 지적한다.

220

규정되는데, 기본적인 취사용기가 이미 罐이 아닌 鼎·釜·鬲이 병용될 뿐
아니라, 靴形斧와 刀 등의 銅器들도 이전 문화와는 확연히 다르다고 한다.[101]
더 이상 川東지역의 巴文化와의 유사성을 찾기 어렵다는 뜻이 되는 셈이며,
이 때문에 西周 이후 巴文化의 이동을 강조하게 되는 것이다.[102]

　그런데 西陵峽 지역의 夏商시기 문화는 이후 전개되는 문화와 단절되었
던 것만이 아니라, 이 지역에서 그 이전에 발전해온 신석기문화와도 문화의
단절이 지적된다는 점을 주의하지 않으면 안된다. 城背溪문화 이후 大溪文
化를 거쳐 屈家嶺문화에 이르기까지 기본적으로 鼎을 주요 취사도구로 사
용하다가 갑자기 鼎 대신에 罐을 사용했으므로,[103] 이 시기의 西陵峽지구의
문화도 결코 이전 시기로부터 계속 이 지역에 거주하면서 그들의 문화를 발
전시킨 것이라고 할 수 없는 것이다. 그렇다면 이 문화도 또 다른 지역에서
전래된 것이라고 보아야 하지 않은가?

　이 문제와 관련하여 잠시 미루어두었던 두번째 논거를 검토해 보기로하
자. 殷周시기 忠縣 澶井溝에서 발견되는 도기들은 圜底器가 가장 많이 발견
되고 그 다음으로 尖底器가 발견되고 있는데, 이러한 川東지역의 문화와 西
陵峽 지역의 도기문화가 대체적으로 동일하기 때문에 이 두 지역의 문화를
'早期 巴文化'라고 보는 견해는 일견 더이상 논의의 필요성이 없을 것처럼
보이기도 한다. 그러나 西陵峽지역에서 발견되는 도기기형이 단지 川東지역
과 동일한 것이 아니라, 川西평원의 陶器器形과 매우 유사한 것들을 이 곳
에서 발견할 수 있다는 점에 주의해야 한다. 川東지역 閬中縣 坪上 유지나
忠縣 澶井溝에서 尖底器가 발견되는 사실도 巴文化의 특징이라고 보기보다

---

101) 楊權喜,〈三峽的重大考古發現〉,《江漢考古》1994-1 ; 湖北省文物考古研究所,〈西陵
　　峽北岸周家灣山崗遺址〉,《江漢考古》1994-1.
102) 이 점은 江漢평원의 梅槐橋유형이나 周梁玉橋유형의 유지에서도 동일하게 적용할
　　수 있는데, 즉 이 지역에서도 春秋시대에 접어들면서 점차 楚文化의 요소가 강해지고
　　더 이상 川東지역의 문화와 유사한 점을 찾을 수 없게 되므로, (何駑,〈梅槐橋類型卜
　　甲·卜骨的分析〉,《考古與文物》1991-5 ; 荊州地區博物館·北京大學考古系,〈湖北江
　　陵荊南寺遺址第一·二次發掘報告〉,《考古》1989-8) 西周 이후 川東지역으로 이동했
　　을 것임을 충분히 추측해 볼 수 있다.
103) 楊權喜,〈西陵峽考古學文化發展序列探索〉,《中國文物報》1992.11.29.

는 川西평원의 尖底器 전통이 전해져 온 결과라고 이해하는 편이 옳다고 지적했듯이, 西陵峽 지역에서 발견되는 尖底器도 川西지역으로부터 川東지역을 거쳐 이동해왔을 가능성을 배제할 수 없다. 더구나 尖底器 이외에 小平底器, 豆形長柄器, 鳥頭形把勺들이 발견되지만, 이러한 도기들은 忠縣 澮井溝에서 찾아볼 수 없는 반면, 川西평원의 廣漢 三星堆유지 등에서 자주 확인되는 독특한 특징인 것이다. 사실 기왕의 연구들도 이 문제를 해결할 수 없었기 때문에, 川西평원의 三星堆문화를 巴와 蜀의 兩族이 공동으로 창조해낸 문화로 애매하게 처리해 버리고, 나아가 川西지역의 巴族이 이후 鄂西지구 西陵峽지역까지 이동했다는 추측을 하기까지 한다.[104] 그러나 이 경우 '早期 巴文化'는 鄂西 西陵峽지구가 아니라 川西평원에서 찾아야 한다는 모순이 생길 뿐 아니라, 三星堆문화가 巴族과 연관되어 있다는 어떠한 증거도 찾을 수 없다. 가령 이 지역의 문화를 川東지역의 殷代 문화와 유사하다고 해서 '早期 巴文化'라고 부른다면, 오히려 川西평원과 유사한 유물이 상대적으로 많이 발견되므로 이 지역의 문화를 '早期 蜀文化'라고 해야 할 것이다.

이와 같이 殷周시기 川東지역의 문화인 忠縣 澮井溝유지의 도기조합, 그리고 戰國시대 川東지역의 도기형태와 유사한 圜底形 釜形器를 이 지역에서 찾을 수 있는 것은 분명한 사실이지만,[105] 西陵峽지역의 夏商시기 문화를 '早期 巴文化'라고 부르기에는 아직 미흡한 부분이 몇가지 남아있다고 생각된다. 즉 첫째, 공통된 도기 형태로 지적되는 圜底形 釜形器가 어느 한 지역과 시기에 국한되지 않고 매우 넓은 지역에서 확인된다는 점, 둘째, 圜底形 釜形器 이외에 다른 점에서 川東지역과의 유사성을 江漢평원 등 다른 지역에서 찾을 수 있다는 점, 셋째, 蜀文化의 전형적인 토기가 이 지역에서 발견된다는 점이 그것이다.

---

104) 楊權喜, 〈三峽的重大考古發現〉, 《江漢考古》 1994-1.
105) 또 川東지역과 유사하다는 점이 있다고 해서 서로 다른 점도 많다는 사실을 잊어서도 곤란하다. 즉 西陵峽지구에서 발견되는 二里頭文化의 瓦足鬶, 爵 등 특징적 기물과 商代의 각종 靑銅禮器는 川東지구에서 하나도 찾을 수 없으며, 또 이 지역에서 유행한 方格紋도 川東지역에서는 확인할 수 없는 것이다.

또 한가지 지적해 두지 않으면 안되는 것은 夏商시기 西陵峽 지역의 문화단계이다. 이들 유지의 대부분은 강변에 地勢가 비교적 낮은 곳에 위치하고 일반적으로 그 문화구성이 비교적 간단하며, 유지면적은 크지 않고, 문화층도 비교적 얇고, 아울러 山溝 사이에 집중되어 있어, 항상 淺溝 혹은 坑狀의 퇴적을 보인다. 방옥유적은 비교적 간단한 소형방옥이 적게 발견될 뿐인데, 이미 발견된 것중에는 石疊築의 長方形 방옥과 土築의 房基가 있다. 발견된 묘장은 長方形 土坑이며, 특별한 葬具는 발견되지 않는다. 仰身直肢葬을 위주로 하며, 수장품은 극히 적다. 일반 유지에서는 비교적 많은 석기가 발견되는데, 이 지역의 석기의 특징은 磨制이면서도 충분히 정교하지 못하고, 대부분 打制의 흔적을 가지고 있다. 그리고 砍·削에 사용된 비교적 대형의 공구가 많은 반면, 소형석기는 적게 보인다. 특별히 蚌殼形 石片이 유행하였는데, 이 石片은 卵石으로 깨어 만들었으며 보통 마제가 아니고 卵石의 원시면을 가지고 있는 간단하고 실용적인 刮削器이다. 石片외에는 斧, 錛, 鑿, 또 소량의 石鏃 등이 있다. 결국 아직도 대부분 타제흔적을 갖는 석기가 다량으로 사용되고 있고, 문화구성도 매우 간단하다고 밖에 볼 수 없으며, 銅器의 발견도 보고되지 않는다.[106] 사실 殷周시기 川東지역의 문화가 靑銅鏃 1점만이 발견되는 정도이므로, 이 지역의 문화와 유사하다고 한 西陵峽의 문화 또한 靑銅文化라 할 만한 단계에 이르지 못했다는 것이 자연스럽다. 아울러 강한지역의 梅槐橋 유지와 周梁玉橋 유지들도 역시 동일한 단계에 머무르고 있는데, 江漢평원의 江陵 梅槐橋유형이나 沙市 周梁玉橋, 官堤 유지에서는 銅器가 발견되지 않는 것이 아니나, 청동용기나 병기가 아닌 削刀 등이 1-2건 발견될 뿐으로 그 문화단계는 靑銅文化의 初期단계를 벗어나지 못한다고 보인다. 즉 川西평원의 '早期 蜀文化'와 같이 대규모 제사권력을 전제로 한 청동문명의 단계와는 크게 문화적 성격을 달리한다는 점을 분명히 해두어야 한다는 것이다.

---

106) 일부 지역에서는 玉器와 잘 다듬어진 마제석기가 窖藏에서 다수 발견되었다는 보고가 있지만, (盧德佩, 〈湖北宜昌中堡島發現元始社會群體器物坑〉, 《江漢考古》 1994-4) 역시 청동기는 관견에 한한 한 보고된 바가 없다.

이상의 여러 문제점에도 불구하고 宜都로부터 秭歸에 이르는 江峽간의
지역이 문헌자료로부터 추정한 夏商周시기 巴人들의 활동범위에 포함되어
있으므로, 또 기본적으로 도기의 일부기형이 戰國시대 川東지역에서 발견되
는 것과 유사하다는 점에서 이 지역의 문화를 광의의 개념으로서 '早期 巴
文化'라고 부를 수 있을 것이다. 그러나 춘추시기까지 여전히 鄂西지역을
중심으로 거주하고 있었다는 문헌기록과는 달리 춘추시대 西陵峽지구에는
더 이상 圜底形 釜形器를 발견할 수 없으므로, 戰國시대 川東지역의 청동문
화의 직접적 기원을 춘추시대에서 찾고자 하는 본고의 '早期 巴文化'라는
개념을 이 곳에 적용시킬 수는 없다.

3. 鄂西·湘西·鄂北지역의 靑銅文化

'早期 巴文化'를 夏商시기로 국한시켰던 기왕의 연구들도 청동문화에 대
한 기원을 염두에 두었을 것이라고는 생각되지만, 西陵峽지역의 夏商시기
유지에 이어 西周에서 春秋초기까지는 소위 夔國문화가 이어지고, 그 이후
는 전형적 楚文化가 발전하고 있었다는 네번째 근거 때문에 그 이후의 청동
문화에 대해서는 언급을 하기가 어려웠을 것으로 보인다. 이들은 주로《華
陽國志》의 ⓐ '與秦·楚·鄧爲比' ⓑ '巴國分遠' ⓒ '其地東至魚復, 西至僰
道, 北接漢中, 南極黔涪'이라는 기록에 근거하여 巴國이 西周 이후 川東지역
에 위치했다고 주장한다.[107] 그러나 《華陽國志》의 ⓐ는 도리어 鄂西지역에
위치하였음을 입증하는 증거가 된다는 점, ⓑ도 鄂西 혹은 한수지역에 위치
하였으리라는 추정과 상충되지 않는 것이며, ⓒ는 명백히 戰國시대 이후의
지리적 위치를 설명한 것에 불과하다. 다시 말해 春秋시대 巴國이 楚·鄧·
鄘·申 등과 가까운 위치에 있으면서 이들 지역과 빈번한 군사적 접촉을 갖
거나 그 지역을 점령하기도 했다는 《左傳》의 기록을 무시한 것도 문제려니
와, 1절에서 언급한 대로 西周 이후 川東지역에서는 巴國의 존재를 설명할
아무런 고고자료도 발견되지 않는다.

---

107) 楊權喜,〈三峽的重大考古發現〉,《江漢考古》1994-1.

224

이와 같이 西陵峽지역과 관련하여 발견되는 여러 문제점은 모두 '早期 巴文化'를 西陵峽에 고정했기 때문에 발생한 것이다. 이하 戰國시대 川東지역의 문화중에서도 특징적인 청동문화와의 유사성을 추적하기 위해, '早期 巴文化'를 굳이 이 지역에 국한시키지 않고, 문헌자료의 기록에 따라 春秋시대까지 鄂西지역에서 활동하고 있었던 巴國의 존재를 추적해보고자 한다.

먼저 戰國시대 川東지역 巴文化에서 발견되는 청동기의 특징을 정리해 보기로 한다. 戰國시대 川西지역과 중원의 많은 지역에서는 상당히 많은 유지와 유물이 발견되는 반면, 川東지역에서는 巴縣 冬笋壩, 昭化縣 寶輪院, 涪陵縣 小田溪의 3지역의 墓葬群들과[108] 瞿塘峽 盔甲洞 유지에[109] 불과할 뿐이다. 특히 그 시기는 秦이 巴를 멸망한 이후의 시점으로 보고 있는 것이 많은 연구자들의 공통된 견해이다. 앞으로 秦의 滅巴 이전에 해당하는 여러 유적이 발견되겠지만, 현재로서는 이들 유적들만이 戰國시대 巴文化를 알수 있는 유일한 방법이다. 따라서 秦의 점령 이후 발생하게 되는 여러가지 변화 가능성을 감안하여야 하겠지만, 우선은 이들 묘장의 성격과 기물을 중심으로 巴文化의 대강을 추정할 수밖에 없다. 1절에서 이들 유지로부터 발견되는 도기의 특징을 간단히 언급한 바 있지만, 川東지역에서 발견되는 청동용기에서도 陶器에서 보이는 몇가지 특징이 보인다. 銅器이면서 實用器의 성격이 강한 이들 청동용기에는 주로 甌·釜·鍪·盤이 특징적인 기형으로 지적되는데, 이것들은 모두 그 두께가 매우 얇으며 雙合范으로 주조되었다는 점, 독특한 辮紋이 확인된다는 특징을 가지고 있다. 이 중 釜·甌의 경우에는 모두 鼓腹, 圜底器의 모습을 보인다.(그림 9) 또 銅盆과 銅盒도 圜底器의 형태를 띤다. 또 銅豆도 발견되는데, 矮圈足을 가진 점에서 陶器의 豆의 형태와 동일한 모습을 보인다.

靑銅容器에 비해 靑銅兵器에서 보다 뚜렷한 川東지역 銅器의 특징을 찾아볼 수 있다. 발견된 전체의 양에서도 청동용기에 비해 훨씬 많은 비중을

---

108) 四川省博物館編, 《四川船棺葬發掘報告》 ; 四川省博物館·重慶市博物館·涪陵縣文化館, 〈四川涪陵地區小田溪戰國土坑墓淸理簡報〉, 《文物》 1974-5.
109) 童恩正, 〈記瞿塘峽盔甲洞中發現的巴人文物〉, 《考古》 1962-5.

차지하고 있을 뿐 아니라,[110] 청동용기에서는 찾아볼 수 없었던 특징적인 기형이나 문양들이 靑銅兵器에서 쉽게 확인된다. 그 중에서도 소위 '巴蜀式'이라 불리우는 劍, 矛, 鉞은 독특한 川東지역의 청동문화를 대표한다고 할 수 있다. 그 형태를 중심으로 간략히 설명해 보기로 한다.

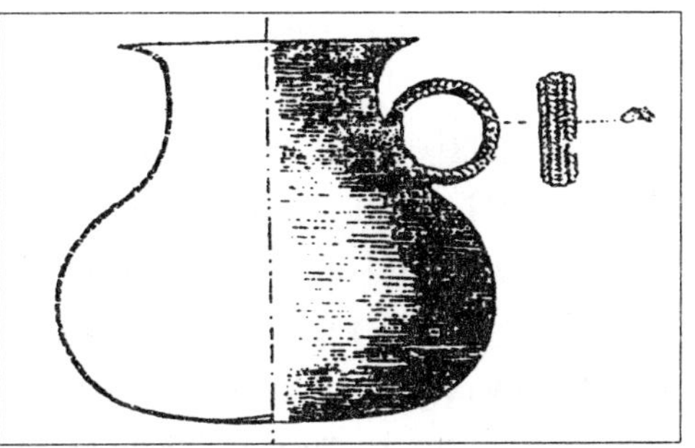

그림 9 巴縣 冬笋壩 出土 銅釜甑

川東지역에서 가장 많이 발견되는 靑銅兵器는 劍인데, 巴縣 冬笋壩에서 출토된 34개의 劍중에 29개가 巴蜀式劍이고, 昭化縣 寶輪院에서 출토된 8개의 劍중에는 6개가 巴蜀式劍으로 판명되었으며, 涪陵 小田溪에서 발견된 10개의 劍은 모두 巴蜀式劍으로 분류된다. 이렇듯 출토된 劍의 대부분을 차지하고 있는 '巴蜀式劍'이란 莖이 편평하고 格이 없으며, 劍身과 손잡이가 이어져 있고, 劍身은 柳葉形의 형태를 하고 있는 劍을 의미하며, 劍身에 얼룩무늬가 있고 손잡이근처 부분에는 符號가 그려져 있는 공통점을 갖고 있다.(그림 10)[111] 물론 '巴蜀式劍' 외에 格과 首가

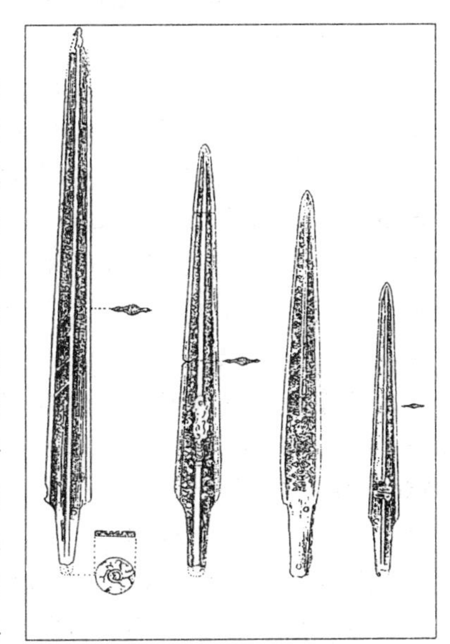

그림 10 戰國時代 川東地域 出土 柳葉形 銅劍

---

110) 杜乃松, 〈論巴蜀靑銅器〉, 《江漢考古》 1985-3.
111) 후기에 접어들면서는 扁莖無格의 巴蜀式劍도 약간의 변화가 보이는데, 기본적인 柳葉形의 형태를 보전하면서 劍身과 손잡이가 직각으로 교차하며 格이 더해지게 된

모두 갖추어져 있는 '中原式劍'도 함께 발견되지만, 매우 적은 수량에 그친다.

銅鉞도 銅劍과 함께 川東지역에서 가장 보편적으로 발견되는 특징적인 靑銅兵器이다. 漢代로 비정되는 묘장에서 月口式의 鉞이 발견되는 것을 제외하면, 戰國시기의 묘장에서 대부분 1묘에 크고 작은 鉞이 1개씩 발견되는 銅鉞은 鉞身이 원형 혹은 타원형을 하고 있고 가운데 부분이 안으로 꺾여져 細腰의 모습을 하며, 어깨가 발달되어 있는 것이 특징이다.[112](그림 11)

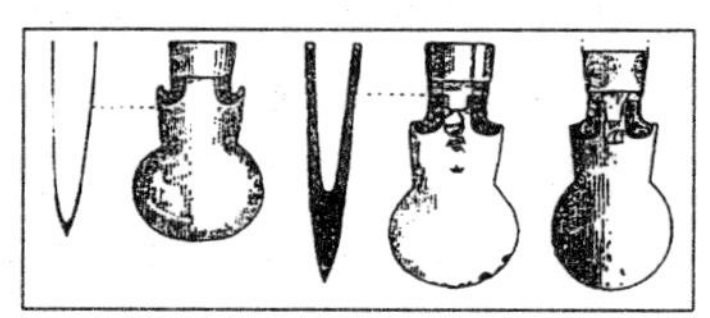

그림 11　戰國時代 川東地域 出土 銅鉞

銅矛의 형식도 특징적인 모습을 보여주는데, 葉이 2/3, 骹가 1/3의 비율을 이루고 있고, 양쪽에 붙어있는 활모양의 耳는 葉身과 이어져 있으며, 葉身은 뾰족한 잎사귀의 형태를 하고 있다.(그림 12) 시간의 경과에 따라 활모양의 上下 크기가 달라진다는 미세한 차이는 있지만, 전체적인 기형의 커다란 변화는 없다. 이 외에 銅戈도 발견되지만, 그 수량이 銅劍 · 銅鉞 · 銅矛에 미치지 못하는 극히 소량에 그치고 있는데, 無胡 혹은 上下대칭의 短胡를 그 주된 특징으로 한다.(그림 13) 한편 斧 · 鑿 · 削 등의 靑銅工具가 청동

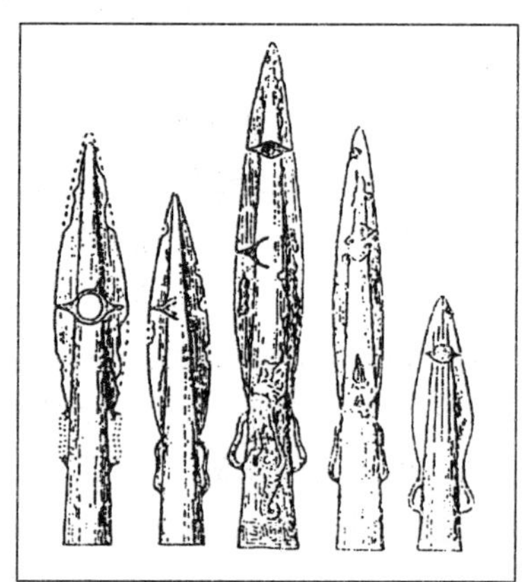

그림 12　戰國時代 川東地域 出土 銅矛

병기와 함께 많은 양이 발견되는 것도 중원지역에서는 찾기 힘든 현상이라고 하며, 그 중 削은 銅劍과 함께 출토되는 경우가 많다는 점이 특징적인

다. (四川省博物館編,《四川船棺葬發掘報告》p.40)
112) 四川省博物館編,《四川船棺葬發掘報告》p.40.

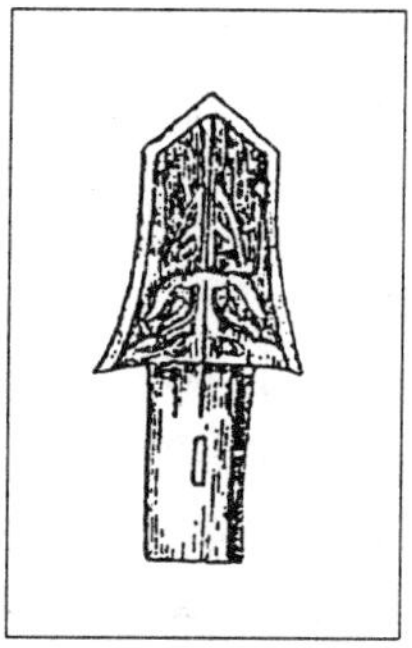

측면으로 지적된다.[113]

涪陵 小田溪의 묘장에서는 編鐘과 錞于, 鉦과 같은 악기가 발견되어 주목된다. 이것들이 오로지 川東지역에서만 발견된다는 것은 아니다. 安徽省 宿縣과 壽縣에서도 발견된 바 있고, 중원지역의 禮制를 전하는 문헌자료에도 자주 언급되어 있기도 하다. 그래서 원래 중원에서 만들어진 것을 後에 巴人이 받아들인 것이라고도 한다.[114] 그러나 巴文化의 일부로 생각되어 왔던 것은 단지 이 곳에서 발견되었기 때문이 아니라 이것들에 '巴蜀符號'가 새겨져 있기 때문이다. 또 錞于에는 호랑이 모습의 손잡이(虎鈕)가 붙어 있다는 공통점을 찾을 수 있는데, 万縣에서 출토된 錞于에도 똑같은 형상이 발견된다.[115] 編鐘에 있는 錯金 장식도 특징적이라고 지적된다.[116]

그림 13　戰國時代
川東地域
出土 銅戈

이상과 같이 戰國시기 川東지역은 陶器·銅容器·銅兵器·樂器 등의 기형과 문양의 면에서 독특한 특징을 갖고 있었다고 할 수 있다. 그렇다면 이러한 특징을 갖춘 청동문화를 鄂西, 鄂北 혹은 漢中지역에서 찾을 수 있을까? 이하 西周~春秋시대까지의 청동문화를 西陵峽, 鄂西, 鄂北, 漢中지역으로 나누어 그 각각의 문화가 戰國시대 川東지역의 청동문화와 일치하는 부분이 있다고 지적된 부분을 중심으로 간단히 살펴보기로 하겠다.

西周시기 이후에 해당하는 西陵峽유지에서는 이전 시기에 비해 청동기가 비교적 많이 발견된다. 특히 春秋초기 이후에는 官莊坪 제3, 4층, 柳林溪 제3층과 31호 灰坑, 小溪口 상층, 前坪 戰國墓, 西瀼口 戰國墓, 卜莊河 戰國墓,

113) 四川省博物館編,《四川船棺葬發掘報告》p.46.

114) 杜乃松,〈論巴蜀靑銅器〉,《江漢考古》1985-3 ; 徐中舒,〈四川涪陵小田溪出土的虎紐錞于〉,《文物》1974-5.

115) 이 외에 사천에서의 錞于로서 歷史博物館에 소장되어 있는 錞于가 있는데, 成都에서 구입한 것이라고 할 뿐 출토지가 어디인지는 확실하지 않다. 徐中舒,〈四川涪陵小田溪出土的虎紐錞于〉,《文物》1974-5, p.82.

116) 鄧少琴,〈四川涪陵新出土的錯金編鐘〉,《文物》1974-12.

228

秭歸 茅坪, 香溪, 城關에서 다양한 청동예기와 병기가 발견되며, 그것들은 江陵 일대에서 발전하였던 전형적인 楚文化와 동일한 성격을 보여주고 있다.[117] 따라서 春秋초기 이후 발견되는 문화를 楚文化라고 규정하는 데에 별다른 이의가 없다. 다만 西周시기의 유적을 둘러싸고 몇가지 견해가 나뉘어 있는데, 秭歸縣 香溪 근처의 官莊坪 제6층에서 발견된 西周만기의 유지와[118] 宜昌 覃家沱 周代 유지의[119] 성격을 '夔國文化'라고 규정하는 입장과[120] '初期楚文化'로 규정하고자 하는 입장으로[121] 대분해 볼 수 있다. 전자의 경우 楚의 始祖 熊繹의 6세손인 熊摯가 楚에서 도망하여 秭歸縣 근처에 夔國을 세웠다는[122] 고문헌의 기록에 근거하고 있는 반면, 후자 또한 楚가 처음으로 도읍한 '丹陽'이 秭歸縣에 위치하였을 것이라는 《水經注》의 기록에 기초하고 있다.[123] 사실 夔國이라는 것도 楚의 始祖 熊繹의 6세손인 熊摯가 세운 楚의 附庸國이므로,[124] 비록 취사도기의 조합에서 약간의 형식적 차이가 보인다고 해도[125] 기본적으로는 楚文化와 매우 유사한 문화성격을 가지고 있었을 것이라 생각된다. 따라서 그것이 夔國文化이든지 楚의 초기 丹陽문화이든지간에 楚文化의 성격에서 크게 벗어나는 것이 아니라고 해도 좋을 것 같다. 적어도 西周시기에서 春秋시대까지의 유지에서 戰國시대 川東지역의 문화와 동일한 청동기가 발견되지 않는다는 것은 분명하다. 戰國시대의 유지에서 간혹 柳葉形 銅劍과 虎紋 銅戈, 手心紋 銅矛와 같은 戰國시대 川東

---

117) 楊權喜, 〈三峽的重大考古發現〉, 《江漢考古》 1994-1, p.91.

118) 胡雅麗・王紅星, 〈秭歸官莊坪周代遺址初析〉, 《江漢考古》 1984-4.

119) 湖北省博物館, 〈宜昌覃家沱兩處周代遺址的發掘〉, 《江漢考古》 1985-1.

120) 楊權喜, 〈三峽的重大考古發現〉, 《江漢考古》 1994-1.

121) 文必貴, 〈商周時期楚文化踪迹探索〉, 湖北省考古學會選編, 《湖北省考古學會論文選集》 (二) 1991.

122) 《左傳》 僖公 26年條 '摯有疾, 竄夔, 失楚' ; 《史記》 卷40 楚世家 集解 p.1698 '夔, 楚熊渠之孫, 熊摯之後, 夔在巫山之陽, 秭歸鄕是也'.

123) 《水經注》 江水 '(秭歸)熊繹始封丹陽之所都也'.

124) 《史記》 卷40 楚世家 正義引 宋均 <<樂緯>> p.1693 '熊渠嫡嗣曰熊摯, 有惡疾, 不得爲後, 別居于夔, 爲楚附庸, 後王命曰夔子也'.

125) 楊權喜, 〈西陵峽商周文化的初步討論〉, 《中國考古學會第七次年會論文集》, 文物出版社, 1992.

지역의 청동문화와 동일한 기물들이 발견되기도 하지만,[126] 이미 川東지역에 巴國이 위치하게 되었던 戰國시대의 유적이기 때문에 西陵峽지역으로부터 의 이동을 상정할 수 없는 것은 물론, 극히 적은 양에 불과하기 때문에 楚 와 巴가 인접한 지역에 있었기 때문에 발생하게 되는 자연스러운 교류의 결 과라고 보는 편이 무난하다.

西陵峽 지역보다 훨씬 동쪽에 위치하고 있는 江漢평원은 川東지역과의 거리가 그만큼 멀뿐 아니라, 전형적 楚文化가 발전하는 지역이라는 점에서 戰國시대 巴文化와의 관련을 찾기가 더욱 어렵다고 생각된다. 江漢평원이 戰國시대 楚의 수도가 위치하고 있는 정치군사적 중심지였다는 점에 대해 서는 더 이상의 췌언이 필요없지만, 春秋시대 이전으로 소급되는 楚文化 유 지는 그다지 많이 발견된 편이 아니었다. 當陽縣 趙家湖 일대에서 春秋초기 에서 전국중기까지의 楚墓가 발견되면서 이 지역의 楚文化가 본격적으로 밝혀지기 시작했던 것인데,[127] 이들 청동기 중에는 '楚子超乍食繁鼎'과 같은 명문이 발견되었다.[128] 趙家湖 유지와 비슷한 시기의 當陽縣 季家湖 古城址 에서는 궁전건축에 사용되었을 청동기물들이 발견되었을 뿐 아니라 城址 주변에는 楚墓의 전형적 특징인 土塚들이 발견되어 '早期 楚文化'의 중요한 중심지로 인정되었다.[129] 한편 當陽縣 趙家湖 유지의 주변에 위치한 磨盤山 유지는 趙家湖, 季家湖 유지보다 이른 西周초기에 해당되는 유지로서, 鄂東 北, 鄂東南, 鄂北 등지에서 발견되는 西周문화와 다른 독특한 성격을 갖는 다는 점에서 西周시기의 早期 楚文化를 대표하는 것이라고 지적된다.[130] 또 磨盤山 유지의 주변 沮漳河 유역 60여곳에서는 磨盤山유지와 시기와 문화 성격을 같이하는 크고 작은 유지와 묘장을 발견하였기 때문에 현재 많은 연

---

126) 楊權喜, 〈三峽的重大考古發現〉, 《江漢考古》 1994-1, p.91.

127) 湖北省宜昌地區博物館・北京大學考古系, 《當陽趙家湖楚墓》(文物出版社, 1992).

128) 余秀翠, 〈當陽發現一組春秋銅器〉, 《江漢考古》 1983-1 ; 夏淥・高應勤, 〈楚子超鼎淺 釋〉, 《江漢考古》 1983-1.

129) 湖北省博物館, 〈當陽季家湖楚城遺址〉, 《文物》 1980-10.

130) 高應勤, 〈沮漳河流域西周楚文化遺存試析 ― 兼論江漢地區各西周文化遺存面貌 ―〉, 《社會科學動態》 1991-8.

230

구자들이 磨盤山유지와 그 주변지역을 早期 楚文化의 중심지라고 보고 있
다.[131] 즉 西周初부터 春秋시대에 이르기까지 江陵, 當陽, 枝江을 중심으로
한 沮漳河유역은 楚의 중심지역으로 전형적 楚文化가 발전하는 지역이었다.

 이들 지역에서 현재까지 발견된 청동기물 중 戰國시대 川東지역의 청동
기와 유사하다고 지적되는 것이 없는 것은 아니다. 그러나 관견에 한한 한
그 경우도 巴文化의 특징적 요소가 언급된 것은 아니다. 가령 1993년 江陵
市 江北農場에서는 몇 건의 殷周시기 청동기가 발견되었는데, 중원지역에서
발견된 것과는 다른 형식과 주조방식을 갖고 있는 虎尊과 甬鐘, 그리고 鹿
角이 2개 동일한 지역에서 발견되었고, 그 중 甬鐘에는 사슴의 문양이 새겨
져 있다. 그런데 四川지역의 銅印章의 문양 중에 鐃를 뒤집어놓은 형태가

있을 뿐 아니라, 涪陵縣 小田溪 묘
장의 銅鉦과 巴縣 冬笋壩 銅印章에
각각 鹿角의 형상이 있는 것으로 보
아 이들 청동기가 巴文化와 관련이
있다는 것이다.[132] (그림 14) 그러나
甬鐘은 형태에서 약간의 차이는 있
지만 기본적으로 중원지역은 물론
楚를 비롯한 남쪽 지역에서도 흔히
발견되고 있는 것이므로,[133] 川東지
역에서 발견되는 甬鐘과 유사하다
고 해서 巴文化라고 할 수 없음은
물론이며, 또 銅印章에 새겨져 있다
고 하는 鹿角의 형상도 논자에 따라
얼마든지 그 형상을 달리 볼 수 있

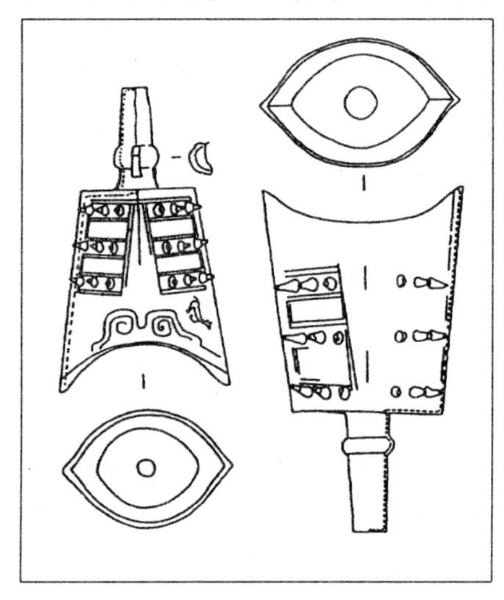

그림 14 湖北 江陵 江北農場 出土 甬鐘

을 뿐 아니라, 1건의 甬鐘에 鹿紋이 새겨져 있다는 사실 만으로 두 지역의

<hr>

131) 高應勤, 〈試論沮漳河流域是探索早期楚文化的中心〉, 《文物》 1980-4, p.67.
132) 何駑, 〈湖北江陵江北農場出土西周靑銅器〉, 《文物》 1994-9.
133) 高至喜, 〈中國南方出土商周銅鐃槪論〉, 《湖南考古集刊》 2, 1984.

문화적 연관성을 논하는 것은 극히 위험한 억측에 불과하다. 인접한 江陵지역이나 江漢평원지역에서 巴文化와 유사한 청동기가 많이 출토되었을 경우라면 또 하나의 방증으로 사용될 수도 있겠으나, 현재까지는 이같은 점을 확인할 수 없다. 요컨대 楚文化가 형성되고 발전하는 西周 이후 春秋시대까지의 江漢평원 유적에서 戰國시대 川東지역의 청동문화와의 계승관계를 찾을 수 있을만한 유사한 기물을 아직까지 찾을 수 없다는 것이다.

　문헌자료에서 살펴본 巴의 활동범위는 주로 鄂西, 鄂北지역일 것이라고 했지만, 川東의 동남쪽에 위치한 湘西지역도 川東지역에서 그리 멀지 않으며 특히 春秋시대 이전 廩君蠻의 巴가 활동하였던 湖北省 淸江유역과도 매우 가까운 지역이므로 일단 이 지역에 대해서도 春秋시대 이전의 문화를 살펴볼 필요는 있을 것 같다. 戰國시대 湖南省이 대부분 楚의 영역에 포함되어 있었다는 사실은 이들 지역으로부터 발견되는 대량의 楚墓와 楚器로부터 쉽게 확인할 수 있다.[134] 그렇지만 春秋시대 이전에는 의외로 江漢평원에 정치적 중심지를 두고 발전하였던 楚가 바로 인접한 湖南省 일대에 대해서 정벌이나 영토의 확장이 두드러지지 않았다고 한다.[135] 따라서 楚文化가 번성하는 江漢平原과 달리 이 지역으로부터 楚文化와 다른 巴文化를 찾을 가능성이 생기는 것이며, 기왕의 연구들중에서도 이러한 점에 착안하여 巴人이 이 지역에 거주하는 여러 종족중에 중요한 부분을 차지하고 있었다고 보는 견해가 있다.[136] 이러한 견해는 문헌에서 巴와 濮이 연칭되는 경우가 많다는 데에서 巴가 百濮 중의 하나를 이루고 있었을 것이라 보고, 百濮이 鄂西지역과 洞庭湖 주변의 湘西지역에까지 널리 분포하고 있기 때문에 巴 또한 이들 지역에서 활동하고 있었던 것이라고 추정한다.

---

134) 何介鈞, 〈湖南晩期楚墓及其歷史背景〉, 楚文化研究會編, 《楚文化研究論集》 2, 1991.

135) 顧鐵符, 〈江南對楚國的貢獻與楚國的開發江南〉, 《湖南省考古集刊》 1, p.84. 물론 湖南省 邡陽에서 발견된 春秋시대 繩紋 圓底壺가 楚의 기물과 동일하는 등 西周末·春秋初 楚가 이 지역에 활동하고 있었다는 지적도 있다.(高至喜·熊傳新, 〈楚人在湖南的活動遺迹槪述 — 兼論有關楚文化的幾個問題〉, 《文物》 1980-10)

136) 楊權喜, 〈關于巴·濮若干問題探討〉, 湖北省考古學會選編, 《湖北省考古學會論文選集》, 二 1991, p.149.

이 지역과 巴文化를 연결시키고자 하는 주장들은 문헌에서의 연칭현상 이외에 戰國시대 湘西지역의 몇군데에서 戰國시대 川東지역의 청동문화와 동일한 기물들이 발견되었다는 점에 주목하고 있다.[137] 銅戈, 銅鉞과 같은 청동병기 뿐만이 아니라 虎紐錞于와 銅鉦과 같은 악기에 이르기까지 戰國시대 冬笋壩 묘장과 小田溪 묘장에서 발견된 청동기와(그림 15) 매우 유사한 내용의 청동기가 발견되고 있는 것이다. 1978년 湖南省 溆浦縣 馬田坪에서는 다량의 楚墓와 함께 8좌가 巴墓로 분류되었는데, 이 묘장에서 발견된 다량의 청동기가 戰國시대 川東지역의 청동기와 동일하였기 때문이다.[138] 이곳에서 가까운 溆浦縣 大江口鎭에서도 虎紐錞于와 銅鉦, 編鐘이 발견되었는데 이것들도 川東지역의 청동악기와 동일한 형태를 갖는다.[139](그림 16) 또 湖南省 古丈 白鶴灣 楚墓에서도 柳葉形 銅劍과 多環耳 銅矛 등이 발견되고 있으며,[140] 湖南省 慈利와 石門의 窖藏에서도 錞于가 발견되었고,[141] 益陽과 常德, 그리고 安江 白虎腦에서도 川東지역에서 발견된 것과 유사한 銅戈, 銅鉞, 銅劍 등이 발견되었다.[142] 이렇듯 戰國시대 巴國의 청동문

그림 15 戰國時代 川東地域 出土 錞于

그림 16 湖南 溆浦縣 出土 錞于

---

137) 熊傳新,〈湖南發現的古代巴人遺物〉,《文物資料叢刊》7.

138) 湖南省博物館·懷化地區文物工作隊,〈湖南溆浦馬田坪戰國西漢墓發掘報告〉,《湖南考古集刊》2, 1984.

139) 張欣如,〈湖南溆浦大江口巴人墓〉,《湖南考古集刊》1.

140) 湖南省博物館·湘西土家族苗族自治區文物工作隊,〈古丈白鶴灣楚墓〉,《考古學報》1986-3.

141) 龍西斌·高中曉,〈石門·慈利出土錞于簡介〉,《湖南考古集刊》3 (未見, 郭偉民,〈湘西巴迹初探〉,《四川文物》1994-5에서 再引用).

142) 湖南省博物館 等,〈益陽戰國西漢墓〉,《考古學報》1981-4 ; 郭偉民,〈湘西巴迹初探〉,《四川文物》1994-5.

화와 동일한 청동기가 발견된다는 것은 戰國시대 湘西지역과 巴文化와의 긴밀한 관계를 보여주는 것임에 틀림없다.

다만 川東지역과 유사한 청동기가 수장되어 있는 것은 일부에 지나지 않으며 나머지 많은 묘는 川東지역의 청동기와는 전혀 다른 楚의 기물들이 수장되어 있다는 점을 간과해서도 곤란하다. 즉 漵浦縣의 경우 巴墓로 분류되는 묘장이 8좌로서 전체의 12%에 불과하며, 白鶴灣의 경우에도 7좌가 巴墓라고 일컬어지지만 전체 묘장수의 11%에 지나지 않는다. 또 '巴式' 청동기로 분류되는 것들 중에는 錞于, 編鐘이 자주 언급되지만, 전술한대로 이것들은 중원과 楚지역에서 널리 사용되고 있는 것이므로 이를 반드시 '巴式'이라 지칭할 필요도 없다. 또한 무엇보다 이들 수장품들이 冬筍壩나 小田溪와 같은 船棺葬에서 발견된 것이 아니라, 一槨一棺의 전형적인 楚墓에서 발견되고 있다는 점, 그리고 '巴式' 청동기가 발견되는 묘장에서도 역시 다량의 '楚式' 청동기가 발견되고 있다는 점에 주의하여야 한다. 즉 일부의 '巴式' 기물이 전형적인 楚의 묘장과 청동기와 함께 발견된다는 것이다. 사실 戰國시대에는 湘西지역이 이미 楚國의 영역에 속해 있었으며, 그 문화도 전형적인 楚文化의 범위안에 있었다는 점을 고려하면, 戰國시대에 湘西지역에서 발견된 '巴式'의 기물을 특별히 독자적인 문화유형으로 구분하여 볼 수는 없는 것이다.

더욱이 이것들은 戰國시대 묘장에서 발견되었다. 漵浦縣 馬田坪 大江口鎭의 묘장이나 古丈 白鶴灣 楚墓들이 戰國末 冬筍壩 묘장이나 小田溪 묘장보다 시기가 이른 것은 사실이지만, 역시 모두 戰國시대에 해당된다. 이미 巴는 戰國시대에 川東지역에 위치하고 있었으므로, 같은 戰國시대 묘장에서 유사한 청동기가 발견된다는 사실은 湘西지역을 春秋시대 이전으로 소급되는 巴文化의 기원으로 연결되기보다는 戰國시대 巴文化와의 교류를 나타내주는 자료로 보아야 할 것 같다. 春秋시대 이전의 고고자료에서는 이같은 청동기를 찾아볼 수 없고, 대신에 남방계통의 문화성격을 띠고 있는 越族의 문화가 발견되고 있고, 春秋말기 이후는 전형적 楚文化가 발전한다는 사실

234

도 이 지역을 巴文化의 기원으로 규정하기 어렵게 한다.

이와 관련하여 戰國시대 湘西지역에서 출토되는 소위 '巴式' 기물을 唐의 《十道志》의 기록과 연관시키고 있는 연구가 주목된다. 楚가 巴를 멸망시킨 뒤에 巴子의 다섯 형제가 黔中지역으로 들어가 각각 군장이 되어 五溪蠻이라 불리웠다는 것이 《十道志》의 내용이다. 그런데 楚가 巴를 멸망한 시점도 戰國시대이고 湘西지역도 戰國시대 이후 黔中이라고 불리웠으므로, 湘西지역에서 戰國시대 川東지역의 청동기와 유사한 것이 발견되는 것은 이 기록과 같이 巴子를 멸망한 戰國시대 이후 巴人들이 湘西지역으로 이동해 온 결과라는 것이다.[143] 또 《史記》와[144] 《淮南子》[145] 등의 기록에서 소위 '楚巴'의 존재를 언급하고 있는데, 이것이 戰國시대 巴國이 楚에 의해 멸망된 지역을 의미한다면 楚文化와 巴文化가 함께 발견되는 漵浦縣과 白鶴灣 지역이 '楚巴'의 지역에 포함되었을 가능성도 배제할 수 없다. 현재로서는 모두 개연성을 갖는 것이지만, 어느 것이든 간에 湘西지역의 巴文化 요소가 春秋시대 이전으로 소급되는 巴文化의 기원으로 湘西지역을 지목할 근거가 되지 못하는 것임에는 틀림없다. 이같은 湘西지역의 巴文化 요소는 川東지역으로부터의 巴人의 이동 혹은 戰國시대 川東지역과의 교류의 결과로 보는 것이 무난하다고 해야 할 것이다.

鄂北지역에는 西周시대 이후 적지 않은 姬姓諸侯들이 봉건되었기 때문에, 姬姓諸侯인 巴子之國 또한 西周 이후 이 지역에 위치해 있었을 가능성이 농후하다. 襄陽 山灣에서 발견된 春秋만기에서 戰國시대에 걸친 묘장의 청동기 중에는[146] 柳葉形 銅劍과 戈內에 虎紋이 새겨진 銅戈, (그림 17) 그리고 隆脊에 血槽가 붙어 있는 柳葉形 銅矛가 있다는 점을 들어 이 지역을 春秋시대 巴子之國이 있었던 지역으로 보기도 한다.[147] 그러나 銅戈에 새겨진 虎

---

143) 郭偉民, 〈湘西巴迹初探〉, 《四川文物》 1994-5.

144) 《史記》卷5 秦本紀 p.202 '孝公元年, 楚自漢中, 南有巴黔中' ; 《史記》卷116 西南夷列傳 p.2993 '(楚威王時)使將軍莊蹻將兵循江上 ··· 略巴, 黔中以西'.

145) 《淮南子》兵略訓 '超人地卷沅湘, 北繞潁泗, 西包巴蜀, 東裏郯, 淮, 潁, 汝以爲洫, 江漢以爲池, 垣之以鄧林, 綿之以方城, 山高尋雲, 谿肆無景'.

紋도 戰國시대 川東지역의 그것과 크게 다르지만, 虎紋이
있다고 해서 그것이 곧 巴族의 문화라고 등치시킬 수 없
다. 柳葉形 銅劍도 오직 1건만이 발견될 뿐이며, 12건이
발견된 銅戈중 1건만이 虎紋 銅戈라고 보고되어 있다. 다
시 말해 戰國시대 川東지역의 문화와 동일하다고 하는 청
동기들이 이 묘장군의 전체 청동기 중에 극히 일부에 지
나지 않는다는 것이다.

　또 湖北省 荊門市에서도 大武舞戚과 柳葉形 銅劍이 발
견되었다고 한다.[148] (그림 18) 다만 밀집
된 5좌의 묘중에 1묘에서 발견된 이 기
물들을 두고 '楚式' 기물인지 '巴式' 기
물인지에 대해 논란이 있는데, '楚式'
기물이라고 주장하는 이유는 다른 4묘
에서 발견된 기물들이 모두 戰國시대의
'楚器'라는 점, 荊門이라는 곳이 楚都와
매우 가까이 있었으며 楚王도 大武樂를
썼다는 것이다.[149] 반면 '巴式' 기물이라
고 하는 이유는 戰國末 川東지역의 小
田溪묘장과 冬笋壩묘장에서 발견된 銅
戈, 銅劍과 흡사한 기형을 보여주고 있
다는 데에 있다.[150] 사실 戰國시대 川東
지역에서 발견된 청동기와 거의 동일한 銅劍이라는 점에
서 후자의 견해가 보다 타당성이 있다고 생각되지만, 이

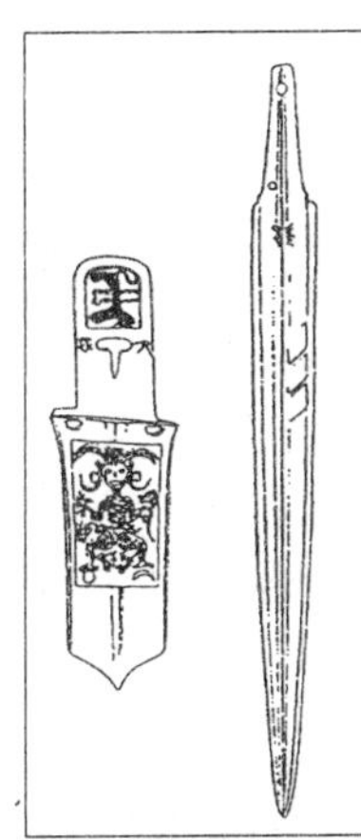

그림 18　湖北 荊
　　門 出土 大
　　武舞戚　　及
　　柳葉形 銅劍

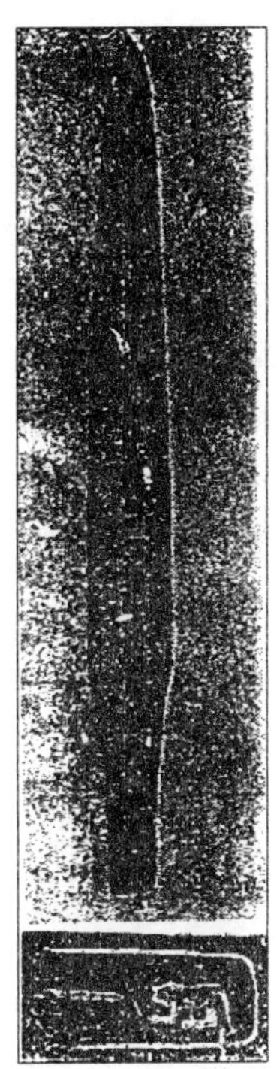

그림 17　　湖北
　　襄陽 山灣
　　出土 柳葉
　　形 銅劍

---

146) 湖北省博物館, 〈襄陽山灣東周墓葬發掘報告〉, 《江漢考古》 1983-2.
147) 段渝, 〈涪陵小田溪巴王墓新證〉, 李紹明·林向·徐南洲 主編, 《巴蜀 歷史·民族·考
　　古·文化》, 巴蜀書社, 1991.
148) 王毓彤, 〈荊門出土的一件銅戈〉, 《文物》 1963-1.
149) 馬承源, 〈關于"大武戚"的銘文及圖像〉, 《考古》 1963-10.
150) 兪偉超, 〈"大武閱兵"銅戚與巴人的大武舞〉, 《考古》 1963-3.

236

경우도 湘西지역에서 발견된 경우와 마찬가지로 戰國시대에 해당되는 청동
기물이라는 점에서 春秋시대 이전의 巴國의 존재를 이해하는 데에 별다른
도움이 되지 못한다. 더욱이 湘西지역의 기물들에 대한 편년이 戰國중기에
서 조금 뒤쪽에 해당되는 것인 반면, 荊門市에서 발견된 이 묘장은 그 연대
가 戰國末에서 秦帝國의 시기에 해당되는 것이므로[151] 巴文化의 기원이라기
보다는[152] 오히려 巴文化의 이동이라는 측면에서 보아야 할 것 같다. 戰國시
대 巴가 楚에게 군사적 도움을 요청하는 《華陽國志》의 기록으로 미루어 두
지역 사이에 적지 않은 교류가 있었을 것이라고 추정되는 바, 荊門에서 발
견된 이 청동병기는 이러한 교류의 결과라고 보아야 한다는 것이다.

4. 漢中지역의 青銅文化

春秋시대 이전의 유지에서 柳葉形 銅劍이 발견되는 지역은 사실 湖北省
의 襄陽과 荊門市에 국한되지 않는다. 長安縣 張家坡, 北京 琉璃河 53호 西
周 早期墓, 甘肅省 靈臺 西周墓 등 여러 지역에서 발견된다.[153] 이렇듯 그 분
포지역도 일정치 않기 때문에 어느 한 지역의 특징적 유형이라고 보기 어려
울 뿐 아니라, 이들의 편년이 湖北省에서 발견되는 柳葉形 銅劍보다 시기가
이르다고 보고되어 있으므로, 湖北省의 襄陽이나 荊門에서 발견된 柳葉形
銅劍을 巴子之國이 이 지역에 있었다는 증거로 이용할 수는 없는 것이다.
그런데 張家坡, 琉璃河, 靈臺에서 발견된 것과는 달리 寶溪市 茹家莊과 竹
園溝의 西周시기 㢌氏 묘장에서 발견된 柳葉形 銅劍은 그 수량이 전체 청동
기물 중에서 중요한 비중을 차지할 정도로 많다는 점에서 다른 어느 지역보
다 주목된다. 더욱이 戰國시대 川東지역의 청동기와 유사한 측면은 柳葉形
銅劍에 그치지 않고, 三角形援의 銅戈라든가, 舌形 銅斧, 長條形 銅斧 및 銅
矛를 비롯해 寶溪市 㢌氏 묘장에서 발견된 청동기 특히 청동병기들이 거의

---

151) 兪偉超, 〈"大武"舞戚續記〉, 《考古》 1964-1.
152) 段渝, 〈涪陵小田溪巴王墓新證〉.
153) 童恩正, 〈我國西南地區青銅劍的研究〉, 《考古學報》 1977-2.

대부분 冬笋壩 묘장이나 小田溪 묘장에서 발견된 것들과 동일한 형태를 보여주고 있다. 비록 戰國시대 川東지역의 문화 중 매우 특징적인 매장형식인 船棺葬을 찾을 수는 없었지만, 그리고 청동병기와 달리 청동예기에서는 두 지역간의 유사성을 찾기가 쉽지 않은 것이 사실이지만, 이 지역에서 발견된 다량의 청동기가 戰國시대 川東지역에서 발견된 청동기와 동일하며, 이러한 청동기들이 弓魚氏 묘장의 대표적인 청동기로 보고될 만큼 많은 양이 발견된 것이다. 바로 이 점에 착안하여 陝西省의 寶溪市 茹家莊 弓魚氏 묘장과 竹園溝 弓魚氏 묘장, 그리고 紙坊頭 묘장을 西周시기 巴族의 문화로 규정하는 견해가 있다.[154] 사실 고고자료로 보건대 이제까지 살펴본 西陵峽, 鄂西, 湘西, 鄂北지역에서와는 달리 春秋시대 이전으로 소급되는 유지로부터 戰國시대 川東지역의 청동문화와 동일한 내용을 갖는 것을 찾을 수 있었던 것만큼은 분명하다. 따라서 이제 본절의 모두에서 제시한 문제가 해결된 듯 싶기도 하다. 다시 말해 巴文化의 기원을 단지 도기기형이 아니라 戰國시대 川東지역에서 발견되는 특징적 청동문화로부터 찾을 수 있을 것이라는 가능성이 바로 이 寶溪市 弓魚氏 묘장에서 발견된다는 것이다.

西周시기 寶溪지역에서 戰國시대 川東지역의 것과 동일한 형태의 청동병기들이 발견된다는 것은 두 지역간의 밀접한 문화적 관계를 시사해 주고 있다. 그런데 문제는 寶溪市 茹家莊, 竹園溝 弓魚氏 묘장에서 발견되는 많은 청동기는 漢中지역의 城固에서도 동일한 형태로 출토된다는 데에서 출발한다. 殷代의 三角形 銅戈의 기원이 이 지역일 것이라는 견해가[155] 충분한 공감을 얻을 정도로 城固에서 출토된 殷代 청동병기 121건 중에서 三角形 直援을 갖고 있는 銅戈가 82건을 차지하고 있을 정도로[156] 중요한 특징으로 나타나는데, 바로 이러한 三角形 銅戈가 戰國시대 冬笋壩묘장과 小田溪묘장에서 다량으로 발견되는 것이다. 漢中의 城固지역과 寶溪市 弓魚氏 묘장간의 문화

---

154) 尹盛平,〈巴文化與巴族的遷徙〉, 李紹明·林向·徐南洲 主編,《巴蜀 歷史·民族·考古·文化》, 巴蜀書社, 1991 ; 尹盛平,〈略論巴文化與巴族的遷徙〉,《文博》1992-5.
155) 楊錫璋,〈關于商代靑銅戈矛的一些問題〉,《考古與文物》1986-3.
156) 李伯謙,〈城固銅器群與早蜀文化〉,《考古與文物》1983-2.

238

적 유사성은 이러한 靑銅戈에 그치는 것이 아니라, 桃葉形 長骸의 銅矛를
비롯해 많은 청동병기뿐만 아니라, 尖底罐과 大口深腹罐과 같은 도기기형에
서도 두 지역간의 동일한 문화적 성격이 나타난다. 따라서 시기가 앞서는
漢中의 城固지역 문화가 寶溪市 㢀氏묘장에 강한 영향을 미쳤고 두 문화는
이러한 점에서 계승, 발전의 형식으로 이해할 수 있다.[157] 이 때문에 寶溪市
의 㢀氏묘장을 '早期 巴文化'로 규정하는 견해는 漢中의 城固지역을 㢀氏묘
장보다 이른 시기의 巴文化로 설명하지 않을 수 없었던 것이다.[158] 漢中의
城固지역에 위치하고 있던 巴族의 일부가 殷末周初에 다시 북상하여 지금
의 鳳縣과 寶溪市지구에 위치하게 되었다는 것이다.

그렇다면 과연 이 陝西남부의 城固지역과 關中지역에 위치한 寶溪지역을
春秋시대 이전 巴國이 위치했던 지역으로 보아야 하는가? 소위 戰國시대 巴
國 청동문화의 기원을 이 지역에서 찾아야 한다는 것인가? 그러나 柳葉形
銅劍이나 銅戈 등 청동병기의 유사성이 두드러지는 것이면서도, 그 지리적
위치가 西周의 정치적 중심지인 周原에 위치하고 있어 문헌자료에서 추정
할 수 있었던 巴國의 지역과 거리가 멀고, 청동기의 명문에서도 茹家莊, 竹
園溝 등의 묘장이 㢀國의 묘장이라는 점을 분명히 확인할 수 있으므로 㢀國
이 巴國과 동일하다고 하기 어려운 이상 이들 묘장을 巴文化로 직접 연결시
키기는 곤란한 것이다. 또 일상적 생활용구 및 그에 기초하여 발전하는 청
동용기에서는 공통점을 찾아볼 수 없다는 문제도 있다. 이러한 이유 때문에
이 지역을 巴文化와 연결시키려는 연구는 西周시기 寶溪市 茹家莊, 竹園溝
묘장에서 출토된 동기의 '㢀'라는 부분이 荊蠻으로 도망한 吳太白의 호 '句
吳'와 동일하며, 이것은 다시 秦漢시대 巴族의 일원인 賨人 句氏로 바뀌어
갔을 것이라고 추정하고 이것을 문헌증거로 삼고 있다.[159] 그러나 吳太白이
위치한 곳에 대해서는 吳文化와 관련하여 아직도 적지 않은 논의가 진행되
고 있으므로,[160] 과연 '句吳'를 陝西省 寶溪市로 비정할 수 있는지도 매우 의

---

157) 盧連成 · 胡智生, 《寶溪㢀國墓地》 上下 (文物出版社, 1988).
158) 尹盛平, 〈略論巴文化與巴族的遷徙〉, 《文博》 1992-5.
159) 尹盛平, 〈略論巴文化與巴族的遷徙〉, 《文博》 1992-5.

심스럽고, 더욱이 吳文化의 시조에 해당하는 '句吳'를 다시 戰國시대 巴族
의 일원과 연결시키는 것도 吳文化와 巴文化간의 특별한 관련이 설명되지
않는 한 설득력이 없다. 이 지역의 청동기 금문에서 '巴'字가 발견되는 것은
더더욱 아니다. 따라서 戰國시대 川東지역의 문화와 두드러진 문화적 유사
성에도 불구하고 아직 이들 지역을 언뜻 巴文化의 기원 혹은 春秋시대 이전
巴國이 존재한 지역이라고 규정하기 주저되는 것이다.

　물론 西周의 王畿지역과 근접해 있다는 지리적 문제나, 문헌자료로부터
의 뒷받침이 없다는 문제가 있다 하더라도, 적어도 戰國시대 川東지역의 巴
文化와 동일한 유적이 寶溪市 弬氏 묘장과 漢中의 城固 출토 청동기 외에
발견되지 않는다면, 巴文化와의 긴밀한 관계를 상정하지 않을 수도 없다.
그러나 戰國시대 川東지역의 청동기와 寶溪, 城固지역의 청동기간에 확인되
는 공통성은 殷周시기 川西평원의 청동문명에서도 쉽게 찾아볼 수 있다. 寶
溪市 弬氏 묘장과 城固지역에서 발견되는 三角形 無胡直援 銅戈의 형태도
川西평원의 水觀音유지와 竹瓦街유지에서 중요한 기형으로 나타날 뿐 아니
라, 銅矛, 銅鉞, 銅斧와 같은 청동병기와 공구에서도 동일한 형태가 확인되
고 있다.[161] 이 때문에 川西평원과 城固, 寶溪의 청동문화 간에는 활발한 교
류가 있었던 것으로 보는데 그치지 않고 보다 직접적인 문화계승관계를 설
정하기도 한다.[162] 그러므로 戰國시대 川東지역의 청동문화가 寶溪와 城固의
청동문화와 유사하다면, 이는 곧 殷周시기 川西평원의 청동문화와도 유사하
다는 사실을 의미하는 것이다. 나아가 청동기의 형태와 문양 등이 유사하다
는 것에 그치지 않고 寶溪의 弬氏묘장과 城固의 청동문화를 '早期 巴文化'
로 연결시킨다면, 이것은 다시 殷周시기 川西평원의 청동문명을 '早期 巴文
化'로 연결시키는 셈이 되기도 하는 것이다.

---

160) 文達, 〈吳文化研究的回顧與展望〉, 文史知識編輯部, 《中國史學研究動態》, 中華書局,
　　 1993.
161) 拙稿, 〈殷周時期 川西平原에서의 青銅文明의 形成과 發展 ― 古代地域文明의 形成
　　 에 대한 ―摸索 ―〉, 《古代中國의 理解》 Ⅰ, 1994.
162) 盧連成·胡智生, 《寶溪弬國墓地》 上下 (文物出版社, 1988) ; 李伯謙, 〈城固銅器群與
　　 早蜀文化〉, 《考古與文物》 1983-2.

240

그렇지만 Ⅱ절에서 살펴본 春秋시대 이전의 巴國은 명백히 川西평원에 위치하지는 않았던 것인데, 그렇다면 문헌자료로부터의 추정은 잘못된 억측에 불과했던 것이라고 해야 하는가? 필자는 殷周시기 川西평원의 청동문명은 蜀文明이라 불러야 할 것이라고 추정한 바 있지만, 이 지역의 문명을 '巴'와 연결시킬 어떤 근거도 찾을 수 없었다. 또 殷周시기에서 春秋시대에 이르기까지 갑골문과 기타 문헌자료에서 巴와 蜀이 연칭되어 출현하는 경우를 찾아볼 수 없다는 것도 두 국가가 한 지역에 있지 않았다는 증거가 될 것이다. 春秋시대 이전의 巴國이 川西평원에 있었다고는 할 수 없는 것이다. 그렇다면 과연 戰國시대 巴文化의 기원은 어떻게 설명해야 하는가?

이와 같은 문제가 발생하는 것은 이제까지의 논의가 春秋시대 이전의 巴國의 문화가 戰國시대에도 그대로 이어진다는 전제하에 전개되었기 때문이다. 즉 본장의 각 절을 통해 戰國시대 巴文化의 특징을 먼저 추출하고 그 문화적 특징이 인접한 春秋시대 이전의 제유적에서 찾을 수 있는지를 검토했는데, 이것은 戰國시대 川東지역의 문화와 동일한 것이 발견된다면 곧 그것은 春秋시대 이전 巴國이 존재한 곳이리라는 전제를 두고 출발했던 것이다. 그러나 이러한 전제에 기초하여 巴文化의 기원을 탐색하였기 때문에 戰國시대 巴文化의 기원이 殷周시기 川西평원으로 연결되는 결과에 이르게 되었던 것이다. 즉 春秋시대 이전의 巴國이 川西평원에 있었을 것이라는 추정은 결국 巴文化의 기원을 곧 春秋시대 이전의 巴國의 위치와 일치시켜 찾으려 했던 전제조건의 오류에서 비롯된 것이라 해야 할 것이다. 그러므로 이러한 문제에서 벗어나기 위해서는 春秋시대 이전의 巴國이 위치하고 있었던 지역과, 戰國시대 巴文化와 유사한 문화가 발견되는 곳을 반드시 일치시킬 필요가 없다는 전제에 입각해 논의를 진행시켜야 한다고 생각된다.

여기서 西周初에서 春秋시대까지 楚와 鄧, 申 등 중원 정치질서의 여러 제후국과 긴밀한 관계를 가지고 있었던 巴國은 다름아닌 西周와 동일한 姓인 姬姓의 제후였다는 점에 주목해 볼 필요가 있다. 西周시대에서 春秋시대까지의 姬姓諸侯 巴子之國의 문화는 西周의 문화와 거의 동일하였을 가능

성이 높다는 것을 말해준다. 적어도 姬姓諸侯가 아닌 다른 제후국들에 비해
西周와의 긴밀한 접촉과 이에 따른 청동기의 사여 등이 수반되었을 것이므
로, 그 문화가 西周 청동문화와 유사하였으리라는 것만큼은 분명하다.

  이와 같이 春秋시대 이전의 巴國의 문화를 戰國시대의 巴文化와 동일하
였을 것이라는 전제에서 벗어나고 오히려 西周문화와 동일하였을 것이라는
가정이 가능하다면, 鄂西, 鄂北지역에서 春秋시대 이전의 巴國의 존재를 찾
는 작업은 보다 수월해질 것이다. 가령 鄂西지역의 경우 1969년 季家湖 楚
城의 남쪽 枝江 百里洲에서는 8건의 春秋 초기의 청동예기가 발견되었고,[163]
1979년 季家湖 楚城 남쪽 問安부근에서는 春秋 초기의 銅鼎, 대형銅盤, 銅
壺가 발견되었는데,[164] 이것들은 모두 西周의 作風이 매우 강하다는 점에서
楚器라고 규정하기 어려운 점이 많다. 이렇게 磨盤山유지와 같은 早期 楚文
化와는 다른 西周시기의 동기가 발견된다는 것은 이 지역에 楚외에 西周로
부터 분봉된 여러 제후국이 있었거나 西周와 긴밀한 관계를 갖는 제후국이
있었을 가능성을 말해주는 것이다. 실제 江陵 万城에서는 西周 청동기가 17
건 발견되었는데, 동기에 새겨진 명문을 분석한 결과, 楚文化와는 별개의
것으로서 殷末의 한 부족으로 西周에 복속한 자들이라고 해석하고 이를 邶
國 동기라고 명명하고 있다.[165] 江漢평원에서 楚文化와는 다른 제후국의 청
동기가 발견된다는 사실은 매우 시사적인데, 이 지역에 楚國 외에 巴國이
있었을 가능성을 배제할 수 없게 하기 때문이다.

  鄂北지역에도 襄陽 山灣에서 발견된 春秋시대에 걸친 묘장에서 '鄧公乘
鼎'이라는 명문이 새겨진 銅鼎이 발견되었다. 물론 鄧國은 姬姓諸侯가 아니
라 曼姓諸侯이기 때문에, 姬姓諸侯인 巴國이 존재했을 직접적인 증거가 되
지는 못한다. 그러나 이처럼 西周문화와 거의 구별되지 않을 정도로 강한

---

163) 湖北省博物館,〈湖北枝江百里洲發現春秋銅器〉,《文物》1972-3. '考叔爿言父''塞公孫
    爿言父'의 명문이 새겨져 있다.
164) 高應勤,〈試論沮漳河流域是探索早期楚文化的中心〉,《文物》1980-4, p.67.
165) 王毓彤,〈江陵發現西周銅器〉,《文物》1963-2 ; 李健,〈湖北江陵万城出土西周銅器〉,
    《考古》1963-4 ; 高應勤,〈沮漳河流域西周楚文化遺存試析 — 兼論江漢地區各西周文化
    遺存面貌 —〉,《社會科學動態》1991-8, pp.57-58.

영향을 받은 청동문화가 많이 발견된다는 것은 이 지역에 姬姓諸侯가 존재했을 가능성을 충분히 암시해주는 것인데, 湖北省 隨縣에는 姬姓諸侯 隨國이 위치하고 있었고, 또 그 서북쪽에는 역시 姬姓諸侯인 唐國이 있었으며, 더욱 서쪽으로 가서 湖北省 南漳縣에는 鄀國이 있었다는 문헌자료와,[166] 曾侯乙墓로 유명한 湖北省 隨縣 擂鼓墩의 청동기물이 姬姓諸侯의 문화에 속한다는 고고발굴 보고를 참조한다면, 앞으로의 발굴성과를 통해 또 다른 姬姓諸侯의 청동문화가 발견되리라 충분히 기대할 수 있을 것 같다. 현재까지 '巴'字가 새겨진 청동기가 발견된 것은 아니지만, 鄂西·鄂北지역에 楚文化와는 다른 姬姓諸侯의 문화가 발견된다는 것은 곧 西周문화를 기본적인 특징으로 하는 姬姓諸侯로서의 巴國이 鄂西, 鄂北지역에서 발견될 가능성을 높혀 주는 것이라고 생각된다.

Ⅳ. 戰國時代 巴國의 構成과 性格

이상에서 戰國시대 川東지역의 巴文化와의 연관성 속에서 春秋시대 이전의 巴國과 巴文化를 추적해 보았다. 春秋시대 이전의 巴國은 鄂北 혹은 鄂西지역에 위치하였을 姬姓諸侯로서, 西周 청동문화와 유사한 반면 戰國시대 川東지역에서 발견된 문화와는 크게 구별된다는 것이다. 그렇다면 春秋시대 이전의 巴國과 戰國시대 巴國이 전혀 관계가 없다는 것을 의미하는가? 西周와 春秋시대에 존재했던 많은 제후국들 중에는 동일한 국명을 가지고 있어도 전혀 姓을 달리하는 것들도 있기 때문에, 동일한 국명을 곧바로 동일한 종족으로 연결시킬 수는 없다.[167] 그러나 특별한 이유가 없는 한 동일한 姓氏의 國名이 두 지역 이상에서 나타날 경우, 우선은 종족의 이동가능성을

---

166) 伊藤道治, 〈姬姓諸侯封建の歷史地理的意義〉, 《中國古代王朝の形成》, 創文社, 1975.

167) 가령 豐國의 경우에는 江蘇省, 陝西省 등지에 위치하고 있는데, 이들 豐國은 각각 姜姓, 姬姓, 戎族의 豐國이었다는 것이다. 尚志儒, 〈西周金文中的豐國〉, 《文博》 1991-4.

상정해 보는 것이 합당한 순서라고 생각된다. 戰國시대의 巴國이 '巴'라는 국명을 사용할 뿐 아니라 여전히 巴子라고도 불리워지므로,[168] 西周 이래의 巴子之國이 정치적 중심지를 이동하여 결국 川東지역에 이르게 된 것처럼 보인다.

그런데 戰國시대의 巴國이 春秋시대 이전의 巴國과 동일하게 巴子라 일컬어지면서도, 春秋시대 이전의 巴國 문화와는 전혀 다른 문화가 발전하는 이유는 무엇 때문일까? 즉 동일하게 巴子라 불리워졌다는 것은 春秋시대 이전의 巴國이 川東지역으로 이동했다는 것을 의미하는데, 그 문화는 동일하지 않다는 데에 대한 설명이 필요하다는 것이다. 일반적 이해대로 春秋시대 巴子之國이 종족구성의 변화 없이 그대로 이동했던 것이라면, 그 문화 역시 함께 이동했을 것이므로 戰國시대의 巴文化는 春秋시대 이전의 巴文化와 동일해야 한다는 문제가 생긴다. 春秋시대 이전 巴子之國에 갖추어져 있었던 문화가 戰國시대 川東지역으로 이동해 오면서 스스로 갖고 있었던 문화를 방기하고 새로운 문화에 적응하였을 가능성도 없지는 않다. 그러나 春秋시대 이전 巴子之國은 姬姓諸侯로서 선진적 중원문화와 유사한 단계에 있었다고 보여지므로, 아무런 특별한 이유 없이 선진문화를 수반한 종족이 갑자기 그들의 문화를 버리고 새로운 문화를 자신들의 문화로 하였다는 것은 상식적으로 설득력을 갖지 못한다. 戰國시대 川東지역의 문화가 西周 및 그를 계승한 春秋시대 중원의 청동문화 수준보다 결코 낮다고 할 수 없다면, 선진문화 대신 그보다 못한 새로운 문화를 수용한다는 것은 이해하기 어렵다. 戰國시대 川東지역에 위치한 巴國이 巴子之國이라고 불리워진 이상, 春秋시대 湖北지역에 위치한 姬姓諸侯 巴子之國과 일정한 관계를 인정해야 하지만, 春秋시대의 巴子之國이 기왕의 종족구성을 그대로 유지한 채 대규모 종족이동을 한 것이라고 보기 어렵다는 것이다.

그러므로 春秋시대 巴子之國의 구성원 중 극히 일부가 이동했다고 보아

---

168) 《華陽國志》卷1 巴志 '巴子時, 雖都江州, 或治墊江, 或治平都, 後治閬中. 其先王陵墓多在枳'.

244

야 하지만, 소수집단에 의한 문화변동의 가능성 또한 얼마든지 가능하기 때문에, 이들 이동주체의 성격을 보다 분명히 규정할 필요가 있다. 가령 巴子之國의 지배집단, 즉 姬姓諸侯 집단의 일부가 이동했던 것이라면, 비록 소수집단일지라도 청동문화를 오랫동안 향유하고 있었던 집단이었으므로 얼마든지 이전의 청동문화를 다시 발전시킬 수 있다. 따라서 春秋시대 巴子之國을 구성하는 일부이면서, 동시에 西周 청동문화를 충분히 향유하지 못한 집단에 주목하지 않을 수 없는 것이다. 여기에서 周初 西周에 의해 강제적으로 병합된 殷代 이래의 巴人을 상기해 볼 필요가 있다. 殷末 西周를 도와 殷을 멸망시킨 巴人들은 결국 西周에 복속되었는데, 이 때 殷代 이래의 巴의 토착민들은 姬姓諸侯의 감독 하에 姬姓의 周人들과 함께 거주하고 있었을 것이라 추정한 바 있다. 이들은 비록 巴子之國을 구성하고는 있었지만, 지배집단의 祭禮질서를 위한 청동문화와는 거리가 있었던 집단이었을 것이다. 필자는 바로 이들이 춘추말 川東지역으로 이동해 왔다고 생각하는데, 이럴 경우 비로소 春秋시대 西周 청동문화와는 거리가 먼 새로운 청동문화가 발전될 수 있는 여지가 생기는 것이다.[169]

　이러한 추정은 戰國시대 巴國을 구성하는 여러 종족들의 상황을 통해 다시금 확인된다. 즉《後漢書》西南夷列傳에는 戰國시대 巴國에 속해 있는 종

---

169) 巴子之國이 鄂西지역에서 川東지역으로 이동하게 한 주된 요인이 楚로부터의 압박이라는 점도 이러한 점을 뒷받침해 준다. 楚와 함께 江漢평원에 위치하고 있었던 巴子之國이 楚가 강성해지는 시간과 함께 川東지역으로 이동해왔고, 또 川東지역으로 이동해온 戰國시대에도 楚로부터의 군사적 압박으로 점차 그 위치를 서쪽으로 옮기지 않을 수 없었으므로 巴子之國의 이동은 楚의 팽창과 관련하여 이해해야 할 필요가 있다. 특히 楚는 春秋시대 漢水유역에 위치한 많은 姬姓諸侯를 멸망시키면서 그 영역을 확대해 갔는데, 이러한 사실은 역시 姬姓諸侯에 속하는 巴子之國의 이동과 관련하여 많은 시사를 준다. 즉 春秋시대 小國을 멸망시키고 그 곳을 통치하는 경우, 그 주민이 갖는 구래의 씨족적 질서를 단절시키기 위해 民人을 다른 곳으로 강제적으로 옮기는 '遷某邑'의 사례가 매우 많다. 楚의 경우도 '滅國置縣'을 기본적인 방침으로 하고 있었으며, 이것은 社稷·宗廟를 중심으로 형성된 지배씨족의 대표인 國君을 분산시키거나 제거하고 그 대신에 管領者를 파견하는 방식이었다. 따라서 鄂西지역에 위치하고 있었던 巴子之國의 지역을 점령한 楚國 역시 동일한 방식으로 처리하였을 가능성이 크며, 이러한 과정에서 기왕의 姬姓諸侯 巴子之國의 지배층은 분해되었을 것이고, 이 때 姬姓諸侯 하에서 巴子之國을 구성하고 있었던 토착 巴人들이 분산하여 川東지역으로 이동했다고 생각된다.

족들로 廩君蠻과 板楯蠻을 기록하고 있다. 廩君蠻과 板楯蠻은 漢代에 巴郡과 南郡에 분포되어 있는 蠻夷들중의 하나일 뿐으로서, 後漢시대에까지 아직도 華化과정이 충분히 이루어지지 않았던 蠻夷들 중 巴郡과 南郡에 남아 있는 것을 《後漢書》에서 서술했던 것이다. 또 《說文解字》에서도 廩君의 先祖인 蜒을[170] 南方夷로 설명한 것에서 알 수 있듯이[171] 廩君蠻은 이 지역에서 활동하는 하나의 蠻夷종족에 불과할 뿐이다. 따라서 이들은 周로부터 爵과 함께 봉건을 받은 姬姓諸侯와는 확연히 구별되는 별개의 존재들임에 틀림 없다. 이들이 春秋시대에 활동한 지역도 동일하지 않다. 그런데 이렇게 성격을 달리하는 몇개의 종족이 戰國시대에는 川東지역에 모두 함께 거주하고 있었다는 것이다.

더욱이 戰國시대 鄂西지역으로부터 이동해 온 巴子之國의 일부 집단들이 정치적 중심지로 삼았다고 전해지는 城市지역과 이들 蠻夷들이 활동한 지역이 겹쳐 나온다. 巴子之國은 처음에 江州(지금의 重慶)에 도읍을 두었다가 이후 墊江(지금의 合川), 平都(지금의 豊都)로 자주 도읍을 옮겼으며 나중에는 閬中에 그 정치적 중심지를 두었던 것인데,[172] 이 중 가장 나중의 閬中지역은 板楯蠻의 閬中夷人이 활동하는 지역과 동일하다. 廩君蠻이 활동한 지역과 巴子之國이 활동한 지역도 유사한데, 巴子之國의 중심지중의 하나인 平都와, 그 영역의 일부에 해당된다는 朐忍, 그리고 楚國과의 경계에 설치한 扞關들은[173] 모두 廩君蠻이 주로 활동한 夷城(지금의 恩施縣)과 巫山의 지역과 거의 일치하고 있다. 특히 秦이 巴를 멸망시킨 이후 廩君蠻의 巴氏를 이 지역 蠻夷의 군장으로 삼고, 이들에게 대대로 秦女를 시집보내며 이들로부터 세역을 징수했다는 《後漢書》의 기록을 보면, 廩君蠻은 戰國시대 巴國을 구성하는 대표적인 종족이었으리라 생각된다.

---

170) 《世本》氏姓篇 '廩君之先, 故出巫蜒'.
171) 《說文解字》'蜒, 南方夷也'.
172) 《華陽國志》卷1 巴志 '巴子時, 雖都江州, 或治墊江, 或治平都, 後治閬中. 其先王陵墓多在枳'.
173) 巴子之國이 楚國에 양도하기로 약속한 3개의 성시도 楚國과 가까운 이 지역이었을 것이라 생각된다.

246

이처럼 여러 종족들로 구성되어 있다는 점이 곧 중원의 여러 국가나 蜀
國에 비해 분산적이었을 것임을 알려주지만, 다만 문헌자료에 간단히 기록
된 내용들은 자칫 戰國시대 巴國을 蜀國과 유사한 단계까지 발전한 국가로
이해할 소지를 남긴다. 《華陽國志》에 戰國시대의 巴國이 楚와 常婚하고[174]
蜀과는 대립상태에 있었다고 한 것은 巴國이 일정한 규모의 정치조직을 갖
추었을 것이라는 가정을 뒷받침해주는 것처럼 보인다. 또한 戰國시대 巴國
의 범위를 '其地東至魚復, 西至僰道, 北接漢中, 南極黔涪'라 하고 있는 것
도[175] 그 영역이 넓었음을 말해주지만, 특히 巴國에 亂이 있자 장군 蔓子가
楚에게 3개의 성을 허락하는 대가로 군사를 청했다는 내용이 전해지는데,[176]
결과적으로 성을 내어주지 않았지만 어쨌든 戰國시대 巴國은 3개 이상의
성으로 구성되어 있다는 것을 말해주는 것이라고 하겠다. 이처럼 戰國시대
川東지역에 위치한 巴國은 주변에 위치한 楚에 비견할 정도는 아닐지라도
일정한 영토와 도시를 영유하고 있었다고 보여진다. 또 戰國시대 川東지역
에서 발견된 청동기의 수량이나 질적인 측면에서 川東지역의 청동문화가
중원의 다른 지역에 비해 현격히 낙후된 수준을 보이는 것은 아니다. 따라
서 발견된 청동문화의 외양만을 놓고 보면 川東지역이 다른 지역 특히 川西
지역에 비해 특별히 차이가 나는 것은 아니며, 이러한 점에서 川西지역의
蜀國과 동일한 정도의 수준을 갖는 巴國을 상정해도 좋을 것처럼 보인다.

그러나 이미 戰國末에 이르면 변경의 궁벽진 곳까지 각 지역에 청동문화
가 충분히 보급되고 나아가 철기도구들이 사용되기까지 하므로, 청동병기와
용기들이 발견된다고 해서 이를 근거로 섣불리 巴國의 발전단계를 논하는
것은 곤란하다. 사실 川東지역의 巴國은 문명의 형성에 적합한 지리적 조건
을 갖고 있지 못하다. '其地東至魚復, 西至僰道, 北接漢中, 南極黔涪'라는 巴

---

174) 《華陽國志》 卷1 巴志 '戰國時, 嘗與楚婚'.
175) 《華陽國志》 卷1 巴志.
176) 《華陽國志》 卷1 巴志 '周之季世, 巴國有亂, 將軍有蔓子請師于楚, 許以三城, 楚王救
    巴, 巴國旣寧, 楚使請城, 蔓子曰, '藉楚之靈, 克弭禍難, 誠許楚王城, 將吾頭往謝之, 城
    不可得也' 乃自刎, 以頭授楚使'.

國의 범위는 지금의 嘉陵江 주변의 盆中지구와 華釜山 동쪽의 장강상류 盆東지역이 여기에 해당된다. 그런데 이 盆東지구는 장강의 양편에 약 500m 정도의 높은 岭谷이 가파르게 솟아있고 그 사이의 河谷도 폭이 매우 좁아 평평한 지역을 찾기가 어려운 지역이다. 자연히 주변지역과의 교통도 쉽지 않은 곳이어서 前漢末까지 중원의 문화가 미치지 못한 지역이기도 하다. 盆中지구는 盆東지역에 비해 상대적으로 지리적 조건이 양호한 편이기는 해도 역시 평원이 아닌 구릉지대로서, 이러한 川東지역의 지리적 조건은《華陽國志》에서 언급하는 것처럼 넓은 지역에 집권화된 직접 통치가 이루어지기 어려웠을 것이라는 점을 말해준다.

川西지역에 비교적 넓은 평원지대가 분포되어 있어 일찍이 수도작 농업이 발전하고 있었고, 湖北省의 江漢평원에도 西周시기부터 楚文化가 성장하고 있었던 반면, 그 사이에 위치한 川東지역은 산간지구의 畬田이 주된 농지일 뿐으로서 문명이 발전할 지리적 조건을 갖추지 못하였다는 것이다. 이 점은 春秋시대 이전까지 이 지역이 문화적 공백으로 남아있었다는 사실과 부합된다. 앞으로 새로운 발굴을 통해 이러한 문화공백이 메꾸어질 가능성까지 배제할 수는 없겠지만, 殷周시기 川西평원과 江漢평원에서 확인되는 대규모 청동문명이 발견될 가능성은 적다고 생각된다. 川西평원과 江漢평원의 사이에 위치한 문화적 변경지대라 할 수 있는 바로 이 곳에 巴子之國의 일부 집단만의 이동으로 川東지역을 근거로 하는 영역국가로 성장할 수 있었을까 하는 의문이 드는 것은 자연스럽다.

특히 廩君蠻과 板楯蠻의 사회구조는 戰國시대 巴國이 매우 이완된 사회구조였음을 잘 말해준다. 廩君蠻은 본래 武落 鐘離山 출신인 巴氏・樊氏・瞫氏・相氏・鄭氏 5姓의 종족으로 구성되어 있었고, 그 중 巴氏의 務相 즉 廩君이 다른 부족들에 비해 뛰어난 능력을 바탕으로 이 부족들의 君長이 되었으며, 이후 夷城에서 나머지 4姓들을 신하로 하여 다스렸다고 한다.[177] 鹽

---

177)《後漢書》卷86 南蠻西南夷列傳 p.2840 '巴郡南郡蠻, 本有五姓 : 巴氏, 樊氏, 瞫氏, 相氏, 鄭氏. 皆出于武落鐘離山. 其山有赤黑二穴, 巴氏之子生于赤穴, 四姓之子皆生黑穴. 未有君長, 俱事鬼神, 乃共擲劍于石穴, 約能中者, 奉以爲君. 巴氏子務相乃獨中之, 衆皆

陽지역에 이르러서는 그 곳의 神女로부터 鹽陽지역의 공동통치를 권유받았으나 이를 거절하고 神女를 주살하였다는 기록이 전해지는데, 이것을 鹽陽지역의 토착세력과의 제휴권유와 그를 거절하고 토벌하였다는 식으로 이해할 수 있다면, 廩君蠻 세력이 淸江유역으로부터 西遷하면서 도중의 여러 지역을 자신의 영역으로 확보해갔다는 식으로 볼 여지도 남는다. 따라서 상당한 세력으로 성장하고 있었다고도 볼 수 있지만, 廩君蠻은 초기 발흥단계에서부터 戰國시대에 이르기까지 巴氏를 비롯한 5성으로 구성되어 있었다는 점을 간과해서는 곤란하다. 비록 巴氏가 王이 되어 이를 중심으로 조직되어 있었기는 해도 여전히 樊氏·曋氏·相氏·鄭氏의 4성이 각각 종족질서를 유지하면서 巴氏에 臣屬한 형태라는 것이다.

板楯蠻의 경우에는 廩君蠻과 같이 초기 설화가 전해지지 않는다. 오직 戰國末에서 漢代에 이르는 시기에 板楯蠻의 조직을 엿볼 수 있을 뿐이다. 戰國末에 板楯蠻이 白虎를 살해하여 그 지역의 우환을 제거했다는 내용이 전해지는데,[178] 廩君蠻의 경우 廩君이 죽어 白虎가 되었다고 믿었기 때문에 人血을 白虎에게 바치는 등 白虎를 숭배하였던 반면, 板楯蠻의 閬中夷人의 경우 오히려 白虎를 살해하여 功을 세웠으므로 板楯蠻이 廩君蠻과는 별개의 종족임을 말해준다. 한편 이 때 白虎를 살해하여 공을 세운 자가 板楯蠻중 閬中夷人이라고 되어 있는 것으로 보아 板楯蠻은 閬中夷 등과 같은 여러 夷人들로 구성되어 있다고 추정된다. 이후 漢代에 들어서 高祖가 羅氏, 朴氏, 督氏, 鄂氏, 度氏, 夕氏, 龔氏의 7姓의 板楯蠻 渠帥에게 租賦를 면제했는데,[179] 그 내용으로 보아 廩君蠻과 마찬가지로 板楯蠻의 구성이 7姓 이상의

嘆. 又令各乘土船, 約能浮者, 當以爲君. 餘姓悉沈, 惟務相獨浮. 因共立之, 是爲廩君. 乃乘土船, 從夷水至鹽陽. 鹽水有神女, 謂廩君曰 "此地廣大, 魚鹽所出, 願留共居" 廩君不許. 鹽神暮輒來取宿, 旦卽化爲蟲, 與諸蟲群飛, 掩蔽日光, 天地晦冥. 積十餘日, 廩君伺其便, 因射殺之, 天乃開明. 廩君于是君乎夷城, 四姓皆臣之. 廩君死, 魂鬼世爲白虎. 巴氏以虎飮人血, 遂以人祠焉'.

178) 《後漢書》 卷86 南蠻西南夷列傳 p.2842 '板楯夷者, 秦昭王時有一白虎, 常從群虎數游秦, 蜀, 巴, 漢之境, 傷害餘人. 昭王乃重募國中有能殺虎者, … 時有巴郡閬中夷人, 能作白竹之弩, 乃登樓射殺白虎'.

179) 《後漢書》 卷86 南蠻西南夷列傳 p.2842 '至高祖爲漢王, 發夷人還伐三秦. 秦地旣定,

종족들로 구성되어 있다는 것을 알 수 있다.

요컨대 戰國시대 巴國에 '濮·賨·苴·共·奴·獽·夷蜒之蠻'이 속해 있었다고 하는 것에서도 알 수 있듯이,[180] 여러 종족이 川東지역에서 활동하고 있었는데, 그들 중에서도 주된 구성원인 廩君蠻과 板楯蠻의 사회가 姓氏를 단위로 한 군장질서로 이루어졌다는 것이고, 이들은 春秋시대 이전의 巴子之國이 해체되면서 川東지역으로 이동해 왔던 자들이라고 생각된다.

V. 結論

西周로부터 春秋시대까지의 巴子之國이 姬姓諸侯였다는 사실은 간접적으로나마 西周 및 중원과의 관계가 많았다는 것을 의미하며, 이는 곧 정치적 접촉에 따른 西周문명의 문화적 영향을 강하게 받았다는 것을 시사한다. 반면 戰國시대 巴國은 이러한 春秋시대까지의 巴國과는 달리 西周의 청동문화를 향유하지 못하는 제종족으로 구성되어 있는 분산적이고 낙후된 구조를 갖는다. 이러한 戰國시대 巴國의 성격은 巴蜀文化가 형성되는 과정 및 지역문화로서의 성격과 밀접히 관련되어 있다.

戰國시대 巴國을 春秋시대 巴國과의 연속선 상에서 이해하여 온 많은 연구들은 巴蜀文化가 戰國시대 巴國에 의해 주도된 것이며,[181] 戰國시대 蜀文化는 戰國시대 巴文化의 영향을 받은 것이라고 본다.[182] 이들 연구들이 별다른 단서없이 戰國시대 巴文化를 蜀文化에 영향을 준 독립된 성격의 문화로

乃遣還巴中, 復其渠帥羅, 朴, 督, 鄂, 夕, 龔七姓, 不輸租賦, 餘戶乃歲入賨錢, 口四十, 世號爲板楯蠻夷. 閬中有渝水, 其人多居水左右. 天性勁勇, 初爲漢前鋒數陷陣. 俗喜歌舞, 高祖觀之, 曰 '此武王伐紂之歌也' 乃命樂人習之, 所謂<<巴渝舞>>也. 遂世世服從'.

180) 《華陽國志》 卷1 巴志 '(巴人)其屬有濮·賨·苴·共·奴·獽·夷蜒之蠻'.

181) 趙殿增, 〈巴蜀文化幾個問題的探討〉, 《文物》 1987-10 ; 孫機, 〈說閬中之巴〉, 《考古》 1994-9.

182) 四川省文物管理委員會 蒲江縣文物官吏所, 〈蒲江縣戰國土坑墓〉, 《文物》 1985-5 등. 소위 '巴蜀文化'라는 명칭에 '巴'字가 선행하는 것도 이러한 생각에서 비롯한 것이라고 보인다.

규정한 것은 川東지역의 冬笋壩 묘장에 대한 발굴이 상대적으로 이른 시기에 이루어졌기 때문이라고 생각된다. 다시 말해 1950년대 昭化縣 寶輪院 묘장과 涪陵縣 冬笋壩 묘장이 발굴되는 시점에 川西평원에는 戰國시대의 蜀文化를 규정할 만한 유적이 발견되지 않았던 것이고, 따라서 이 지역에서 발견된 船棺葬, 柳葉形 銅劍과 三角形 直援戈, 소위 '巴蜀式' 銅矛, 銅鉞 등이 모두 川東지역의 巴文化의 특징으로 규정되기에 이른 것이다. 여기에 이들 청동병기에 새겨진 虎紋은 이러한 견해를 더욱 확고히 해주었다. 川東지역의 巴國에 廩君蠻이 중요한 구성원이 되었던 것인데, 그 廩君蠻의 전승에 따르면 그 시조인 廩君이 죽자 白虎가 되었고 이를 기념하기 위해 제사를 드렸다고 한다. 그리하여 廩君蠻은 虎를 그들 종족의 중요한 표징으로 삼았던 것이므로, 川東지역의 冬笋壩 묘장 등에서 출토된 청동병기에 새겨진 虎紋은 바로 이러한 廩君蠻의 청동병기라 할 수 있다는 논리이다. 이렇듯 川西지역에 비해 특징적인 청동문화가 다량으로 집중되어 발견되었던 당시로서는 별다른 이견없이 巴文化의 우월성이 받아들여졌고, 따라서 자연스럽게 川西평원의 蜀國으로의 영향에 의한 '巴蜀文化'의 성립을 결론지울 수 있었던 것이다.

그러나 50년대 이후 많은 고고발굴이 진전되면서, 川東지역에서 발견된 청동문화와 동일한 것들이 川西평원에서 더욱 많이 발견되었다. 즉 이제 船棺葬, 柳葉形 銅劍과 三角形 直援戈, 소위 '巴蜀式' 銅矛, 銅鉞 등이 川東지역에서 주로 발견된다고는 할 수 없으며, 오히려 그 수량에서 훨씬 앞서는 川西평원 蜀文化의 범주에 넣어야 한다고 생각된다. 또 한가지 주의해야 할 점은 川東지역에서 발견되는 戰國시대 문화유적들이 매우 늦은 시기의 것으로 편년되어 있다는 사실이다. 즉 川西지역에 비해 발견된 전체 유지의 수도 극히 적지만, 涪陵縣 小田溪 묘장과 巴縣 冬笋壩 묘장에서 발견된 川東지역의 문화는 秦이 巴를 멸망한 기원전 316년을 그 상한선으로 두고, 하한은 秦漢시기까지 내려간다고 보고되어 있다. 반면 川西평원의 蜀文化 유적들 중에는 戰國초기에서 秦의 滅蜀에 이르기 전까지의 묘장들이 다수 발견되고 있고, 그 유적에서는 川東지역의 小田溪 묘장과 冬笋壩 묘장에서 발견되는 문화와 동일한 성격의 청동기와 도기가 출토되고 있는 것이다.[183]

　요컨대 川東지역의 문화중 가장 특징적인 것이라고 일컬어지는 柳葉形 銅劍, 三角形直援 銅戈, 圓刃折腰 銅鉞과 같은 청동병기가 동일한 기형으로 川西평원에서 발견될 뿐 아니라, 청동기를 제작하는 주인공 종족의 기본적 문화, 즉 묘장의 형태나 기본 취사도구의 형태에 이르기까지 모든 문화 요소에서 동일한 내용이 川西평원의 蜀文化에서 발견된다. 이처럼 두 지역의 문화적 성격은 동일한데 川西평원의 문화유적이 시기가 빠르다면, 당연히 川西지역의 문화가 川東지역의 문화에 영향을 주었을 지언정 그 역은 성립하기 어렵다고 해야 할 것이다.

　예를 들어 船棺葬의[184] 경우(그림 19) 寶輪院과 冬笋壩 묘장에서 船棺葬이 밀집되어 발견되고 있기 때문에 巴文化의 특징으로 이해되고 있지만,[185] 川西지역에서는 川東지역보다 오히려 더욱

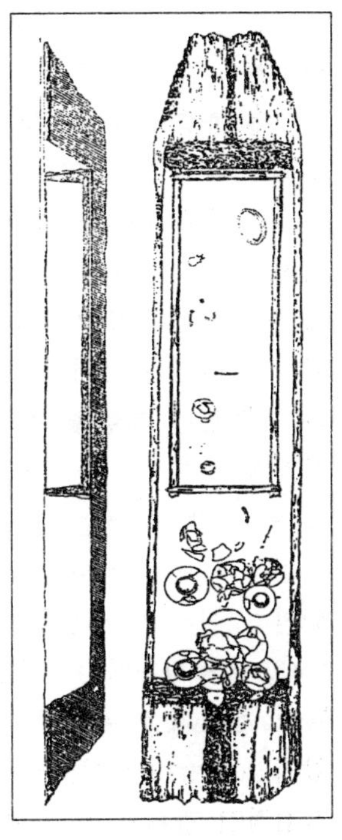

그림 19 戰國時代 川東地域의 船棺

많고 다양한 형태의 船棺葬이 보인다.[186] 船棺葬의 기원을 蜀에서 구하려는

---

183) 羅開玉, 〈晩期‘巴蜀文化’墓葬研究(上下)〉, 《成都文物》 1991-3・4, 1991.

184) 死體와 수장품이 배모양의 葬具에 매장되어 있는 것을 船棺葬이라 칭하는데, 이 배모양의 葬具는 최소 4m에 달하는 커다란 나무를 일단 반으로 자른 뒤, 바닥을 약간 평평하게 만들고 船首와 船尾를 만들고, 이어 가운데를 파서 死體와 수장품이 들어갈 곳을 만든다. 船棺葬 안에 다시 작은 棺을 만들어 넣는 경우가 있으므로 ‘船槨葬’이라고 해야 정확하겠지만, 편의상 船棺葬이라 칭해진다.

185) 현재 川東지역에서는 巴縣 冬笋壩에서 21좌, 昭化縣 寶輪院에서 9좌가 발견되었다. 그중 冬笋壩의 경우에는 M12가 가장 완전하며 M9, M50, M42, M41이 부분적으로 보전되어 있고 나머지는 묘갱의 형태와 부장품의 종류, 배열방식에 의해 추측될 뿐이며, 寶輪院의 경우에는 9좌 대부분에 비교적 완전한 船棺이 보전되어 있다.

186) 명확히 船棺이라고 지칭될 수 있는 것은 약 1/2정도라고 하나, (羅開玉, 〈成都地區

견해는 이러한 점에 주목한 결과인데, 川西지역에 많은 船棺葬이 발견되고, 船棺葬에 漁具가 발견되지 않는다는 점을 들어 漁民과의 관련을 강조하는 기존의 통설을 부정하고, 船棺葬 중 死體의 머리를 서쪽편으로 두는 경향이 많은 것은 蜀人이 그들의 祖先을 川西北高原으로 送魂하기 위해 사용된 것이기 때문이라고 주장한다.[187) 銅鍪도 小田溪 묘장에서 다량으로 발견되었기 때문에 巴文化의 특징이라고 지적되어 왔다. 川西평원에서 발견된 양보다 많게 보고된 것도 이 점을 뒷받침 해주는 것처럼 보인다. 그러나 川東지역에서 발견된 것보다 빠른 것을 川西평원의 新都 木槨墓에서 발견할 수 있다.[188) 柳葉形 銅劍을 비롯한 소위 '巴蜀式' 청동병기의 경우도 川西평원에서 시기가 이른 동일한 형태의 銅劍을 쉽게 확인할 수 있다.

아울러 청동병기에서 발견된 虎紋도 廩君蠻의 것이라고 규정하기에는 설득력이 부족한데, 청동병기에는 虎紋 이외에도 蟬紋, 花瓣紋, 手心紋을 비롯해 다양한 종류의 문양이 있지만(그림 20) 이것들과 巴國의 주인공들과 직접적인 관련을 맺기 어렵기 때문이다. 虎紋이 발견된 것도 川東지역에 국한되지 않으며 川西평원의 蜀文化에 더욱 많이 발견되지만, 단순히 수량이 많이 발견될 뿐 아니라 그 虎紋이 새겨진 청동기의 편년도 川東지역보다

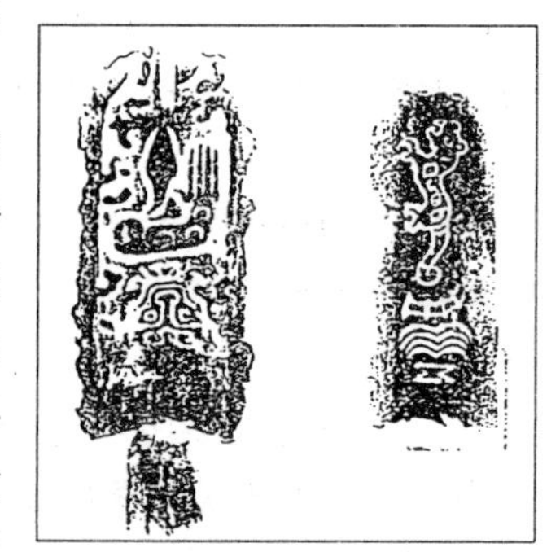

그림 20　戰國時代 川東地域 靑銅器에 새겨진 虎紋・手心紋

이르다고 되어 있다. 논자에 따라서는 청동병기에 새겨진 蟬紋을 螳螂과 유사하다고 보고 板楯蠻의 閬中夷人이 여기에서 비롯된다고 주장하기도 하지

歷代古墓槪況〉,《四川文物》 1990-3) 발굴시 묘장이 파괴되어 棺의 형태를 알 수 없는 것들 중에도 船棺일 가능성이 크다는 것을 고려하면, (成都 百花潭 10호묘 등) 船棺이 상당히 많은 비중을 차지하고 있다고 해도 과언이 아니다.

187) 羅開玉,《中國喪葬與文化》(海南人民出版社, 1988) pp.185-186.

188) 林向,〈羊子山一七二號墓新考〉,《成都文物》 1990-2.

만,[189] 鄲을 閬으로 연결시키는 데에도 문제가 있거니와 설령 이러한 연결을 인정한다고 해도 정작 蟬紋이 발견되는 지역은 川西평원이고[190] 閬中에서는 아직까지 정식으로 보고된 사례가 없다는 문제가 남는다.[191] 이러한 청동기의 문양 외에도 川東지역의 萬縣에서는 비록 해독은 안되지만 문자의 범주로 판단되는 부호들이 발견되는데, 이것들 역시 川西평원의 成都와 郫縣에서 동일한 형태로 발견된다.[192] 따라서 戰國시대 川東지역과 川西지역의 청동문화가 동일한 문화유형으로 분류된다는 점은 분명하지만,[193] 그 영향관계에 있어 川東지역의 巴文化가 川西지역의 蜀文化로 영향을 주었다는 기왕의 입장에는 동의할 수 없는 것이다.

사실 川西평원 특히 三星堆 1·2호갱에서 발견된 殷周시대의 청동기물은 그 양이나 수준에서 상당한 수준에 이르렀다는 것을 말해주는데, 이러한 유적과 戰國시대 川西평원의 유적간에 명백한 문화적 단절이 확인되지 않는 한, 巴文化가 川西평원의 蜀文化로의 일방적인 영향을 주었다고 보기는 어렵다. 하물며 신석기시대에 嘉陵江 유역의 藍家壩유적을 비롯해 夏商시기 西陵峽지역에서 尖底器를 비롯한 川西평원의 문명의 요소가 발견되었고, 殷末에 해당하는 川東지역의 忠縣 㴱井溝유적에서도 殷周시기 蜀文化와 동일한 尖底器기형이 유행하였으며, 西陵峽지역에서도 三星堆문화의 특징적인

---

189) 孫機,〈說閬中之巴〉,《考古》1994-9.

190) 劉瑛,〈巴蜀兵器及其紋飾符號〉,《文物資料叢刊》7.

191) 王家祐·劉磐石,〈涪陵考古新發現與古代‘巴國’歷史的一些問題〉,《文物資料叢刊》7에서 巴蜀式 청동병기가 발견된 곳을 열거하는 중에 閬中의 명칭이 나오기는 하지만, 문양이나 형태 등 전혀 구체적인 내용을 소개하지 않는다.

192) 屈小强·李殿元·段渝 主編,《三星堆文化》(四川人民出版社, 1993) 第17章 古蜀人的語言和文字 참조.

193) 蜀의 兵器와 巴의 兵器가 다른 점을 강조하는 견해도 없지 않다.(馮漢驥,〈關于‘楚公家’戈的眞僞幷略論四川‘巴蜀’時期的兵器〉,《文物》1961-11) 즉 川西평원의 병기는 戈와 牟가 주를 이루고 있는 반면 상대적으로 鉞은 적게 보인다는 점, 또 劍은 형태와 문양이 조금씩 다르다는 것인데, 蜀의 劍은 巴人의 劍과 대체적으로 유사하되 짧고 좁으며 厚重하고, 扁莖과 劍身이 분리되지 않고, 일반적으로 紋飾이 적다는 것이다. 川西평원의 船棺葬에 獨木棺이 많은 것도 川東지역의 船棺葬 형태와는 약간 차이가 있다고 한다. 그러나 이들 주장이 川西평원의 고고자료가 충분히 발굴되기 이전에 이루어진 것도 문제이지만, 이러한 미미한 차이는 동일한 문화유형에서 얼마든지 발견되는 것이라고 생각되므로, 두 지역간의 차이는 무시해도 좋을 것 같다.

254

도기 기형들이 발견된다면 더욱 그러하다. 川西지역에서는 상당한 청동문명이 발전하고 있는 반면 川東지역과 西陵峽지역에서는 여전히 낙후된 단계의 문화면모만을 보여주고 있었다면, 이는 곧 川東지역과 西陵峽지역이 川西평원 청동문명의 강한 영향권 하에 있었다는 점을 말해주는 것이기 때문이다. 이와 같이 殷周시기부터 蜀文化의 강한 영향하에 있었던 川東지역의 문화가 戰國시대에 들어와 川西지역의 蜀文化와 비슷하다면, 그 원인은 이 전시기와 같이 川西평원 蜀文化의 영향으로 보는 것이 자연스러울 것이다.

결국 고고자료에서 확인되는 바로는 巴蜀文化가 결코 戰國시대 巴國에 의해 주도되었다고 할 수 없는 것인데, 이것은 본론에서 추정한 대로 戰國시대 巴國이 청동문화를 향유하지 못하는 제종족으로 구성되었다는 것이 전제가 되어야 설명될 수 있는 것이다. 戰國시대에는 蜀國과 巴國간에 빈번한 전쟁이 있었으므로, 이러한 접촉을 통해 蜀國의 문화가 巴國으로 전해졌을 것이며, 마침내는 동일한 문화유형으로서의 '巴蜀文化'가 형성되었다고 생각된다.

한편 이 점은 戰國시대 巴蜀文化의 지역문화로서의 성격을 이해하는 데에도 중요한 의미를 갖는다. 戰國시대 川東지역과 戰國시대 川西지역의 文化는 거의 구별할 수 없을 정도로 동일한 성격을 보여주며, 이러한 문화내용을 '巴蜀文化'라 일컫는 것이지만, 川東·川西지역의 巴蜀文化가 중원의 문화와 완전히 별개의 내용을 갖는 것은 아니다. 사실 청동예기의 경우에는 대부분 殷周시대의 청동기로부터 강한 영향을 받았음에 틀림없다. 비록 그 형태가 다르기 때문에 사천에서 주조되었을 것이라고 해도, 그 기형과 문양은 중원으로부터 영향을 받아 만들어진 것이라 해야 할 것이다. 鄂西, 鄂北을 비롯해 漢中, 關中에서도 戰國시대 巴蜀文化의 청동병기와 유사한 기물을 발견할 수 있다. 즉 몇 군데에서 柳葉形 銅劍, 三角形直援 銅戈, 圓刃折腰 銅鉞 등과 같은 청동병기가 발견된다.

다만 청동예기와는 달리 그 양이 극히 일부에 지나지 않으며, 청동병기에 새겨진 각종 부호 혹은 초기 문자형태는 다른 어느 지역에서도 찾아볼 수 없는 요소들이다. 청동용기 중에서도 銅鍪나 銅甑와 같은 것들은 중원의 용기에 비해 지역적 특성이 두드러진다고 지적되는 것이다. 기본적 생활도구에서의 차이는 더욱 분명하다. 船棺葬의 경우 商周시대 福建省 九夷山 유지에서 발견되며, 廣西省과 廣東省에서, 그리고 멀리 동남아시아에서도 찾아볼 수 있다고 하여, 川東지역에서 나타나는 船棺葬의 주인공을 越族의 일종으로 보려하는 연구도 있다.[194] 그러나 福建省 九夷山 유지를 제외하고는 모두 漢代 이후의 시기에 해당하며, 九夷山 유지의 주위에서 유사한 묘장이 발견되는 것도 아닌 반면, 戰國시기에 해당되는 船棺葬은 인접한 湖北省은 물론 다른 지역에서도 찾기 어려운 반면, 四川지역에 밀집되어 분포되어 있다는 점으로 보아, 戰國시기 巴蜀文化의 특징으로 보아야 할 것이다.

이처럼 戰國시대 巴蜀文化에서 중원의 문화적 영향을 배제할 수는 없지만, 다른 지역에서는 찾을 수 없는 지역적 특징이 두드러진다는 점 또한 분명한 사실이다. 그런데 가령 戰國시대 巴國을 春秋시대 이전의 巴國과 동일시한다면 정치적 접촉에 수반한 중원문명의 이식을 상정하지 않을 수 없으며, 결국 중원지역의 문명과 크게 구별되지 않는 문화가 형성되었을 것이라 해야하지만, 이 경우 고고자료에 의한 戰國시대 巴蜀文化의 내용과는 어긋나게 되는 것이다. 반면 본론에서의 결론과 같이 戰國시대 巴國을 이해한다면, 고고자료에서 확인할 수 있는 내용 즉 중원문화와 구별되는 지역문화로서의 성격을 모순없이 설명할 수 있게 된다고 생각한다.

이상의 내용을 정리하면 다음과 같다. 문헌자료에 등장하는 '巴'를 동일한 종족과 국가로 일원화하여 이해해서는 곤란한데, 西周初 姬姓諸侯가 분봉된 巴子之國은 西周 이전부터 존재해온 巴와 구별되어야 할 뿐 아니라, 그 활동범위도 戰國시대 巴國이 위치한 川東지역이라고 하기 어렵다. 이 점을 고고자료에 의해 확인하기 위해, 본고에서는 우선 戰國시대 川東지역의 巴文化와의 연관성 속에서 春秋시대 이전의 巴國과 巴文化를 추적해 보았

---

194) 陳明芳, 〈論船棺葬〉, 《東南文化》 1991-1.

다. 그 방법으로 우선 문헌자료에 등장하는 春秋시대 이전 '巴'의 활동지역으로부터 출토된 고고자료가 戰國시대 川東지역에서 발견되는 청동문화와 동일한 성격을 갖는지를 점검하였다. 그 결과 문헌자료에서 추정한 지역으로부터는 戰國시대 川東지역의 문화와 동일한 경우를 찾을 수 없었다. 다만 陝西省의 寶溪지역에서는 유사한 성격의 기물들을 발견할 수 있었으나, 문헌자료로부터 추정한 지역과의 괴리도 문제려니와, 陝西省 寶溪지역의 문화는 漢中지역의 城固지역과 함께 殷周시기 川西평원의 청동문명과 동일한 문화유형으로 분류된다. 즉 寶溪지역을 戰國시대 巴文化의 기원으로 규정하는 경우, 寶溪지역의 문화보다 시기가 이르면서 동시에 동일한 유물이 발견되는 川西평원이 巴文化의 기원이 되어 버리고 만다. 이와 같은 문제들은 春秋시대 이전의 巴國의 문화와 戰國시대 川東지역에서의 巴國의 문화가 동일해야 한다는 전제에서 비롯된 것이라고 생각된다. 그러므로 고고자료와 문헌자료와의 무리없는 이해를 위해서는 春秋시대 이전의 巴國의 문화와 戰國시대 巴國의 문화가 반드시 일치할 필요가 없다고 생각된다. 이러한 전제 위에 서는 경우에 비로소 春秋시대 이전의 巴子之國이 西周문화의 영향을 받는 姬姓諸侯였다는 문헌자료로부터의 결과와, 戰國시대 巴國의 문화가 川西평원의 청동문명으로부터 강한 영향하에 西周문화와는 문화적 성격을 달리하는 巴蜀文化를 형성하고 있었다는 고고자료의 결과를 동시에 설명할 수 있는 것이다.

다만 戰國시대의 巴國이 여전히 巴子라고 불리워졌으므로 春秋시대 巴國과 동일한 정치집단이 이동해 왔다는 것을 부정할 수는 없다. 다만 姬姓諸侯의 西周문명이 별다른 변화없이 그대로 이동했을 경우라면, 비록 구릉지대의 川東지역이 川西평원에 비해 국가가 발전하기에 부적합한 지리적 조건에 있었다고는 해도, 戰國시대 川東지역에서 발견되는 문화가 西周문명과 거의 구별되는 않는 성격의 문화를 갖게 되었을 것이다. 또한 소수집단의 이동이라고 해도, 오래동안 청동문화를 향유하고 있었던 집단이라면 얼마든지 이전의 청동문화가 발전할 수 있을 것이다. 따라서 戰國시대 巴國은 春

秋시대까지 姬姓諸侯로써 발전시켰던 청동문명이 거의 해체된 상태에서, 西周 영향하의 巴子之國 청동문화를 향유하지 못한 극히 일부집단만이 이동한 결과라고 보아야 할 것 같다. 巫山과 淸江 일대에 거주하던 廩君蠻과 板楯蠻과 같은 제종족이 이동해와 戰國시대 巴國을 구성하였는데, 그들의 사회는 姓氏를 단위로 한 군장질서의 단계에 머무르고 있었다는 사실은 이러한 추정을 분명히 해준다. 이처럼 군장질서 단계의 여러 사회조직이 어우러져 있는 상태가 戰國시대 川東지역에 위치한 巴國의 모습이었던 것이다.[195] 巴蜀文化가 川東지역의 巴文化가 아니라 川西지역의 蜀文化에 의해 주도적으로 형성되었다는 점이나, 중원지역의 문화와 구별되는 지역문화로서의 성격이 강하다는 점도 戰國시대 巴國의 성격을 이와 같이 이해함으로써 비로소 모순없이 이해할 수 있는 것이다.

---

195) 이상과 같은 결론은 秦漢代에 들어선 이후 국가의 통치질서가 郡縣制를 통해 직접적으로 강제되는 川西평원과는 달리 川東지역에서는 君長秩序가 계속 지속되는 배경을 설명해 주기도 한다. 秦이 巴國을 점령한 후 巴王을 데리고 秦으로 돌아간 후 곧바로 巴郡을 설치한 것이나 이러한 과정에서 巴國의 별다른 저항이 발견되지 않는 것은 巴國이 저항을 결집할 정도로 발전된 조직이 못되었다는 데에 연유한 것이며, 秦이 군현을 설치하였으면서도 川東지역의 각 군장들이 그들의 族民을 통치하는 군장질서를 그대로 인정하고 세역도 賨布를 일부 납입함으로 대신시켰다는 것도 점령되기 이전의 巴國의 질서를 감안한 결과라고 생각된다.

258

<中文摘要>

戰國時代川東地區的巴國與其起源
— 關于巴蜀文化的形成過程的探索 —

秦漢以後, 四川盆地內川西與川東地區被統稱爲'巴蜀', 但是在戰國時代巴國與蜀國不是一個國家, 而且秦兼幷巴蜀以後秦也對於巴郡與蜀郡實施了不同的統治方式, 因此, 應先分開巴與蜀來分析才可以理解巴蜀文化的形成過程. 我想如何確定戰國時代的巴國有助于我們把握巴蜀文化的形成過程及其性質的關鍵. 本稿以考察春秋時代巴國與戰國時代巴國的關係, 來要探討戰國時代巴國及巴蜀文化.

文獻上的'巴'是從甲骨文·金文·左傳·華陽國志可以看出的, 但是不要把這些'巴'字認爲同一概念. 甲骨文和《山海經》中的'巴'是跟商朝有密切關係的, 處在離商朝不遠的地方. 這時, 巴有許多的姓氏如風姓·嬴姓等. 盡管商末'巴'幫助西周滅商朝, 但西周不僅沒行賞于巴人首長, 反而奪其君位且把宗室姬姓諸侯分封于'巴'. 這樣措置不是特殊罕例, 蜀國與微國也有和巴國類似的命運. 西周初雖然蜀與微等亦助西周伐商, 不久蜀國遭到西周軍事攻擊而成爲敵國關係, 微的諸種族被分散而賜予于其他諸侯. 商代巴國成爲西周的支配領域以後, 爲了防止巴人的抵抗, 西周可能設置監國如衛國或應國來監督諸巴人. 這姬姓巴子之國一直到春秋末處於鄂西或鄂北漢水流域, 是跟處於川東的戰國時代的巴國不同的.

不過, 要注意的是考古資料上到目前爲止, 鄂西·鄂北地區內找不到與戰國時代川東地區靑銅文化相同的器物. 只在陝西寶溪地區可以發見類似器物, 但是這個地區不是文獻上巴國的位置, 而且考古資料上規定爲跟商周時期川西平原屬同一文化類型. 如果把寶溪地區作爲巴文化的發源地的話, 結果就是巴文化的起源不得不要再從川西平原來探索. 可是商周時期川西平原的靑銅文明是跟巴國或巴族毫無關係的.　其次,　在川東地區的戰國時代器物上看不出西周靑銅文化的强烈影響.　文獻上記載從西周到春秋時代的巴子之國是由姬姓諸侯統治,　這就意味着西周跟中原有了很多的聯系.　因而順着政治的接觸一定會受到西周文化的影響.　但是在戰國時代的川東地區找不到那樣的影響.　所謂以戰國時代巴國文化跟春秋時代以前巴子之國爲同一國家的說法提引起來了這樣的矛盾.

要解決這種文獻資料與考古資料的矛盾,　不得不得出春秋時代以前的巴國是與戰國時代巴國不相同的結論.　但因爲戰國時代的‘巴國’仍然叫‘巴’或‘巴子’,　所以不能排除前後兩個巴國有一定的聯係.　雖然跟川西平原比較起來處于丘陵地帶的‘川東’地區不具備發展國家的地理條件,　如果由姬姓諸侯的西周文明的原封不動地傳入的話,　戰國時代巴國文化就不會與西周文化這麼不同.　所以它可能是由春秋時代巴國的一个少數集團遷移而後建立的.　但是遷移過來的少數集團是長久受到靑銅器文化的薰陶的話,　他們能够發展以前的靑銅器文化.　可是這種文化上的聯係性沒有被發現.　所以戰國時代的巴國文化是在春秋末西周文明幾乎解體之情況下,　沒享有西周文化的極少一部集團遷移來的結果.

在巫山和淸江一帶住的廩君蠻和板楯蠻這樣的種族遷移過來組成戰國時代的巴國,　他們的社會還停留在以姓氏爲單位的君長統治制階段,　這種事實也補證以上的推測.　這樣由一些處在君長統治制階段的社會組織共存的狀態就是戰國時代位于川東地區的巴國的槪貌.　秦占領巴國之後,　巴國沒有抵抗的事是由于巴國還沒到聯合抵抗的社會水平.　而且雖然秦設置郡縣,　秦考慮巴國的傳統君長秩序,　容認川東地區的君長仍然支配自己的族民.

戰國時代巴國的這種特性對了解巴國文化特性有非常重要的意義.　原來川東地區有難以産生文明的地理條件,　這種條件下川東地區從新石器時代一直到商周時期受到川西地區的文化影響.　又從發現川東地區戰國船棺葬發見以後,　好多發掘調查報告川西平原戰國蜀文化不僅與戰國川東巴文化同樣,　而且時期上早於巴文化一點,　數量上多一點.　這意味着春秋末移到川東來的戰國時代巴國也受到川西平原蜀文化的强烈影響,　形成了所謂‘巴蜀文化’.　‘巴蜀文化’的形成是以先進的蜀國文化爲主導的，不是以巴國文化爲中心發展的．卽‘巴蜀文化’的範圍是在戰國時代蜀國的影響下形成的．　如果强調跟春秋以前的巴國的連續性的話，　就會削弱戰國時代的巴國文化的地區性特性，　而且不會理解這樣蜀文化的影響．　而一定程度的承認文化的斷裂才會突出它有別于中原文化的地區文化的特性．

中國 古代 家內 紡織經營의
성장과 그 의의
― 漢代의 小農家庭을 중심으로 ―

朴 東 憲[*]

Ⅰ. 문제의 제기

　　중국 고대사회의 생산체제에 대한 연구에는 농업과 가정수공업의 결합이라는 도식의 음영이 짙게 드리워져 있다. 그리고 이러한 구도는 농가경제의 방직생산 부문에 대한 구체적인 실증이 경시된 채로 통사나 단대사 또는 수

---

* 경희대 강사

공업사에 적용되었다. 더욱이 위와 같은 구도가 '男耕女織'이라는 先秦시기 이래의 남녀간 성별 분업 논리와 결합되면서 동양 전근대사회의 농업경제를 이해하는 틀로 인식되었다. 이와 같은 '남경여직'적 분업체제가 근대 자본주의체제의 도입전까지 지속적으로 유지된 것으로 인식했으므로 각 시기의 '남경여직'의 기술구성과 노동구성을 그 시기의 사회구성과 관련시켜 고찰할 필요가 없는 것으로 이해하였다.

한편 이러한 문제의식에 입각한 연구 경향과는 다른 형태의 연구도 진행되었다. 먼저 섬유작물의 재배,[1] 양잠기술,[2] 방적도구,[3] 고대 직기의 구조,[4] 그리고 방직기술 전반에[5] 관한 연구를 들 수 있다. 이런 연구에는 19세기말부터 시작된 중국과 그 주변의 고고학적 조사에 대한 연구 결과를 수용하는 연구가 많이 있었는데, 특히 직물과 畵像石에 나타나 있는 방직관련 그림을 많이 이용했다. 즉 商代로부터 唐代시기의 견직물을 비롯한 다양한 유물이 다량 출토됨으로써 문헌에만 의존하여 견직물의 종류, 성질을 고찰하는데 지나지 않았던 상태에서 고대 직물의 직조기술을 상세히 해명할 수 있었다.[6] 이렇듯 문헌자료와 출토문물을 대조하면서 연구함으로써 직물사 연구

---

1) 王進珊, 〈《毛詩》中的蠶桑與物候〉, 《徐州師範學院學報(哲學社會科學版)》 1982-4. ; 周匡明, 〈桑考〉, 《農業考古》 1981-1. ; 李伯重, 〈略論均田令中的"桑田二十畝"與"課種桑五十根"〉, 《歷史敎學》(津)1984-12. ; 宋湛慶, 〈我國古代的大麻生產〉, 《中國農史》 1982-3. ; 王裕中, 〈古代大麻種植技術〉, 《農業考古》 1983-2.
2) 天野元之助, 〈中國の養蠶考〉, 《中國農業史研究》, (御茶の水書房, 1962) ; 章楷, 〈我國的古蠶書〉, 《中國農史》 1982-2. ; 蔣猷龍, 〈數千年來我國蠶桑在家養下的演變〉, 《昆蟲學報》 20-3, 1977. ; 章楷, 〈我國放養柞蠶的起源和傳播考略〉, 《蠶業科學》 8-2, 1982. ; 蔣猷龍, 〈中國古代對家蠶生態生理的認識〉, 《江蘇蠶業》 1984-2. ; 華德公, 〈我國古代人民對柞蠶的認識和改造〉, 《中國古代農業科技》, (農業出版社, 1980) ; 周匡明, 〈綜論我國古代家蠶選種留種的歷史經驗〉, 《蠶業科學》 9-4, 1983.
3) 王若愚 遺作, 〈紡輪與紡專〉, 《文物》 1980-3. ; 曲守成, 〈紡輪 — 元始的紡績工具〉, 《學習與探索》 1981-2.
4) 宋伯胤·黎忠義, 〈從漢畵象石探索漢代織機構造〉, 《文物》 1962-3. ; 高漢玉·史伯奎, 〈中國古代的紡車和織機〉, 《中國古代科技成就》, (中國靑年出版社, 1978) ; 王曉, 〈建國以來我國古代紡織機具的發現與研究〉, 《中原文物》 1989-3.
5) 孫毓棠, 〈戰國秦漢時代紡織業技術的進步〉, 《歷史研究》 1963-3. ; 太田英藏, 〈古代中國の機織技術〉, 《史林》 34-1·2, 1951.
6) 佐藤武敏, 序說〈中國古代絹織物史研究の回顧と課題〉, 《中國古代絹織物史研究》(上), (風間書房, 1977), p.21.

를 훨씬 진전시켰다. 그 결과 기술사적인 측면에서의 연구가 가능해지게 되
었으나, 이러한 연구는 방직기술이 당시의 사회경제와 구체적으로 어떻게
관련되어 발전했는지에 대한 관심보다는 기술자체의 발달 과정에 주목했으
므로 단순히 기술의 이해에 머문 경우가 많았다.

그러나 위와 같은 방직생산의 기본적인 이해를 바탕으로 한편으로는 직
물의 종류, 직물의 문양과 조직, 직조 방법, 디자인과 복식에 대한 연구도
진행되었다.[7] 또한 麻織物, 葛織物, 絹織物 등 각종 직물생산의 형태와 발전
과정에 대해 주로 통사적인 측면에서 접근하는 연구도 있었는데,[8] 마직물의
생산[9]보다는 견직물의 생산에 대해 주목했다.[10] 이러한 개관을 기반으로 하
여 일부 방직생산이 활발한 지역에 대한 연구가 진행되었는데, 특히 방직생
산이 번성했던 黃河의 중하류 지역과[11] 상류지역에[12] 대해 주로 연구하였다.

---

7) 吳平·夏正興, 〈緞紋組織起源初探〉, 《中國紡織科技史資料》, 1981(總5) ; 戴紹蓀, 〈秦
漢時期紡織品色彩和色名的發展〉, 《中國紡織科技史資料》, 1981(總5) ; 吳淑生·田子秉,
《中國染織史》, (上海人民出版社, 1986) ; 李仁溥, 《中國古代紡織史稿》, (岳麓書店,
1983) ; 林玲愛, 〈실크로드의 染織 — 실크로드 주변지역 출토품을 중심으로〉, 《중국
대륙의 문화》 1(동국대학교 편, 한국언론자료간행회, 1990) ; 華梅 著, 朴聖實·李秀雄
역, 《中國服飾史》, (耕春社, 1992) ; 原田淑人 原著, 常任俠·郭淑芬·蘇兆祥 譯, 《中
國服裝史研究》, (黃山書社, 1988) ; 許南亭·曾曉明 編著, 《中國服飾史話》, (輕工業出
版社, 1989)

8) 佐藤武敏, 《中國古代工業史の研究》, (吉川弘文館, 1974) ; 祝慈壽, 《中國古代工業史》,
(學林出版社, 1988) ; 沈從文, 〈中國織金錦緞的歷史發展〉, 《新建設》 1953-9.

9) 佐藤武敏, 〈中國古代の麻織物生産〉, 《東洋史研究》 19-1, 1960. ; 李再倫, 〈我國麻紡
史上幾個問題的檢討〉, 《經濟學術資料》 1982-12. ; 王裕中·裵晉昌, 〈中國古代的葛·
麻紡織〉, 《中國古代科技成就》, (中國靑年出版社, 1978) ; 拙稿, 〈湖北省 江陵縣 鳳凰山 10
호 前漢墓의 화물명세서와 그 物品 분석 — 麻의 재배와 가공과정을 중심으로 하여—〉,
《古代中國의 理解》, (서울대학교 동양사학연구실 편, 지식산업사, 1994, 이하 〈貨物明
細書〉로 약칭함)

10) 張保豊, 《中國絲綢史稿》, (學林出版社, 1989) ; 佐藤武敏, 《中國古代絹織物史研究》
(上) ; 王翔, 〈古代中國絲綢發展史綜論 — 中國絲綢史研究之一〉, 《蘇州大學學報(哲學
社會科學版)》 1990-3. ; 章楷, 〈我國蠶業發展概述〉, 《農史研究集刊》 2, 1960. ; 夏鼐, 〈
我國古代蠶·桑·絲·綢的歷史〉, 《考古》 1972-2. ; 趙承澤, 〈中國古代的絲綢和絲織技術〉,
《中國古代科技成就》, (中國靑年出版社, 1978) ; 蔣猷龍, 〈中國蠶業技術發展概述(上)〉,
《江蘇蠶業》 1982-1. ; 趙慶長, 〈我國蠶桑絲綢業的歷史與發展的探討〉, 《蘇州絲綢工學
院學報》 1983-2. ; 史念海, 〈黃河流域蠶桑事業盛衰的變遷〉, 《河山集》, (三聯書店,
1963)

11) 逄振鎬, 〈秦漢時期山東紡織手工業的發展〉, 《齊魯學刊》 1983-1. ; 張鶴泉, 〈試論西漢
齊魯地區紡織業的發展特徵〉, 《東北師大學報(哲社版<長春>)》 1989-1. ; 楊蔭樓, 〈隋唐

그리고 이런 경향은 점차 紡織生産의 지역적 확산에 대한 연구로 심화되어 갔다.[13] 그리하여 이상의 여러 방직 과학기술을 집대성한 專著가 출현하기에 이르렀다.[14] 한편으로는 紡織經營을 위한 토지의 확보과정과 그것의 사회경제적 의미에 대해 고찰하려는 시도도 있었다.[15]

이와는 달리 직물생산의 여러 형태를 어느 정도 언급하면서 방직경영의 기술사적인 접근을 토대로 직물의 생산과 유통에 대해 연구하는 경향도 있다.[16] 이런 연구는 관영방직업, 독립 사영방직업, 농촌부업의 사례를 언급함으로써 방직생산 형태의 개관을 이해하는 데 기여했다. 그러므로 이러한 기술사적인 연구와 경제사적인 연구를 토대로 위에서 열거한 방직생산 형태 중의 하나인 個別 小農家庭에서 행해진 방직생산의 다양한 방식을 고찰할 필요가 있다. 그리고 이것을 바탕으로 개별 소농가정에서의 紡織經營[17]이 중국 고대의 농업경영에서 어떠한 역할을 하고 소농가정의 재생산구조에 어떠한 영향을 미치는가를 분석해야 한다. 그러면 이를 통해 소농가정의 個別經營의 다양성과 재생산유지의 다양한 방법을 검토할 수 있을 것이다.

이런 접근을 통해, 농업기술의 발전이 소농가정의 再生産에 어떠한 영향을 끼쳤는지를 소농가정의 수입과 지출이라는 형태로 구체적으로 파악하지 않은 채로 소농민의 몰락이라는 결론을 도출한 기존의 연구를 보완할 수 있

以前山東蠶織業述略〉,《齊魯學刊》 1989-1. ; 陶仙,〈河北絲織業的歷史和現狀簡述〉,《經濟論壇》 1988-11. ; 馮卓五·張元龍·汪風梅,〈黃河中下游地區植桑養蠶的歷史現狀及其對策〉,《國際貿易》 1989-11.

12) 史念海,〈西周至元代陝西地區的蠶桑事業〉,《陝西私大學報(哲社版)》 1977-4.

13) 松井秀一,〈唐代における蠶桑の地域性について〉,《史學雜誌》 85-9, 1976. ; 李賓泓,〈我國歷史上絲織業重心南移及其因素分析〉,《經濟地理》(長沙)1989-1. ; 魏東,〈先秦時期中國養蠶業中心地區的變遷 — 再論中國養蠶起源于長江三角洲 —〉,《絲綢史研究》 1984-1. ; 黃世瑞,〈我國歷史上蠶業中心南移問題的探討(續完)〉,《農業考古》 1987-2.

14) 陳維稷 主編,《中國紡織科學技術史(古代部分)》, (科學出版社, 1984)

15) 張維訓,〈從桑田麻田到永業田的變化 — 均田制久施不斷的一介重要歷史原因 —〉,《中國社會經濟史研究》 1986-2. ; 韓升,〈桑田考釋〉,《平準學刊》 5, 1988.

16) 佐藤武敏,《中國古代絹織物史研究》(上) ; 佐藤武敏,《中國古代工業史の研究》

17) 紡織經營이란 직물을 생산하기 위한 섬유작물의 재배, 양잠, 가공, 紡績, 織布 등 일련의 과정을 의미하는 용어로 사용한다. 이들 공정을 구체적으로 구분할 수 있는 경우는 각 공정을 의미하는 용어를 사용하나, 구분할 수 없을 경우와 각 공정 전체를 포괄하여 사용할 경우는 紡織經營이라는 용어를 사용한다.

는 방법을 찾아낼 수 있을 것이다. 예를 들어 漢代 이전에 생존했던 秋胡子의 아내와[18] 樂羊子의 아내가[19] 방직경영을 하여 생계를 유지할 수 있었다면,[20] 漢代의 소농가정도 여성의 방직을 통해 생계를 유지하였을 가능성에 대해 고찰할 필요가 있다. 특히 일상 衣料를 제공하는 방직생산은 국가재정과 가정경제에서 차지하는 비중이 컸으므로[21] 방직기술, 방직 경영, 여성노동력에 대한 국가의 課徵에 대한 연구 등을 종합하여 방직경영사를 검토해야 한다.

기존의 연구에서는 소농가정이 주곡생산과 함께 방직생산을 하였기 때문에 '耕織結合體制'가 장기간 유지되어 봉건사회를 오랫 동안 지속시켰다고 이해함으로써[22] 가내 방직경영이 가지고 있는 의의를 주곡생산의 의의에 비해 과소평가했다. 그런데 이런 연구는 대개 紡織經營의 공정 즉 작물재배, 수확, 가공, 紡績, 織布 등 각 공정을 세부적으로 이해한[23] 이후에 이루어졌다기보다는 자본주의 체제가 형성되지 못한 원인을 결과론적으로 찾아내는 과정에서 이루어졌다. 이런 결점을 보완하기 위해서는 우선 방직생산의 구

---

18) 《古列女傳》(四部叢刊本) 권 5 節義 魯秋潔婦, p.16右. "婦人曰嘻夫採桑力作紡績織紝以供衣食奉二親養夫子"

19) 《後漢書》(中華書局 標點校勘本) 卷 84 列女傳, pp.2792~2793. "河南 樂羊子之妻者… 而遠尋師學. 一年來歸, 妻跪問其故. 羊子曰〈久行懷思, 無它異也.〉妻乃引刀趨機而言曰:〈此織生自蠶繭, 成於機杼, 一(絲)而累, 以至於寸, 累寸不已, 遂成丈匹. 今若斷斯織也, 則捐失成功, 稽廢時月. 夫子積學, 當日知其所亡, 以就懿德. 若中道而歸, 何而斷斯織乎?〉羊子感其言, 復還終業, 遂七年不反. 妻常躬勤養姑, 又遠饋羊子."

20) 이런 것을 바탕으로《管子》〈問篇〉에서 다양한 부업생산을 언급하는 과정에서 방직생산으로 생계를 유지하는 경우를 열거했을 것이다(《管子》<上海古籍出版社本> 卷 9 問篇, p.91).

21) 4장에서 후술하듯이 직물이 소농가정의 총지출에서 차지하는 비중이 31.1~37.5%가 되고, 토지 보유량이 적어 잉여노동력이 많은 경우는 방직경영에 의존하는 비율이 50% 정도에 육박할 정도이다.

22) 이런 경향에 대한 연구동향에 대해서는 白鋼,《中國封建社會長期延續問題論戰的由來與發展》, (中國社會科學出版社, 1984) ; 白鋼,〈中國封建社會長期延續的原因問題討論綜述〉,《中國古代史研究入門》, (朱紹侯 主編, 河南人民出版社, 1989) ; 田居儉,〈中國封建社會長期連續原因討論綜述〉,《中國史學研究動態》, (文史知識編輯部, 中華書局, 1993), pp.247~260 참조.

23) 견직물을 예로 들어 보면 섬유원료의 처리과정 즉 繅絲, 絡絲, 幷絲, 加捻의 정도에 따라 실의 細度 및 布帛의 密度 등과 밀접히 관련되어 직물의 품종과 질이 달라진다.

체적인 공정을 이해한 후에 방직경영이 개별가정의 농업경영과 구체적으로 어떠한 결합 형태를 가졌는가를 검토해야 한다. 이러한 작업을 통해 농업생산력과 紡織生産力의 발전이 과연 어떠한 요인에 의해서 가능해지고 그것이 어떠한 경로를 거쳐서 가정경제와 국가경제에 영향을 미치는가를 살펴볼 수 있는 기반을 마련할 수 있다.

이런 연구는 소농민의 의식주 해결 문제를 세부적인 측면에서 구체적으로 분석하는 것으로부터 시작해야 한다.[24] 그리고 이 분석을 기반으로 하여 소농가정에서 의식주를 해결하기 위해 어떻게 남녀노동력을 배분하였고, 이런 남녀노동력 배분의 변화에 대해 국가는 어떻게 대응했는지를 국가의 세역체계와 관련하여 검토할 필요가 있다.[25] 그리고 더 나아가 여성의 紡織勞動을 가정경제의 재생산유지나 국가의 세역체계 및 재정 운용의 차원뿐만 아니라 紡織勞動과 농경노동의 상호 결합 방식에 관련된 사회구성으로까지 확대하여 소농경제의 재생산체계를 분석할 필요가 있다.[26] 이런 방법을 사용하는 것이야말로 소농경제의 재생산구조를 구체적으로 파악하는 지름길이다.

위의 모든 연구 경향을 종합해야만 '男耕女織體制'하의 여성노동력이 투하된 방직경영이 가정경제와 국가경제에서 가지고 있는 의의를 간과하고 있는 기존 연구의 단점을 보완할 수 있을 것이다. 기존의 연구에서도 一夫一婦의 협업에 대해서 주목하지 않은 것은 아니다. 예를 들면 기존의 大農法的 경영과 小農法的 경영이라는 이분법에서 어느 정도 벗어나 동양의 농업경영을 小經營 위주로 설명한 견해는[27] '男耕' 분야인 농업에서의 一夫一

---

24) 崔德卿,〈秦漢時代 소농민의 畝當 生産量〉,《慶尙史學》4·5, 1989. ; 裵眞永,〈戰國末 秦國의 家의 性格 — 雲夢睡虎地 秦墓竹簡의 分析을 中心으로 —〉,《梨大史苑》27, 1994. ; 李成珪,〈戰國時代 國家와 小農民 生活 — -李悝 '盡地力之敎'의 재검토를 중심으로 —〉,《古代中國의 理解》, (서울대학교 동양사학연구실 편, 지식산업사, 1994) 등에서 漢代 이전의 의복비를 秦簡과 문헌자료를 이용하여 계량화하고 있다.
25) 金秉駿,〈秦漢時代 女性과 國家權力 — 課徵方式의 變遷과 禮敎秩序로의 編入 —〉,《震檀學報》75, 1993.
26) 拙稿,〈貨物明細書〉, p.363.
27) 中村哲,《奴隷制·農奴制の理論》, (東京大學出版會, 1978) ; 吉田浤一,〈現代中國認

婦의 협업에 대해서는 주목했지만, 여성노동력이 투입된 '女織'의 경제적 역할에 대해서는 거의 고려하지 않았다. 더욱이 5~6인 가족 단위의 소농민경영으로 중국고대의 농업경영을 분석한 연구도 그것이 '男耕'을 위한 기술구성, 노동구성을 구체적으로 설명해낸 장점에도 불구하고,[28] 여성노동력의 주요 투입부분인 '女織'이 소농민경영내에서 '남경'과 어떠한 관련을 가지고 있었으며, 그것이 농촌의 사회구성과 어떠한 관계를 맺고 있는가에 대해 설명하지 못했다는 한계를 가지고 있다. 그러므로 個別小經營에서 '女織'부분의 생산물인 직물을 생산하기 위한 노동대상으로서의 섬유작물의 품종이나 재배기술, 노동수단으로서의 방직기구의 발전과 방직생산체계, 방직노동력의 질과 편성 등을 이해해야 女性勞動力의 社會經濟的 役割을 좀더 구체적으로 설명할 수 있을 것이다.

특히 방직생산은 主穀作物 재배에 비해 토지 소유량의 다과, 재산의 소유 정도보다는 오히려 노동력의 보유 정도와 더 많은 관계를 가지고 있다. 그러므로 토지보유량이 적지만 잉여노동력은 많이 보유한 소농가정이 쉽게 몰락하지 않도록 한 가장 큰 요인은 잉여노동력을 투하해서 직물 등 부업생산물을 생산할 수 있었던 데서 찾아야 하지 않을까? 그러므로 전근대 사회의 소농가정에서 주곡생산 만큼이나 중요성이 컸던 紡織經濟[29]에 대한 검토를 통해 소농경제의 재생산 문제를 고찰해야 한다.

물론 당시의 각 섬유작물의 경작 면적과 생산량 통계의 미비, 주곡의 풍흉과 관련된 布帛생산량 증감에 대한 통계의 미비, 野蠶(=柞蠶, 山蠶 : 멧누에)[30]과 家蠶(집누에)의 생산량 파악의 곤란, 布帛생산의 지역적 보편화 정

識と中國史硏究の視覺〉,《中國史像の再構成 ―國家と農民》, (文理閣, 1983)

28) 渡邊信一郞,《中國古代社會論》, (靑木書店, 1986), 第一部 第一章〈古代中國における 小農民經營の形成〉

29) 본고에서 사용하는 방직경제란 직물생산과 관련해서 생산, 분배, 소비, 교환의 행위 및 그 과정과 그것을 통하여 형성되는 인간들의 사회 관계의 총체를 의미하는 용어로 사용한다. 방직경제와 방직경영의 차이는 방직경영은 방직을 하기 위한 제반공정 즉 섬유작물의 재배, 양잠, 방적, 織布 등의 공정에 치중하는 의미로 사용하고, 방직경제라고 할 때는 생산과 유통에 관련되어 나타나는 모든 경제행위에 중점을 두어 사용한다.

도에 대한 구체적 통계의 한계, 布帛가격의 지역적·시기적 통일성의 결여 등으로 인해 이런 연구의 한계가 있는 것도 사실이다. 그러나 紡織品[31]의 생산과 유통에 대한 발굴보고와 문헌자료를 토대로[32] 소농가정의 방직경영의 형태에 대해서는 어느 정도 유형적으로 검토해 볼 수 있을 것이다.

본고에서는 이러한 문제를 소농가정의 직물비와 기타 지출과의 비교, 방직생산과 주곡 및 부업작물 생산의 수입 비교 등 수량적인 통계를 이용하여 이 문제에 접근하여 보기로 한다. 수량적 통계의 방법을 통한 접근에는 자료 부족으로 인해 어느 정도의 한계가 있지만, 소농가정의 재생산 문제를 좀더 구체적으로 이해하는 데 도움을 줄 수 있을 것이다.

II. 小農家庭에서의 紡織經營 발전 요인

1. 국가의 방직생산 권장

漢代에 들어와 국가가 적극적으로 방직생산을 권장하기 전에는 어떠한

---

30) 산누에나방과에 딸린 나방의 어린 벌레로 집누에와 비슷하나 마디가 아홉이고, 긴 털이 났으며 몸이 크고 몸무게는 네 배 가량인데, 상수리나무·떡갈나무·참나무 따위의 잎을 먹고 자란다.

31) 織物이 만들어지기까지의 다양한 분업과정에서 생기는 반성품도 그 공정에서는 하나의 완제품이라는 성격이 있으므로 織物의 完成品과 半成品을 모두 지칭하는 말로 紡織品을 사용하기로 한다. 또한 어떤 제품이 직물의 완성품인지 반성품인지를 확연히 구분할 수 없을 경우도 紡織品이라는 용어를 사용하도록 하겠다. 그리고 어떤 방직품이 완성품과 반성품이 확연히 구분할 수 있다면 완성품인 경우는 직물로 표기하고, 완성품이 아닌 경우는 반성품으로 표기한다(紡織詞典編輯委員會, 《紡織詞典》, <上海辭書出版社, 1991>, pp.532~533) 참조.

32) 上海市紡織科學硏究院 上海市絲綢工業公司 文物整理組, 〈長沙馬王堆一號漢墓出土的絨圈錦〉, 《考古學報》 1974-1. ; 林己奈夫, 《戰國時代出土文物の研究》, (京都大學人文科學硏究所, 1986) ; 林己奈夫 編, 《漢代の文物》, (京都大學人文科學硏究所, 1976) ; 渡部 武, 《畵像が話る中國の古代》, (平凡社, 1991) ; 孫毓棠, 〈釋關於漢代機織技術的兩段重要史料〉, 《中華學術論文集》, (中華書局, 1981) ; 李發林, 《山東漢畵象石硏究》, (齊魯書社出版社, 1982) ; 吳曾德, 《漢代畵象石》, (文物出版社, 1984) ; 段拭, 〈江蘇銅山洪樓東漢墓出土紡織畵象石〉, 《文物》 1962-3.

방식으로 衣料를 조달했는지를 먼저 고찰함으로써 국가가 방직생산을 권장하기 시작하는 배경을 검토하기로 하자.

원시사회에서는 풀잎과 짐승 가죽으로 옷을 만들어 입었지만, 점차 야생의 葛, 麻, 蠶絲 등을 채집하고, 鳥獸의 털과 깃을 이용하여 의복을 만들어 입게 되었다. 이윽고 농업과 목축업이 발전하면서 麻를 재배하여 실을 만들고, 양을 사육하여 털을 취하고, 누에를 키워 실을 뽑아 인공으로 방직원료를 생산하는 방법을 터득했다. 그리하여 商·周시기에는 왕실에 예속된 전문적인 직업씨족이 마직물과 견직물을 생산하였는데, 이러한 형태 외에 지방의 촌락에서도 직물을 생산했다. 지방 촌락에서 생산한 직물은 직업씨족이 생산한 것과 같은 고급품이 아니라 보통품이라고 생각되는데, 春秋 중기 이래 직업씨족의 해체와 함께 견직물을 특산하는 나라들은 公室직영의 직물공장을 건설하여 公室관계의 수요를 충당하였고, 또 농촌에서도 농가부업으로 직물 생산이 확산되기 시작했다.[33]

그러면 수공업적인 성격을 가지고 있는 직물생산이 어떠한 과정을 거쳐 농가에 수용될 수 있었을까? 농가의 방직생산은 식량의 확보와 밀접한 관련을 가진다. 이렇듯 방직생산은 농업생산력 및 방직생산력의 발전과 밀접한 관계를 맺으면서 전개되기 때문에 이들 생산력 발전에 따른 농경과 방직의 분업이나 지역적 분업의 전개 속에서 고찰해야 한다.

이런 과정을 거쳐 소농가정의 방직경영이 확대될 수 있었을 것이므로 그 가능성을 방직생산의 각 공정을 고찰함으로써 분석해 보자. 前漢代에 씌여진 《史記》에는 뽕나무·麻를 1,000畝씩 재배하는 모습이 기록되어 있다.[34] 그렇다면 이 섬유작물은 어떠한 과정을 거쳐 직물로 만들어졌을까? 이 경우 남녀간의 순생리학적 분업에 따라 재배는 주로 남성이 하였지만,[35] 재배 이

---

33) 佐藤武敏, 第2章 〈中國古代の絹織物業〉 및 第3章 〈中國古代の麻織物業〉《中國古代 工業史の研究》
34) 《史記》(中華書局 標點校勘本) 卷 129 貨殖列傳, p.3272. "齊·魯千畝桑麻."
35) 《漢書》(中華書局 標點校勘本) 卷 28下 地理志 下, p.1670. "武帝元封元年…男子耕農, 種禾稻紵麻, 女子桑蠶織績."이라 하여 섬유작물의 재배는 남자가 담당했고, 뽕잎을 따 누에를 치는 '桑蠶'은 여성이 담당했음을 알 수 있다.

후의 과정 특히 織布는 여성이 하였을 것이다.[36]

이렇듯 남성과 여성의 분업에 따라 직포를 여성이 하였다면, 실잣기(紡績=spinning)와 베날기, 베매기, 베짜기(製織) 등 피륙짜기의 과정으로 이루어진 방직생산의 모든 과정을 개별가정의 부녀들이 전부 할 수 있었는지를 고찰해 보아야 한다. 일반적으로 마직물의 경우 枲(雄麻)의 줄기에서 껍질을 벗기고, 그것을 물에 담가서 일차로 가공하여 가늘고 자잘한 섬유를 접속한 후 그 섬유들을 다시 하나하나씩 전체적으로 연결하여 방적할 수 있는 긴 실을 만들어 낸다. 그리고 織布에 사용하기 위해서는 정련하고 나서 실잣기를 거쳐야 한다. 이어서 직물의 수 만큼 실을 직물과 같은 길이로 정리하여 날실(經絲 : warp)을 준비하는 베날기를 거쳐, 바디(reed)[37]의 구멍에 날실을 끼우고 풀을 먹이면서 도투마리에 감는 베매기의 과정을 거친 후 직물을 짜게 된다.

직물생산은 이처럼 복잡한 공정을 거쳐야 하기 때문에 섬유작물을 많이 재배한 부호층이 수확량을 모두 방적하여 직조하는 것은 불가능했을 것이다. 그러므로 그들이 재배한 麻는 그 주변지역 농가의 생산물과 물물교환되거나 半成品 상태로 시장에 출하되어 판매되었을 것이라 추론해 볼 수 있을 것이다.[38] 소농가정도 식량과 田租를 충당하기에 필요한 주곡의 수요를 조달하고도 토지와 노동력에 잉여가 있다면 衣料를 자급하고 주곡보다 오래 보관하여 유통의 매개로 사용할 수 있는 방직생산에 그 잉여를 투하하는 것은 당연할 것이다. 그러므로 그 잉여가 섬유작물의 재배, 방적, 織布과정에 투하되면서 방직생산의 형태에 변화가 초래되어 미미하나마 성별 분업이나 협업을 중심으로 한 사회적 분업도 나타나기 시작했다. 이런 농경과 방직의

---

36) 《呂氏春秋》(陳奇猷, 《呂氏春秋校釋》, 學林出版社, 1990년을 이용함) 卷 26 上農, p.1711. "是以春秋冬夏皆有麻枲絲繭之功 以力婦敎也 是故丈夫不織而衣 婦人不耕而食 男女貿功 以長生." ; 《鹽鐵論》(上海古籍出版社本) 園池, p.2左~3右(pp.48~49). "夫男耕女織 天下之大業也…夫如是 匹夫之力盡于南畝 匹婦之力盡于麻枲."

37) 잘게 쪼갠 대쪽을 연결해서 만든 것으로 살의 틈마다 날실을 꿰어서 날실을 고르며 북의 통로를 만들어주고, 씨실을 織前까지 쳐서 날실 사이에 씨실을 넣고 다지는 데 사용한다.

38) 佐藤武敏, 《中國古代工業史の研究》, pp.195~196.

분업은 그 사회의 재생산체계와 관련된다. 이처럼 의료문제가 소농가정의 재생산과 밀접한 관계를 가지고 있으므로 衣料를 공동체 내지는 국가단위로 공동으로 해결하던 단계에서 점차 個別經營의 확립과 함께 衣料도 소농가정 단위로 해결해야만 하는 단계로 발전하면서 국가는 소농가정에서 의료를 자급하는 한편 조세를 부담할 수 있는 재화로 이용할 수 있도록 방직생산이 원활하게 유지되도록 해야 했다.

그러나 개별농업경영이 확립되지 않았던 당시 모든 소농가정에서 농업에 비하여 공정이 세분화되어 있어 복잡한 과정을 거쳐야 하는 방직생산을 했을 것이라 추정하기는 힘들다. 특히 소농가정은 주곡작물을 재배하여 식량을 먼저 확보해야 하기 때문에 이 의료의 자급문제는 식량을 확보한 이후의 문제가 되었을 것이다. 이런 추론은 織造를 위한 방적과정이 번잡스럽고 노동력이 많이 필요하였으며, 모든 방직도구를 個別 농가에서 구비하는 것도 개별가족 단위의 紡織經營이 확립되고 있던 시기에는 불가능한 점도 있었을 것이라는 것을 감안할 때[39] 더욱 설득력이 강화된다. 그러므로 아직도 집단적인 농경방식이 필요하던 시기나 여성노동력도 남성노동력과 같이 주요한 농업노동력으로 이용되던 시기에는 농가에서 재배부터 織布까지를 모두 수행하는 것이 원활하지 못했을 것이다.[40]

個別經營 성립 초기의 소농가정에서 재배, 紡績, 織布가 모두 원활하게 이루어질 수는 없었으므로 그 중 가능한 공정만 영위할 수 있었다. 그러므로 이러한 부분공정이 협업이나 사회적 분업을 거쳐 하나로 합쳐져야 직물을 생산할 수 있었다. 그 과정에서 섬유작물을 재배할 수 없는 농가도 방직원료를 입수하여 방직경영에 참여할 수 있었으므로 점차 방직생산이 지역

---

39) 權丙卓,《李朝末期의 農村織物手工業研究》, (嶺南大 産業經營研究所, 1969), 제8편 각종 직물의 생산과정 참조, p.176. 한국의 경우 조선시대에도 40여종에 이르는 직기의 도구와 부속품 중 바디, 바디집, 북 등은 자가생산이 불가능하였다고 한다. 시대와 지역에 따른 차이를 감안한다고 하더라도 이 자료를 통해 2천여년전 중국의 漢代에도 이들 물품을 자가생산하기 힘들었음을 추정할 수 있을 것이다.

40) 李悝의 '盡地力之敎'에서 소농가정의 직물생산에 대해 구체적인 규정이 없는 것도 이러한 상황을 인식했기 때문일 것이다.

272

적, 계층적으로 확대되기 시작했다. 이런 현상은 생산력의 발전과 함께 직물의 수요가 상승하고, 직물의 품종과 질이 부단히 향상되면서 심화된다. 즉 품종과 질을 제고시키는 과정에서 섬유 원료의 가공과 繰絲(=繰絲 : silk reeling),[41] 絡絲(winding),[42] 幷絲[43] 등 실을 만드는 방법 및 직조의 방법에서 선진적인 발전의 부분이 가장 먼저 유통의 대상으로 되어 시장에 출현하게 되면서 그 현상은 더욱 확대되기 마련이다. 그 결과 수익성이 높은 방직품은 전업적인 독립 사영방직공장에서만 생산되다가 점차 농가부업으로 생산되기 시작했다. 이렇듯 기술의 진보로 형성된 노동생산성의 향상은 생산력의 발전 혹은 노동부문의 분화를 야기하고, 이것은 이미 존재하거나 확대하고 있는 시장 수요로 연결된다.[44] 그리하여 전문적 독립 사영방직업자도 출현하게 되었다. 이런 변화로 인해 기존의 분업체제는 항상 유동적인 상태에 있게 된다. 그 과정에서 모든 방직품이 이 분업 과정을 거쳐서 생산되는 것은 아니지만, 이런 현상이 출현하게 되면 방직경영의 재생산체계는 다양한 형태의 생산방식과 연결되어 여건이 마련되지 않던 소농가정도 그 가운데 어느 하나와 관련을 가지는 것이 훨씬 수월해진다.[45]

더구나 어느 정도 개별경영이 형성되는 과정 중에서도 독립 사영방직업의 발달에 따라 분업이 진전될 수도 있었다. 그러한 예를 방적생산력의 증진과정을 통해 검토해 보자. 관영방직업이나 私營紡織業에서 織造능력이 크게 제고된 脚踏開口織機를 이용해서 대규모로 직조하였다면,[46] 늘어난 만큼

---

41) 섶에서 누에고치를 따 죽은 누에나 번데기가 썩어서 물이 든 고치를 골라낸 다음 누에고치를 솥에 넣고 물을 끓여 고치의 실을 찾아내어 H자와 X자의 막대에 감는 공정을 의미한다.

42) 繰絲한 이후에 감아 놓은 실을 직조하기 전의 날실과 씨실로 사용하기 전에 繰絲할 때에 실들이 들러붙거나 끊어진 것을 가려내는 공정을 의미한다.

43) 絲織物의 품종이 다양화되면서 絡絲후 2개 내지는 3개 또는 그 이상의 生絲를 한데 꼬아 다양한 날실과 씨실을 만드는 幷絲라는 공정이 필요하다.

44) 彭澤益 主編, 《中國社會經濟變遷》, (中國財政經濟出版社, 1990), p.25.

45) 예를 들면 도시의 상품경제, 유통경제에 의존하지 않더라도 농촌 내부에서 물물교환이나 품앗이적 교환을 통해 방직원료를 확보하여 방직경영에 참여하는 것도 고려해야 한다.

46) 陳維稷 主編, 《中國紡織科學技術史(古代部分)》, p.174. ; 東西織室이나 三服官에서는

의 원료는 시장경제를 통하여 구입하거나 반성품을 조세로 거두어 조달했
을 것이다. 이 織機로 만든 직물이 훨씬 더 고급품이었다면, 수익성이 더 높
았음에 틀림없다. 이로 인해 그 원료품인 반성품의 가격도 높아질 수 있는
여건이 마련되면, 완제품까지 만들던 가정에서도 반성품 상태로 팔고 완제
품을 구입할 수도 있다. 반대로 노동력의 부족이나 도구의 미비로 織布까지
할 수 없는 경우는 당연히 이런 직물공장에 원료를 판매하였을 것이다. 이
와 같은 紡織經濟의 분업체계가 존재했으므로[47] 소농가정도 紡織經營의 어
느 일부분에 참여할 수 있었을 것이다.

　이런 분업의 발달과는 별개로 황제지배체제가 編戶의 민을 근간으로 하
여 지탱되고 있었으므로, 국가는 개별가족단위로 재생산이 완결되도록 하여
소농가정에 안정성을 부여하는 것이 필요했다. 그러므로 개별가족의 재생산
을 위해서는 무엇보다도 먼저 식량의 자급이 필요했다. 그러나 국내 소비량
을 넘는 식량은 보관하기도 곤란하고 곡가를 하락시켜[48] 소농민의 화폐 획
득에 장애가 되기도 했다. 이러한 점에서 소농가정도 재생산유지를 위해 여
러 작물을 재배하거나 방직을 하는 등 부업생산을 할 필요가 있었다. 그래
서 국가도 부업생산을 권장 내지는 강제하게 되고 소농가정에서도 이를 적
극적으로 시행했다.[49]

　전국시대 이래 소농가정에서 적극적으로 부업생산을 하기 전에는 야생
섬유작물을 채취하여 방직원료로 이용하는 것이 비교적 수월하고 효과도
있었으나, 山林·藪澤이 개발되면서 거기서 야생으로 자라고 있던 섬유작물

　　복잡한 방직공구와 정세한 공예기술을 사용하였듯이 (王曉, 앞의 논문, p.71) 이런 선
　　진적인 기계는 관영방직업과 전문적 방직업에서 먼저 도입되었을 것이다.
47) 佐藤武敏, 《中國古代工業史の硏究》, pp.139~140. 예를 들면 戰國시대에 도시 거주
　　귀족 가정에서 방직을 하고 있음을 볼 수 있는데, 이것은 원료를 분업체계에 의존하
　　는 대표적인 사례일 것이다.
48) 《漢書》卷 24 上 食貨志, p.1141. "至昭帝時 流民稍還 田野益闢 頗有蓄積 宣帝卽
　　位…百姓安土 歲數豊穰 穀至石五錢 農人少利". 이처럼 漢代의 1석당 평균 粟價인 70
　　~80錢보다 훨씬 낮게 거래되기도 한다.
49) 拙稿, 〈漢代 農家 副業生産의 成長과 그 性格 ─ 前漢代 華北地方을 중심으로〉, 《東
　　洋史學硏究》 41, 1992.(이하 〈副業生産의 成長〉으로 약칭)

·공예작물을 채취하는 대신에 개간을 하여 주곡작물을 재배하거나 다른 용도로 사용하여 그 채취량이 줄어들었다. 또한 인구의 증가에 따른 衣料 소요량의 증가로 섬유작물의 수요량도 증가되어 필요량을 확보하는 것이 어렵게 되었다. 이런 상황은 국가가 布帛을 생산하기 위한 섬유작물을 재배하는 데까지 관심을 기울이게 되면서 확대되어 갔다. 이 과정을 이해하기 위해 국가의 紡織生産力 증진 노력에 대해 고찰해 보자.

전한 초기부터 황제는 蠶桑생산 등 섬유작물 재배를 권장하는 중농 차원의 詔令을 자주 내리고 있는데,[50] 이러한 조치를 받들어 지방에서는 지방관들이 뽕나무 재배·養蠶을 권장했다.[51] 이런 중농정책은 단순히 '남경여직'적 차원의 농업생산 권장에 지나지 않는 점이 많았기 때문에 勸農 詔令이 곧바로 지방에서 효과를 얻은 것이 아닐 수도 있을 것이다. 예를 들면 文帝 12년의 詔令에서 文帝는 수차례에 걸쳐서 주곡생산과 植樹를 권했지만 관리들이 그 詔令를 효과적으로 수행하지 않아 아직도 농민이 곤궁하다고 하는[52] 것으로 보아 권농 조령이 곧바로 농업생산의 증가로 연결되지 않는 점이 있음을 확인할 수 있다. 그래서 文帝시기에는 皇后가 친히 養蠶을 시행하여[53] 방직을 권장하기도 한다.

그렇지만 이들 권농 조령들은 시기적으로 약간의 차이를 보이고 있다. 漢初에는 주로 주곡생산이라고 할 수 있는 '農'에 대한 권장으로 나타나지만, 文帝시기에 들어와서 내려지는 詔令에는 '農'과 함께 '桑'의 경작에 대한 권장으로 나타나고 있다는[54] 점이다. 이것은 국가가 소농가정 단위로 식량을

---

50) 《漢書》 卷 5 景帝紀, p.153. "後元 三年··· 令郡國務勸農桑, 益種樹, 可得衣食物";《漢書》 卷 7 昭帝紀, p.232. "元平 元年 春二月 詔曰 天下以農桑爲本".
51) 《漢書》 卷 89 循吏列傳 龔遂傳, p.3640. "龔遂···勸民務農桑";《後漢書》 卷 76 循吏列傳 茨充傳, p.2460. "南陽茨充代颯爲桂陽 亦善其政 敎民種殖桑柘麻紵之屬 勸令養蠶織屨 民得利益焉."
52) 《漢書》 卷 4 文帝紀, p.124. "朕親率天下農, 十年于今, ···吾詔書數下, 歲勸民種樹, 而功未興, 是吏奉吾詔不勸, 而勸民不明也."
53) 《漢書》 卷 4 文帝紀, p.125. "(文帝) 十三年···皇后親桑以奉祭服"
54) (宋) 徐天麟 撰,《西漢會要》, (上海人民出版社, 1978), 권 50 食貨1 勸農桑, pp.582~587 참조.

자급하는 데만 관심을 가지던 단계에서 소농가정 단위로 衣料도 자급하도록 소농가정에서의 방직생산을 적극적으로 권장하기 시작했다는 점에서 국가의 권농정책에서의 변화를 파악할 수 있다.

이런 권농조치는 단순히 重農차원의 구호에 그치지 않고, 搜粟都尉 趙過와 같은 중앙의 관련 부서 관리가 새로이 발명된 농기구와 농업기술을 행정체계를 통해 각 지방의 三老, 力田, 里父老 등에게 교육시키고 있는 데서[55] 보듯이 새로운 농업기술이 전파될 전수체계가 만들어져 있었기 때문에 그 효과를 증대시킬 수 있었다. 더욱이 渤海太守 龔遂(B.C. ?~A.D. 62)가 민에게 뽕나무 재배를 권장한 조치,[56] 盧江태수를 지냈던 王景이 양잠과 직조를 하도록 한 훈령,[57] 潁川太守 黃覇가 父老, 師帥, 伍長을 통해 민간에 뽕나무 재배기술을 반포하고 있는 조치[58]에서 보듯이 지방차원에서도 그것을 시행하기 위한 구체적인 조치가 시행되고 있었다. 또한 그 구체적인 조치는 崔寔이 五原 태수로 재임 중에 그 지역이 麻의 재배에 적합한 것을 알고 河東(현재의 山西)에서 전문기술자를 초빙하여 주민에게 麻의 재배법과 방적, 직조에 관련된 기구들을 만들어 방직생산 기술을 가르칠[59] 정도로 실질적이었다.[60] 더욱이 이러한 노력은 《尹都尉書》, 《氾勝之書》, 《四民月令》 등에서 섬유작물의 재배에 대한 내용이 서술되기 시작하는[61] 것으로 귀결되었다.

---

55) 《漢書》 卷 24 上 食貨志, p.1139. "其耕耘下種田器, 皆有便巧. ···過使敎田太尙·三輔, 大農置工巧奴與從事, 爲作田器. 二千石遣令長·三老·力田及里父老善田者受田器, 學耕種養苗狀."
56) 《漢書》 卷 89 循吏列傳 龔遂傳, p.3640.
57) 《後漢書》 卷 76 王景傳, p.2466. "訓令蠶織 爲作法制"
58) 《漢書》 卷 89 循吏列傳 黃覇傳, p.3619. "太守覇爲選擇良吏, 分部宣布詔令, 令民咸知上意. 使郵亭鄕官皆畜鷄豚, 以贍鰥寡貧窮者. 然後爲條敎, 置父老師帥伍長, 班行之於民間 勸以善防姦之意, 及務耕桑, 節用殖財, 種樹畜養 去食穀馬."
59) 石聲漢 著, 《中國古代農書評介》, (農業出版社, 1980), p.18.
60) 《詩經》(上海古籍出版社本 《毛詩正義》를 이용함) 鄘風 定之方中, p.116下. "我早駕當乘之往辭說於桑田之野以敎民之稼穡." 그리고 이런 조치는 《詩經》〈鄘風〉〈定之方中〉의 "星言夙駕 說于桑田"에 대한 鄭玄의 주에서 桑田에서 백성들에게 稼穡을 가르치고 있다고 하듯이 桑田이라는 장소에서 백성들에게 농업기술을 지도하는 것으로 보아 뽕나무의 재배에 관한 것이 배제되었다고 할 수는 없을 것이다.
61) 章厚朴編著, 《中國的蔬菜》, (人民出版社, 1988), p.4.

276

이런 조치들로 인해 이미 昭帝期에는 뽕나무를 키우는 사람이 많이 나타나고 있다고[62] 할 정도로 효과가 있었다. 더욱이 뽕나무의 열매인 桑椹(오디)은 구황작물로도 사용되었으므로[63] 식량 확보 차원에서도 이용할 수 있어 그 재배가 확대될 수 있었다. 이렇듯 방직생산이 확대되고 있었으므로 《鹽鐵論》에서 民에게 布·絮를 만들도록[64] 한 것처럼 일부 지역에서는 均輸法 시행시 국가가 소농민에게 직물 생산을 강제하고 있는 모습도 확인된다. 그러나 이런 방직생산 권장이 실제로 효과를 발휘하기 위해서는 농업경영적인 측면에서 섬유작물의 재배가 확산되어야 하고, 기술적인 측면에서 방직기술이 뒷받침되어야 하며, 그것을 수용하여 만든 방직품이 확인되어야 하고, 아울러 이런 기술이 소농가정이나 촌락 단위로 교육되고 전수되어 방직기술이 보편화되었음을 논증해야 한다. 그러면 절을 바꾸어서 이 문제를 검토해 보기로 하자.

2. 방직기술의 발전과 보급

이 절에서는 방직기술의 발전과 보급으로 인한 효과에 대해 고찰하려 한다. 농업관리를 비롯한 전문기술자들로부터[65] 농업기술을 전수받은 三老, 力田, 里父老 등에게 부업생산 기술을 배운 老農이 향촌사회에 부업생산 기술을 전파하는 역할을 하고 있어[66] 이러한 체계를 통해 방직기술이 향촌에 확산될 만한 여건이 잘 마련되고 있었음에 틀림없다. 그러나 여성이 주로 담당했을 방직기술을 남성인 三老, 力田, 里父老 등이 구체적으로 전파할 수 있었는지는 의문이다. 특히 국가의 방직 권장 조령은 대부분 섬유작물의 재

---

62) 《漢書》卷 7 昭帝紀, p.232. "元平 元年…天下以農桑爲本. …耕桑者益衆"
63) 《晉書》(中華書局 標點校勘本) 卷 84 殷仲堪傳, p.2193. "食桑葚"
64) 《鹽鐵論》本議, p.10右(p.9).
65) 《漢書》卷 30 藝文志, p.1743. "氾勝之十八篇"에 班固가 붙인 "成帝時爲議郎"이라는 注에 대해 顔師古는 "劉向別錄云使教田三輔, 有好田者師之."라 주석하고 있는데, 이에 따르면 농업지식에 해박한 관리가 농민에게 농업기술을 가르치는 지식체제가 성립되고 있음을 알 수 있다.
66) 《鹽鐵論》未通篇, p.13左(p.54). "丁者治其田里 老者修其塘園."

배와 직조를 권장하는 내용인데, 이것이 어떠한 과정을 통해 소농가정에 수용되었는지는 알 수 없다. 물론 潁川太守 黃覇가 지방행정체계를 이용하고, 五原太守 崔寔이 전문기술자를 초빙하여 직조에 관련된 도구를 만들도록 하고 직조기술을 가르치고 있으나, 그 조치를 소농가정측에서 수용하였는지 단정할 수는 없다. 그러므로 이런 문제를 구체적으로 검토하기 위해서 다소 우회적인 방법이기는 하지만, 향촌에서 소농가정 상호간에 기술이 전수되는 모습을 통해 방직기술의 보편화를 논증해 보기로 하자.

먼저 민간 차원에서 방직기술이 전수되는 모습을 《漢書》〈食貨志〉의 기사를 통해 고찰해 보자.

冬 民旣入 ㉠婦人同巷 相從夜績 女工一月得四十五日 ㉡必相從者 所以省費燎火 同巧拙而合習俗也[67]

위에서는 겨울에 농사를 끝내고 경작지에서 농민이 마을(里)로 돌아가게 되면, 부인은 같은 마을의 또래끼리 밤에 함께 방적하고 있는 모습을 기록하고 있다. 그런데 ㉠과 같이 마을단위로 부인들이 방적을 하는 것은 ㉡에서 같이 모여서 함께 일함으로써 등불과 난방의 연료를 절약하는 외에 숙련자와 초심자가 함께 노동하여 공동작업에 익숙하게 하려는 것처럼 공동작업을 하는 과정에서 방직생산 기술이 전수되었음을 확인할 수 있다. 또한 1976년에 山東 臨沂 金雀山 前漢墓에서 출토된 帛畵의 立式 手搖紡車는 2명이 동시에 작업을 하도록 되어 있고,[68] 江蘇 銅山 洪樓 출토 漢 畵象石의 방직 화상석에서도 2~3명 정도가 동시에 작업에 참여하고 있는 모습이 보인다.[69] 그러므로 이러한 공동작업을 통해 보통 직물의 생산 기술이 전수될 수 있었다.

---

67) 《漢書》 卷24 上 食貨志, p.1121.
68) 陳維稷 主編, 《中國紡織科學技術史(古代部分)》, p.175.
69) 宋伯胤·黎忠義, 앞의 논문.

278

그림 1 山東 臨沂 金雀山 前漢墓에서 출토된 帛畵의 立式 手搖紡車

그림 2 江蘇 銅山 洪樓 출토 漢 畵象石의 방직도

　다음으로 보통품의 생산과 관련된 사례 이외에 고급품의 생산과 관련된
기술을 민간 차원에서 전수하는 체계에 대해 고찰해 보자. 예를 들면 織師
들이 방직품 중 가장 고급품으로서 수익성이 높은 刺繡를 가르치는[70] 것으

로 보아 기타 고급 직조기술을 전파하는 교육체계도 있었을 것이다. 그래서 방직생산이 발달한 지역에서는 자수와 고급품인 錦을 누구나 방직할 정도로 직조기술이 광범하게 확산되고 있음을 後한 초기 王充(27년경~96년경)의 《論衡》에서는 전하고 있다.[71] 이러한 방직기술의 일반화 경향은 전한 중기에는 주로 부호층이나 유명한 사영방직업자들이 錦을 생산했던 것에 비하여,[72] 후한시기에 들어와서는 일반 농민의 가정에서도 錦의 생산이 가능했다는 것에서도 엿볼 수 있다. 이처럼 고급 방직기술이 점차 일반화될 정도였으므로 보통품의 방직기술이 소농가정에 전파될 여건은 충분했다. 이상에서 살펴본 것처럼 국가와 민간 차원에서의 기술 정보 유통체계를 통해 섬유작물 재배, 양잠기술, 紡織技術 등이 유통되었을 것이다.

다음으로 이러한 방직생산 기술의 발전에 대해 고찰하기로 하자. 방직은 방적과정과 織布과정으로 일단 구분할 수 있는데,[73] 그 공정상 농업이라기보다는 수공업적인 성격이 강하다. 그러므로 여기서는 이런 성격을 갖는 수공업의 기술을 농가에서 수용하여 방직생산을 할 수 있었던 요인을 고찰하기로 하자. 漢代의 직물은 麻, 紵麻, 葛 등을 원료로 해서 만든 마직물, 뽕나무를 재배하여 양잠을 하고 蠶絲를 생산하여 그것을 원료로 해서 만든 견직물, 모피를 원료로 해서 만든 모직물 등으로 나눌 수 있는데, 여기서는 비중이 적은 모직물은 제외하고 漢代의 주요한 의복 재료였던 마직물과 견직물의 생산기술을 중심으로 서술하려 한다.

먼저 방적기술과 관련된 내용부터 알아보기로 하자. 여기서는 麻의 방적

---

70) 《論衡》(北京大學歷史系 《論衡》 注釋小組, 《論衡注釋》, 中華書局, 1979를 이용함) 卷 20, 程材篇, p.693. "刺繡之師, 能縫帷裳 ; 納縷之工, 不能織錦."

71) 《論衡》 卷 20 程材篇, p.686. "齊部世刺繡, 恒女无不能 ; 襄邑俗織錦, 鈍婦无不巧."

72) 《西京雜記》(四庫全書本) 卷 1, p.4右~左. "霍光妻遺淳于衍蒲桃錦二十四疋散花綾二十五疋綾出鉅鹿陳寶光家寶光妻傳其法霍顯召入其第使作之機用一百二十躡六十日成一匹疋直萬錢"

73) 본고에서는 紡織이라고 할 때는 위에서 열거한 紡績과 織布를 양쪽 다 포함하는 것으로 사용하는데, 실을 만드는 과정은 紡績으로 표기하고, 천을 짜는 과정만을 언급할 때는 織布나 織造로 표기하도록 하겠다. 구체적인 용례로서 紡績과 織布를 구분할 수 없는 경우도 일단 포괄적인 의미를 가지고 있는 紡織이라는 용어를 사용하겠다.

280

기술에 관한 것은 생략하고,[74] 견직물 원료의 방적기술에 대한 것을 주로 살펴보려 한다. 고치에서 生絲를 얻자면 고치를 삶아서 세리신의 표면을 용해시키고, 섬유 상호의 접착을 약화시켜 해서(解舒)하기 쉽게 만들어야 한다.[75] 고치를 구성하고 있는 生絲를 풀어서 한 가닥으로 모아 실을 만드는 작업은 먼저 표면의 세리신을 연화하여 섬유 상호간의 교착을 풀어준 뒤 실머리를 찾는 것에서 시작한다. 이 과정에서 세리신을 제거하지 않은 絹纖維를 生絲라고 하는데, 이것으로 織造한 生絹織物은 촉감이 빳빳하고 광택이 좋지 못하다. 그러므로 가공과정에서 정련해서 섬유표면에 붙어 있는 세리신을 없애야만 부드럽고 우아한 광택이 나는 고급 衣料로 사용할 수 있다.

이미 春秋・戰國시대부터 繰絲기술이 크게 발전하면서 漢代에는 물을 끓여 누에고치를 삶아서 빨리 팽창하여 축축해지게 함으로써[76] 누에고치의 실을 켜는 기술이 상당히 발전했다. 이를 통해 絲膠를 쉽게 용해하여 生絲의 질량을 제고시켰다.[77] 견직물의 원료인 명주실은 천연섬유 중에서 유일한 長纖維(filament fiber)이므로 製絲過程은 그 공정이나 작업용구 등이 다른 직물에 비해 간단하고 시간도 적게 든다.[78] 이처럼 견직물의 방직 원료를 조달하는 것이 마직물에 비해 용이했기 때문에 個別가정에서의 견직물 생산이 점차 수월해지게 되었다.

방적공정 이후에 계속되는 織布에 관련된 도구의 발전에 대해 살펴보자. 고대의 織機로는 堅機(=立機 : vertical weaving loom), 水平機, 斜織機의 3종이 있었는데,[79] 漢代의 직기는 堅機에서 平機를 향하여 발전되어 가는 과

---

74) 이에 대해서는 拙稿,〈貨物明細書〉3장 雄麻의 재배와 가공과정 분석을 참조하기 바람.

75) 徐英淑,《被服材料・管理》, (형설출판사, 1978), pp.58~59.

76)《淮南子》(上海古籍出版社本) 卷 20 泰族訓, p.220下. "繭之性爲絲 然非得工女煮以熱湯而抽其統紀則不能成絲";《春秋繁露》(上海古籍出版社本) 卷 10 實性篇. p.63上. "繭待繰以涫湯而後能爲絲"

77) 陳維稷 主編,《中國紡織科學技術史(古代部分)》, p.157.

78) 高大民族文化研究所 편,《韓國民俗大觀》 2<日常生活・衣食住>, (高大民族文化研究所 出版部, 1980), p.379.

79) 佐藤武敏,《中國古代絹織物史研究》(上), p.322.

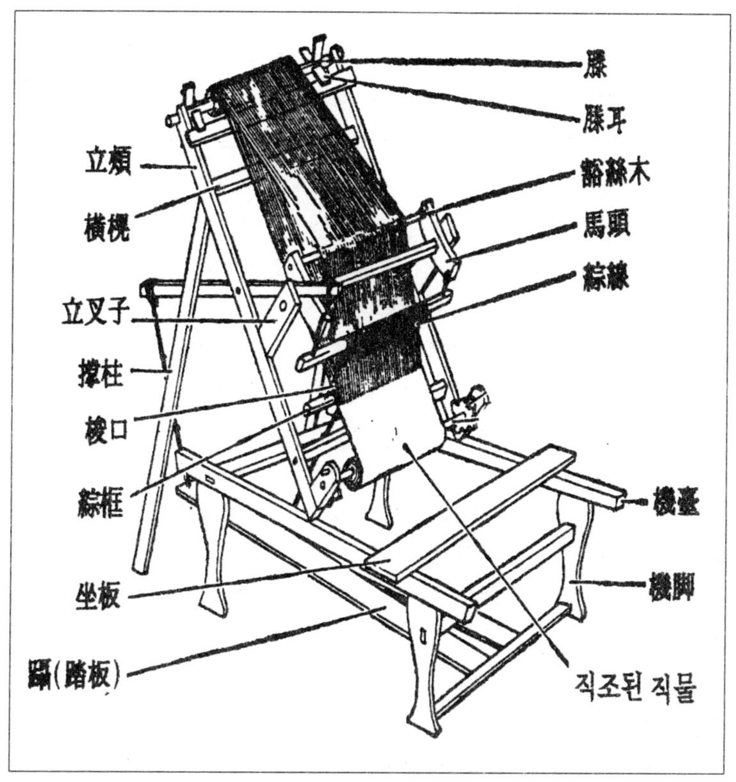

그림 3 직기구조와 부분 명칭도

도기 단계였음을 확인할 수 있다.[80] 그런데 春秋·戰國시기에 이미 세로줄
실인 날실들 사이로 가로줄 실인 씨실을 끌고 다닐 때 사용하는 나무 부속
품인 杼(북),[81] 綜(잉아),[82] 斜織機의 踏脚板인 躡(섭),[83] 織機의 받침대인 機架

---

80) 祝慈壽, 《中國古代工業史》, p.257.
81) 날실 사이를 드나들며 씨실을 내보내게 된 배 모양을 한 나무통으로 나무를 유선형
   으로 깎고 속을 후벼파 꾸리를 넣고 대쪽으로 된 북닫개를 끼워서 막는데, 북 옆에
   뚫린 구멍으로 실가닥이 나오게 되어 있다.
82) 씨실의 한 가닥 걸러 만큼을 따로 다른 나무에 걸쳐매는 실인데, 이것을 끌어올린
   뒤 씨실을 한 올 넣고 다지고, 내리키고 나서 한 올을 넣고 다지는 과정을 거쳐 베를

등이 갖추어진 완전한 織機가 출현하고 있다.[84] 이를 토대로 하여 검토할 때 적어도 戰國시대에는 斜織機가 출현했음을 알 수 있다.[85] 이런 斜織機는 漢代 山東, 江蘇, 四川 지역의 방직 관련 畵像石에서 많이 보여[86] 漢代의 黃河유역과 揚子江유역의 광대한 지역에서 보편적으로 사용되었음을[87] 추정할 수 있다. 더욱이 前漢 昭帝期(B.C. 86~74)에 이미 提花機가 만들어지고, 적어도 後漢 초년에 이미 織花機로 자수를 놓는 방식이 출현할 정도였다. 이처럼 고급직기들이 출현하고 있는 정황으로 볼 때 漢代 紡織 관련 畵像石에 그려져 있는 織機들은 고급품의 織布에 사용되는 것이라기보다는 민간이 일반적으로 사용하는 소형 織機였으므로[88] 적어도 後漢代에는 일반적으로 斜織機의 일종을 사용했다고[89] 단정해도 대과는 없을 것이다.

기존의 직기로 織造할 때는 잉아(베틀의 날실을 끌어 올리도록 맨 굵은 줄)를 손으로 드는 방법을 사용했기 때문에 한 손으로는 잉아를 잡고 다른 손으로는 북을 집어넣는 것이었는데 비하여, 이 斜織機에서는 脚踏板을 장치하여 잉아를 잡는 작업을 두 다리로 하게 되면서 다른 한 손이나 두 손을 바디를 작동시키는 데 사용함으로써 속도가 빨라져 노동력을 절감시켰다.[90]

後漢시기의 방직 관련 畵像石에서 모두 보이는 脚踏板인 躡은 後漢시기 직기 개량 중에서 큰 의의를 가지는 것으로서 後漢시대 견직물 생산고를 높인 가장 중요한 기술적 요인이었다.[91] 이런 脚踏板이 後漢시기에 이르러 광범하게 채용되고 있음은 방직 관련 畵像石 등을 통해서도 어느 정도 확인할

짠다.
83) 직기에서 開口에 필요한 날실을 踏木에 연결하여 발로 밟으면 開口되어 씨실을 통과시키게 하는 장치다.
84) 陳維稷 主編,《中國紡織科學技術史(古代部分)》, p.198.
85) 趙翰生,《中國古代的紡織與印染》, (天津敎育出版社, 1991), p.64.
86) 陳維稷 主編,《中國紡織科學技術史(古代部分)》, pp.198~199.
87) 趙翰生,《中國古代的紡織與印染》, p.64.
88) 祝慈壽,《中國古代工業史》, p.257.
89) 孫機,《漢代物質文化資料圖說》, (文物出版社, 1991), p.52.
90) 祝慈壽,《中國古代工業史》, p.256.
91) 佐藤武敏,《中國古代絹織物史研究》(上), p.329.

그림 4 바디

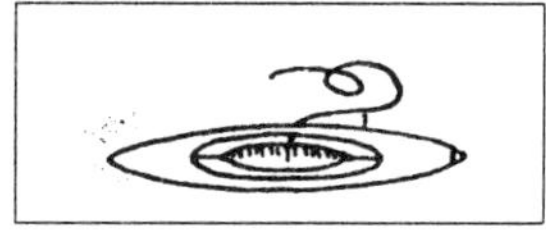

그림 5 북(杼)

수 있다. 그런데 이 斜織機는 機座의 前端에 坐板이 있고, 後端에 機架가 설치된 것으로 機架는 모두 機座에 대해 비스듬하게 설치되었다.[92] 이런 구조

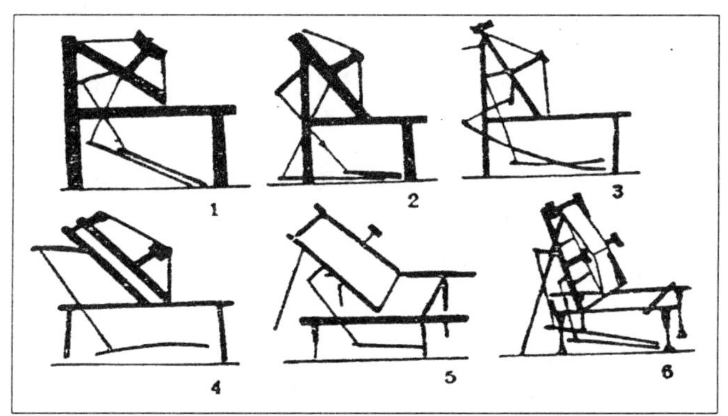

그림 6 漢 畫像石의 斜織機의 여러 형태
1. 山東 滕縣 宏道院 출토   2. 山東 滕縣 龍陽店 출토
3. 山東 嘉祥縣 武梁祠   4. 山東 肥城 孝堂山 郭巨祠
5. 江蘇 沛縣 留城鎮 출토   6. 江蘇 銅山縣 洪樓 출토

는 斜織機의 經面과 수평의 機座가 50~60도의 傾斜를 이뤄 開口(shedding)[93] 후 經面이 평평한지의 여부와 經絲(날실)의 실이 끊어졌는지를 일목요연하게 파악할 수 있었으며, 아울러 직공의 노동력을 절감시켰다.[94] 이렇듯 노

---

92) 同上, p.322.
93) 직기에서 씨실과 날실을 교착시켜 직물을 짜기 위해서는 씨실을 담은 북이 통과할 수 있는 북길을 만들기 위해서 開口運動(shedding)을 해야 한다.

284

동력이 절감되어 노동력이 부족한 소농가정에서도 점차 방직생산에 좀더 많이 참여할 수 있었을 것이다. 더욱이 이 斜織機는 노동력의 투입을 줄이는 효과외에 직물이 평평해지고 고른 布面을 가지도록 하여 질을 제고시켰다.

또한 繰車,[95] 籰子(얼레), 絡車(실감개), 羅車 등이 발명되어 사용되면서 紡織生産力을 향상시켜[96] 견직물 織布기술을 더욱 발전시켰다. 이처럼 秦·漢이후 繰絲와 絡絲·幷絲·加撚 공구가 부단히 발전하여 手工工具보다 정밀하고 생산성이 높아진 手工機械體系로 전환되었다.[97] 더 나아가 秦·漢시기에 繰車, 紡車(spinning wheel : 물레),[98] 絡絲·整經(warping)[99] 공구와 같은 기구들이 많이 생산되면서 絲, 麻, 毛의 紡織技術도 모두 크게 발달했다.

秦·漢이전에 脚踏開口織機가 만들어지면서 1 대의 脚踏織機가 紡錘 30~40개가 뽑아내는 실을 織造할 수 있을[100] 정도로 織造능력이 증대되었는데, 이 織造능력은 방적능력이 뒷받침되어야만 그 효과를 제대로 발휘할 수 있다. 견직물을 직조하기 위해서는 生絲를 몇개 내지 몇십개 撚絲(twisting)[101]해서 사용하는데,[102] 紡紗(spinning)하는 공구로 주로 紡錘[103]를 사용했다.[104] 이

---

94) 陳維稷 主編,《中國紡織科學技術史(古代部分)》, pp.199~200.

95) 繰車라고도 하며, 누에고치에서 실을 뽑는 물레를 말한다.

96) 祝慈壽,《中國古代工業史》, p.242.

97) 陳維稷 主編,《中國紡織科學技術史(古代部分)》, p.161.

98) 中國大百科全書總編輯委員會《紡織》編輯委員會 中國大百科全書出版社編輯部 編,《中國大百科全書 紡織》, (中國大百科全書出版社, 1993), p.364. 옛날에는 紡車를 軒車, 繀車, 緯車라고도 했는데, (趙翰生,《中國古代的紡織與印染》, p.55) 秦漢이전에 中原 지구에서 이미 手工機器인 紡車를 사용하여 紡紗하기 시작했다.

99) 整經과정은 직물의 올 수 만큼의 실을 직물의 길이와 같은 길이로 정리하여 날실을 준비하는 과정이다.

100) 陳維稷 主編,《中國紡織科學技術史(古代部分)》, p.174.

101) 각종 紡績絲에 다시 꼬임을 주는 조작을 말하는데, 실의 강도를 증가시키고, 集束性을 향상시켜서 後工程 특히 직조공정에서의 작업성을 높이고 꼬임을 주어서 실에 적당한 궁근모양, 탄성, 剛性을 줌으로써 특수한 외관과 촉감을 가진 직물을 제조하는 데 목적이 있다.

102) 陳維稷 主編,《中國紡織科學技術史(古代部分)》, p.56.

103) 紡錘는 瓦, 瓦塼, 專, 紡塼, 紡甀, 塼 등으로 불리기도 했는데, 이것은 細紗를 합해 돌려서 두 가닥 실을 한 가닥 실로 만들기 위해 사용하는 도구이다(王若愚, 앞의 논

미 戰國시기에 轆轤式의 紡車(물레)가 출현하여 手搖繰車의 원형을 이루었는데, 戰國末에서 秦·漢시기에 手搖繰車가 점점 보급되어[105] 실의 결점과 不勻을 검사하여 그 결함을 제거하도록 하고 卷裝 내 실의 張力을 일정하게 하여 이후 공정의 능률과 제품의 질량을 제고시켰다.[106]

이처럼 脚踏織機가 織造능력을 향상시키고 방추대신 紡車가 방적능력을 향상시켜 방적생산성과 織布생산성이 조화를 이루게 되었다. 특히 2인의 노동력이 필요한 立式 手搖紡車 외에 1인의 노동력으로도 작업이 가능한 臥式 手搖紡車가 보급되면서 농가에서도 훨씬 수월하게 방적생산성을 제고시킬 수 있었다.[107] 이런 織布

그림 7 絡車(실감개)

와 방적의 생산성 향상으로 인해 방적기구와 직기들이 부단히 발전하여 노동력을 절감시킴으로써 個別 농민가정에서도 점차 紡織經營의 전 공정을 自體 紡織經營 속에 포함시킬 수 있게 되었다. 이런 방직생산력 향상으로 인한 사회적 분업을 기반으로 하여 간단한 平織을 짤 수 있는 斜織機가 주

문, p.75 및 孫毓棠, 앞의 논문, pp.152~153 참조).
104) 陳維稷 主編,《中國紡織科學技術史(古代部分)》, p.174.
105) 同上, p.161.
106) 同上.
107) 同上, p.175.

류를 이루고 있던 상태에서 漢代의 직물 중 가장 복잡한 형태인 錦이나 綺
등을 織造할 수 있는 提花機도 출현할 수 있었다.[108]

이러한 방직생산력의 발전에 따른 고급품의 생산이 증가하는 모습을 고찰하기 위해 먼저 견직물의 織布기법에 대해 고찰해 보자. 견직물은 기법에 따라 平絹, 紗, 綺, 羅, 錦, 刺繡의 6 가지로 분류할 수 있다.[109] 平絹은 일반적으로 날실(經絲 : warp)과 씨실 (緯絲 : weft)의 밀도가 같

그림 8 臥式 手搖紡車

은 것으로서 만들기 쉬워 가장 보편적으로 사용되었던 것의 하나다. 紗는 平織[110]의 일종으로서 하나의 날실과 하나의 씨실로 제작하여 方孔의 형태를 보이는 매우 얇은 직물이다. 綺는 날실이 씨실을 한 올 건너 뛰거나 혹은 그 이상 건너 뛰어 그 부분 만큼 날실이 직물의 바탕 위에 길게 노출된다.[111] 羅는 한 올의 날실이 좌우의 날실에 걸쳐져서 교대로 꼬여져 망과 같은 형태로 짜여진 것으로 고도의 방직기술이 필요한 것이다. 錦은 중국 고대 특히 漢代에 사용되었던 정교하고 화려한 직물로서 가장 아름답고 가치 있는 것이다. 이상의 平絹, 紗, 綺, 羅는 모두 짠 후에 다시 여러 가지 색을 염색한 것이지만, 錦은 먼저 여러 가지 색으로 염색이 된 실로 짜서 문양을 만들어낸 것이다. 이처럼 방직생산력의 발전으로 이미 漢代에 綺, 羅, 錦와 같은 고급직물의 직조가 확대되고 있었다.

---

108) 李仁溥,《中國古代紡織史稿》, p.53.
109) 이하 이 내용에 대해서는 林玲愛, 앞의 논문 참조.
110) 씨실과 날실이 1 올 씩 교차한 직물을 말한다.
111) 佐藤武敏,《中國古代絹織物史硏究》(上), p.217.

또한 織機가 개량되어 많은 양의 방직원료를 소화할 수 있었는데, 이에 수반하여 織布기술도 발전하여 織布속도를 증가시킴으로써 직물생산량을 증대시켰다. 그리하여 관영방직업이나 私營紡織業에서는 대규모적인 紡織經營이 영위되기도 했는데, 이런 방직업에서는 재력, 인력, 설비, 기술의 제약을 극복하면서 점차 발전된 방직도구와 기술을 채용하여 고급 방직품을 생산해가기 시작했다. 이와 함께 보통품을 생산하는 방직도구와 생산기술이 소농가정에 확산될 수 있는 여건을 조성하여 後漢시대에 들어가면서 絲와 麻의 가공과 방직이 농촌 가정수공업의 가장 중요한 것으로 발전했는데, 絲織(絹織), 麻織, 毛織 중에서 絹織기술이 가장 진보하였고 마직기술이 그 다음이었다.[112] 이러한 방직기술과 도구의 발전을 토대로 후한시대에 들어가서는 직물생산이 지역적, 계층적으로 확산될 수 있었다.

3. 섬유작물의 재배와 직조의 성행

앞에서 언급한 것처럼 국가가 방직생산을 권장하였고 민간차원에서도 방직생산기술이 전수되고 있었을지라도 농가의 작물구성과 노동력구성에서 방직생산에 투하할 노동력과 토지가 부족했다면 방직생산은 불가능한 것이다. 그러나 3장에서 후술하듯이 소농가정도 부분적으로나마 점차 개별경영 내에서 방직경영의 전공정을 영위할 수 있었다면 그 원인을 먼저 검토해 보아야 할 것이다.

그러면 방직경영의 첫단계라 할 수 있는 섬유작물을 각 지역에서 어느 정도 재배했는지를 고찰해 보기로 하자. 국가의 권농조치와 지방에서의 섬유작물 재배 노력으로 뽕나무의 재배가 증가하고 있었고, 麻 재배기술의 전파를 통해 각지역의 麻類 작물 재배기술이 漢代에 이미 비교적 높은 수준에 이르러[113] 방직생산 권장의 효과가 나타나고 있었다. 그러나 위와 같은 추정만으로 모든 지역에서 섬유작물이 재배되었을 것이라고 단정하는 것은 설

---

112) 祝慈壽, 《中國古代工業史》, p.242.
113) 同上, p.246.

득력이 부족하다. 그러므로 섬유작물이 광범한 지역으로 확대되었다는 것을 구체적으로 논증할 필요가 있다.

먼저 麻類 작물 재배 상황을 검토해 보면, 漢代의 麻類作物은 대부분 麻가 이용되었고, 그와 병존하여 남방에서는 葛, 북방에서는 苧麻 등이 이용되었다.[114] 그 중 麻는 關中평원, 幷州, 豫州, 荊州 북부, 巴·蜀지구, 兗州에서 재배되었고,[115] 燕·代,[116] 齊,[117] 鄒·魯,[118] 沂水·泗水 以北[119]에서도 재배되었는데, 齊와 魯 지방에서는 대규모로 1,000畝 씩이나 재배하는 경우도[120] 있었다. 더욱이 漢代에 이르러 中原문화가 변경지방으로 전파되면서 桂陽, 五原, 廣東 지역까지 재배가 확산되고, 남방 및 서남 각 소수민족지구에서도 麻의 재배가 보편화되었다.[121]

그런데 麻는 桑科에 속하는 일년생 草本식물로서 원산지가 인도, 페르시아이지만 용이하게 기후의 변화에 적응할 수 있으므로[122] 남방은 인도에서 북방은 시베리아에 이르기까지 거의 세계 도처에서 재배될 정도였다.[123] 즉 열대로부터 北溫帶의 각 지방에서 재배될 수 있었으므로 중국에서도 대부분 지역에서 재배할 수 있었다는[124] 것을 감안한다면 위에 열거된 지역은 물론 열거되지 않은 모든 지역에서 대부분 麻를 재배할 수 있었음이 틀림없

---

114) 李再倫, 〈我國麻紡史上幾個問題的檢討〉, 《經濟學術資料》 1982-12, p.31.

115) 孫毓棠, 앞의 논문, p.147.

116) 《史記》 卷 129 貨殖列傳, p.3270. "燕代田畜而事蠶."

117) 《史記》 卷 129 貨殖列傳, p.3265. "齊帶山海, 膏壤千里, 宜桑麻, 人民多文綵布帛魚鹽."

118) 《史記》 卷 129 貨殖列傳, p.3266. "鄒·魯濱洙·泗, …頗有桑麻之業"

119) 《史記》 卷 129 貨殖列傳, p.3270. "沂·泗水以北, 宜五穀桑麻六畜, 地小人衆, 數被水旱之害, 民好畜藏"

120) 《史記》 卷 129 貨殖列傳, p.3272. "齊·魯千畝桑麻"

121) 《漢書》 卷 28 下 地理志 下, p.1670. "武帝元封元年略以爲儋耳·珠厓郡. 民皆服布如單被, 穿中央爲貫頭. 男子耕農, 種禾稻苧麻, 女子桑蠶織績."이라 하여 武帝 元封 元年(B.C. 110)에 설치된 儋耳와 珠厓郡에서 苧, 麻, 뽕나무를 재배하여 방직함을 언급하고 있다.

122) 張炳浩·金泳錫·河完植·崔榮燁, 《纖維材料學》, (螢雪出版社, 1977), p.115.

123) 編輯兼發行者 金益達, 《農業大事典》, (學園社, 1962), pp.486~487.

124) 陳維稷 主編, 《中國紡織科學技術史(古代部分)》, p.8.

다. 더욱이 麻는 발아온도도 섭씨 1°～42° 사이면 되고,[125] 새싹도 섭씨 -5°～-3° 사이의 저온을 견딜 수 있어[126] 기후의 차이에 따라서 적당한 때를 골라서 파종할 수 있었다.[127]

　위의 麻類作物이 재배된 지역을 토대로 마직물이 직조된 지역을 검토하여 보기로 하자. 앞에서 열거한 지방관리들이 섬유작물의 재배와 동시에 방적이나 직조에 관련된 도구를 만들도록 하고 그 기술을 보급하는 것으로 보아 麻類작물이 재배된 지역에서는 방직노동에 종사할 수 있는 여성노동력이 있었다면, 대개 직조가 이루어졌을 것으로 보인다. 그러므로 황하와 양자강 유역을 비롯한 대부분의 지역에서 마직물의 직조가 이루어지는 것으로 보이는데, 예를 들면 關中평원, 山東의 齊·魯지역, 幷州, 豫州, 荊州 북부, 四川 분지, 양자강 중하류, 桂陽, 五原 등 남방 및 서남 각 소수민족지구 등에서 마직물의 직조가 이루어지고 있었다.[128]

　그리고 紵는 巴·蜀지구를 비롯해 幷州·兗州·豫州·揚州·荊州 북부[129] 儋耳·珠厓郡[130] 등에서 재배되었다.[131] 위·진시기까지는 黃河 유역이 紵麻 재배의 주요한 지역이었는데,[132] 西晉시기의 左思가 〈魏都賦〉에서 鄴城의 田野에 紵가 자라고 있는 모습을 묘사하고 있어[133] 晉代에도 黃河유역에서 紵

---

125) 編輯兼發行者 金益達, 《農業大事典》, (學園社, 1962), pp.486～487.
126) 中國大百科全書總編輯委員會<<農業>>編輯委員會 中國大百科全書出版社編輯部 編, 《中國大百科全書 農業》Ⅰ, (中國大百科全書出版社, 1990), p.142.
127) 中國農業百科全書總編輯委員會農作物卷編輯委員會, 《中國農業百科全書(農作物卷 上)》, (農業出版社, 1991), p.80. 예를 들면 현재 동북지구에서는 기후가 한냉하여 4월 중순에서 5월 상순에 걸쳐서 파종하고, 서북지구는 평야지대와 산악지대의 기온차가 커 3월 하순부터 5월 상순에 걸쳐서 파종하며, 河北의 沙壤土에서는 4월 하순에서 5월 초순에 파종하고 특히 음습하고 냉한 습지와 粘壤土에서는 5월 하순까지도 파종하고, 四川은 겨울철에도 온난하여 12월 하순부터 5월 상순에 걸쳐서 파종하고 있다.
128) 祝慈壽, 《中國古代工業史》, p.246. ; 李再倫, 앞의 논문, p.31.
129) 형주와 양주 지역은 紵麻를 일년에 세 번 수확할 수 있었다(祝慈壽, 《中國古代工業史》, p.247).
130) 《漢書》卷 28 下 地理志 下, p.1670.
131) 孫毓棠, 앞의 논문, p.147 참조.
132) 孫機, 《漢代物質文化資料圖說》, p.51.
133) 左思, 〈魏都賦〉(《文選》권 6), p.9. “黝黝桑柘　油油麻紵”

가 재배되고 있음을 확인할 수 있다. 그런데 위·진 이후 기후가 점차 추워
지면서 온화한 것을 좋아하는 紵麻는 온난한 황하의 남쪽으로 이동하여[134]
南北朝시대 이후에는 紵麻의 재배지역이 차츰차츰 華南지역으로 이동하여
공전의 발전을 하였다.[135]

葛은 야생 다년생식물로서 산비탈, 풀숲, 밀림 및 척박한 토양에서 모두
잘 자라 대부분의 토양에서 자랄 수 있었는데, 보통 온난하고 습윤한 지구
에서 자라며, 耐旱性이 강하고 남북 각지에서 모두 자랄 수 있었으므로[136]
각 지역에서 재배되었을 확률이 높다. 특히 江浙지역에서 잘 자라 戰國시대
부터 秦·漢시대의 우수한 葛織品은 동남 일대에서 산출되었다.[137] 그러므로
漢代 이래 농가에서 재배한 家葛이 경제작물의 하나가 되었다는 주장도[138]
대과가 없는 것으로 여겨진다. 葛은 봄에 파종하여 여름에 收割했는데, 麻
에 비하여 재배하기가 훨씬 용이했으므로[139] 각 지역으로 확대되기 쉬운 조
건을 가져 생산량이 증대될 수 있었을 것이다. 그러나 칡덩쿨은 성장이 완
만하고 가공이 곤란하여 섬세한 葛絲를 제외하고는 점차 麻가 확산되면서
생산이 줄어들고,[140] 가공하기 쉬운 麻로 대체되었다.[141] 그러므로 전국적인
측면에서는 葛의 생산량은 심히 적어 麻의 생산량에 미치지는 못했다.[142]

다음으로 뽕나무 재배의 지역적 확대에 대해 고찰하자.《詩經》에서는 지
금의 山東, 河南, 山西, 陝西, 甘肅지방에서 뽕나무 재배·養蠶이 이루어지
고 있음을 밝히고 있고,《尙書》〈禹貢〉과《周禮》〈職方氏〉에 언급된 蠶桑
經營의 주요지구는 현재의 山東, 河南, 陝西, 湖北 등이어서[143] 주로 黃河지

---

134) 李再倫, 앞의 논문, p.31.
135) 孫機,《漢代物質文化資料圖說》, p.51.
136) 中國農業百科全書總編輯委員會農作物卷編輯委員會,　《中國農業百科全書(農作物卷
　　　上)》, p.207.
137) 祝慈壽,《中國古代工業史》, p.247.
138) 同上.
139) 同上.
140) 李再倫, 앞의 논문, p.31.
141) 李再倫, 앞의 논문, p.31.
142) 祝慈壽,《中國古代工業史》, p.247.

역 전체에 걸쳐 蠶桑이 행해지고 있었음을 알 수 있다. 이처럼 원래 그 중심지역은 黃河 중류였으나, 戰國시기에는 黃河 하류지구에도 빠르게 전파되어 齊와 魯가 점점 중요한 산지로 발전했다.[144] 前漢 중기 이래 국가가 권농정책을 추진하면서 前漢 말기에는 廣東지역까지 뽕나무의 재배가 확산되고 있고, 後漢에 들어가면 江南지역에서도 재배가 증가하고[145] 있다. 후한시기에 들어와서 뽕잎이 없이도 누에고치를 얻을 수 있는 야생누에의 사육이 발전했지만 위진남북조시기까지 매우 완만하게 발전하고 있는데,[146] 이것은 뽕나무의 재배가 점차 확대되어 집누에의 사육이 발전했기 때문에 나타난 현상이었을 것이다. 더욱이 뽕나무가 온대로부터 아열대지역 즉 북위 50°로부터 남위 10°에 걸쳐 온난다습한 지방에서 잘 자라는[147] 것을 감안한다면, 위에서 열거된 지역은 물론 중국의 대부분의 지역에서 재배될 수 있었을 것이다.

중국 고대 견직물 직조의 중심은 원래 山東, 河南 일대의 중원지구였으나, 기후의 변화, 전란의 영향, 기타의 원인으로 그 중심이 옮겨졌다.[148] 《尚書》에서는 河南, 山東, 江蘇, 安徽, 江西, 湖北, 湖南 등에서 명주실과 견직물을 생산하고 있는 것으로 기록되어 있어 黃河지방만이 아니라 揚子江 중·하류 유역에서도 견직물이 생산되고 있음을 알 수 있다.[149] 漢代에 들어와서는 黃河 유역에서 江南地方과 四川地方으로 견직물 생산이 확대되는데,[150] 前漢 武帝期까지는 견직물의 특산지가 山東, 河北이었지만, 그 후 河南으로까지 확대되고 前漢 말기에는 廣東지역까지 견직물의 직조가 확산되고 있다.[151]

---

143) 李長年·章楷, 〈山海經禹貢周禮等有關農學的調查研究〉, (中國農業遺産研究室編著, 《中國農學史》(上), 科學出版社, 1984), p.195.
144) 陳維稷 主編, 《中國紡織科學技術史(古代部分)》, p.40.
145) 佐藤武敏, 《中國古代絹織物史研究》(上), pp.318~319.
146) 華德公, 앞의 논문, p.442 및 447.
147) 編輯兼發行者 金益達, 《農業大事典》, p.1066.
148) 王翔, 앞의 논문, p.93.
149) 佐藤武敏, 《中國古代工業史の研究》, pp.124~126.
150) 同上, pp.150~151.

292

春秋시대는 양자강 이남의 楚 지방에서 주로 公室을 중심으로 이미 견직물 생산이 시작되고 있었지만, 揚子江 유역에서 견직물 생산이 번성하게 되는 것은 戰國시대에 들어선 이후이다.[152] 그리고 後漢시기에 들어와 남방의 長沙, 桂陽, 廬江 등에도 견직물의 직조가 점차 확대되어 갔는데,[153] 이것은 桂陽太守가 뽕나무·麻·紵 등의 재배·養蠶을 권한 내용에 대해 《後漢書》를 주석한 李鉉 등이 《東觀記》를 인용하여 民에게 양잠을 하도록 하여 강남에 직조가 보급되기 시작했음을 부연설명하고 있는[154] 데서도 확인할 수 있다.

견직물 직조의 지역적 발전 상황을 검토하여 보면, 齊와 蜀이 가장 번성했으며,[155] 그 다음은 襄邑이고[156] 그 다음이 河內였다.[157] 그러므로 漢代의 뽕나무 재배·養蠶·織造는 현재의 山東, 河南 북부, 河北 남부에서 가장 발달하였고, 그 다음은 四川 분지에서 발달하였는데, 江南 지구는 북방과 같이 발달하지는 않았으나, 이미 전한 무제기에 현재의 海南島 지역에 설치되었던 儋耳·珠厓郡[158]까지 확산되고 있다. 이윽고 後漢 초기에는 江南 지역에도 섬유작물 재배와 織布가 상당히 확산되고 있었다.

그리하여 방직의 원료인 絲, 麻, 葛, 毛 중 가장 일반적인 絲와 麻를 점차 일반 농가에서도 생산하여 방직생산에 이용하는 것이 확대되었다.[159] 지역적으로 섬유작물의 재배상황을 검토하여 보면, 揚子江 以北 북방 지역에서는 뽕나무가 일반적이었고, 揚子江 이남 남방지역에서는 後漢 이래 뽕나무도

---

151) 佐藤武敏, 《中國古代絹織物史研究》(上), pp.318~319.
152) 佐藤武敏, 《中國古代工業史の研究》, pp.124~126.
153) 祝慈壽, 《中國古代工業史》, pp.245~246.
154) 《後漢書》卷 75 循吏列傳 茨充傳, p.2460.
155) 《論衡》卷 20 程材篇, p.686. "齊部世刺繡, 恒女无不能" ; 《後漢書》卷13 公孫述傳 p.535. "蜀地…女工之業 覆衣天下". 蜀의 女工들이 방직한 물품이 널리 보급되었다고 할 정도로 前漢 이래로 촉 지역의 농촌 가내방직이 발전했음을 알 수 있다.
156) 《論衡》卷 20 程材篇, p.686. "襄邑俗織錦, 鈍婦无不巧."
157) 祝慈壽, 《中國古代工業史》, p.249.
158) 《漢書》卷 28 下 地理志 下, p.1670.
159) 祝慈壽, 《中國古代工業史》, p.242.

광범하게 보급되기 시작하였지만 麻가 더 일반적이었는데, 麻를 재배하지 못할 경우는 葛을 재배하거나 野生 섬유작물을 채취하여 방직할 수도 있었을 것이다.

이렇듯 섬유작물을 재배하여 직조한 사실이 문헌사료에 나타난다고 하여 곧바로 소농가정에서도 직조가 이루어지고 있었다고 볼 수는 없다. 그렇지만 지역간 분업을 연결시켜 줄 수 있는 유통체계가 존재하였으므로 섬유작물이 재배되지 않는 지역에서도 私營紡織業者나 소농가정이 섬유작물이나 반성품을 구득하여 직조할 수 있었다. 이런 구조를 통해 방직생산이 각 지역으로 전파될 수 있었으므로 戰國時代 이후 紡織生産力 발전으로 방직생산이 전국적으로 번성하여 갔다는[160] 견해는 대과가 없는 것으로 보인다.

이런 직물생산의 발달을 기반으로 하여 染織工藝도 발전했다. 戰國時代의 染織工藝기술의 기초위에서 漢代의 染織工藝는 비약적으로 발전하여 染織의 산출량과 품종이 많았다.[161] 그리하여 染織工藝의 원료가 되는 염료의 재배가 활발하였는데, 예를 들면 藍靛(靑色물감), 茜草(紅色 물감원료), 茈(紫色 물감원료), 梔(黃色 물감원료) 등이 재배되었다.[162]

紡織生産力의 발전과 국가의 생산 권장에 따라 지역적으로 직물생산이 확대되었다. 이와 함께 전한 초기부터 이미 고급품의 생산이 점차 일반화되기 시작하면서 견직물이 서민층까지 유행하게 되었다고[163] 할 정도로 점차 衣料의 소비수준이 향상되고 있었다. 전한시기에서 후한시기에 걸쳐 다양한 견직물들이 생산되어 품종이 크게 증가하고 질량도 크게 좋아지고, 생산량,

---

160) 李仁溥,《中國古代紡織史稿》, p.31.

161) 吳淑生·田子秉,《中國染織史》, p.68.

162) 曹貫一,《中國農業經濟史》, (中國社會科學出版社, 1989), p.195.

163)《漢書》 권 1 高帝紀 下. p.65. "(高祖 8年) 賈人毋得衣錦繡綺縠絺紵罽, 操兵, 乘騎馬." ;《漢書》 권 48 賈誼傳, p.2242. "今民賣僮者, 爲之繡衣絲履偏諸緣, 內之閑中, 是古天子后服, 所以廟而不宴者也, 而庶人得以衣婢妾. 白縠之表, 薄紈之裏, 緁以偏諸, 美者黼繡, 是古天子之服, 今富人大賈嘉會召客者以被牆. 古者以奉一帝一后而節適, 今庶人屋壁得爲帝服, 倡優下賤得爲后飾, ⋯且帝身自衣卑綈, 而富民牆屋被文繡." ;《鹽鐵論》 권 7 散不足, p.17左(100), "今富者縟繡羅紈中者素綈錦氷常民而被后妃之服褻人而居婚姻之飾"

294

유통량, 소비량이 크게 증가한[164] 점에서도 위의 추론을 어느 정도 신뢰할 수 있다. 더욱이 織機 등 방직도구의 개량이 이러한 생산량의 증가와 품질의 제고를 뒷받침하고 있다.[165] 이처럼 前漢시대에서 後漢시대로 넘어오면서 방직기술이 발전하고 생산량이 증가하자, 서민층으로까지 견직물의 보통품이 점차 일반화되기 시작하였음을 알 수 있다.

前漢시기부터 국가의 재정확보책에 의해서 소농가정의 부업생산이 강제된 것처럼 방직품은 貢稅와 자가소비를 위한 생산으로서의 성격이 강했으므로 농촌에서는 집집마다 모두 직물을 생산할 정도로 방직이 흥성하는데,[166] 특히 布帛은 국가의 재정운용에서 중요한 역할을 하기 시작했기 때문에 방직생산이 지역적으로 확대되는 하나의 요인이 되었다. 물론 그 효과에 대한 과장도 있었겠지만,《漢書》〈食貨志〉에 실려 있는 王莽時期의 稅를 언급한 기록에서 양잠, 紡績, 織紝(織造), 補縫(바느질) 등에 종사하는 부인에게 그 이익의 1/10을 貢으로 내도록 하는 것을 볼 때[167] 국가가 이것들을 조세수입원으로 삼을 정도로 성장하고 있었음을 알 수 있다.[168] 이런 발전을 배경으로 방직업은 민간 수공업 중 가장 보편적이고 주요한 수공업으로 성장할 수 있었다.[169]

그러면 後漢代의 紡織經營에 대해 고찰하자. 後漢代의 일반 농가는 대개 가옥 주변의 공지에 뽕나무를 심어 양잠과 繰絲를 하여 織造했으므로[170] 이

---

164) 王翔, 앞의 논문, p.95. 前漢시기에 쓰여진 《急就篇》에는 견직물의 종류로서 19 가지를, 색의 종류로서 19 가지를, 문양의 종류로서 9 가지를 열거하고 있다. 또한 後漢시기에 쓰여진 《說文解字》에 따르면 직물조직으로 구분한 명칭 19종, 색채에 따른 명칭 35종의 견직물이 수록되어 있다.
165) 佐藤武敏, 《中國古代絹織物史研究》(上), p.320.
166) 吳淑生·田子秉, 《中國染織史》, p.69.
167) 《漢書》 卷 24 下 食貨志, p.1181.
168) 《莊子》(陳鼓應 注譯, 《莊子今注今譯》을 이용함) 人間世, p.138. "挫鍼治繲, 足以餬口; 鼓筴播精, 足以食十人." 이처럼 바느질이나 세탁을 하면 생계를 꾸려갈 수 있다고 하는 것으로 보아 방직생산에 종사하여 생계를 유지할 수 있었다는 추정에 대과가 없을 것이다.
169) 李仁溥, 《中國古代紡織史稿》, p.38.
170) 祝慈壽, 《中國古代工業史》, p.244.

런 상황을 반영하여 "한 사람의 여자가 직조를 하지 않는다면 그 때문에 추위에 떠는 자가 생기게 된다"[171]는 말이 당연하게 여겨질 정도로 의복의 자급을 위한 생산이 일반화되어 갔다. 그리고 그들이 생산한 방직품은 대부분 국가에 공세로서 납부하고, 나머지의 대부분은 가내소비에 충당했다.[172] 個別가정의 측에서 본다면 가내 방직경영에 의한 생산품은 많지 않았으나, 수많은 농민가정이 대개 이러한 생산을 하였으므로 이것이 국가경제에서 차지하는 비중은 작지 않았음에 틀림없다.[173] 더욱이 後漢시대에 들어와서는 前漢시대 만큼 궁정직영의 견직물업이 성하지 않고, 비중도 작아지면서 농민의 공세에 의존하는 형태가 증가되었다.[174] 또한 관영방직업은 견직물만 생산했으므로[175] 마직물은 私營紡織業과 家內紡織業에서 생산된 것으로 충당되어야 했을 것인데, 이것도 個別 소농가정에서 紡織經營이 흥성하게 된 요인 중의 하나다. 더욱이 布帛은 해외 여러나라와 교역에 사용되기도 하였으므로 이것의 생산과 축적은 국가경제적인 측면에서도 중요한 문제였다.

그리하여 後漢代로 들어가면서 지역적으로나 계층적으로나 紡織經濟에 참여할 수 있는 소농가정이 확대될 수 있었다. 그 구체적인 가능성에 대해 장을 바꿔 소농가정에서의 紡織經영의 발전과정과 다양한 형태를 언급하는 과정에서 검토하기로 하자.

III. 小農家庭에서의 紡織經營의 발전

1. 紡織經營의 발전과정

---

171) 《漢書》 卷 24 上 食貨志, p.1128.
172) 祝慈壽, 《中國古代工業史》, p.244.
173) 逄振鎬, 《秦漢經濟問題探討》, (華齡出版社, 1990), pp.101~102.
174) 佐藤武敏, 《中國古代工業史の硏究》, p.149.
175) 祝慈壽, 《中國古代工業史》, p.243.

296

여기서는 紡織經營이 개별경영 속에 수용되는 과정을 고찰하기 위해 우선 《秦簡》〈封診式〉에 있는 다음 자료에 주목해 보자.

(1) 訊乙・丙, 皆言曰: "乙以迺二月爲此衣, 五十尺, 帛裏, 絲絮五斤裝, 繆繒五尺緣及純. 不知盜者何人及早暮, 毋意也."[176]

위의 사료는 秦의 士伍가 帛 50척(1.25필)과 錦絮 5근, 繆繒 5척으로 만든 의복을 도둑맞은 사건을 다루고 있다. 이 도둑맞은 의복은 어쨌든 士伍 甲의 소유였던 것만은 사실이다. 그렇다면 이 士伍의 옷은 구입한 것일까? 《秦簡》〈封診式〉 封守의 다음 자료는 이 문제의 해결과 관련하여 주목할 만한 내용을 담고 있다.

(2) 以某縣丞某書, 封有鞫者某里士伍甲家室・妻・子・臣妾・㉠衣器・畜産. 甲室・人: 一宇二內, 各有戶, 內室皆瓦蓋, ㉡木大具, ㉢門桑十木.[177]

위의 기록을 통해 無爵의 齊民인 士伍의 재산 상황에 대해 알 수 있는데, 특기할 만한 것은 그가 ㉠의 衣器와 ㉢의 뽕나무 열 그루를 소유하고 있다는 점이다. 이 ㉠의 衣器를 옷을 걸어 놓는 데 사용하는 衣杆으로 해석할 수도 있을 것이다. 그러나 내실에 비치된 가구로 ㉡의 木大具 등이 따로 언급되어 있으므로 옷을 거는데 사용하는 衣架나 衣杆은 아닐 것이다. 그리고 衣器가 木大具와 같은 가구 등을 열거하는 곳에 기록되지 않고, 재산상황을 언급하는 곳에서 畜産과 나란히 표기된 점으로 보아 그 정도로 중요한 부동산이나 도구였을 것이다. 이런 점을 고려한다면 ㉠의 衣器는 繅絲와 관련된 것이거나 아니면 織機일 확률이 높다.

베를 짜는 기구를 현재는 織機라 하지만, 漢代까지의 문헌에서는 織器[178]나 紝器[179]라는 용어가 보여 衣器가 옷을 거는데 사용하는 것이 아니었을 것

---

176) 睡虎地秦墓竹簡小組 編, 《睡虎地秦墓竹簡》, (文物出版社, 1987), 封診式 穴盜, p.271(이하 《秦簡》으로 약칭함).
177) 《秦簡》封診式 封守, p.249.
178) 《韓詩外傳》(漢魏叢書本) 권 2, p.36中. "妻戴織器"

이라는 위의 추론은 뒷받침
된다. 그러나 司馬遷이《史
記》〈甘茂傳〉에서 曾子 어
머니의 고사를 인용하면서
"投杼下機"[180]라　　서술하는
것으로 보아 漢代에서도 機
가 織機를 의미하고 있다.
이런 사례는 後漢시기의《
四民月令》에서 織機를 언급
하면서 "具機杼"[181]라는 표
현을 사용하는 것처럼 한대

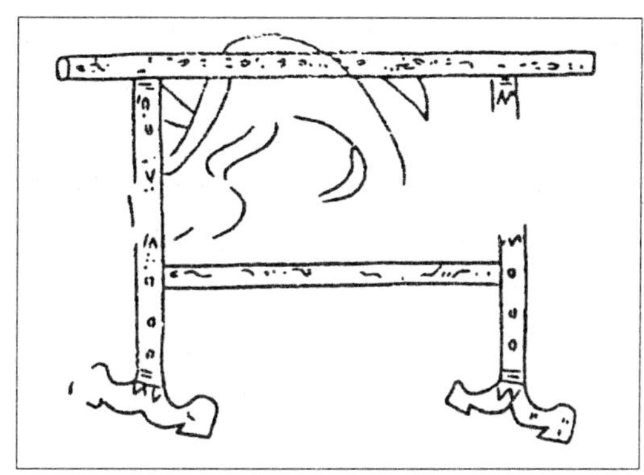

그림 9 衣杆

이후 機가 織機를 의미하는 용어로 정착된 것으로 보인다.[182] 그러므로 機와
器는 모두 織機를 의미하는 용어로 사용되고 있었음을 알 수 있다. 위의 견
해들을 종합한다면 士伍 갑의 가정에서 衣器라는 織機를 소유하여 방직을
할 수 있었을[183] 것이라는 추론도 가능하다.

　물론 이런 추론은 위의 士伍에 대한 기록이 더 이상 없기 때문에 士伍 갑
에 대한 연구로 위의 추론을 검토할 수는 없다. 그래서 필자는 이와 유사한
문헌자료와 士伍 갑의 재산 상황을 검토함으로써 傍證하는 방법을 사용하
기로 했다. 그가 노비 2명과 가축 등을 소유하고 있는 것을 보아 일단 중가
층 정도로 파악해도 큰 오류가 없다면, 일단 중가층 정도에서는 방직을 할
수 있다는 것으로 추론할 수 있을 것이다.《秦簡》에서 뽕잎을 훔치는 기사

---

179)《古列女傳》권 2 賢明 楚接輿之妻傳, p.21左. "夫負釜甑妻戴紝器 變名易姓而遠徙莫
　　知所之"
180)《史記》卷 71 樗里子甘茂列傳 甘茂傳, p.2311.
181) 石聲漢,《四民月令校注》, (中華書局, 1965), p.33. "繭既入簇, 趣繰 ; 剖綿, 具機杼,
　　敬經絡."
182) 丁度 等撰, 方成珪 考正,《集韻》, (臺灣商務印書館, 1968), 附考正 권 1 平聲, p.129.
　　宋의 丁度 등이 撰한《集韻》에서는 "機一曰織具也"라 하여 機를 織具로 정의하고 있
　　다.
183)《管子》卷 3 幼官, 30上. "毋乏耕織之器"

298

는 섬유작물이 재배과정에서는 이미 個別 농가 단위로 재배되었음을 반증
하는 것은 아닐까? 위에서 언급한 사료의 한계는 방적이나 織造를 의미하는
구체적인 표현이 없다는 점이다.

　그러나 《秦簡》 이외에도 紡績이나 織布에 관해 풍부한 단서를 제공하고
있는 자료들이 많다. 그중 먼저 《國語》〈魯語〉에서 이와 관련된 내용을 검
토해 보기로 하자.

　　　(3) 公父文伯이 조정에서 물러나와 그 어머니를 뵈니 그 어머니는 紡績을 하
고 계셨다.[184]

　위 기록에서 公父文伯의 어머니가 방적을 하고 있는데, 季孫氏 후예의 하
나인 公父文伯은 孔子(B.C. 551~479)와 같은 시기에 생존했던 魯 季康子의
숙부로서 기원전 6세기 정도에 생존했던 것으로 추정된다. 이처럼 그의 가
문이 상류층에 속했고, 그가 대부였으므로 적어도 기원전 6세기 경의 상류
층 가정에서는 방직생산을 하고 있는 것으로 볼 수 있지 않을까? 그렇다면
상류층 이하의 가정에서는 어떠한 상황이었는지를 검토하기 위해 《戰國策》
〈秦策〉에 실려 있는 다음 귀절에 주목해 보자.

　　　(4) 옛날에 曾子가 [노나라] 費(山東省 費縣)라는 읍에 살고 있을 때 성과 이
름이 같은 자가 있었는데, [그가] 사람을 죽이게 되었습니다. 누군가가 증자의
어머니에게 '曾參이 사람을 죽였다'고 일러 주었으나, 증자의 어머니는 '내 아
들은 사람을 죽이지 않았다'고 하면서 ㉠평소와 같이 베를 짜고 있었습니다.(織
自若) 조금 있다가 다른 사람이 와서 또 말하기를 '曾參이 사람을 죽였다'고 했
으나, 그 어머니는 그래도 여전히 태연하게 베를 짜고 있었습니다. 좀 지나서
다른 사람이 와서 또 '曾參이 사람을 죽였다'고 하니 그 어머니는 두려워하면
서 ㉡북을 던져버리고 담을 넘어서 도망갔습니다.[185]

　위의 기사에서 증자의 어머니는 증자가 살인했다는 얘기를 듣고도 태연
하게 ㉠과 같이 織造하다가 세번째 들었을 때는 드디어 ㉡의 북(杼)을 버리

---

184) 《國語》(上海古籍出版社本) 卷 5 魯語 下, p.205.
185) 《戰國策》(《戰國策全譯》, 貴州人民出版社, 1992를 이용함) 秦策 2, pp.107~108.

고 도망갔다는 내용이다. 북은 직조할 때 쓰는 도구이고 위의 ㉠에 織이란
글자가 있는 것으로 보아 증자의 어머니가 織造하고 있었음을 알 수 있다.
그렇다면 적어도 기원전 5세기 경에는 個別가정에서 織造하는 것을 명백하
게 확인할 수 있다.

曾子(B.C. 505~436)는 春秋 말기에 태어났으므로 증자의 어머니는 기원
전 6세기에 태어났을 것인데, 증자의 어머니보다 1세기 정도 뒤에 태어난
李悝(B.C. 455~395)의 '盡地力之敎'에 언급된 농민들이 방직을 하여 의복
을 자급하지 않고 의복을 구입하는 것과 이 자료를 비교하면 큰 차이가 있
다. 증자의 집에서 재배, 紡績, 織布가 모두 이루어지고 있는지는 단정할 수
없으나,[186] 織造하고 있음은 확실하다. 이처럼 李悝의 '盡地力之敎'와는 달리
그보다 약간 빠른 시기에도 個別가정에서 방직이 이루어지고 있었다. 그렇
다면 이 차이는 지역적 차이인가, 아니면 士人가정과 소농가정의 차이인가?
일단 위의 (3)과 (4)에 관련된 지역인 河南과 山東은 견직물 생산이 발달했던
지역이었던 데다, 위의 자료에서 公父文伯이나 증자의 가족 구성원 중 여성
이 농업 노동에 종사하는 것이 보이지 않았기 때문에 여성의 잉여 노동력으
로 방직을 하였을 것이라 추론할 수·있다.

그런데《戰國策》〈秦策〉에 실려 있는 다음 자료는 이 문제에 대해 몇 가
지 시사점을 준다.

(5) [蘇秦은] 秦을 떠나 돌아오는 수밖에 없었다. 그런데 그 꼴이 그저 다리
를 헝겊으로 칭칭감고, 짚신을 신고, 어깨엔 책 보따리를 둘러매고, 몸은 마를
대로 말라 얼굴은 거멓게 떠서 남루한 모습이었다. 이런 꼴로 집에 다다르니
처는 베틀에서 내려오지도 않고, 형수는 밥도 안지어 주고, 부모조차도 더불어
말도 하려 들지 않았다.

위의 내용은 蘇秦(B.C. ?~B.C. 317)이 유세를 성공시키지 못하고 귀가했
을 때 그 처가 직기에서 내려오지도 않고 있는 것을 언급하고 있다. 이처럼

---

186) 앞에서 언급했듯이 가난했다는 顔回도 桑田을 소유하고 있는 것으로 보아 재배할
    가능성은 있다.
187)《戰國策》秦策1, p.63.

300

洛陽의 가난한 士였던 蘇秦의 가정에서도[188] 방직을 하고 있다. 이런 사료들을 종합해 볼 때 春秋시대에서 戰國시대에 걸쳐 이미 가난한 士人 가정에서도 직물을 생산하고 있었다고 이해해도 큰 오류는 없을 것이다.[189] 그렇다면 위의 두 사료보다 후에 씌여진 (2)의 《秦簡》〈封診式〉封守에 언급된 衣器를 근거로 無爵의 齊民 중에서도 중가층 정도에서는 방직이 이루어지고 있음을 반영하는 것으로 단정해도 대과는 없을 것이다. 위의 가난한 사인가정들에서는 잉여노동력이 있어 방직경영을 할 수 있었고, (2)의 《秦簡》에서도 士伍가 노비를 두 명 보유하고 있었기 때문에 노동력의 수급이 원활하여 방직경영에 참여했을 것이라 추정할 수 있다.

그러므로 점차 個別家庭 단위의 紡織經營이 중가층 이하로 확대되고 있음을 알 수 있다. 그 모습을 찾아보기 위해《漢書》〈食貨志〉의 다음 자료를 검토해 보자.

> (6) 始皇帝 시기에 이르러 드디어 천하를 통일하고 국내에서는 토목공사를 일으키고, 대외적으로는 夷狄(匈奴·南越)을 물리쳤는데, 泰半의(즉 3분의 2에 가까운) 賦를 부과하였고, 里門의 좌측에 거주하는 남자(즉 자기 마을의 반수의 남자)들은 수비병으로 징발되었다. [그래서] 남자가 힘껏 농경에 종사하여도 兵粮을 조달하기에 부족하였고, 여자들은 방직에 힘써도 衣類를 마련할 수 없었다.[190]

위에서 보이듯이 秦의 전국 통일 이후에도 소농민은 個別가정에서의 방직으로 의복을 자급하는 것이 힘들었음을 언급하고 있다. 그러나 주목해야 할 것은 李悝의 ‘盡地力之敎’가 방직을 언급하지 않고 있는데 비하여, 여기서는 자급할 만큼 생산량이 충분하지는 못했지만 방직을 하고 있는 것을 언급하고 있다는 점이다. 또한 衣類가 부족한 원인이 조세와 군역의 부담이 과중하여 소농가정의 재생산체계가 잘 유지되지 못했기 때문이라는 것이다. 즉 遠地의 수비(適戍)에 里門의 좌측에 거주하는 사람들이 모두 징발되었다

---

188)《戰國策》秦策1, p.64. “且夫蘇秦 特窮巷掘門 桑戶棬樞之士耳”
189) 佐藤武敏,《中國古代工業史の硏究》, p.141.
190)《漢書》卷 24 上 食貨志, p.1126.

가 그 후에는 우측에 살고 있는 주민들이 모두 징발되면, 마을 남자의 반이
농경에 종사할 수 없으므로 노동력의 수급에 차질이 생겼기 때문이라는 것
이다. 이처럼 남성노동력이 부족했으므로 이를 여성노동력이 보충해도 식량
의 兵糧을 조달하기가 힘들 정도였으므로 衣類생산에 투입될 여성노동력은
더욱 부족했을 것이다. 그러므로 이 자구대로라면 반 정도의 남성들이 수비
병으로 동원되지 않아 노동력의 수급에 차질이 없을 경우 衣類의 자급이 가
능했다는 것이 되는 것이다.

그런데 漢初에 賈誼의 上書에서는 古人의 말을 언급하면서

(7) 한 사람의 농부가 경작하지 않는다면 그 때문에 굶주리는 자가 생기게
되고, 한 사람의 여자가 직조를 하지 않는다면 그 때문에 추위에 떠는 자가 생
기게 된다.[191]

고 하여 個別가정에서 織造하지 않으면 혹한에 시달린다 하고 있다. 이것은
漢 文帝 이전의 사실을 반영하고 있는 것이므로 漢 이전에 이미 개별가정에
서의 방직경영이 점차 발전되어 가기 시작하는 모습을 볼 수 있다. 다만 위
의 문구대로 해석한다면 개별가정에서 부부가 농경과 직조를 하게 되면 간
신히 재생산이 가능하다는 것이다.

이를 孟子가 5畝의 택지 담밑에 뽕나무를 심고 누에를 쳐 匹婦가 방직을
하게 되면 50대 사람들은 명주옷을 입을 것이라 한 것과 비교해 볼 때 소농
민층으로 직물생산이 확산되어 가는 것을 유추해 볼 수 있을 것이다. 이런
추론은 《史記》〈酈食其傳〉의 다음 자료를 보면 더욱 설득력을 높일 수 있
을 것이다.

(8) 楚·漢이 오랫동안 서로 대치하고 있는데, 어서 결판이 나지 않으면 백
성들은 안정을 찾지 못하여 Ⓐ농부는 보습을 버리며 Ⓑ工女는 베틀에서 내려
옵니다.[192]

---

191) 《漢書》 卷 24 上 食貨志, p.1128.
192) 《史記》 卷 97 酈生陸賈列傳 酈食其傳, p.2694.

위에서 보듯이 전란으로 인해 농부는 농구를 놓고 工女는 직기에서 내려 온다고 되어 있는데, ⑧의 工女를 어떻게 해석하는가 하는 것은 個別家庭 단위의 紡織經營의 확립과 관련하여 중요한 문제다. 工女란 蠶桑, 紡織, 縫紉(바느질)에 종사하는 여자를 가리킨다. 그런데 앞에서 보았듯이 소농가정 내의 방직이 일반화되어 간다는 점을 감안하고 농부와 工女를 댓구로 보아 工女를 관영공장의 女工이나 호족의 女工으로 보기보다는 농가의 부녀를 의미하는 것으로 해석한다면,[193] (8)도 (6), (7)에서와 같이 個別 소농가정의 紡織經營을 서술하는 것으로 이해해도 되지 않을까? 이런 추론은 《漢書》〈食貨志〉 晁錯의 上書에서도

(9) 더구나 [商人의] ⓐ남자는 농경을 하지 않고, ⓑ여자는 직조를 하지 않고도 반드시 綾織과 색채가 화려한 것으로 만든 옷을 입고, 음식물은 반드시 좋은 곡물과 육류를 먹습니다.[194]

라 하여 여성이 누에를 치는 것과 織造하는 것에 대해 언급하고 있는 것에서도 가능하다. 그런데 '상인 가정이 농경과 방직을 하지 않고도 좋은 음식과 의복을 입는 것을 비판하고 있는 내용을 감안할 때 위의 ⓐ의 남자와 ⓑ의 여자는 부부로 보는데 문제가 없다. 그렇다면 ⓐ의 남자와 ⓑ의 여자와 같이 Ⓐ의 농부와 Ⓑ의 공녀가 댓구로 보아 부부로 이해해도 크게 어긋남이 없을 것이다.

이런 상황을 반영하여 漢初 晁錯의 상서에서는 소농가정도 방직을 해야 하는 것으로[195] 묘사된 것이 아닐까? 위의 상황을 종합해본다면, 적어도 漢代의 소농가정이 의복이나 의복재료를 구입하여 옷을 만들어 입는 것을 논증할 만한 사료가 없는 한 漢初에는 소농가정도 자신의 옷을 방직해서 입기 시작한 것으로 추정해야 할 것이다.

---

193) 逢振鎬, 《秦漢經濟問題探討》, p.102에서도 공녀를 농민가정의 부녀로 파악한다.
194) 《漢書》 卷 24 上 食貨志, p.1132.
195) 《漢書》 卷 24 上 食貨志, p.1132. ;《漢書》 卷 24 上 食貨志, p.1131. "故務民於農桑 薄賦斂 廣畜積 以實倉廩 備水旱 故民可得而有也"

더욱이 재배기술이나 紡織技術을 전수해주는 지식유통체계가 행정적인
조치를 통해 유지되고 있었으므로 個別家庭 단위의 紡織經營은 확대될 수
있었을 것이다.[196] 그 조치는 단순한 중농정책 차원에서의 권농책은 아니었
다. 이러한 문제를《鹽鐵論》에 수록되어 있는 다음 내용을 통해 검토해 보
기로 하자.

(10) 근래 어느 郡國에서는 民에게 布・絮를 만들도록 하고, 관리가 받아 들
일 때 고의적으로 농민에게 어려움을 주어 농민과 교역하[여 모리를 취하]고
있습니다. 관리가 받아들이는 것은 齊, 陶의 縑과 蜀, 漢의 布 [등의 특산물]만
이 아니라 널리 민간에서 만들어지는 것이 있습니다.[197]

위의 귀절에서는 齊와 陶의 縑과 蜀과 漢 지방의 포와 같은 특산물 이외
에 일반적으로 만들어지는 布와 絮 등을 농민들이 만들고 있음을 전하는데,
縑과 같이 견직물에 속하는 것도 있다. 이렇듯 국가가 농민들에게 방직을
강제하고 있었으므로 어쨌든 농민측에서도 이를 수용해야 했을 것이다. 이
점을 검토해 보기 위해 다음 자료에 주목해 보자.

(11) ㉠是時穀貴 縣官經用不足 朝廷憂之 尙書張林上言: "㉡穀所以貴 由錢賤
故也 可盡封錢 ⓐ一取布帛爲租 ⓑ以通天下之用…於是詔諸尙書通議 暉奏據林
言不可施行 事遂寢 後陣事者復重述林前議 以爲於國誠便 帝然之 有詔施行
(12) 章帝建初三年 詔度田爲三品 Ⓐ詔以布帛爲租.
(13) 及章帝時, ㉠穀帛價貴, 縣官經用不足, 朝廷憂之. 尙書張林言: ㉡'今非但
穀貴也, 百物皆貴, 此錢賤故爾. ⓐ宜令天下悉以布帛爲租, ⓑ市買皆用之, 封錢勿
出, 如此則錢少物皆賤矣[200]

(11)에서는 後漢 章帝期에 租를 布帛으로 받는 상황을 서술하고 있다. 그
리고 그 租는 (12)의 Ⓐ와 (13)의 ⓐ에서 보듯이 토지에 대한 조세의 성격을

---

196)《漢書》卷 89 循吏列傳 黃覇傳, p.3619.
197)《鹽鐵論》本議, p.10右(p.9).
198)《後漢書》卷 43 朱暉傳, p.1460.
199)《文獻通考》(中華書局本) 卷 2 田賦考 二, p.37.
200)《晉書》卷 26 食貨志, p.793.

가지고 있다. 이렇게 租를 布帛으로 받는 조치가 나온 배경은 (11)의 ㉠과 (13)의 ㉠ 및 ㉡을 통해 곡물이 귀하고 정부의 재정이 부족했기 때문임을 알 수 있다. 그렇다면 이것을 근거로 하여 後漢初에 이미 租를 布로 납부할 수 있을 정도로 個別 농가에서 직물을 생산하고 있었다고 해석하는 것은 무리인지도 모른다. (11)의 ㉠과 (13)의 ㉠에서는 곡식의 가격이 귀했기 때문에 租를 곡식 대신에 布로 받는 것으로 보여 이런 추정이 더욱 분명해진다.

그러나 (11)의 ㉡과 (13)의 ㉡의 귀절을 보면 곡식이 귀한 것은 가뭄으로 인한 생산량의 감소에 주 원인이 있다기보다는 오히려 화폐발행액이 많아 화폐와 재화의 비율이 깨졌기 때문에 곡가가 등귀하고 있는 것으로 보인다. 帛의 가격도 등귀하고 있었다는 점과 화폐의 발행을 중지하거나 (11)의 ⓐ 및 (13)의 ⓐ와 같이 곡식과 함께 가격이 등귀하고 있던 帛으로 곡물 대신에 租를 낼 수 있도록 한 것을 보아도 곡식 생산의 감소로 인한 농민의 곤란을 해결해 주려고 布帛으로 租를 내도록 한 것은 아니었다. 더욱이 (11)의 ⓑ와 (13)의 ⓑ에서 보듯이 布帛으로 화폐의 직능을 대신하려 한 것이나, 張林의 주요한 관심이 국가의 재정 부족을 해결하려는 데 있었다는 것을 고려하면 위와 같은 추정은 더욱 설득력을 가질 수 있다.

(11)의 ⓑ와 (13)의 ⓑ에서와 같이 시장에서 물품을 구입하는데 布帛을 사용하도록 한다는 것은 곡물을 교환 수단으로 사용하는 實物 경제로 돌아가지 않고, 布帛을 實物貨幣로 사용하려는 것이었다는 것을 알 수 있다. 이런 주장은 紡織經濟가 상당한 비중을 차지할 정도로 발전하고 있었다는 것을 의미하는 것이다. 그리고 이런 紡織經濟의 비중 증대는 이미 個別家庭 단위의 紡織經營이 어느 정도 확립되고 있었다는 것을 반영하는 것으로 보아도 대과는 없을 것이다. 그러나 이런 추론은 소농민측에서의 방직 가능성에 대한 구체적인 확인이 생략되었으므로 위의 자료만 가지고 個別家庭 단위의 紡織經營이 확립되었다고 단정적으로 결론을 내릴 수는 없는 것 같다. 이 문제에 관해 한층 더 분명한 결론을 내리기 위해 재정확보 문제와 소농민측의 방직 가능성에 대한 중요한 시사점을 내포하고 있는 《後漢紀》〈孝

質帝紀〉의 다음 자료를 검토해 보자.

> (14) 河內一郡㉮嘗調㉠縑素㉡綺縠㉯纔八萬余匹㉰今乃十五萬匹㉱官無見錢㉲皆出於民民多流亡[201]

위의 사료에서 후한 質帝시기(145~146)에 하내 지역에서 民이 국가에 견직물을 납부했는데, ㉠의 縑, 素 등 보통품뿐만 아니라 ㉡의 綺, 縠 등 고급품까지 부과되었음을 알 수 있다. 그런데 ㉮와 ㉯의 내용으로 보아 그 수량이 質帝 이전에는 8만 필이었는데, ㉰와 같이 현재는 15만 필로 증가했다는 것이다. 특기할 만한 것은 質帝시기에 민이 부담하는 수량이 배 가까이 증가했다는 것인데, ㉱에서 보듯이 관에 현금이 없어서 ㉲와 같이 모두 민으로부터 거두어 납부했다는 것이다.

그런데 ㉡과 같은 고급품을 농민에게 직조하도록 한 것은 역설적으로 그만한 기술적 능력이 있었다는 것이 아닐까? 즉 고급비단인 綺와 縠을 調로 징수했다는 것을 보더라도 보통 직물은 어느 정도 織造할 수 있었으리라 추론할 수 있다. 반대로 농민이 이것들을 생산할 능력이 없는데, 租로 布를 부과하여 농민이 유망한 것으로 해석할 수도 있을 것이다. 그러면 河南지역의 견직물 생산에 대해 검토함으로써 이런 의문에 접근하기 위해 먼저 위에서 언급한 직물들의 생산 가능성에 대해 고찰해 보자.

縑이라는 글자는 전한 이전에는 보이지 않지만, 前漢시기에 들어와서는 광범위하게 사용되기 시작하여 漢代의 많은 사료에 보이는데,[202] 날실이 각각 2개씩으로 된 실로 짜여진 생명주의 일종이다.[203] 素는 漢代 이전부터 생산되기 시작하여 漢代에 들어와서는 많이 직조되었는데,[204] 겉을 꾸미지 않은 백색의 견직물로서 생명주의 일종이다.[205] 이들 縑과 素는 생명주로서 고

---

201) 《後漢紀》(文淵閣四庫全書本) 卷 20 孝質帝紀, p.7右.
202) 佐藤武敏, 《中國古代絹織物史硏究》(上), p.210.
203) 《急就篇》(四庫全書本) 권 2, p.13左. "綈絡縑練素帛蟬"에 대한 顔師古의 注 "縑之言兼也幷絲而織緻密也" 참조.
204) 佐藤武敏, 《中國古代絹織物史硏究》(上), p.221.
205) 《急就篇》 권 2, pp.13左~14右. "綈絡縑練素帛蟬"에 대한 顔師古의 注 "素謂絹之精

급품에 속하지 않아 漢代에 많이 유통되고 있었다. 더욱이 河內 지역은 齊, 蜀, 襄邑과 함께 견직물 생산이 크게 번성했던 지역이므로 縑인 素와 같은 보통품을 생산하는 것은 크게 힘들지 않았을 것이다.

그러면 고급품인 綺와 縠에 대해 고찰해 보자. 綺도 한 이전부터 나타나고 있는 무늬가 있는 견직물인데,[206] 날실이 씨실을 한 올 건너 뛰거나 혹은 그 이상 건너 뛰어 그 부분 만큼 날실이 직물의 바탕 위에 길게 노출되도록 만들어진 직물이고,[207] 縠은 가볍고 細緻한 직물로 표면에 주름 무늬가 있는 견직물로 추정된다.[208] 그러면 이들 직물의 織造와 관련된 기술적 측면을 고찰하자. 예를 들면 綺나 錦 혹은 羅와 같은 직물은 잉아가 여러 개 있어야만 織布가 가능하며, 綺를 짜기 위해서는 직기 중에서 杼(북)를 조작하는 사람과 직기 위에서 날실을 끌어당기는 사람이 필요하다.[209] 이처럼 綺와 縠은 고급직물로서[210] 縑과 素에 비해 직조에 많은 시간과 인력이 소비되었음을 확인할 수 있다. 그러므로 개별 소농가정에서 고급품을 생산할 직기와 보통품 생산보다 추가로 필요한 노동력을 구비하지 못한 경우에는 방직하기가 힘들었을 것이다. 이와 같은 연유로 (14)의 個別 농가에서는 방직이 불가능한 것으로 이해된 것이 아닐까?

그런데 後漢에 들어서면 前漢과 같이 富商大賈, 貴戚만이 아니라 貴戚의 노비, 중등 정도의 富裕者들 더 나아가서는 庶民들까지도 견직물로 만든 옷을 입고 있다.[211] 이렇듯 점차 모든 계층의 사람에게 견직물의 보통품이 일

白者卽所用寫書之素也” 참조.

206) 《漢書》권 1 高帝紀 下. p.65. “(高祖 8年) 賈人毋得衣錦繡綺縠絺紵罽”에 대해 顏師古는 “綺, 文繒也, 卽今之細綾也.”라 하고 있다.

207) 《釋名》(四部叢刊本) p.33左(20上). “綺欹也 其文欹邪 不順經緯之縱橫也 有杯文 形似杯也 有長命 其綵色相間 皆橫終幅 此之謂也 言長命者 服之使人命長 本造意之意也 有棋文者 方文如棋也”

208) 《釋名》, p.34右(20下). “縠 粟也 其文(形)足足而蹵(蹙) 視之如粟也 又謂紗縠 亦取蹵蹵如沙也.” ; 佐藤武敏, 《中國古代絹織物史硏究》(上), p.208. ; 陳維稷 主編, 《中國紡織科學技術史(古代部分)》, pp.294~295.

209) 渡部 武, 《畵像が話る中國の古代》, p.198.

210) 《論衡》卷 20 程材篇, p.693. “刺繡之師, 能縫帷裳 ; 納縷之工, 不能織錦.” 일반적으로 錦과 같은 고급품은 누구나 쉽사리 생산하지 못함을 언급하고 있다.

반화되어 착용되고 있었으므로 위의 사료에서 보이는 보통품 정도의 직물은 個別 농가에서도 생산되고 있었을 것이다. 다만 위의 사료에서 보았듯이 아직도 個別 농가에서 고급견직물 생산은 일반화되지 않았을 것이다. 그러므로 전술했듯이 고급품을 제외한 보통품의 방직은 적어도 後漢代에서는 그리 힘들지 않았다. 위의 내용을 종합해 보면 농민 유망의 원인은 織布능력이 없었기 때문이라기보다는 아직 일반화되지 않았고 노동력이 더 많이 소용되는 고급품의 생산을 강제했던 것이 주 원인이었을 것이다. 더욱이 이런 추정은 左思의 〈魏都賦〉에서 河內郡에 속하는 朝歌지역에서 羅와 綺가 유명했다는 것을 본다면 더욱 신뢰할 수 있을 것이다.

앞에서 열거한 자료들 중 일부는 중가층 이상의 가정에서의 방직 가능성을 확인하는 데 타당한 자료이고, 일부는 중가층 이하의 가정에 대한 방직 가능성을 검토할 수 있는 자료들이지만, 전란이라는 비상시기와 관련된 것이거나 또는 국가의 재정확보와 관련된 것이기 때문에 방직 생산이 강제되는 모습이 반영된 자료라는 한계를 가지고 있었다. 이런 한계를 극복하기 위해서는 평시의 일반 소농민층 이하의 생활 모습을 구체적으로 반영하는 자료를 통해서도 이 문제에 접근해야 할 것이다. 《後漢書》〈逸民列傳〉에 실려 있는 다음 자료는 이 문제의 해결에 중요한 실마리를 제공한다.

(15) [梁]鴻이 말하기를 '나는 ㉠裘褐을 입고 함께 깊은 산으로 들어가 은거하면서 살 여자를 원하였던 것이오. 그런데 그대는 지금 ㉡綺縞를 입고, 분을 바르고 눈썹을 그리고 있소. 어찌 홍이 원하는 것이겠소?' 처가 말하기를 '이것으로 당신의 마음을 시험하고 싶었습니다. 저는 별도로 함부로 입을 수 있는 옷을 준비하여 왔습니다.' 그리고는 다시 머리를 아무렇게나 묶고 ㉢布衣를 입고…이에 함께 覇陵(陝西省 長安縣)의 산 속으로 들어가 ㉣밭을 갈고 베를 짜며 살았다.[212]

위의 기록에 따르면 원시적인 자연경제 상태에서는 ㉠과 같은 원시적인 의류를 입고 있는 것으로 보인다. 그러나 후한 초기의 逸民인 梁鴻의 가정도 ㉣과 같이 방직을 하고 있다. 더욱이 양홍의 처인 孟光이 ㉡처럼 綺縞로

---

211) 佐藤武敏, 《中國古代絹織物史硏究》(上), pp.389~390.
212) 《後漢書》 卷 83 逸民列傳 梁鴻傳, p.2766.

된 비단옷을 입고 있는 것을 감안한다면, 국가의 조세 수취나 노동력 징발이 없는 상태에서는 일반 소농민도 ⓒ과 같은 麻布로 만든 옷은 個別家庭 단위의 紡織經營내에서 해결 가능했던 것으로 이해할 수도 있다.

이 문제와 관련하여 공자와 같은 시기에 楚의 악정에 저항하여 미친 척하고 숨어 살던 춘추시대 楚의 은자인 接輿(성은 陸, 이름은 通, 자는 接輿)의 고사를 검토해 보자. 그 고사에서 접여는 왕의 출사요청을 거부하면서 솥과 시루를 지고, 아내는 베틀을 이고 은둔하여 살고 있던 지역에서 떠나갔다고 한다.[213] 여기에서 알 수 있듯이 은둔하여 살던 접여의 가정에서 베틀을 가지고 있었다면,[214] 일반 소농가정에서도 방직을 하는 것이 가능했을 것이므로 이미 당시의 일반 민중들의 가정에서 베틀을 보유하여[215] 조악한 직물이지만 직조하였을 것이다.[216] 그러므로 逸民인 양홍도 그 때까지 발전된 紡織生産力과 방직도구의 영향으로 紡織經濟의 분업체계에 의존하지 않고도 個別家庭 단위의 紡織經營을 영위할 수 있었을 가능성을 반영하고 있다. 그러므로 후한 초기 梁鴻은 당시의 농업경영의 재생산체계에 의존하지 않고도 ㉠이나 ⓒ과 같은 조악한 衣料를 자급하는 것이 가능하였다. 이처럼 은둔생활하에서 조악하나마 衣料를 생산할 수 있었다는 것에서 보듯이 타인 가정의 협력이 없이도 소농가정에서 의복을 자급하는 것은 힘들지 않았다. 물론 양홍의 가정은 방직생산이 원활하게 이루어지기 위해 필요한 협업이 원활하지 못하였으므로 그 생산성은 떨어졌을 것이다.

국가는 소농민을 창출하고 縣을 통해 노동력의 편성과 징발, 종자와 식량

---

213) 《古列女傳》 권 2 賢明 楚接輿之妻傳, p.21左.

214) 接輿뿐만 아니라 후한 초기의 일민인 梁鴻도 베틀을 보유하고 있고, 樂羊子도 베틀을 보유하고 있어, 적어도 후한시대에 들어와 소농가정에서 대부분 정교한 베틀은 아니었을 것이지만 보통 베틀을 보유했을 확률은 높다.

215) 《後漢書》 卷 83 逸民列傳 梁鴻傳, p.2766. 양홍의 처인 孟光이 부모에게 부탁하여 베틀을 만들어 혼수로 가지고 가는 것을 보면 후한 이후에는 베틀을 만드는 것이 크게 어렵지는 않았던 것으로 보인다.

216) 물론 고급품을 만들기 위해서는 실을 만드는 과정이 일반품보다 복잡하고 직기도 정교한 것이어야 하므로 소농가정에서 만드는 직물은 보통 직물이었을 것이고 경우에 따라서는 실을 구입하여 직조하였을 것이다.

의 대여, 산림수택의 이용 등 공동체적인 여러 기능을 광범위하게 수행하면서[217] 소농민의 재생산과정에 깊숙이 개입하여 소농민의 재생산유지에 관심을 가지고 있었다.[218] 그러므로 당시 소농민의 삶이 이전보다 나아진 것은 어쨌든 국가의 이러한 재생산유지책으로 인해 제고된 생산성과 밀접한 관련을 가지고 있음을 부인할 수 없다. 그리고 국가의 이 재생산유지책은 재정지출을 통해 가능한 것이었다. 그러므로 이 재정지출은 사회적 잉여의 재분배라는 측면이 있다. 즉 재정은 民이 보유하고 있는 잉여노동의 수탈이라기보다는 사회적 필요노동으로서 사회적 재생산을 위한 비용으로 사용되어[219] 소농민의 전반적인 삶의 질 향상에도 영향을 끼치고 있는 것이다.

그러므로 국가가 소농민의 재생산을 원활히 유지시키려는 정책이 어느 정도 기능하고 있었다면, 이런 재생산구조와 거의 관계를 맺지 않는 逸民들의 생활형태보다 재생산구조 속에 포함된 인민들의 個別經營이 좀더 선진적인 경영형태에 접근하고 있다는 사실을 부정할 수는 없을 것이다. 그렇다면 일반 소농가정에서는 개별 농업경영과 개별 방직경영이 결합된 '男耕女織體制'가 점차 확립되고 있음을 알 수 있다.

물론 그 구체적인 형태로는 후술하는 個別 소농가정 단위의 紡織經營 뿐만 아니라 부호층의 가부장적 노예제 紡織經營이나 大紡織經營의 주위에서 비자립적인 방직경영을 영위하는 小紡織經營도 있었을 것이다. 그러므로 個別小經營 내에서 섬유작물의 재배, 紡績, 織布를 모두 하는 완전한 個別家庭 단위의 紡織經營의 형태만 있는 것은 아닐 것이다. 그러면 섬유작물의 재배, 紡績, 織布공정의 수용 정도에 따라 달라지는 紡織經營의 다양한 형태에 대해 고찰해 보기로 하자.

2. 紡織經營의 형태

'男耕女織'의 형태는 비록 시대적으로 큰 차이가 없어 보이지만, 그 생산

---

217) 그런 모습은 《秦簡》의 田律(pp.24~30)을 통해 자세히 알 수 있다.
218) 重近啓樹, 〈秦漢の國家と農民〉, 《世界史における地域と民衆》, (靑木書店, 1979)
219) 中國史硏究會 編, 《專制國家と社會統合 ─ 中國史像の再構成Ⅱ》, (文理閣, 1990)

형태와 생산공정상으로는 변화가 많다. 즉 그것은 각 역사단계에서 농업경영의 발전단계와 결부되어 변화하며, 아울러 紡織經營 자체의 기술발전에 따라 그 형태도 다르게 나타난다. 그러므로 個別家庭 단위의 紡織經營의 확립과정과 형태를 섬유작물의 재배, 紡績, 織布과정상의 발달과 연결시켜서 분석해 보자.

(1) 불완전 紡織經營

불완전 紡織經營은 개별가정에서 재배, 紡績, 織布를 모두 할 수 없는 紡織經營의 형태를 지칭한다. 그 첫번째 형태는 주곡생산을 하면서 섬유작물을 재배하지만, 방적과 織布까지는 할 수 없는 형태다.

상고시기의 방직생산에 대해 농한기에 여자들이 모여서 공동으로 방적하는 것으로 《漢書》〈食貨志〉에는 기록되어 있다.[220] 위와 같은 생산방식은 個別農業經營이 확립되지 않았던 先秦시기에는 농경작업에 여성노동력도 참여해야 할 필요성이 많았으므로 농한기인 겨울이 되어서야 비로소 여성노동력이 전적으로 紡織勞動에 참여할 수 있었음을 뜻한다.[221] 예를 들면 주요한 방직원료인 뽕나무·麻의 재배·가공시기가 주곡 및 부업작물의 재배 및 수확시기와 대부분 겹치기 때문에 個別家族經營이 불완전하게 형성되어 가던 시기에는 소농가정의 여성노동력이 방직에 전업적으로 종사하기가 곤란하였다.[222] 즉 前漢代에 들어와서도 여성이 가사노동과 농경의 보조노동을 하면서 紡織勞動을 하였기 때문에 방직에만 전념할 수 없었고,[223] 상당히 복잡한 형태로 되어 있는 직기를 비롯한 紡車, 紡錘, 鐵刀, 竹刀, 絡車(실감개), 繰車와 같은 도구를 소농가정에서 모두 구비하는 것도 수월한 것은 아니었

---

220) 《漢書》 卷 24 上 食貨志, p.1121.
221) 선진시기에 겨울에 방적을 하는 것이 보이는데(《漢書》 卷 24 上 食貨志, p.1121), 현대 한국의 경우에도 겨울에 실을 만들고 있는(高大民族文化硏究所 편, 《韓國民俗大觀》 2<日常生活·衣食住>, p.357) 것처럼 농업사회의 보편적인 방직경영의 한 형태였을 것이다.
222) 拙稿, 〈貨物明細書〉 참조.
223) 金秉駿, 앞의 논문, p.116.

다. 또한 공동으로 紡織勞動을 하여 등불의 비용이나 난방 비용을 절약하려
는 데서[224] 볼 수 있듯이 연료비의[225] 부담도 만만치 않았다.

　게다가 섬유작물의 재배와 가공은 많은 노동력이 필요하기 때문에 個別
農業經營이 확립되지 않았던 시기에는 個別小經營에서 이것을 모두 가공하
여 직조하기는 힘들었을 것이다. 그래서 江陵縣 鳳凰山 10호 前漢墓 출토
貨物明細書에서 보이는 枲와 黂(분)과 같이 출하하기 편리하도록 간단히 처
리한 상태로 출하되기도 하였다. 즉 麻의 경우는 가공과정에서 많은 물을
필요로 하기 때문에[226] 강가에 위치하고 있던 시장에서 처리하도록 그대로
출하하고 있다.[227] 또는 《詩經》의 “氓之蚩蚩 抱布貿絲”[228]에서 보듯이 실을
사러 오는 것이나, 《史記》〈貨殖列傳〉의 “白圭가 누에고치가 나올 때면 生
絲를 사들였다는”[229] 것에서 알 수 있듯이 방적을 한 반성품이 거래되는 것
을 볼 수 있다. 그리하여 ‘中販共侍約’에서 보이는 출하조직이나 〈僮約〉에
서 보이는 도시와 향촌을 연결시키는 상업활동의 중개를 통해 그대로 판매
되거나 가공 · 처리되어 방직을 위한 반성품으로서 시장에 출하되었을 것이
다. 그러므로 이런 형태의 방직생산은 주곡생산에 치중하면서 방직생산을
해야 했기 때문에 노동력의 수급과 기술적 조건이 원활하지 않아 직조까지
는 하지 못하는 형태다. 이런 과정을 통해 私營紡織業이 번성하였으므로 농
촌의 麻類作物 재배농가와 도시의 私營紡織業者가 하나의 재생산구조 속에
연결되는 것을 볼 수 있다.

---

224)《史記》卷 71 樗里子甘茂列傳 甘茂傳, p.2316.
225)《漢書》卷 24 上 食貨志, p.1121 ;《西京雜記》卷 2, p.5左. “匡衡 字稚圭 勤學而無
　　燭 隣舍有燭而不逮 衡乃穿壁引其光而書暎 光而讀之”
226) 中國大百科全書總編輯委員會<<農業>>編輯委員會 中國大百科全書出版社編輯部 編,
　　《中國大百科全書 農業》Ⅰ, (中國大百科全書出版社, 1990), p.142. 이를 위해서는 상
　　당히 크고 많은 물이 있는 麻池가 필요하여 일반 농가에서는 할 수 없었다고 한다(筆
　　道村, 〈再論農家的耕織結合與中國封建社會的長期連續〉, 《湖北師範學院學報(哲社版
　　<黃石>)》 1989-3, p.79).
227) 拙稿,〈貨物明細書〉, p.363.
228)《詩經》國風 衛風, p.133上. 鄭玄의 “箋云幣者所以貿買物也季春始蠶孟夏賣絲.”라는
　　箋에서 보듯이 孟夏에 蠶絲를 팔고 있다.
229)《史記》卷 129 貨殖列傳, p.3259.

312

불완전 紡織經營의 두번째 형태는 섬유작물을 재배하지 않았지만 방직경영을 하는 형태이다.

먼저 소농가정에서 보유한 토지가 부족한 경우의 방직경영 가능성에 대해 검토해 보자. 鄭里廩簿에서 보이듯이 소토지를 보유하고 있는[230] 농민들은 주곡이나 부업작물 생산을 포기하고 紡織經營으로 전업화하지 않는 한 지력소모가 커 連作하기 힘들고 척박한 토지에는 거름을 주어야 재배할 수 있는 雄麻[231]나 뽕나무 등을 경작지에 재배하기는 힘들었을 것이다. 그 경우 방직을 하기 가장 쉬운 방법은 야생의 葛이나 麻 또는 野蠶絲를 이용하여 방직하는 것이었다.[232] 漢代의 유적에서 발견된 絹絲 중 야잠사로 만들어진 것이 발굴되고 있어, 뽕나무 재배와 양잠을 하지 못한 일반 농가에서도 野蠶絲를 채취할 여력만 있었다면 멧누에로부터 나온 絹絲도 사용할 수 있었을 것이다.[233]

집단적으로 모여 織造하고 있는 도시의 사영수공업자들이[234] 유통체계를 통해 반성품을 확보하여 직물 생산을 하였으므로 섬유작물을 재배해서 직조할 수 있는 여력이 없는 소농가정도 반성품을 구입하여 방직경영을 할 수 있었을 것이라 추정하는 것은 당연할 것이다. 반성품을 구입하는 방식은 재배한 섬유작물을 구입하는 경우와 실을 구입하는 경우로 나누어 볼 수 있다. 전자의 형태는 《秦簡》의 〈法律答問〉에 기록되어 있는 타인의 뽕잎을 훔

---

230) 黃盛璋, 〈江陵鳳凰山漢墓簡牘及其在歷史地理研究上的價值〉, 《文物》 1974-6, pp.71 ~72. ; 裘錫圭, 〈湖北江陵鳳凰山十號漢墓出土簡牘考釋〉, 《文物》 1974-7, pp.51~52.

231) 石聲漢, 《齊民要術今釋》(第一分冊), (科學出版社, 1967), p.89. "麻欲得良田; 不用故墟. 地薄者糞之."

232) 현대 한국의 예이기는 하지만, 麻를 따로 심지 못하는 가난한 사람들은 3~4 일 간 다른 집의 삼일을 도와 주고 그 댓가로 麻를 얻고 있는데(高大民族文化研究所 編, 《韓國民俗大觀》 5<民俗藝術·生業技術>, 高大民族文化研究所 出版部, 1982, Ⅱ. 生業技術 농경/사냥/운반 金光彦, p.294), 이런 사례가 漢代에도 있었을 것이라 추정하는 것은 어렵지 않을 것이다.

233) Vivi Sylwan, Investigation of Silk from Edsen-gol and Lop-nor, 1949, (佐藤武敏, 《中國古代工業史の研究》, p.137에서 재인용).

234) 左思, 〈蜀都賦〉(《文選》 卷 4), p.252. "시장의 가운데 쪽에서는 織造하는 직인들의 집이 많이 늘어서 있어 베틀의 북소리가 서로 화합하여 가락과 같이 들린다"고 하듯이 사영수공업자들이 번성하고 있다.

치는 사례나[235] 〈僮約〉에서 便了가 枲를 (사서) 지고 오는[236] 것에서 볼 수 있듯이 섬유작물 상태로 구입하는 것이다. 후자의 형태는 布를 가지고 와서 실을 사러 오는 사례,[237] 누에고치가 나올 때 生絲를 사들이는 사례,[238] 훔친 돈으로 絲를 사는 사례[239] 등을 통해 알 수 있듯이 실의 상태로 구입하는 것이다.[240]

그러면 구입한 반성품을 이용하는 모습을 검토해 보기로 하자. 〈僮約〉에서는 "往來都洛···歸都擔枲"[241]라 하여 枲가 보이는데, 이 枲를 구입해서 도시에서 판매하려 한 것인지 구입해서 귀가시 가지고 오려는 것인지 위의 문구상으로는 확실하지는 않다. 이 문구상으로는 이것을 명확하게 판단할 수 없으므로 이 枲로 무엇을 하는 것인가를 고찰함으로써 이 문제에 접근해 보기로 하자. 麻의 雄株인 이 枲는 섬유작물로서 방직원료로 사용되는 것이다. 그런데 〈僮約〉에서는 "結葦臘纑"에서 보듯이 삼을 누이고 있고, "織履作麤"에서와 같이 거친 베를 직조하는 것이 보여 枲가 직조에 이용되고 있다. 이러한 사례를 통해 섬유작물을 구입하여 방직할 수 있었음을 확인할 수 있다.

그러면 실을 구입하는 경우의 방직생산에 대해 고찰해 보자. 이미 春秋·戰國시기에 들어와서 방직품의 생산과 무역이 점차 번영하자 麻縷絲絮와 같은 半成品이 차츰차츰 시장에 출현하고 있었다는 것을 고려한다면, 반성품을 구입하여 직조하는 것은 어렵지 않았을 것이다. 이런 반성품의 유통체계를 통해 반성품을 구입할 수 있었으므로 三服官 등 관영직물공장에서도 繭絲를 구입할 수 있었으며,[242] 長安世家와 같이 직공으로 하여금 직조하도

---

235) 《秦簡》法律答問, p.154. "或盜采人桑葉, 臧(贓)不盈一錢, 可(何)論? 皆誶(徭)三旬."
236) 〈僮約〉《古文苑》(四部叢刊本), 卷 17, p.4右. "往來都洛···歸都擔枲"
237) 《詩經》國風 衛風 氓, p.133上. "氓之蚩蚩 抱布貿絲."
238) 《史記》卷 129 貨殖列傳, p.3259.
239) 《秦簡》法律答問, p.155. "甲盜錢以買絲"
240) 《孟子》滕文公 上, p.100上. "從許子之道 則市價不貳···布帛長短同則價相若 麻縷絲
  絮輕重同則價相若."
241) 〈僮約〉《古文苑》卷 17, p.4右.
242) 佐藤武敏, 《中國古代工業史の研究》, p.146.

록 하고 자급용을 제외한 것을 판매할 수도 있었고,[243] 도시의 관리 가정에
서도 織造할 수 있었으며, 농촌의 부녀들도 반성품을 求得하여 織造할 수
있었다.[244] 그리하여 《史記》에서는 前漢時期의 이익이 많은 상품으로 布帛
등을 열거하면서 특히 이들 상품 중 대도시에서 유리한 것과 대도시 근교에
서 재배, 채취하기 유리한 상품을[245] 언급하고 있는데, 그 중에는 帛·絮·細
布 1,000鈞, 文采 1,000필, 榻布 등 布帛이 교통의 요지에 위치한 대도시에
서 광범위하게 유통되고 있어[246] 방직경제가 크게 번성하고 있다. 이처럼 방
직경제가 도시의 유통권을 중심으로 번성하였다면, 당연히 그 방직경제를
뒷받침할 수 있는 반성품의 유통과 그것을 이용한 방직생산도 번성하였을
것이라 추정할 수 있을 것이다.

　불완전 紡織經營의 세번째 형태는 토지가 부족하여 主穀生産은 하지 않
고, 방적이나 織布만 하는 경우이다.

　뽕나무를 재배하지 않고 단지 방직생산에만 전념하는 경우에는 멧누에를
채집하여 繰絲공정부터 하거나 야생 뽕나무나 집주변·도로변의 뽕나무를
이용하여 양잠부터 할 수도 있었을 것이다. 그렇지 않으면 누에고치를 사서
繰絲하는 것부터 자신이 할 수도 있다.《後漢書》〈列女傳〉에 기록되어 있는
여인 중 戰國시대 사람으로 여겨지는 樂羊子의 가정은 단지 樂羊子 처가 織
造하여 樂羊子의 학업을 보조하고 시어머니도 봉양하고 있다. 그런데《後漢
書》에는 樂羊子 가정이 토지를 보유한 것으로 기록되지 않았으므로[247] 반성
품을 구입해서 직물을 생산한 것으로 추정할 수 있을 것이다. 즉《詩經》〈國
風〉의 "어수룩한 한 사내가 布를 안고 실을 사러 왔는데"[248]라고 하는 귀절

---

243)《漢書》권 59 張湯傳, p.2652. "(長)安世‥‥夫人自紡績, 家童七百人, 皆有手技作事.
　　內治産業, 累積纖微, 是以能殖其貨, 富於大將軍光."
244) 劉志遠 遺作,〈考古材料所見漢代的四川農業〉,《文物》1979-12, p.66.
245) 影山剛,《中國古代の商工業と專賣制》, (東京大學出版會, 1984), p.32 ;《史記》卷
　　129 貨殖列傳, p.3274.
246)《史記》卷 129 貨殖列傳, p.3274.
247)《後漢書》卷 84 列女傳, pp.2792~2793. 樂羊子의 토지 등 재산 소유 상황 등 농경
　　과 관련된 것이 언급되어 있지 않아 그의 재산 보유 상황을 정확히 알 수는 없지만,
　　농사에 대한 기록이 없는 것으로 보아 방직만으로 생활했으리라 추정된다.

처럼 이런 반성품을 구입하여 직물을 생산하였을 것이다. 그런데 《古列女傳》
에서는 魯의 秋胡子의 아내가 뽕나무 밭에서 뽕을 따 누에를 치고, 그 실을
뽑아 옷감을 짜서 입을 것과 먹을 것을 장만해 양친을 봉양하고 남편을 받
든다고 하는[249] 내용이 수록되어 있다. 秋胡子가 陳나라의 관리가 되어 집을
떠나 있었고, 추호자의 아내가 양잠, 방적, 직조를 하여 생계를 유지하였다
는 것을 보면 토지가 있었더라도 주곡생산이 여의치 않았던 것으로 보인다.
그러므로 남성노동력의 조달이 원활하지 못한 소농가정에서 주곡생산은 하
지 않고, 이런 형태의 방직경영을 하는 것도 가능하였을 것이다.

《管子》〈問篇〉의 "處女操工事者幾何人"에 대한 房玄齡의 주에서는 "能操
女工之事謂綺繡之屬也"라 하여 여공을 綺繡 등 방직생산에 능한 여자로 이
해하고 있는데,[250] 이를 통해 방직품 생산 분야가 세분화되기 시작하고 있음
을 알 수 있다. 이것은 방직기구와 방직기술의 발전으로 새로운 기술이 추
가되어 방직공정이 좀더 세분화되면서 점차 이 모든 공정을 하나의 방직경
영 단위에서 완결할 수 없어 일부 공정에서 분업이 나타나거나 일부 직물생
산을 독립된 생산분야에서 생산하는 것으로 볼 수 있다. 그러므로 이러한
방직경영을 통해 당시 진전되고 있던 사회분업 현상의 일단을 이해할 수 있
을 것이다. 그러므로 토지에 비해 인구가 많아 토지보유량이 줄어들어 몰락
위기에 놓이게 되거나 재해가 빈발하여 재화를 비축해야 하는 경우[251] 소농
가정이 가장 먼저 치중할 수 있는 것은 노동의 집약 정도가 비교적 높은 麻
나 뽕나무를 재배하여[252] 많은 수익을 올릴 수 있는[253] 紡織經營을 채택하는

---

248) 《詩經》 國風 衛風, p.133上.
249) 《古列女傳》 권 5 節義 魯秋潔婦, p.16右.
250) 《管子》 卷 9 問篇, p.91.
251) 《史記》 卷 129 貨殖列傳, p.3270. "沂·泗水以北, 宜五穀桑麻六畜, 地小人衆, 數被
    水旱之害, 民好畜藏"
252) 李伯重, 앞의 논문, p.6.
253) 양잠은 많은 인력을 필요로 하였으므로 인구 밀집지역에서 발전되었다는 것도(曾
    同春, 〈絲業〉, 《中國絲業》<上海 商務印書館, 1934>, pp.11~17 ; 許進雄, 《中國古代社
    會 — 文字與人類學的透視》<臺灣 商務印書館, 1988>, p.166에서 재인용) 이런 이유
    때문일 것이다.

316

것이었다.[254]

　또 다른 경우는 재생산의 위기에 처한 일부 농민이 농업을 포기하고 방직업에 종사하거나, 관영방직업 직공이 사영방직업자로 변하는 경우다. 이들 대부분은 빈농으로서 도시로 진출하여 섬유작물의 가공·처리, 방적 등을 담당하는 소규모 경영의 수공업자로 전화하였는데,[255] 이것은 근본적으로 견직물 織造기술이 발전하면서 이루어진 일이다.[256] 이들 私營紡織業은 방직 원료의 생산 및 가공과정과 織布과정이 상당히 복잡한 고급품을 생산하여 많은 노동력이 필요하였기 때문에 섬유작물을 재배하여 가공하는 데 노동력을 투입할 수는 없었을 것이므로 반성품을 구입하여 방직경영을 하였다. 더욱이 빈민이 부유해지기 위해서는 商·工·農의 순으로 직업을 가지는 것이 좋은데, 수를 놓는 것이 상업에 종사하는 것보다는 못하다고[257] 하여 상업, 자수, 공업, 농업 순으로 수익성이 높음을 언급하고 있는 데서 알 수 있듯이 방직생산이 주곡생산보다는 훨씬 유리하였을 것이므로 농업을 포기하고 방직경영에만 전념할 수 있었을 것이다. 이처럼 방직품의 수익성이 높았으므로 이에 대응하여 王莽시기에는 이들 방직생산 수입에 조세를 부과하였을 것이다.[258]

　불완전 紡織經營의 네번째 형태는 자신의 가정에서는 섬유작물을 재배하지 못하고, 織布도 하지 못한 상태로 타인 紡織經營의 외부에서 방직생산에 필요한 하나의 작업을 분업적인 형태로 하거나, 단순한 고용노동의 형태로서 紡織생산에 참여하는 경우이다.

---

254) 최초는 半農半工的인 형태를 가지고 있었는데, 농업경영이 영세하여 불리한 경우는 점차 직물 생산 쪽으로 경영의 중심을 이동시켰을 것이다(佐藤武敏, 《中國古代工業史の硏究》, p.158).

255) 佐藤武敏, 《中國古代工業史の硏究》, p.196.

256) 王翔, 앞의 논문, p.94.

257) 《漢書》 卷 91 貨殖列傳, p.3687. “諺曰: ‘以貧求富, 農不如工, 工不如商, 刺繡文不如依市門’.”

258) 《漢書》 卷 24 下 食貨志, pp.1180~1181. “嬪婦桑蠶織紝紡績補縫, 工匠醫巫卜祝及它方技商販賈人坐肆列里區謁舍, 皆各自占所爲於其在所之縣官, 除其本, 計其利, 十一分之, 而以其一爲貢.”

먼저 타인의 紡織經營에서 방직노동에 종사하는 경우를 들 수 있는데, 이
와 관련된 자료를《史記》〈循吏列傳〉에서 고찰해 보자.

> 그(公儀休)는 자기 집에서 가꾼 야채를 먹어 보았더니 그 맛이 대단히 좋았
> 다. 그러자 그 채소밭의 푸성귀를 뿌리채 뽑아버렸다. 또 자기 집에서 짜는 베
> 가 좋은 것을 보자 그 옷감을 짠 여인(家婦)을 내보냈으며 그 베틀까지 불태워
> 버리고 다음과 같이 말하였다. '사서 입어야 할 사람이 사 주지 않으면 농부나
> 옷감 짜는 여인이 장사할 것이 없어지지 않겠느냐'[259]

위의 家婦는 公儀休에게 고용되어 방직을 하는 여자다. 그러므로 公儀休
의 가정에서는 방직을 위한 고용노동력을 이용하여 紡織經營을 하고 있음
을 알 수 있다. 이 家婦가 자신의 개별경영을 유지하고 있었는지를 확인할
수는 없지만, 공의휴가 가부를 내보내는 것을 보아 이 家婦는 몰락 직전의
농민가정의 부녀나 전업적인 여공으로서 고용노동에 종사하는 것으로 보인
다.

다음은 個別經營을 유지하면서 반성품을 만들어 방직경제에 참여하는 방
식으로 섬유작물을 구입해 방적을 하여 실과 같은 반성품을 만들어 방적을
하는 소농가정이나 사영방직업자에게 파는 경우다.

그러면 재배, 紡績, 織布가 개별가정에서 모두 이루어지는 紡織經營에 대
해 살펴보기로 하자.

(2) 완전 紡織經營

완전 紡織經營은 개별가정에서 재배, 紡績, 織布를 모두 하는 紡織經營의
형태를 지칭한다. 농업생산력과 紡織生産力이 발전하고 토지겸병이 심화되
어 가면서 토지보유량이 줄어든 소농가정에서는 점차 잉여노동력이 생겨
여성노동력이 농경에 참여해야 할 필요성이 줄어 들었기 때문에 여성노동
력이 방직생산에 투입되는 비율이 높아지게 되었다. 그러한 모습들을 검토
해 보기로 하자.

---

259)《史記》卷 119 循吏列傳 公儀休傳. p.3102.

318

　이미《呂氏春秋》에서 丈夫와 婦人으로 이루어진 개별가정에서 성별간 분
업인 '男耕女織'적 분업을 표방하면서 여성이 농한기인 겨울뿐만 아니라 일
년 내내 紡織勞動을 하는 것으로[260] 서술하는 데서도 여성노동력 사용 방식
의 변화를 알 수 있다. 물론 이러한 '男耕女織'적 분업이 전국시대에 철저하
게 이루어진 것은 아니다. 그러나 위의 '남경여직'적 분업 논리는 商鞅의 변
법에서 어른과 아이가 힘을 합해 밭 갈고 베 짜는 일을 본업으로 하고 곡식
과 베를 많이 바치는 자는 身役을 면제한다는 조치에서[261] 보이는 일련의 권
농정책보다는 훨씬 더 진전된 남녀간의 성별분업을 주장하고 있다.
　2인 1조의 부부단위를 기본으로 하는 개별가족경영이 확립되면서 여성노
동력이 방직에 투입되는 시간이 점차 증가하게 된다.[262] 적어도 뽕잎을 따는
것부터는 여성이 하는 모습을[263] 반영하는 자료들이 있다. 그런데 누에고치
의 繰絲와 명주짜기는 겨울에도 어느 정도 할 수 있는[264] 것이어서 잉여노동
력이 부족한 소농가정도 個別家庭 단위의 紡織經營에 참여할 확률이 더 높
아진다. 이 문제를 방적과 직조공정의 소요시간을 검토함으로써 접근해 보
기로 하자. 마직물의 경우 미숙련공이 6升 1필을 방직하는 데 23.24 일이 소
요되었는데, 이중 製絲공정에 13.34일, 織布공정에 9.99일이 소요되었고, 견
직물의 경우 미숙련공이 14승 1필을 방직하기 위해 15.6일이 필요했는데,
그 중 製絲공정에 2.11일, 織布공정에 13.49일이 걸렸다.[265] 이처럼 마직물의

---

260)《呂氏春秋》(陳奇猷,《呂氏春秋校釋》, 學林出版社, 1990년을 이용함) 卷 26 上農,
　　 p.1711.
261)《史記》권 68 商君列傳, p.2230.
262) 이에 대해서는 본고 4장 '개별방직경영'의 역사적 의의를 참조하기 바람.
263)《古列女傳》권 5 節義 魯秋潔婦, p.16右. "見路傍婦人採桑" ;《列子》(上海古籍出版
　　 社本) 卷 8 說符, p.58上. "道見桑婦 悅而與言"에서 보이는 桑婦는 뽕잎을 따는 여자
　　 이므로 뽕잎을 따는 것부터는 여성이 담당하였음을 알 수 있다.
264)《漢書》卷 24 上 食貨志, p.1121. "冬 民旣入 婦人同巷 相從夜績 女工一月得四十五
　　 日" 겨울에 紡績을 하고 있는데, 이것은 아마도 명주짜기를 하기 위한 繰絲, 絡絲, 幷
　　 絲 등이었을 것이다.
265) 權丙卓,《李朝末期의 農村織物手工業硏究》, 4편〈각종 직물의 생산량〉참조. 이것
　　 은 20세기 한국 현대인들의 과거 직물생산량을 설문조사한 자료를 검토하여 산출한
　　 통계치이지만, 각 지방으로 나누어 직물별로 製絲와 織布과정으로 나누어 그 소요시
　　 간을 설문조사한 것으로 방직의 각 공정에서의 소요시간과 숙련도에 따른 차이를 구

직조에 비하여 견직물은 실을 만드는 과정의 시간이 적게 소요되기 때문에 소농가정에서도 뽕나무 재배, 양잠, 방적, 직조를 모두 하는 완전한 個別家庭 단위의 紡織經營이 확산될 수 있었다.[266]

더욱이 소농가정의 여성이 농업노동에 참여하여 하던 일을 군역으로부터 해방된 남성들의 개별노동이나 공동노동으로 농업노동의 대부분을 할 수 있게 되면서 개별가족 단위 방직경영의 발전은 더욱 가속화되었을 것이다. 이런 추론은 농업기술과 농기구가 발전되고 있었고, 토지부족 현상이 심화되고 있었다는 것을 감안한다면 타당성이 더 높아질 것이다. 이런 노동력 구성 방식이 심화되어 가면서 耕起, 파종, 수확 등 일부 농업노동 과정에서는 약간의 非家族성원을 포함하는 상태로 個別農業經營이 운영되었지만, 대부분의 농업노동 과정에서는 '男耕女織'의 상태로 남녀간 분업이 이루어지면서 가족내에서 대부분의 농경작업을 個別小經營이 하는 체제로 형성되어 갔다.[267]

실제로 여성노동력이 점차 농경노동으로부터 해방될 만한 조건이 무르익어 전통적으로 '남경여직'으로 전해져 온 남녀간의 성별분업이 확립되었을 가능성을 높여주는 것은 사실이다. 그리하여 '男耕' 부분의 결핍을 '女織'을 통해 보충할 수 있도록 국가도 뽕나무 재배와 養蠶을 권장함으로써[268] 재해에 대비하도록 하였다. 국가가 이와 같이 재해를 대비하기 위해 일방적으로 주곡생산만 주장하지 않고 방직생산에도 관심을 가지는 것은 소농가정의 재생산유지에서 방직생산의 비중이 그만큼 높아졌고 紡織經營에 참여하는 농가가 많아졌다는[269] 점에서 가능했을 것이다.

체적으로 알 수 있다. 이 자료를 중국 자료에서 보이는 직기 및 방직 과정과 비교·검토하여 중국 고대 자료에서 보이는 방직 관련 내용을 보충하는 자료로 사용한다면 傍證자료로 이용하는 것도 유익할 것이다.

266) 이러한 까닭으로 漢代에도 麻의 경우는 반성품으로 출하되는데 비하여 누에고치의 실은 전국시대까지와는 달리 한대에는 실 상태로 거래되는 것이 줄어들었을 것이다.

267) 唐啓宇,《中國農史稿》, (農業出版社, 1985), pp.296~297 참조.

268)《後漢書》卷 2 明帝紀, p.113. "百姓勉務桑稼, 以備災害." 여기서의 桑은 일반적으로 뽕나무로 해석되는 것과는 달리 뽕나무를 재배하여 養蠶하는 것을 의미하는 것이다.

269)《漢書》卷 7 昭帝紀, p.232.

그림 10 戰國宴樂銅壺花紋 중의 采桑圖

그림 11 戰國嵌錯銅壺花紋 중의 采桑圖

그러나 당시 소농가정이 잉여노동력을 가지고 있어 방적이나 직조를 할 수 있는 여건이 마련되었더라도 열악한 경제상황 속에서 방직원료를 제대로 조달할 수 없었다면, 방직경영에 참여할 수 없었을 것이다. 그러므로 토지가 부족하여 섬유작물을 재배할 수 없거나, 토질이 섬유작물에 적당하지 않아 섬유작물을 재배할 수 없을 경우에도 방직생산을 할 수 있었는지를 확인할 필요가 있다.

戰國宴樂銅壺花紋이나 戰國嵌錯銅壺花紋에서는 뽕나무 위에 두 명이 올라가서 뽕잎을 따는 것도 보이고,[270] 《三國志》〈蜀志〉에서도

①유비는 어려서 아버지를 여의고 어머니와 함께 짚신과 자리를 엮어 생계를 꾸려 나갔다. ②그의 집 동남쪽 모퉁이 울타리 옆에 높이가 다섯 장 쯤 되는 뽕나무가 있었는데, 나뭇가지와 잎이 무성하여 멀리서 바라보면 마치 작은 수레 덮개 같았다.[271]

라 하여 5 장이나 될 정도로 상당히 큰 뽕나무가 있었음을 확인할 수 있다. ①에서와 같이 가난하여 가내수공업으로 생계를 유지하는 가정도 ②처럼 집의 울타리에 뽕나무를 심어 어느 정도 자가소비를 위한 정도의 방직은 가능하였을 것이다. 《秦簡》이나 위의 자료처럼 집터 주변이나 경작지 주위의 빈 공간에 키가 큰 종류의 뽕나무를 심어 적은 공간에서도 많은 뽕잎을 구할 수 있었으므로 작물재배용 토지에 심지 않아도 양잠을 위한 뽕잎을 어느 정도 구할 수 있었다.

또한 黍와 뽕나무를 混作하는 농법과 같은[272] 경지이용방식의 발전을 통해 토지가 부족한 소농가정도 뽕나무를 점차 재배할 수 있었을 것이다. 養蠶家가 증가하였음을 기록하고 있는 《漢書》〈昭帝紀〉의 기록도[273] 위와 같은 농업편제의 변화와 경지이용방식의 발전으로 가능하였을 것이다. 또한

---

270) 陳文華 編著, 《中國古代農業科技史圖譜》, (農業出版社, 1991), pp.154~155.

271) 《三國志》(中華書局 標點校勘本) 卷 32 蜀書 2 先主(劉備)傳, p.871.

272) 萬國鼎輯釋, 《氾勝之書輯釋》, (農業出版社, 1980), p.166. "每畝以黍·椹子各三升合種之. 黍·桑當俱生, 鋤之, 桑令稀疏調適. 黍熟穫之. 桑生正與黍高平, 因以利鎌摩地刈之"

漢代에도 野蠶을 방직에 사용하고[274] 있으므로 섬유작물을 재배할 수 없거나 양잠을 할 수 없는 경우도 자연조건이 맞는다면 멧누에가 만들어 놓은 野蠶絲를 채취하여 방직경영을 할 수도 있었다. 先秦시기에 葛織品의 직조에 대부분 야생 葛을 이용했다는[275] 것을 감안한다면 漢代에도 잉여노동력이 많은 빈민이나 소농가정이 이를 채취하여 가공 또는 織布까지 하여 판매하는 것도 가능하였을 것이다.

또한 방직기술적인 측면에서도 紡車를 사용하면서 실의 생산능력이 15~20 배로 상승되었는데[276] 비하여 직조속도는 이에 비치지 못했다. 그러므로 실을 만드는 경영단위에서 이것을 모두 직조에 사용할 수 없었으므

그림 12 키가 큰 종류의 뽕나무(泉州 開源寺 唐代 古桑)

로 실이 직조를 위한 반성품으로서 판매될 가능성을 높여 주었다. 그리고 漢代에 기예가 정교한 織師와 기술자들을[277] 부호층들이 고용했다는[278] 것에서 보듯이 방직기술이 전수되고 있었으므로 그 반성품을 구입하여 방직생산을 할 수 있었다. 물론 이런 고급 방직기술은 처음에는 관영직물공장이나 부호층의 紡織經營 및 私營紡織業에서나 사용되었을 것이다. 그러나 이런 고급기술이 확산되면서 기존의 기술이 일반 소농가정으로 이전되어 확산되

---

273) 《漢書》 권 7 昭帝紀, p.232. "耕桑者益衆"
274) 《太平御覽》 권 825 資産部 5 蠶, p.4右. "古今注曰元帝永元四年東萊郡東牟山有野蠶 爲繭收得萬餘石民以爲絲絮" 및 《後漢書》 卷 1 上 光武帝紀, p.32. "(建武 2年)…野蠶 成繭 被于山阜 人收其利焉"
275) 祝慈壽, 《中國古代工業史》, p.247.
276) 陳維稷 主編, 《中國紡織科學技術史(古代部分)》, p.176.

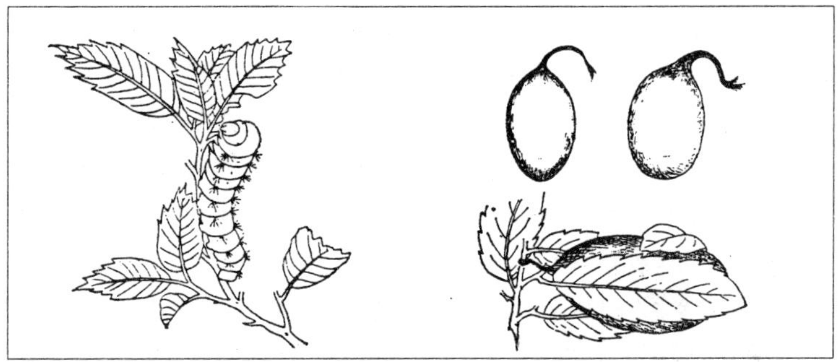

그림 13 野蠶(멧누에)과 野蠶絲

는 경향이 심화되었으리라 추정해도 무리가 없다. 그리하여 점차 향촌에서도 방직기술이 확대될 수 있었음이 명백하다.

더욱이 前漢 말에 들어와서 관영방직업이 차츰차츰 쇠퇴하면서[279] 後漢에 들어와서는 관영방직업의 비중이 감소되고 있는데, 이런 것도 個別家庭 단위 紡織經營의 발전과 관련되어 나타나는 현상일 것이다. 前漢시기까지는 방직에서 공동노동의 필요성이 많았으나, 이런 방직에서의 공동노동의 필요성은 여러 생산력의 발전으로 인해서 後漢시대에 들어가면서 감소하여 個別家庭 단위의 紡織經營이 확립되기 시작한다.

이처럼 後漢 시기에 들어와서 방직기술의 획기적인 발전이 어느 정도 이루어져 소농가정 주체의 紡織經營이 이루어질 수 있는 토대를 마련하였기 때문에 보통품에 비해 더 많은 노동력이 필요한 고급품이 출현할 수 있었다. 이런 과정을 거쳐 소농가정들도 麻布 가운데서 粗布를 약간 직조하거나 葛을 원료로 이용해서 葛布를 직조하는 데 불과하였던 상태에서[280] 점차 좀 더 고급 衣料를 직조할 수 있는 상태로 발전하였을 것이다.

---

277) 《論衡》 卷 20 程材篇, p.693.
278) 祝慈壽, 《中國古代工業史》, p.243.
279) 三服官을 폐지한(《漢書》 卷 9 元帝紀 p.285. "<初元五年夏四月> 罷角抵·上林宮館 希御幸者·齊三服官···) 것도 그 사례에 속할 것이다.
280) 陳維稷 主編, 《中國紡織科學技術史(古代部分)》, pp.42~43.

그러면 個別家庭 단위로 행해진 紡織經營의 구체적인 공정별 노동구성을 고찰해 보면, 섬유작물의 재배는 주로 남성이 담당하였을 것이나, 수확과 가공부터는 남성과 여성이 함께 담당하였음이 틀림없다. 예를 들면 마직물의 경우는 麻의 수확은 주로 남성이 담당하였지만, 製絲와 織布는 여성이 담당하였다. 견직물의 경우는 뽕나무를 베어내서 뽕잎을 따는 경우는 남성이 담당했고, 나무에서 가지는 자르지 않고 뽕잎만 따는 것은 여성이 담당했으며,[281] 그 이후의 製絲공정부터는 주로 여성과[282] 소년이 하였을 것이다. 그것은 여성이 緝績기구 등을 가지고 織布에 종사하였음을 반영하는[283] 자료를 통해 알 수 있다.

Ⅳ. '個別紡織經營'의 역사적 의의

농업생산력과 紡織生産力이 발전되면서 個別가정이 紡織經營에 참여하는 모습을 고찰하기 위해서는 농가의 경작작물구성에서 섬유작물을 재배하기 위한 토지가 확보되는 과정을 확인하는 것이 가장 중요하다.

야생 섬유작물을 이용하는 사례를 검토하기 위해 《詩經》〈小雅〉의 다음 귀절을 살펴보자.

① 남산에는 뽕나무 북산에는 버드나무[284]

위에서 보듯이 남산이라는 산에서 자라는 뽕나무가 보이고 있는데, 이것은 담밑에 심는 것이나 밭에서 재배하는 것과는 명백히 다르다. 즉 이것은

---

281) 華夫 主編, 《中國古代名物大全》(上), (濟南出版社, 1993), p.454 참조.
282) 《呂氏春秋》 卷 18 不屈, p.1197. "使工女化而爲絲 不能治絲" ; 《古列女傳》 권 1 母儀 魯季敬姜傳, p.20右. "婦人以織績爲公事者也"
283) 《後漢書》 卷 83 逸民列傳 梁鴻傳, p.2766. "女求作布衣 · 麻履, 織作筐緝績之具."
284) 《詩經》 小雅 南山有臺, p.346下. "南山有桑 北山有楊"

야생으로 자라는 뽕나무에 대해 묘사하고 있는 것이다. 그런데 春秋·戰國 시대에 접어들면서 점차 개별 소농가정이 뽕나무를 재배하여 양잠을 하는 단계로 발전하고 있었다.

　　그러면 인공으로 섬유작물을 재배하는 것에 대해 고찰해 보기로 하자. 재배지의 소재에 따라서 택지 주위에 만들어진 것과 택지 이외의 지역에 독립된 지목으로 만들어진 것을 들 수 있다. 먼저 택지 주위에서 뽕나무를 재배하는 것에 대해 고찰해 보자.《孟子》〈盡心〉에서는 (ㄱ) 5畝의 택지 담밑에 뽕나무를 심고 匹婦가 누에를 치는[285] 것에 대해 언급하고, 〈梁惠王〉에서는 (ㄴ) 5畝의 택지에 뽕나무를 심으면 오십대의 사람들은 명주옷을 입을 수가 있게 된다고[286] 한다. 이 자료들은 비슷한 내용을 담고 있지만, 미묘한 차이를 내포하고 있다. 즉 (ㄱ)은 周圍作의 일종으로서 휴한적 공간을 이용해서 집주위를 둘러싸고 뽕나무를 심는 것을 서술하는 것으로서《漢書》〈食貨志〉의 先秦시기 섬유작물 재배 방식과 같은 것이고,[287] (ㄴ)은 周圍作의 형태인지 주곡작물 재배지와 분리된 부업작물 재배지인지 확실하지는 않지만 주곡작물 재배지와는 분명히 구분된 장소에서 뽕나무를 재배하고 있다. 그런데 (ㄱ)은 담밑에 심는 것을 의미하고, (ㄴ)은 담밑 등 택지의 공간에 심는 것으로 (ㄱ)보다는 택지의 담밑에서 기타 공간으로까지 뽕나무 재배가 확대되고 있는 것을 추론해 볼 수 있다.[288] 이처럼 도로변, 전답의 모퉁이, 주거지 주변에 뽕나무 등 섬유작물을 재배하는 것이 가능하였으므로[289] 토지가 부족한 소농가정도 뽕나무를 재배하는 것이 어느 정도 가능하였다. 그런데 이러한 뽕나무들은 대개 키가 큰 종류의 뽕나무 즉 荊桑이었던 것으로 보인다.

---

285)《孟子》盡心 上, p.239上. "五畝之宅 樹牆下以桑 匹婦蠶之 則老者足以衣帛矣"

286)《孟子》梁惠王 上, p.25上. "五畝之宅 樹之以桑 五十者可以衣帛矣"

287)《漢書》卷 24 上 食貨志, p.1120. "田中不得有樹, 用妨五穀, …還廬樹桑, 菜茹有畦, 瓜瓠果蓏, 殖於疆易"

288) 이런 모습은《詩經》國風 鄭風 將仲子, p.161下의 "無踰我牆 無折我樹桑"에도 나타나고 있어 春秋·戰國시기에 택지의 담 주변에 뽕나무를 심는 것은 의심할 여지가 없어 보인다.

289)《秦簡》封診式 封守, p.249. 秦簡에서도 "甲室·人: 一宇二內, 各有戶, 內室皆瓦蓋, 木大具, 門桑十木."이라 하여 문앞에서 뽕나무 10 그루를 키우고 있다.

인공으로 섬유작물을 재배하는 방식 중 독립된 지목으로 존재하는 桑田에 대해 《詩經》〈國風〉과 《莊子》〈讓王篇〉의 다음 귀절을 적기하여 살펴보자.

    ② 10 畝 넓이의 땅이지만 뽕따는 이들이 유유히 지내는 곳이니 그대와 더불어 돌아갈까
    ③ [顔]回에게는 郭 바깥에 田 45 畝가 있고…郭 안에 田 10 畝가 있어 絲·麻를 만드는 데 족했다.[291]

②에서 보듯이 10畝 넓이의 땅에서 뽕을 따는 이들이 열거되어 있는데, ③에서 뽕나무·麻를 심는 토지 10畝가 보이는 것을 감안한다면 10畝의 땅이 桑田일 가능성을 높여 준다. 그런데 ③에서는 주거지에 가까운 곽 안에는 桑田이 있고, 그 비율도 비섬유작물재배지와 섬유작물 재배지 비율이 4.5:1로 되어 있다. 이런 자료는 야생으로 자란 섬유작물을 이용하던 단계로부터 집주변의 빈 공간에서 섬유작물을 재배하다가 독립된 경작지에서 섬유작물을 재배하는 단계로 보편화되어 가고 있던 상황을 반영하고 있다. 이처럼 경작지에 재배하는 뽕나무의 종류는 키가 작은 형태의 魯桑(=地桑)이었을 것인데, 이 魯桑은 진·한시대에 크게 발전하였다는 것을 보더라도[292] 경작지에서의 뽕나무 재배가 확대되고 있음을 확인할 수 있다.

위의 자료들은 물론 漢代 이전의 자료로서 소농민층 이상의 농업경영을 반영하는 측면이 있으므로 이 자료들을 토대로 한대의 소농민층이 모두 桑田을 보유했다고 해석하기에는 약간의 문제가 있다. 漢代에 들어와서는 이런 桑田이 독립된 재배지로 더욱 확대·발전되었을 것이라는 추론을 個別經營 차원에서 뒷받침할 수 있는 단서는 전술한 〈僮約〉에서의 뽕나무 재배에 관한 자료에서 찾을 수 있다. 〈僮約〉에서 보이는 농업경영이 호족적인 경영이라는 성격이 있지만, 가난했다고 전해지는 ③의 顔回(B.C. 521~490)[293]가 뽕나무·麻를 재배할 토지를 10畝나 가지고 있었던 점을 고려한다면, 前

---

290) 《詩經》 國風 魏風 十畝之間, p.208下. "十畝之間兮 桑者閑閑兮 行與子還兮"
291) 《莊子》 讓王篇, p.761. "回有郭外之田五十畝, 足以給飦粥, 郭內之田十畝, 足以絲麻."
292) 陳維稷 主編, 《中國紡織科學技術史(古代部分)》, p.118.
293) 《論語》(十三經注疏本) 先進, p.2499. "子曰 回也其庶乎 屢空"

漢 중기 이래 소농가정에서도 섬유작물의 재배가 그리 힘들지 않았을 것이라는 추론이 가능할 것이다.

그러나 주곡생산에도 부족할 정도의 토지를 보유하고 있는 소농가정의 경우는 주곡작물의 수확을 감소시키지 않으면서 섬유작물을 재배할 수 있어야만 섬유작물을 재배하는 것이 가능하였을 것이다. 그러므로 위의 〈僮約〉의 자료와는 달리 漢代의 소농민층의 상황을 반영하고 있을 것으로 추정되는 《氾勝之書》에 주목해 보기로 하자. 이 책은 국가의 관리로서 농업생산을 지도하였던 범승지가 지은 것으로[294] 여기에는 소농민의 再生産을 유지시키기 위한 농법을 많이 수용하고 있어 소농가정의 작물구성에 대한 실상에 접근할 수 있는 많은 단서를 내포하고 있다.

> ④ (뽕나무를 재배하는 방법) ㉠비옥한 토지 10 畝를 잘 정리하여 사용하는데, ㉡오랫동안 경작하지 않았던 토지는 더욱 좋다. 이들을 耕起하여 잘 마무리한다.[295]

위의 《氾勝之書》에서는 뽕나무 재배법을 언급하면서 ㉠처럼 10畝를 경작할 것을 지정하고 있다. ③의 顔回가 55畝의 보유지 중 10畝의 토지에 뽕나무와 麻를 재배했다는 점과 비교하여 보면, 이러한 작물구성은 漢代 농민들의 일반적인 상황일 수도 있을 것이다. 더욱이 100畝를 소유하였던 揚雄(B.C. 53~A.D. 18)의 가정에서 대대로 뽕나무를 재배하였다면,[296] 이런 농업경영이 부분적으로 표준적인 소농가정에도 수용되었을 가능성은 크다.[297]

그러나 100畝 이하의 토지를 보유한 소농가정에서는 섬유작물의 재배가 불가능하였을지도 모른다. 그런데 春秋時代 顔回가 이미 55畝를 보유하면서

---

294) 石聲漢 著, 《中國古代農書評介》, p.15.

295) 萬國鼎輯釋, 《氾勝之書輯釋》, p.166, 155 및 石聲漢, 《氾勝之書今釋》, (科學出版社, 1956), p.47, 49.

296) 《漢書》 卷 87 揚雄傳 上, p.3513. "有田一廛, 有宅一區, 世世以農桑爲業."

297) 《漢書》 卷 87 揚雄傳 上, p.3540. "不奪百姓膏腴穀土桑柘之地. 女有餘布, 男有餘粟" 前漢시기에 이미 곡식을 재배하는 토지와 뽕나무·산뽕나무의 재배지가 함께 열거되고 있는 것은 桑田의 확립 과정을 이해하는 데 많은 시사를 주고 있다.

10畝의 토지에 뽕나무와 麻를 재배하였다는 것을 본다면, 한대에도 50畝 정도의 토지를 보유하면서도 섬유작물을 재배할 수도 있었을 것이라 일단 추정할 수 있을 것이다. 그러나 이러한 비교에는 土質, 휴경 기간, 농업기술 등을 종합한 농업생산성이 고려되어야 하며, 더 나아가 이런 토지에서 생산된 재화로 소농가정의 재생산을 어느 정도 원활하게 보장할 수 있었는가 하는 문제를 세밀하게 검토할 필요가 있다.

소농경제의 재생산이 어려웠던 당시에 섬유작물을 재배할 수 있으려면 우선 단위면적당 생산성을 높여야 한다. 그 방법은 우선 토지이용률을 높이는 것인데, 이를 위해서는 휴경의 주기를 단축하거나 휴경지를 적극적으로 이용하거나, 한정된 경지면적에서 총 파종면적을 늘려야 할 필요가 있다. 그런데 ④의 ㉡처럼 오랫동안 경작하지 않았던 토지에서도 뽕나무를 재배할 수 있었다는 것은 휴한농법을 완전히 극복하지 못했던 소농가정이 휴경지나 황무지를 耕起해서 주곡작물들보다 쉽게 섬유작물을 재배할 수 있도록 국가에서 배려하고 있음을 알 수 있다. 그리고 위의 방법보다 더 나은 것은 일정 면적의 토지에서 섬유작물만 재배하기보다는 섬유작물과 양식작물을 함께 심는 것일 것이다.[298]

그러면 《漢書》〈食貨志〉에 실려있는 王莽時期의 부업생산에 대한 중앙정부 차원에서의 구체적인 정책을 검토하여 개별가정에서 뽕나무를 재배했을 가능성을 확인해 보자.

⑤ 城郭中宅㉠不樹藝者爲不毛 出㉡三夫之布 [299]

위의 기록에 따르면 ㉠의 "不樹藝者"는 ㉡三夫(三戶 分)가 내는 布를 부담해야 되었다는 것이 된다. 그렇다면 ㉠의 "不樹藝者"는 무엇을 의미하는 것인가? 이를 검토하기 위해 《周禮》〈地官〉에 실려있는 다음과 같은 자료

---

298) 萬國鼎輯釋, 《氾勝之書輯釋》, p.166. 이미 전한 후기의 《氾勝之書》에는 黍와 뽕나무를 混作하는 법을 기록하고 있다.
299) 《漢書》 卷 24 下 食貨志, p.1181.

를 주목해 보자.

⑥ 辨其野之土 上地 中地 下地 以頒田里 上地夫一㈎廛 田百畝萊五十畝
⑦ 凡㈏宅不毛者 有里布[301]

㈎의 廛에 대하여 後漢의 鄭衆(?~83 : 鄭司農)은 居라 설명하고 있는데, 더 나아가 鄭玄(127~200)은 城邑에 있는 거처로서 孟子(B.C. 372~289)가 말하는 5畝의 택지로 뽕나무・麻를 심는 곳이라 하고[302] 있다. 그리고 ㈏의 "宅不毛者"에 대해 鄭司農은 뽕나무와 麻를 심지 않는 것이라 註를 달고 있다.[303] 이처럼 ⑤와 ⑥을 뽕나무나 麻와 같은 섬유작물을 심는 것으로 이해한다면, ⑤에서 말하는 "樹藝"가 바로 이와 같은 섬유작물을 재배하지 않는 것이라는 것을 확인할 수 있다. 그러므로 위의 사료들은 孟子 이래로 주장되었던 園宅地제도를 실제로 국가가 강제하여 황무지・공한지 등에 섬유작물을 재배하도록 하고 있음을 알려주고 있다.

이처럼 방직을 위한 원료의 재배가 확대되고 있었다. 그리하여《管子》〈禁藏篇〉에서 中家의 농업경영 속에 방직, 사료, 원예작물의 생산을 포함시키고 있는 것처럼 前漢時期에 이미 뽕나무・麻가 농가의 주요 생산 항목으로 인정되어 가고 있다.[304] 또한 〈僮約〉에서는 중가층 이상의 전업적인 桑園 경영이 언급되는[305] 단계였지만,《氾勝之書》에서는 주곡작물이나 부업작물을 생산하면서도 뽕나무를 재배하는 방법이 고안됨으로써 소농가정에서도 거의 독립된 지목으로 桑田을 소유하기 시작하는 과도기적 단계에 있었음을 알 수 있다.

그러나 위와 같이 섬유작물을 재배하기 위한 토지가 확보된 것으로 '개별

---

300)《周禮》(上海古籍出版社本《周禮注疏》를 이용함) 地官 司徒 遂人, p.232上.
301)《周禮》地官 司徒 載師, p.201上.
302)《周禮注疏》(上海古籍出版社本) 地官 司徒 遂人, p.232上~下.
303)《周禮注疏》地官 司徒 載師, p.201上.
304) 友于・李長年,〈管子的重農學說和水利土壤知識〉,《中國農學史》(上), pp.126~129.
305)《太平御覽》(四庫全書本) 권 500, p.16左. "植種桃李柿柘桑三丈一樹八尺爲行"

330

방직경영'[306]이 확립되었다고 추정하는 것은 성급할지도 모른다. 왜냐하면 위와 같이 섬유작물용 토지가 확보되었다고 하더라도 주곡작물, 부업작물, 섬유작물을 재배할 만한 노동력의 조달 및 안배가 가능해야 하기 때문이다. 그러면 소농가정의 노동력 안배

그림 14 四川 成都 출토 후한 桑園 畵象磚

에 대해 검토함으로써 과연 '개별방직경영'이 가능했는지를 고찰하기로 하자. 전국시대와 같이 남성이 요역 및 군역을 부담해야 되어 농업노동력의 조달이 원활하지 않았고, 또한 농업기술의 한계로 여성노동력도 농경에 참여해야 하는 상황에서 齊民의 신분에 상응하는 5인 가족의 1년 의복비가 근 200일의 노동을 요하는 것이었다면, 부부 1조를 중심으로한 100畝의 '盡地力' 體制가 처음부터 '女織'을 배제하였을 가능성이 농후하다.[307] 그러므로 8구 정도의 가정이어야만 농경노동과 紡織勞動에서 성별분업이 가능하여 어느 정도 再生産 유지가 원활했다는 것을 묘사하고 있는 《孟子》의 내용은 이런 상황을 반영한 것이다.[308] 그런데 《漢書》〈食貨志〉李悝의 '盡地力之教'에 언급되어 있는 소농가정이 5인 가족으로 구성되었다는 점을 감안한다면,[309] 5인 가족이 보유한 노동력으로는 아직 紡織勞動에 투하할 노동력이 부족하였으므로 衣料 자급이 원활하지 못했을 것이다.

그러면 농기구의 발달과 노동력 수급상황의 관계를 검토함으로써 '개별

---

306) 개별가족 단위의 농가에서 이루어지는 방직생산을 의미하는데, 이 '個別紡織經營'은 섬유작물의 재배, 방적, 직조의 모든 공정이 이루어지는 완전 방직경영과 그 공정의 일부만 영위하는 불완전 방직경영으로 나눌 수 있다.

307) 李成珪, 앞의 논문, pp.130~131.

308) 《孟子》 盡心 上, p.239上. "五畝之宅 樹牆下以桑 匹婦蠶之 則老者足以衣帛矣 五母鷄 二母彘 無失其時 老者足以無失肉矣 百畝之田 匹夫耕之 八口之家 足以無飢矣."

309) 《漢書》 卷 24 上 食貨志 p.1125. "今一夫挾五口 治田百畝…衣 人率用錢三百".

방직경영'에 투하할 노동력이 확보될 수 있었는지를 분석해 보기로 하자. 원래 원시적인 농구를 이용하여 농경을 하던 시기에는 농구가 가지고 있는 기능적인 측면에서의 비효율성을 집단노동을 통해 해결하려 했는데, 이런 상황은 철제농구가 보급되면서 변화하기 시작했다. 즉 전국시대 중기 이후 철제농구의 보급으로 木製農具로서는 해결하기 곤란했던 開墾, 陳根 제거, 除草, 耘 및 穰작업 등이 좀더 효율적으로 전개됨으로써, 혈연적인 族을 단위로 하는 공동체적인 耦耕방식이 해체되고, 鐵刃을 부착한 耜의 등장으로 耕, 穰작업의 분업이 일어나 점차 부부 중심의 개별가족 단위의 생산체계가 마련되었다.[310] 이런 경향은 牛耕이나 人輓犁의 보급이 확대되면서 더욱 심화되었다. 이로 인해 부부 중심의 2인 1조로 소농경영에 불가결한 협업을 1里 100戶 단위로 수행할 수 있도록[311] 하였던 집단 노동 편제의 필요성은 약화되어 가고, 부부를 중심으로 이루어진 2인 1조의 가족단위 농업경영이 강화되어 갔다.

　물론 가족 이외의 노동력을 필요로 했던 농경작업이 순가족 내의 농경작업으로 변화되어 갔지만,[312] 집단적 편제를 이루어 하는 농업노동이 완전히 없어진 것은 아니다. 예를 들면 民 가운데 소를 보유한 농민이 적었기 때문에 平都의 현령 光이 趙過에게 소를 대신해 인력으로 犁를 끄는 방법을 가르쳐 농민이 서로 품앗이하여 인력으로 犁를 끌도록 하고 있는 데서[313] 아직 耕起작업에서는 집단 노동이 이루어지고 있음을 알 수 있다.

　그러나 집단노동이 전 농경과정 가운데 耕起, 파종, 수확 등 한정된 농경작업으로 축소되어 갔다는 점은 특기할 만하다. 또한 전한시기에는 趙過의 예에서 보듯이 집단 노동의 편제를 국가가 주관하여 구성하는 것으로 보이

---

310) 崔德卿, 《中國古代 鐵製農具와 農業生産力의 發達》, 建國大學校 大學院 박사학위논문, 1995, p.86.
311) 李成珪, 〈秦의 地方行政組織과 그 性格 —縣의 組織과 그 機能을 中心으로〉, 《東洋史學研究》 31, 1989, pp.26~34.
312) 牧野巽, 〈漢代における犁耕法進步の意味するもの —中國における純家族的農法の成立〉, 《中國社會史の諸問題》{牧野巽著作集 第6卷}, (御茶の水書房, 1985), pp.86~87.
313) 《漢書》 卷 24 上 食貨志, p.1139. "故平都令光敎過以人輓犁. 過奏光以爲丞, 敎民相與庸輓犁."

지만, 후한 시기에 들어와서는 里의 조직이 파괴되면서 국가가 民戶를 관리하기 위해 설치한 행정 단위였던 里보다는 居民이 자발적으로 결성한 村社 조직인 '彈'을 이용하여 인민을 조직하기도 하였고,[314] 이를 이용하여 공동노동을 하고 있는 점은 큰 변화라고 할 수 있다. 앞에서 열거한 平都의 현령이 보급한 人輓犁가 牛耕의 효과를 내기 위해서는 10인 정도(1가 평균 2인으로 한다면 5가 정도)의 노동력이 필요했듯이[315] 한대에도 아직 耦耕이 필요했다. 이렇듯 牛耕과 철제농구의 출현에 따른 생산력의 발전에도 불구하고, 적어도 漢代에도 이 耦耕이 행해지고 있었지만, 이 耦의 편성이 개별가족 내에서 이루어졌다는[316] 점에 주목해야 한다. 즉 개별가족내의 노동력으로 耦를 편성하여 耦耕을 행하였다는 것은 공동체적 耦耕방식에서 개별가족단위의 농경방식으로 넘어가기 시작했다는 것을 뜻한다.

물론 그러한 변화과정에서 과도기적 형태도 나타나는데, 그 예가 '彈'[317]의 이용이다. 즉 里 單位의 공동노동처럼 非家族 노동력이 포함되던 단계에서 순가족적인 노동력을 중심으로 하는 개별농업경영으로 바뀌기 시작하면서 가족 단위 농업경영으로 완전히 해결할 수 없는 농경작업을 하기 위해 과도기적으로 공동체 주도의 '彈'과 같은 조직도 이용되었다.[318] 더욱이 후한 시기에 들어와 가족의 경제적 자급자족성이 증대하는 것에 동반하여 농업에서도 그 때까지의 표준적 농경법에서는 가족 외의 사람들의 협력을 필요

---

314) 兪偉超, 《中國古代公社組織的考察 — 論先秦兩漢的單 — 僤 — 彈 — 》, (文物出版社, 1988), pp.177~179.

315) 米田賢次郎, 〈趙過の代田法 — 特に犁の性格を中心にして〉, 《中國古代農業技術史研究》, (同朋舍, 1989), p.176(《史泉》27·28, 1983에 原載).

316) 渡邊信一郎, 《中國古代社會論》, 第一部 第一章 〈古代中國における小農民經營の形成〉

317) 兪偉超, 《中國古代公社組織的考察 — 論先秦兩漢的單 — 僤 — 彈 —》, p.72. 單, 僤, 彈은 同字로서 지역과 시기에 따라 달리 쓰이기도 했는데, 처음에는 單이 사용되었지만, 후한 말기에 이르러서는 彈이 보편적으로 사용되었다. 본고에서는 彈으로 사용하기로 하겠다.

318) 金燁, 〈中國古代의 地方統治와 鄕里社會〉, 《大丘史學》 37, 1989, p.101에서는 "五戶爲伍以首爲長 十夫爲什以年爲長 合閭立敎以威爲長 合旅同親以敬爲長 飮食相約 興彈相庸 耦耕俱耘."(《逸周書》〈世界書局本 《逸周書集訓校釋》을 이용함〉 大聚解, p.107)의 彈(僤)을 농민들의 勞力 교환을 위한 조직으로 이해한다.

로 했던 경작과 파종을 순가족내의 노동력으로 꾸려나가야만 했는데, 이러
한 농경방식이 잘 반영된 것이 崔寔의《政論》에 언급된 犁耕法이다.[319]

　이처럼 국가기관의 개입에 의한 농업경영 대신에 개인의 個別經營을 주
체로 한 민간 상호간의 노동력 교환이 원활해진다. 게다가 前漢시기까지는
농업기술의 한계와 남성의 군역 부담으로 인해 여성도 농경의 보조노동력
이나 주요노동력으로서 집단적 노동편제에 참여하였지만, 後漢시기에 들어
서는 군역이 모병제로 변화하여 남성이 농경을 전담할 수 있게 되고,[320] 소
농가정의 토지부족도 심화되면서 개별가족 단위 농업경영이 확대되기 시작
하였다.

　그리고 이런 농업기술 및 농업편제와 관련된 농업경영의 변화는 방직경
영에까지 영향을 미치게 된다. 태고시기부터 전국시대까지 각 분야의 절의
있는 여인을 기록하고 있는《古列女傳》을 통해 개별가족 단위의 방직경영
에서 행해진 공정상 협업이나 분업에 대해 고찰하기로 하자.

　⑧　與鄰婦李吾之屬會燭相從夜績徐吾最貧而燭數不屬李吾與其屬"[321]

　齊나라의 徐吾가 李吾와 함께 방적을 하고 있는 것을 묘사하고 있는 위
의 자료에서 우선 屬이라는 글자가 주목된다. 이 屬은 무리, 한패라는 뜻를
가지고 있으므로 무리를 지어서 작업하여 등불이나 난방 비용을 아끼는《漢
書》〈食貨志〉의 내용과 연결시켜서 이해한다면,[322] 이 자료도 이를 위해 모
여서 작업을 하는 것을 서술하고 있는 것에 지나지 않을 지도 모른다. 그러
나《韓詩外傳》에 실려 있는 다음 자료에서는 이 문제에 대해 좀 다른 해석
을 가능하게 하고 있다.

---

319)　牧野巽, 앞의 논문, pp.86~87.
320)　金秉駿, 앞의 논문, pp.116~118.
321)　《古列女傳》권 6　辯通 齊女徐吾, p.29左.
322)　《漢書》卷 24 上 食貨志, p.1121.

⑨ 魯監門之女嬰相從績者中夜而泣涕其偶曰何謂而泣也[323]

　여기에서는 偶라 하여 분명히 그 작업에 반드시 필요한 하나의 협업 상
대인 짝을 가리키고 있음이 확실하다. 물론 두 여자가 다 가난했기 때문에
초를 아끼기 위해 함께 작업을 할 수도 있었을 것이다. 그러나 '짝이 되어'
함께 작업하는 것에 주목한다면, 짝이 되지 않으면 능률이 오르지 않거나
작업이 불가능하였을 가능성에 대해서도 고려해야 한다. 물론 자구의 해석
으로 이 문제를 해결하는 것은 너무 단순한 방법이므로 방직생산의 공정과
연결시켜서 이를 분석해 보기로 하자.

　우선 짝이 되어 작업하는 목적을 검토해 보자. 숙련자와 초심자가 함께
노동하여 방직생산 기술을 전수하려는[324] 목적을 가지고 있었을 수도 있다.
그러나 앞에서 언급한 立式 手搖紡車로 2명이 동시에 작업을 하는 것이
나,[325] 漢代의 방직생산 관련 화상석에서는 2~3명 정도가 동시에 작업에 참
여하고 있는 모습을 볼 때 방적과정에서 협업이 필요하였음을 알 수 있을
것이다.[326] 이상을 종합해 보면 방직경영의 일정 부분에서는 협업을 해야 했
음을 알 수 있다.

　그런데 漢代에 들어와서 여성노동력이 농경작업에서 어느 정도 해방되면
서 방직생산에서 이웃과 협동해야 하는 현상이 줄어들었을 것이다. 이것은
후한 초기 梁鴻의 가정에서와 같이 타인 가정의 협력이 없이도 방직을 할
수 있었다는 것을 통해 확인할 수 있다. 더욱이 농업노동에 참여하기에는
아직 어린 미성년인 남녀가 있었다면, 소농가정 내에서 2~3인의 여성노동
력을 확보할 수 있어 개별가족 단위로 방직경영을 하는 것이 크게 힘들지
않았을 것이다. 그러므로 漢代에 들어와서 국가가 衣料문제를 해결하기 위

---

323) 《韓詩外傳》 2, p.2右.
324) 《漢書》 卷 24 上 食貨志, p.1121.
325) 陳維稷 主編, 《中國紡織科學技術史(古代部分)》, p.175.
326) 베를 맬 때는 풀칠하는 사람과 마주앉아 날실을 고루 잡아주는 사람, 도투마리를
　　돌리는 사람이 필요하나 인력이 부족할 경우는 두 사람이 하는데(高大民族文化硏究
　　所 편, 《韓國民俗大觀》 2<日常生活・衣食住>, p.361), 이런 것을 보면 보통품의 방직
　　생산에서도 약간의 협업과정이 필요함을 알 수 있다.

해 직물생산이 가능한 지역에서는 소농가정에서 직물을 생산하도록 권장 내지 강제할 수 있었다.

이처럼 소농민의 생산활동이 대규모집단이나 非家族成員에 의존하지 않고도 가족내에서 해결되어 가는 상황으로 이행하면서 점차 주곡생산에 노동력이 투입되지 않아도 되는 시기를 이용하여 소농가정에서도 부업생산을 할 수 있었다. 그런데 뽕나무, 麻 등 방직을 위한 섬유작물의 경우는 야생 섬유작물을 수확할 수도 있고, 특히 재배지가 장기간 고정되기 쉬운 뽕나무는 한번 심으면 상당기간 동안 경작지 전체를 耕起할 필요가 없으므로 잉여 노동력이 있는 소농가정에서는 차츰차츰 방직경영을 확대할 수 있었다. 그러므로 中行說이 흉노 선우에게 漢은 백성에게 베를 짜게 하여[327] 衣料를 해결한다고 하는 것에서 보듯이 소농가정에서도 방직경영을 하였음은 의심할 여지가 없다.

물론 전란기에는 방직경영이 원활히 이루어지지 못했지만,[328] 전란이 회복된 경우에는 '개별방직경영'이 잘 이루어졌을 것이다. 이것은 昭帝시기에 재정 지출을 절약하고 外繇를 줄여서 '耕桑者'가 증가하였다는[329]것에서 알 수 있다. 이 '耕桑者'가 섬유작물을 재배하여 방적, 직조까지 하는 것인지는 확실하지 않지만, 100畝를 소유하고 있던 揚雄의 가정에서도 대대로 農桑을 업으로 삼았는데,[330] 백성들의 '桑柘之地'를 빼앗지 않는다면 여자들에게 여유의 布가 있게 된다는[331] 사실들을 종합할 때 후한대에 들어와 직물 수요를

---

327) 《史記》 권 110 匈奴列傳, p.2900.

328) 秦나라 말기에 남자가 농사를 지어도 양식이 모자라고 여자가 길쌈을 해도 장막이 넉넉지 못했다거나(《史記》 권 112 平津侯主父列傳 主父偃傳, p.2954), 삼국시대에 전쟁이 일어난 지 이미 백년 쯤 되었으므로 농민들은 밭에서 농사짓는 것을 버렸고, 여자들은 방직 산업을 멈추게 되었다는(《三國志》 권 65 吳書 12 華覈傳, p.1468) 것에서 시대를 불문하고 전란기에는 방직경영이 원활하게 유지되지 못하는 모습을 볼 수 있다.

329) 《漢書》 卷 7 昭帝紀, p.232. "元平 元年…天下以農桑爲本. 日者省用, 罷不急官, 減外繇, 耕桑者益衆"

330) 《漢書》 卷 87 揚雄傳 上, p.3513.

331) 《漢書》 卷 87 揚雄傳 上, p.3540. "不奪百姓膏腴穀土桑柘之地. 女有餘布, 男有餘粟, 國家殷富, 上下交足"

336

주로 개별가정에서 해결하는 '개별방직경영'의 형태가 강화되었음에 틀림없다. 그리고 이러한 제도는 魏의 戶調 징수와 晉의 戶調之式을 거쳐 均田制가 시행되는 北魏에 이르러 국가가 이런 섬유작물의 재배와 직조를 개별가정에서 하도록 제도화하는 데 이르게 되었을 것이다. 즉《魏書》〈食貨志〉에는

⑩ 諸初受田者, 男夫一人給田二十畝, 課蒔餘, 種桑五十樹, 棗五株, 楡三根. 非桑之土, 夫給一畝, 依法課蒔楡·棗.[332]

이라 하여 뽕나무 재배에 대한 구체적인 규정을 담고 있다. 위의 기록에 의하면 北魏의 均田制에서는 19畝에 뽕나무를 심는 것으로 되어《孟子》에서보이는 5畝의 택지나 顔回의 10畝의 뽕나무·麻 재배지보다 뽕나무의 재배면적이 확대되고 있다.[333] 이것은 농가의 경작물 구성비에서 섬유작물의 비중이 커지고 있음을 의미하는 것으로 이를 통해 소농가정이 재생산을 유지하는 데에서 섬유작물의 재배와 방직생산의 역할이 커지고 있음을 알 수 있다.

그러면 방직경영이 소농가정의 재생산 유지에 기여하는 비율을 계량화하여 살펴보기로 하자.

물론 이런 방직생산 수입의 계산은 단순한 추정에 불과하기 때문에 다음과 같은 요인들에 대한 좀더 구체적인 검토가 있어야 한다. 먼저 여성이 직조로 들어가기 전의 베날기, 베매기 등 직조의 사전 공정에 필요한 노동력을 개별가정에서 충당할 수 있어야 한다. 그리고 겨울에 기온이 내려가 베가 부러져 마직물을 짜기 위한 베매기를 할 수 없는 경우와 바람이 불거나비가 와 직물을 짜기 위한 베매기를 할 수 없을 경우에는[334] 그만큼 방직생산량을 낮춰 잡아야 한다. 또한 방직경영에만 주력할 경우 곡물가격이 한

---

332)《魏書》(中華書局 標點校勘本) 卷 110 食貨志, p.2853.
333) 토지 부족현상을 감안한다면 소농민이 이들 면적에 모두 섬유작물을 재배하였는지
    에 대해서는 좀더 검토할 필요가 있으나, 섬유작물의 재배면적이 늘어나고 있었다는
    점은 부인하기 어려울 것이다.
334) 高大民族文化研究所 편,《韓國民俗大觀》2<日常生活·衣食住>, p.362.

해라도 오른다면 그 여파가 몇년 계속되어 생계를 위협하는 것이 훨씬 크기 때문에 소농가정에서 방직경영에만 주력하기 어려웠을 것이라는 점을 고려해야 한다.

그러면 위의 전제를 토대로 여성이 마직물의 織布에만 전념할 경우의 수입에 대해 계산해 보자. 한국의 경우이지만 조선 말기의 숙련된 부녀는 1년에 21.8 필을 직조한다고 하며,[335] 위의 자료와는 달리 중국 고대에 씌여진《管子》〈揆度篇〉에서는 방직을 하는 부녀들이 자신을 제외하고 몇명의 의복을 조달할 수 있는가를 고찰할 수 있는 자료에서는 숙련공이라고 할 수 있는 上女는 5 인분의 의복을 조달할 수 있고, 중간 정도의 숙련공인 中女는 4 인분을 조달할 수 있으며, 방직에 서툰 미숙련공인 下女는 3 인분의 의복을 제공할 수 있었다고 한다.[336] 이를 통해 볼 때 上女가 있는 가정에서는 6 인분의 의료를 생산할 수 있으므로[337] 1 인당 필요한 의복 2.8 필의 여섯 배를 생산할 수 있어 총 16.8 필을 생산하게 된다. 그러므로 조선 말기의 자료와《管子》〈揆度篇〉의 생산량의 차이는 5 필이어서 두 자료의 기록이 어느 정도 타당성을 가지고 있음을 알 수 있다. 그렇다면 직물별, 공정별, 소요시간을 직공의 숙련도에 따라 구체적으로 통계치를 작성하고 있는 조선 말기의 자료를 이용해도 대과가 없을 것이다.

위의 두 자료에서 보이는 직물의 잉여분을 팔았을 경우의 가격을 산출해 보자. 조선 말기 자료의 1호 1년 생산량인 21.8필에서 5인 가족 1년 소비량

---

335) 1 일 織布量과 그 가격에 대해서는 拙稿,《漢代 農家의 副業生産과 그 流通에 관한 연구 ― 小農家庭의 紡織을 중심으로》, 慶熙大學校 大學院 博士學位 論文, 1995.(이하《副業生産과 그 流通》으로 약칭함) 제5장의 방직수입 분석에 대한 내용을 참조하기 바람. 위와 같은 방직품의 생산 통계에는 개별경영의 노동력과 토지 보유, 주곡작물의 자급 정도, 각 지역 토양의 섬유작물 재배 적합성의 정도, 포백가격 등에 따라 많은 변화가 있을 수 있다. 여기서 추정하는 통계치는 여성이 바느질을 제외하고는 방직노동에만 종사하고, 주곡의 자급이 어느 정도 가능한 상태에서 생산할 수 있는 직물의 최대치이다. 그러므로 당시의 모든 지역의 소농가정에서 전부 이러한 수입을 올릴 수 있다는 것은 아니다.

336)《管子》卷 23 揆度, p.217下. “上農挾五, 中農挾四, 下農挾三. 上女衣五, 中女衣四, 下女衣三.”

337)《管子》〈揆度篇〉의 기술 숙련도에 따라 한 사람이 몇명의 의복을 조달할 수 있었는지에 대한 해석은 李成珪, 앞의 논문, p.130 주)130 참조.

14필을 제외하면[338] 7.8필이 남다. 《居延漢簡》에서는 八綏布(粗麻布)의 경우 포 1필의 가격을 약 220~290錢으로 기록하고 있는데,[339] 升의 차이[340]에 따른 가격차를 고려한다면 포의 가격을 일단 200~500錢 사이로 파악할 수 있을 것이다.[341] 여분의 7.8 필을 布 1필의 가격을 200전으로 하여 계산한다면 1,560전의 방직수입을 얻게 되고, 500전으로 한다면 3,900전을 얻게 된다.[342]

다음으로 견직물의 직조에만 전념할 경우의 수입을 계산해 보자. 縑의 구체적인 가격이 언급된 자료는 《九章算術》과 漢簡인데, 漢代에 편찬된 수학 교과서로서의 성격을 가진 《九章算術》에 수록되어 있는 縑의 가격은 가상의 수학문제일 수도 있으므로 제외하고 漢簡에 있는 기록을 중심으로 살펴보자. 이들 자료를 토대로 縑 1필의 가격을 산출해 보면, 1필의 가격은 618~1,440전으로[343] 추정할 수 있으므로 잉여분인 7.8필이 縑이었다고 한다면, 수치상으로는 4,820~11,232전의 수입을 얻을 수 있다는 계산이 나온다.

그러면 실을 사서 직조하였을 경우의 방직수입을 산출하기 위해 실값을 간단히 추정해 보자. 실값을 구체적으로 검토할 수 있는 자료가 없으므로 《秦簡》〈金布律〉에서 大褐을 만들기 위해서 枲 18근이 필요하였다는[344] 자료를

---

338) 李成珪, 앞의 논문, p.130.

339) 勞幹, 《居延漢簡》 甲乙編 釋文, (中央研究院歷史語言研究所, 1986), p.67上 簡90·56, 303·30(甲547). "出廣漢八稯布十九匹八寸大半寸直四千三百二十給吏秩百一人元鳳三年正月盡六月積六月☑"; p.206 簡287·13(甲2426). "□上字次君 賈賣八稯布一匹直二百九十"; p.216下. "賈賣八稯布八匹直二百三十幷直八千八百四十"

340) 피륙의 짜인 날을 세는 단위로 날실(經絲) 80 올을 1 升이라 하는데, 升의 數가 높을수록 피륙이 精細하다. 7~9 升의 粗布는 노예나 죄인들이 입었고, 일반 평민들은 10~14 升의 麻布를 입었다.

341) 李仁溥, 《中國古代紡織史稿》, pp.54~56.

342) 물론 위와 같은 추정은 직물의 종류와 기법에 따라 가격 차이가 있으므로 이것을 고려해야 한다. 《管子》〈揆度篇〉의 내용에 따르면 1戶의 1년 생산량인 16.8 필의 여분인 2.8필의 가격을 산출하면, 布일 경우 560~1,400전, 縑일 경우 1,730~4,032전의 화폐수입을 얻을 수 있었을 것이다.

343) 勞幹, 《居延漢簡》 甲乙編 釋文, p.113下. "賣縑一直錢八百" p.148下. "赦之買收縑一丈直錢三百六十".; 羅振玉·王國維 編著, 《流沙墜簡》, (中華書局, 1993) 卷 2, 屯戌叢殘考釋·器物類 簡55正面, p.186. "任城國亢父縑一匹 幅廣二尺二寸 長四丈 重二十五兩 直錢六百十八"

이용하기로 하자. 長袍를 만들기 위해 위에서 언급된 大褐처럼 1 필의 포가 필요한 것으로 한다면, 1필에 枲 18근이 필요한데, 枲 18근의 가격은 60전이므로 大褐과 長袍 한 벌을 만드는 데 필요한 실값은 60전이 된다.[345] 위의 모든 가격은 秦代의 가격이므로 漢代의 가격으로 환산하여 보자. 秦律에서는 1석의 곡가가 30전으로 되어 있으므로 위의 60전은 粟 2석의 가격인데, 이를 한대의 평균 곡가인 1석당 80전으로 환산하면[346] 粟 2석의 가격은 160전이 되므로 1필에 필요한 실의 가격은 160전으로 추정할 수 있을 것이다. 소농가정이 21.8필에서 자급하고 남는 마직물 7.8필의 방직수입 1,560~3,900전에서 마직물의 실값인 1,248전을 제외하면 312~2,652전의 순수익이 생기게 된다.

그러면 '개별방직경영'의 생산물인 衣料가 소농경제의 재생산에서 차지하는 비중에 대해 고찰해 보자. 전국시대 李悝의 '盡地力之敎'에서는 1호 5인의 소농가정의 경우 식량 90석, 田租 15석, 춘추 社祭 비용 300전(10석), 의복비 1,500전(50석), 기타 질병, 喪死, 賦斂의 비용이 필요하다고[347] 한다. 이를 화폐액으로 환산하여 보면 적자를 제외하고도 4,950전이 되는데, 의복비인 1,500전은 소농가계 총지출의 30.3%에 해당한다.

중국고대의 5인 가족이 1년에 필요한 옷감 소요량은[348] 布 11.25필, 帛

---

344) 《秦簡》 金布律, p.66. "授衣者 夏衣以四月盡六月稟之 冬衣以九月盡十一月稟之 過時者勿稟 後計冬衣來年 囚有寒者爲褐衣 爲幏布一 用枲三斤 爲褐以稟衣 大褐一 用枲十八斤 値六十錢 中褐一用枲十四斤 値四十六錢 小褐一用枲十一斤 値三十六錢"

345) 同上.

346) 拙稿, 〈副業生産의 成長〉, p.7. ; 陳直, 《漢書新證》, (天津人民出版社, 1979), p.165. ; 韓復智, 〈西漢物價的變動與經濟政策之關係〉, 《漢史論集》, (文史哲出版社, 1980), p.46.

347) 《漢書》 卷 24 上 食貨志, p.1125. "今一夫挾五口, 治田百畝, 歲收畝一石半, 爲粟百五十石, 除十一之稅十五石, 餘百三十五石. 食, 人月一石半, 五人終歲爲粟九十石, 餘有四十五石. 石三十, 爲錢千三百五十, 除社閭嘗新春秋之祠, 用錢三百, 餘千五十. 衣, 人率用錢三百, 五人終歲用千五百, 不足四百五十. 不幸疾病死喪之費, 及上賦斂, 又未與此".

348) 각 소농가정마다 호구수와 체격의 차이 등 오차의 원인이 많이 있으므로 일단 연령과 남녀에 따른 옷감의 량의 차이를 감안하지 않고 계산하기로 한다. 《鹽鐵論》 散不足에서 庶人은 耆老가 되고 나서야 견직물을 입고 그 나머지는 마포를 입다가 그 후에는 의복의 안은 견직물로 만들고 겉은 마포로 만든 것를 입었다고 하는 것을 (p.17左) 본다면, 옷의 안감과 옷의 겉 천도 감안해야 하고 겨울에 입는 옷이 여름 옷

2.75필로 적어도 14필로 추정된다. 포백의 가격을 아주 낮게 잡아 포 1필의 가격을 300전으로 하고, 帛 1필의 가격을 350전 정도로 해서 계산해 보면 포 3,375전, 帛 963전이 되어 총 옷감 비용이 4,338전이 된다.[349] 漢代 소농 가정의 실물소비액과 화폐지출인 12,624~13,456전에 위의 옷감 비용인 4,338전을 더하면 소농가정의 총지출은 16,962~17,794전이 된다.[350] 이 소농 가정의 총지출과 의복비를 비교하면 총지출에서 의복비의 비중이 24.3~ 25.5% 가량이 된다.[351] 여기에 화폐로 납부하는 일상적인 조세인 1,197~ 2,029전을 직물을 판매하여 마련하였다면, 직물이 소농가정의 총지출에서 차지하는 비중은 31.1~37.5%가 된다. 그러므로 토지를 적게 보유하여 잉여 노동력이 많은 소농가정은 방직경영에 의존하는 비율이 50% 정도에 육박 한다고 파악해도 큰 오차는 없을 것이다.[352]

개별경영의 이러한 방직수입은 漢代 소농경제의 탄력성을 유지하는 데 중요한 역할을 하였을 것이다. 그리하여 '개별방직경영'의 필요성을 인정하 는 자료가 여러 문헌사료에 반영되어 있는데, 예를 들면 《呂氏春秋》〈上農 篇〉에서는 광의의 農에 주곡생산 외에 蠶桑, 園圃, 畜牧, 虞衡 등을 포함시 키고 있는[353] 것도 '個別紡織經營'의 형성과 무관하지 않은 것이다.

그럼에도 불구하고 '남경여직체제'에 대한 연구에서 '개별방직경영'의 역 할에 대해 등한시해 온 이유는 '남경여직체제'에서 '女織'이 소농경제의 장

보다는 더 많은 衣料가 필요했으며, 이불, 수건, 기타 의료도 고려해야 한다. 또한 고 대사회에서 의복이 의식적, 신분적 의미를 가지고 있는 점을 감안한다면 무차별적인 획일화는 억제되어야 하지만 이를 통해 소농가정의 옷감 필요량을 어느 정도 검토해 볼 수 있을 것이다.

349) 옷감비를 표준적인 가격인 布 1필 200~500전, 縑 1필 618~1,440전보다 상당히 낮은 가격으로 산출하였으므로 옷감 필요량의 오차 문제는 그리 크게 문제가 되지는 않을 것이다.

350) 拙稿,《副業生産과 그 流通》, 제1장 제1절 참조.

351) 李悝의 '盡地力之敎'에서 총지출에서 의복비가 차지하는 비율이 30.3%인 점과 비 교하여 보면 이 통계치에 일리가 있음을 알 수 있다.

352) 《古列女傳》 권 1 母儀 鄒孟軻母傳, p.15左~16右. "何以異于織績而食中道廢而不爲 寧能衣其夫子而長不乏糧食哉"에서 보듯이 방직으로 의료를 자급하고 양식을 충당하 는 것이 가능했음을 밝히고 있어 이런 추정이 가능함을 알 수 있다.

353) 李根蟠,〈試論《呂氏春秋·上農》等四篇的時代性〉,《農史研究》 8, 1989, p.63.

기지속 원인이 된다는 주장에서 기인한 점이 많다.[354] 소농경제가 재생산의 위기를 어느 정도 극복할 수 있었던 주 원인은 개별경영이 '男耕女織'을 비롯한 수공업, 가축사육 등을 포함하는 복합경제였기 때문인데,[355] 더욱이 이 '남경여직체제'의 생산력이 발전되어 왔다면, '남경여직'의 발전 형태와 사회발전과의 관계를 재검토해야 한다. 즉 농업생산력과 紡織生産力의 분석을 토대로 個別家族 單位의 소농업경영과 개별가족 단위의 小紡織經營을 종합하여 소농가정의 개별경영을 파악해야만 개별가족 단위의 소농민경영의 전모를 파악할 수 있다. 비록 個別小經營 내의 個別 小紡織經營이 완전한 個別 紡織經營으로 발전되지 못하고 재배, 紡績, 織布의 일부분에서 타인의 個別 小紡織經營이나 大紡織經營에 예속된 상태로 紡織經濟에 참여한 경우라도 각 분업과정의 심화는[356] 부가가치를 창출하게 되어 소농가정의 재생산에 약간이나마 기여하게 된다.

그렇다면 이러한 '개별방직경영'의 확립은 작물사적인 측면에서 어떠한 역사적 의의를 가지고 있는지를 고찰하여 보자.

麻는 雌雄異株의 식물인데, 고대시기에는 雄麻를 枲라 하였고, 雌麻는 苴라 하였다. 그런데 雄麻는 섬유를 사용하는 것이 목적이었고, 雌麻는 열매를 수확하여 식용으로 사용하는 것을 목적으로 하였다.[357] 이렇듯 麻의 용도는 식용과 섬유용 2 가지임을 알 수 있다. 그렇다면 두 용도는 시대적으로 어떠한 변화를 거치게 되는가? 이러한 변화를 중국 고대의 농서들을 통해 접근해 보기로 하자. 먼저 先秦시기의 여러 사상들을 종합하고 있는 《呂氏

---

354) 徐新吾 著,《鴉片戰爭前中國綿紡織手工業的商品生産與資本主義萌芽問題》, (江蘇人民出版社, 1981) ; 徐新吾, 〈中日兩國繰絲手工業資本主義萌芽比較研究〉,《歷史研究》 1983-6.

355) 李桂海, 〈中國封建社會小農經濟長期存在的原因〉,《寧夏封建社會科學》, 1985-3.

356) 기술발전에 의한 각 생산부문에서의 특수한 직업들로 분화되는 사회적 분업이나 작업장내에서의 분업에서 생산되는 상품생산이라는 성격을 가지지 못하는 궁핍적 상품화 내지는 비일상적 상품화 또는 물물교환에 불과한 것일지라도 그것이 분업적 성격을 가지고 있음을 부정할 수는 없다.

357) 夏緯瑛 校釋,《呂氏春秋上農等四篇校釋》, (農業出版社, 1979), p.49 및 拙稿, 〈貨物明細書〉 Ⅱ. 화물명세서의 물품분석 참조.

342

春秋》에서 농업에 관련된 내용을 검토해 보자.

    ⓐ 日至, 苦菜死而資生, 而樹麻與菽
    ⓑ 得時之麻, 必芒以長, 疏節而色陽, 小本而莖堅, 厚枲以均, 後熟多榮, 日夜分
復生; 如此者不蝗[359]

〈任地〉에 실려 있는 ⓐ에서는 그것이 섬유용인지 식용인지를 구체적으로
언급하고 있지는 않다. 그러나 〈審時〉에 실려 있는 ⓑ에서는 섬유용으로 쓰
는 껍질에 대해 주로 언급하고 있다. 이렇듯 戰國 末期에 씌여진 《呂氏春秋》에
서는 麻의 용도가 식용인지 아니면 섬유용인지 雄麻와 雌麻로 지정하여 명
확하게 언급하지는 않았지만, 섬유용 雌麻에 대해 언급하고 있는 것은 확실
하다.
　이에 비해서 전한 말기에 씌여진 《氾勝之書》에서는 이와는 좀 다른 서술
이 보인다.

    ⓒ 種枲: 春凍解, 耕治其土. 春草生, 布糞田, 復耕, 平摩之. 種枲太早, 則堅剛
     · 厚皮 · 多節; 晚則不堅. 寧失于早, 不失于晚.
    ⓓ 種麻, 豫調和田. 二月下旬, 三月上旬, 傍雨種之.···養麻如此, 美田則畝五
     十石, 及百石, 薄田尙三十石.[361]

여기에서는 그것이 雄麻인지 雌麻인지를 구분하지는 않았지만, ⓒ에서는
枲라 하여 분명히 섬유용으로 사용하는 雄麻를 지정하여 그 재배법을 서술
하고, ⓓ에서는 麻라 하여 식용으로 사용하는 雌麻를 언급하고 있다.
　그리고 후한 후기에 씌여진 《四民月令》에서는

    ⓔ (二月) 可種植禾 · 大豆 · 苴麻

---

358) 《呂氏春秋》 권 26 任地, p.1731.
359) 《呂氏春秋》 권 26 審時, p.1781.
360) 《氾勝之書輯釋》, p.146.
361) 《氾勝之書輯釋》, pp.149~150.
362) 《四民月令輯釋》, p.25.

ⓕ (三月) 時雨降, 可種秔稻及稙禾·苴麻·胡豆·胡麻
ⓖ (五月) 先後日至各五日, 可種禾及牡麻[364]

라 하여 ⓔ와 ⓕ처럼 2~3월에 雌麻인 苴麻를 파종하고, ⓖ처럼 5월의 하지 전후 5일 사이에 雄麻인 牡麻를 파종하도록 하고 있다. 이것을 《氾勝之書》가 雄麻와 雌麻라는 명칭을 사용하지 않고 麻를 서술하고 있는 것과 비교하면, 麻 재배기술이 진보하고 있음을 알 수 있다. 《氾勝之書》가 어느 일정한 지역 즉 수도권 일대에서 범승지가 농업생산을 지도하던 경험을 축적하여 저술한 것인데 비하여, 《四民月令》은 崔寔 자신이 소농경영에서 출발하여 장원지주로서 장기간의 농업경영의 경험을 축적하여 저술한 것이므로 이론적인 면에서 높은 기술적 지식이 축적된 것은 아니었다.[365] 이런 점을 감안한다면, 《四民月令》이 씌여진 후한 후기에는 소농경영에까지 이러한 재배법에 따라 麻를 섬유용과 식용으로 구분하여 재배하는 것이 일반화되기 시작하였음을 추정할 수 있을 것이다. 그리하여 北魏시대에 씌여진 《齊民要術》에서는 《氾勝之書》와 《四民月令》에서의 麻 재배법을 종합하여 〈種麻〉에서는 雄麻, 〈種麻子〉에서는 雌麻에 대해 서술하고 있다.[366] 즉 麻가 주곡으로서의 역할을 어느 정도 하고 있었던 시기에는 麻라는 주곡작물 재배를 통해 섬유원료까지 확보할 수 있었으므로 均田制에서와 같이 麻田을 제도화할 필요가 없었다. 그러므로 《氾勝之書》에서는 하지 후에 雄麻(summer hemp)만을 베어 漚麻하고 雌麻(winter hemp)는 남겨두었다가 가을에 열매를 수확하였는데, 《四民月令》과 《齊民要術》단계에 들어와서는 雄麻(枲)의 皮만 얻기 위한 전문적인 재배로 변화하기 시작하였음을 반영한다.[367] 그러므로 均田制에서 麻田을 설정했다는 것은 바로 麻가 주곡작물로서 하던 역할이 끝나가고, 섬유작물로서의 역할을 주로 하기 시작하였음을 의미한다.

---

363) 《四民月令輯釋》, p.37.
364) 《四民月令輯釋》, p.53.
365) 石聲漢 著, 《中國古代農書評介》, p.19.
366) 《齊民要術校釋》, pp.86~92 참조.
367) 西山武一·熊代幸雄, 《校訂譯註 齊民要術》, (アジア經濟出版會, 1984), p.89.

이에 비해서 뽕나무의 경우는 오늘날과 같은 작은 나무를 심는 것이 아니라 한 번 심으면 오랫동안 재배를 지속해야만 했기 때문에 그 재배지의 설정이 일찍부터 중요한 문제로 부상한 것이다. 그런데 이것은 그 사회의 가장 기초적인 食의 문제를 그 사회가 어느 정도 해결하면서 점차 衣의 문제에 대해 제도적인 관심을 가지기 시작하였음을 반영한다.

이처럼 섬유작물의 재배가 주곡생산의 자급 문제와 밀접히 관련된 것이므로 먼저 주곡작물의 변천에 대해 고찰해 보기로 하자. 《漢書》〈食貨志〉에 上古시기의 파종방식을 언급하는 가운데

    ⓗ 種穀必雜五種, 以備災害. 田中不得有樹, 用妨五穀.

라 하여 "穀을 파종할 때는 반드시 5종을 섞어 심어 재해에 대비한다"는 원칙을 소개하고 있는데, 顔師古는 이 五種에 대해 黍, 稷, 麻, 麥, 豆 등의 五穀이라 하고 있다.[369] 주요한 식량작물에 대해 《詩經》, 《書經》 등에서는 百穀을, 《論語》에서는 五穀을 언급하고 있는데, 五穀에 대해서는 몇 가지의 분류방식이 있지만 대개 稻, 黍, 稷, 麥, 菽, 麻의 6가지 중 5가지를 들고 있다.[370] 戰國 말엽의 《呂氏春秋》〈審時〉에서는 主穀으로 禾, 黍, 稻, 麻, 菽, 麥을 열거하고 있고,[371] 秦律에서도 각 作物의 파종량을 제시하면서 麻, 禾, 麥, 黍, 小豆, 菽 등을 열거하고[372] 있는 것을 보더라도 당시의 주곡작물도 대략 6가지였음이 확실하다.[373] 이것을 볼 때 漢代 이전에는 麻가 주요한 식량인 오곡에 들어 있음을 알 수 있다. 물론 이 麻가 雌麻인지 雄麻인지를 구체적으로 언급하고 있지는 않지만, 곡식을 열거하는 가운데 언급되고 있으므로

---

368) 《漢書》 卷 24 上 食貨志, p.1120.
369) 《漢書》 卷 24 上 食貨志, p.1121.
370) 萬國鼎, 〈五穀史話〉, 《古代經濟專題史話》, (中華書局, 1983), pp.3~4.
371) 《呂氏春秋》 권 26 審時, pp.1780~1782.
372) 《秦簡》 倉律. p.43. "稻·麻歉用二斗大半斗, 禾·麥一斗, 黍·荅歉大半斗, 叔(菽)歉半斗.
373) 萬國鼎, 〈五穀史話〉, 《古代經濟專題史話》, pp.3~4.

이것은 雌麻였을 것이다.

그런데 전한 말기에 씌여진 《氾勝之書》에서는 漢代 黃河유역의 주요 농작물로 粟, 麥, 黍, 稻, 大豆, 小豆 등을[374] 열거하고 있다. 특기할 만한 것은 여기서는 麻가 주곡작물 중에 열거되기는 하였지만, 주요한 작물 6가지에는 열거되지 않았다는 점이다. 그렇다면 그 원인은 무엇일까? 이를 주곡작물의 변천사를 통해 고찰해 보기로 하자.

春秋·戰國時代 이후 主穀作物은 粟을 포함해 적어도 6가지 정도가 있었는데, 西周까지는 黍, 稷이 主穀 중 가장 중시되었지만, 春秋時代에 들어와서 菽, 粟이 主穀의 지위를 대신하였는데, B.C. 3C경부터 冬麥의 재배기술이 장족의 발전을 하게 되면서 粟과 麥이 主穀의 지위를 차지했다.[375] 이처럼 粟과 麥의 재배가 확대되면서 주곡으로서 중요한 역할을 하던 雌麻는 주곡의 자리를 내주게 되었다. 이와 함께 麻의 재배는 주로 섬유원료를 획득하기 위한 목적으로 변화되었는데, 이런 변화가 《四民月令》에서 나타나기 시작하여 《齊民要術》에서는 명백하게 반영되고 있다. 그리고 그 과정에서 농가의 작물구성, 노동력 안배가 변화하고 있음을 보여주는 것이다. 그러므로 위의 변화에는 바로 사회의 생산력 발전과 그로 인한 생활수준의 향상이 반영되어 있다.

個別家族에 의한 농업경영이 겨우 확립되어 가던 시기에는 아직도 개별가족에 의한 紡織經營은 확립되지 않았다. 즉 '男耕女織'이란 처음에는 다분히 국가권력의 의도에서 만들어진 상징적 분업론에 지나지 않아 철저하게 '男耕女織'의 분업을 할 수 있었던 것은 부호층밖에 없었다. 하지만 점차 다양한 형태의 紡織經營에 대부분의 소농가정도 참여하여 자신들의 衣料 자급과 재생산을 위해 자체경영 속에서 방직경영을 영위하였다는 것은 그것이 여러 분야의 생산력의 발전을 반영하고 있다는 점에서 상당한 의의를 가지는 것이다.

---

374) 吳樹平, 〈氾勝之書述略〉, 《文史哲》 16, 1982, p.46.
375) 李長年, 〈略述我國穀物源流〉, 《農史硏究》 2, 1982, p.19.

이러한 의의는 《孟子》에 기록되어 있는 多角的 농업경영에서야 비로소 '個別紡織經營'이 제시되고 있고, 이어서 戰國시대 말기의 《呂氏春秋》에서는 '男耕女織'의 형태가 個別小經營의 기본 형태라고 주장되는 과정에서 찾을 수 있다. 물론 前漢 중기경까지는 농업경영에서는 개별가족에 의한 完全 個別經營이 어느 정도 확립되어 갔지만, 紡織經營에서는 아직 개별가족에 의한 紡織經營의 확립이 불가능하였다. 그러나 개별가족이 個別農業經營을 확립하면서 점차 '個別紡織經營'을 어느 정도 영위하기 시작하는 前漢 중엽 이후에는 개별가족의 재생산구조가 좀더 강화되기 시작하였다. 이에 수반하여 先秦 이래 사회통념으로 형성되었던 '男耕女織'을 한초에 유가들이 자신들의 사상체계 속에 도입하여 藉田·親蠶을 행하도록 건의하고, 이를 황제들이 시행함으로써 '남경여직'이라는 남녀간의 성별분업 관념이 후한시대에 이르면 사회의 말단까지 침투하게 되었다.[376]

그러므로 개별농업경영과 '個別紡織經營'이 합쳐진 개별소경영이 적어도 전한 중엽 이후에는 확립되기 시작하여 후한시기에는 소농경제의 재생산구조로 정착되어 갔다. 그리고 이러한 '個別紡織經營'은 《氾勝之書》와 《四民月令》의 농업경영방식을 거쳐 北魏의 均田法에서 완전한 형태로 발전되어 갔다. 그러므로 均田體制는 농업경영과 방직경영이 제도적으로 소농경제의 재생산구조 속에서 하나로 합쳐진 '남경여직체제'의 최고 정점이라고 할 수 있는 것이다.

맺음말

지금까지의 많은 연구가 농업과 수공업의 결합이라는 도식에 따라 소농가정의 가내 紡織經營 확대에 대해 연구하였으므로 이 경영이 '봉건사회 장

---

376) 上田早苗, 〈漢代の家族とその勞動 ── 夫耕婦績について〉, 《史林》 62-3, 1979, pp.7
～8 참조.

기지속적'인 체제 또는 '정체적인 봉건사회'를 장기간 지속시킨 요인으로 이해하였다. 이렇게 된 주 원인은 紡織經營이 소농가정의 재생산을 유지시키는 데 기여했음에도 불구하고 이러한 의의는 등한시한채, 대부분 여성노동력을 투입해서 생산해낸 방직품에 대한 사회적 가치나 재생산과정에서의 역할을 자급자족적인 측면에만 한정시켜 분석함으로써 가정과 국가경제 차원에서 紡織經濟의 발전이 가지고 있는 의의를 미미한 것으로 인식해왔기 때문이다. 그리고 이런 견해는 중국전근대시기에는 단지 최저 한도의 생활필수품만을 생산할 뿐 그 이상의 여력이 없어서 지속적인 발전 경향을 나타낼 수 없는 생존유지경제로 파악하는 경향이 紡織經營에도 적용된 결과였다.

그렇지만 본고에서는 방직생산 공정상의 변화를 분석함으로써 紡織生產力의 발전을 논증할 수 있는 방직기구와 직조기술의 발전, 생산형태의 발전, 생산품의 질적인 차이를 확인할 수 있었다.[377] 그러므로 방직경제는 기술의 정체를 기반으로 전개된 것이 아니라 '男耕女織' 중 '女織' 부분의 생산력인 紡織도구, 방적기술, 직조기술의 끊임없는 발전이 이루어지고 있는 가운데 전개된 것이다.[378]

그리고 이러한 방직생산력 및 방직경영의 발전과 그에 따른 방직생산 형태의 변화를 분석한 결과 각 생산형태와 공정을 연결하는 과정에서 소농가정도 섬유작물의 재배, 방적, 織布과정의 일부에 참여하여 방직경영을 영위하기 시작하였음을 알 수 있었다. 한편으로는 고급품이 점차 생산되면서 관영직물공장이나 私營 大紡織經營에서는 작업공정의 세분화가 이루어지고,

---

377) 중국의 紡織史는 原始手工紡織(上古時期~B.C. 22세기), 手工機器紡織(B.C. 21세기 ~1870년), 大工業化紡織(1871년 이후)으로 나눌 수 있는데, 手工機器紡織시기의 변화에 대해 간단히 살펴보면, 漢代에서 唐代를 거치면서 手工紡織機器가 점점 발전하여 手搖單錠式으로부터 多種復錠脚踏式으로 발전하였으며, 宋代에는 이미 大紡車와 水轉大紡車가 사용되었다. 이처럼 방적기술, 방직도구, 직기의 구조, 동력의 이용 방법, 직조기술, 분업의 정도에서 끊임없는 발전이 이루어졌으므로 소농가정에서 이를 소유하지 못하였더라도 방직의 재생산구조를 통해 이들 기술발전을 간접적으로나마 자신의 경영에 수용하게 되었다.

378) 佐藤武敏, 序說〈中國古代絹織物史研究の回顧と課題〉,《中國古代絹織物史研究》(上) 참조.

348

국가경제적인 차원에서는 紡織經營에 참여하는 個別家族의 비율이 높아져 소농가정도 이런 紡織經濟의 어느 일부분에 참여할 수 있게 되었다. 예를 들면 잉여가 증대하게 되면 농민은 그 잉여를 紡織經營에 투입하여 부를 증대시킬 기회도 얻을 수 있었을 것이다. 또한 토지를 보유하지 못하여 '主穀經濟'에는 참여할 수 없게 되어 자신의 잉여노동력을 투하할 곳을 찾는 극빈층은 大紡織經營의 주위에 존재하는 小紡織經營 또는 紡織노동에 자신의 노동력을 투하함으로써 생계를 유지하려 하였을 것이다. 이러한 방직경영의 발전과정과 형태에 대한 연구를 통해 생산력의 발전이 생산관계(사회구성)의 변화로 이어지는 징검다리의 하나였던 방직경영의 역할을 인식할 수 있어 소농경제와 그것을 둘러싼 재생산체계에 대해 좀더 구체적으로 이해할 수 있었다.

그러나 진·한시대의 소농가정이 방직공정의 많은 부분에 참여하기 시작했을지라도 모든 소농가정이 섬유작물의 재배, 방적, 직조를 다 가내방직경영에서 영위하는 완전한 '개별방직경영'을 확립하였다는 것은 아니다. 그러므로 각 소농가정의 기술수준, 노동력의 보유정도에 따라 각각의 경우에 적합한 방직경영의 형태를 가지게 되었을 것이다. 다만 후한시기에 들어가면서 방직생산력의 발전과 잉여노동력의 증가로 인해 소농가정의 가내 방직경영이 좀더 보편적으로 확대되어 갔다는 점이다. 물론 紡織經濟의 일부분에만 참여하는 불완전 紡織經營도 존재하였지만, 농업생산력과 紡織生産力의 발전으로 인해 점차 섬유작물의 재배, 수확, 가공, 紡績, 織布가 개별 농민 가정에서 어느 정도 보편적으로 이루어지는 완전한 '個別紡織經營'이 확대되어 갔다.[379] 그리고 唐代 律令制가 유지되는 시기까지는 일반적으로 뽕나무 재배·養蠶·繰絲(=繰絲)·織造의 과정이 분화되지 않은 채로[380] 방직에 관련된 모든 공정이 '男耕女織體制'의 '個別紡織經營' 속에 통합되고 있

---

379) 동일한 노동(생산)과정에서의 협업과 분업이 존재하지 않는 소규모생산이 아니라 하나의 방직품을 만들기 위해서 재배, 방적, 직조의 분야에서 약간이나마 분업이 이루어지고 방적과 직조 등에서는 어느 정도 협업이 필요하였으므로 소경영생산양식 중 협업과 분업이 존재하는 소규모생산이라고 할 수 있다.
380) 松井秀一, 앞의 논문, p.349.

는 시기로 파악할 수 있다. 이 점에서 唐代까지는 완전한 '個別紡織經營'이 최고조에 이르고 있는 시기라고 할 수 있다.

그런데 국가는 화폐정책의 폐해에 대응하기 위해 발전하고 있었던 布帛經濟를 이용하여 여성의 紡織勞動으로 생산된 방직품을 세역체계 속에 포함시킬 수 있었다. 이 세역체계는 농업생산력의 발전으로 인해 성립된 다각적 농업경영에 대응하는 성격을 가지고 있다. 즉 '男耕女織'적인 다각적 농업경영이 확대되자 이런 경제체제에 대응하여 국가는 '家庭手工業稅'라고 할 수 있는 戶調를 받은 것으로 이해할 수 있다. 그리고 이를 통해 방직생산으로 인한 소농가정의 잉여를 국가재정체계 속으로 어느 정도 흡수할 수 있었다. 그러므로 방직생산을 통한 부가가치의 증대로 인해 소농민의 계층향상이 나타나기보다는 그 부가가치가 투하된 방직생산력의 결과로 전보다 질적으로 나은 생산품을 생산하고 소비하는 과정에서 약간의 소비수준을 향상시키는 데 만족해야 했다.

본고에서는 다만 각 방직경영 형태의 유형적 분류를 시도함으로써 소농가정의 다양한 재생산구조를 이해하는 데 치중하였는데, 이러한 유형적 분류는 방직경영의 형태들의 비중 문제로 확대되어야 할 필요가 있다. 이러한 문제는 무엇보다도 먼저 각 개별 소농가정의 주곡생산과 방직생산을 개별 농업경영과 '개별방직경영'이라는 구도 속에서 종합한 이후에 소농경제의 재생산구조를 분석하는 것으로부터 시작되어야 할 것이다. 그런 이후에 각 지역의 농업생산과 직물생산을 지역사적으로 좀더 구체적이고 종합적으로 검토해야 한다. 이런 문제에 대해서는 차후의 과제로 삼으려 한다.

350

<中文摘要>

中國古代家內紡織經營的成長及其意義
— 以漢代的小農家庭爲中心 —

小農家庭能維持再生産過程的各種原因中， 依紡織經營的部分非常之多， 故有關小農紡織經營方面的研究一直相當豐富． 然其研究的焦點只重視農業和手工業結合的一般模式， 所以儘管强調紡織經營的作用， 其結論也只局限于小農經濟的自給自足形態． 以國家經濟的角度來看， 紡織經濟發展的意義也是微乎其微．

在此文中已詳細探討， 隨着生産力發展， 紡織經營的形態和生産過程及産品的品質， 都出現了明顯的差異． 本來以個別家庭爲單位的紡織經營的發展， 深受國家勸農政策的影響， 爲了衣料自給和小農家庭的再生産， 當時政府積極推廣小農家庭的紡織生産． 小農家庭也由紡織生産力和農業生産力的發展， 越來越多地參與到紡織經營之中． 其結果在各生産形態和工序的連結過程中， 小農家庭逐漸開始參與了纖維作物的栽培·紡織·織布的部分工序中． 因此， 以中層以上的農家以協力的方式進行紡織經營， 或部分有力之家自身便可以完成紡織經營的全部工序， 而中層以下的農家只參與了工序的一部分． 另外貧困階層則以被雇傭的形態參與紡織生産， 以獲得部分的利益．

到後漢以後， 以個別家庭爲單位的農業經營和紡織經營開始逐漸結合， 確立了新的個別農業經營形態． 這種方式經過《氾勝之書》和《四民月令》及北魏均田法中描寫的經營形態來發展下去． 雖然如此， 在此經營形態中栽桑·養蠶·繰絲·織造的工序分開的不太明顯， 一直到唐代律令制存在時期爲止， 有關紡織的一切工序， 都在'男耕女織'的個別紡織經營中結合維持着．

利用這種再生産體系中發生的各種生産形態和工序的連結過程中， 附加價值得以增大， 使小農家庭的再生産更趨于靈活． 同時由這種紡織經營的發展， 也在某種程度上使農村的流通經濟得以維持.   紡織經營并不是小農家庭的主導生産形態, 却其生産力和影響力相當之大, 包含着社會變化的許多要因. 故爲研究中國史的內在發展狀況, 此紡織經營問題能提供非常有效的內容.

但是由于國家把紡織勞動生産出的布帛包含在稅役體系中,   所以其剩餘生産在某種程度上被國家的財政體系吸收.   因此紡織生産而産生的附加價值的增大, 只使小農家庭的若干消費水平上昇,   或對生産出較從前良好的産品而已,   小農家庭的層次上昇而言, 沒有決定性的影響.

講座中國史 Ⅰ～Ⅶ (전 7권)

서울大學校 東洋史學硏究室 編
신국판 / 반양장 / 각권 값 8,000원

중국사에 대해 초보적인 지식은 있으나 좀더 깊이, 더 넓게 알고 싶은 독자를 상대로 한 새로운 편제의 현대식 중국역사총서로서 통사적 객관성과 논문식 주관성을 적절히 배합한 것이 특징이다. 또한 기존의 중국사 전반에 걸친 주요 문제를 고대문명에서 근현대까지 모두 31명의 저자가 36장의 논문으로 나누어, 각장이 하나의 독립된 주제를 갖고 기존의 연구성과를 수렴해 서술하였다.

概觀 東洋史

東洋史學會 編
신국판 / 반양장 362쪽 / 값 11,000원

해방 이후 이 땅에 東洋史學이 성립된 지 40년이 다 된 마당에 비로소 우리 학계의 전역량을 결집하여 이룩된 최초의 東洋史 槪說이다. 東洋史學會가 기획에 착수한 지 7년 만에 완성한 이 작업은 28명의 전공 학자가 동원, 우리 학계의 현 수준에서 최선의 성과로 지목되는 업적이다.

서울大學校東洋史學講義叢書 Ⅸ

古代中國人의 生死觀

마이클 로이 저 / 이성규 역
신국판 / 반양장 224쪽 / 값 9,000원

神과 인간의 관계, 내세와 현세, 이 양자를 연결하는 架橋, 우주와 만물 창조의 신비스러운 질서와 규율 등에 관해 古代 中國人들은 어떻게 생각하는가? 고독과 소외 속에서 이성과 과학에만 매달리고 있는 현대인들에게 인간을 우주·자연과 조화된 존재로 전제하면서 생을 영위했던 고대 중국인의 총체적이고 유연한 生死觀을 평이한 문장으로 서술하고 있다.

서울大學校東洋史學講義叢書 ⅩⅣ

7 칭기스칸 - 그 생애와 업적

라츠네프스키 저 / 김호동 역
신국판 / 반양장 304쪽 / 값 10,000원

'오랫동안 기다려진 칭기스칸 전기의 결정'이라는 평가를 받을 만큼, 종래의 연구가 갖는 문제점들을 극복하고 12, 13세기라는 역사적 맥락 속에서 칭기스칸의 생애와 활동을 엄격한 사료비판적 태도로써 담담하게 묘사한 책으로, 몽고족과 칭기스칸의 계보, 칭기스칸 원정도를 비롯한 각종 도판 등이 부록으로 실려 있다.